Грамматика русского языка в иллюстрациях

Русский язык
курсы

Грамматика

К.И. Пехливанова
М.Н. Лебедева

русского языка в иллюстрациях

УДК 811.161.1
ББК 81.2 Рус-96
П31

Рецензенты:
Г.А. Битехтина, канд. филол. наук
Т.Н. Протасова, канд. педагог. наук

Художники:
А.М. Головченко
А.А. Астрецов
М.А. Гордейчик
Р.М. Мусихина
А.И. Левицкий

Пехливанова, К.И.
П31 Грамматика русского языка в иллюстрациях: учебное пособие / К.И. Пехливанова, М.Н. Лебедева. — М.: Русский язык. Курсы, 2011. — 352 с.
ISBN 978-5-88337-146-1

Пособие представляет собой справочник, цель которого — максимально представить особенности грамматической системы русского языка, с помощью иллюстраций облегчить понимание и запоминание материала.
Предназначен для широкого круга учащихся.

© Издательство «Русский язык». Курсы, 2007

Полное или частичное репродуцирование (воспроизведение) данного издания любым способом без договора с издательством «Русский язык» Курсы запрещается.

ISBN 978-5-88337-146-1

Введение

Основная цель данного учебного пособия — на доступных пониманию любого человека конкретных, связанных с повседневной жизнью примерах дать абстрактные правила грамматики русского языка. Пособие должно помочь иностранцу осознать и усвоить, какие средства русского языка используются при обозначении определенных жизненных явлений и ситуаций, какие формы используются для выражения различных мыслей. Чтобы облегчить этот процесс, мы прибегаем к одному из важных принципов дидактики — к наглядности, за которую ратовали все великие педагоги, начиная с Яна Амоса Коменского. Повседневные ситуации, изображенные на картинках, иллюстрируют употребление определенной конструкции или формы. Это позволяет в большой степени избежать специальной лингвистической терминологии, трудных для нефилологов абстрактных формулировок.

«Грамматика русского языка в иллюстрациях» адресована всем, изучающим русский язык на начальном и среднем этапах обучения в условиях отсутствия русской языковой среды и ограниченной сетки часов: учащимся средних или высших (прежде всего нефилологических) учебных заведений, а также изучающим русский язык на курсах, в различных кружках, по радио, телевидению или самостоятельно.

«Грамматика русского языка в иллюстрациях» — это справочник, который может быть привлечен в качестве дополнительного материала к любому основному учебнику русского языка, изданному в России или за рубежом.

Принятая во многих современных пособиях организация языкового материала по моделям или образцам не исключает знакомства с системой языка.

Структура пособия

Грамматический материал в книге представлен в традиционном плане: имя существительное, имя прилагательное, глагол и т. д. Материал, относящийся к каждому отдельному вопросу, помещен на отдельной странице или на развороте, что помогает окинуть его одним взглядом и запомнить в качестве единого целого. Иллюстрации, таблицы, схемы способствуют объединению материала в логическое целое, сопоставлению одних явлений языка с другими, помогают более глубокому и осознанному его усвоению. Построение пособия должно способствовать образованию грамматических понятий, не встречающихся в родном языке учащихся, дифференцированию понятий, запоминанию грамматических норм, исключений и охватываемых ими слов.

Привлекая данную книгу в качестве дополнительного пособия, преподаватель может использовать иллюстративный материал на этапах введения, закрепления, обобщения и контроля, а также при проведении корректировочного курса. Книга поможет учащимся понять, что грамматика — не сухая и трудная наука для специалистов, а добрый советчик для каждого, кто хочет научиться понимать и говорить по-русски.

Условные сокращения

И. п.	—	Именительный падеж
Р. п.	—	Родительный падеж
Д. п.	—	Дательный падеж
В. п.	—	Винительный падеж
Т. п.	—	Творительный падеж
П. п.	—	Предложный падеж
ед. ч.	—	единственное число
мн. ч.	—	множественное число
м. р.	—	мужской род
ж. р.	—	женский род
ср. р.	—	средний род
наст. вр.	—	настоящее время
прош. вр.	—	прошедшее время
буд. вр.	—	будущее время
сов. вид	—	совершенный вид
несов. вид	—	несовершенный вид
п.	—	падеж
р.	—	род
ч.	—	число
л.	—	лицо глагола

словарь

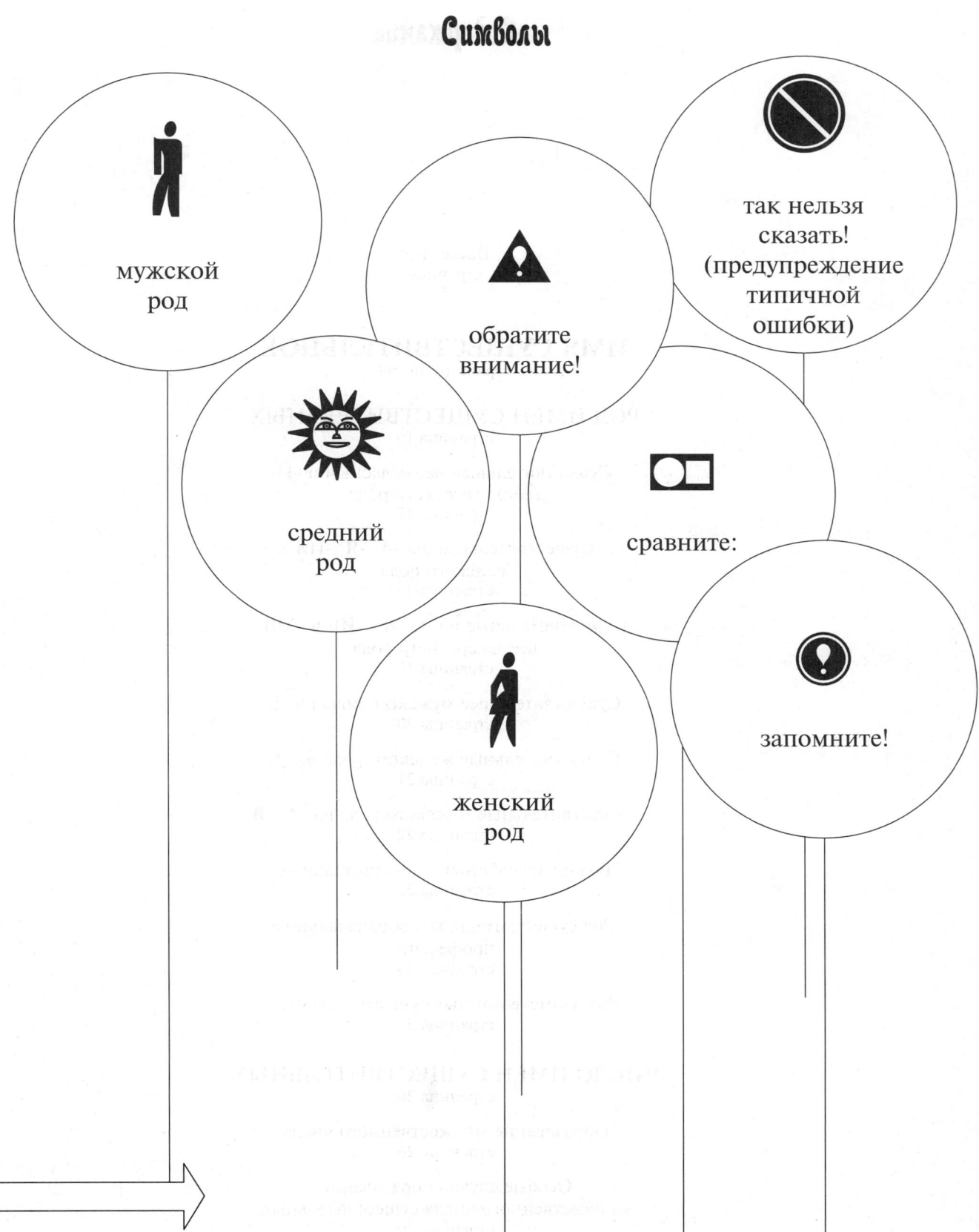

Содержание

Введение
страница
5

ИМЯ СУЩЕСТВИТЕЛЬНОЕ
страницы 16–99

РОД ИМЁН СУЩЕСТВИТЕЛЬНЫХ
страница 16

Существительные на согласный и -Й
всегда мужского рода
страница 17

Существительные на -А, -Я, -ИЯ
женского рода
страница 18

Существительные на -О, -Е, -ИЕ и -МЯ
всегда среднего рода
страница 19

Существительные мужского рода на -Ь
страница 20

Существительные женского рода на -Ь
страница 21

Существительные мужского рода на -А, -Я
страница 22

Род одушевлённых существительных
страница 23

Род существительных, обозначающих
профессии
страница 24

Род заимствованных существительных
страница 25

ЧИСЛО ИМЁН СУЩЕСТВИТЕЛЬНЫХ
страница 26

Образование множественного числа
страница 26

Особые случаи образования
множественного числа существительных
страница 29

Существительные, имеющие форму только единственного числа
страница 32

Существительные, имеющие форму только множественного числа
страница 34

Существительные иноязычного происхождения на -О, -Е, -И, -Ю, -У
страница 35

ПАДЕЖИ ИМЁН СУЩЕСТВИТЕЛЬНЫХ
страница 36

Именительный падеж
страница 39

Предложный падеж объекта речи
страница 40

Предложный падеж места
страница 42

Окончания существительных в предложном падеже
страница 42

Предложный падеж с предлогами В и НА
страница 43

Особые окончания существительных в предложном падеже
страница 45

Винительный падеж объекта
страница 48

Окончания существительных в винительном падеже
страница 50

Другие значения винительного падежа
страница 54

Винительный падеж с предлогами
страница 55

Дательный падеж адресата
страница 58

Дательный падеж в безличных предложениях
страница 61

Окончания существительных в дательном падеже
страница 62

Дательный падеж с предлогами
страница 64

Творительный падеж инструмента
страница 66

Окончания существительных в творительном падеже
страница 68

Употребление глаголов БЫТЬ и ЯВЛЯТЬСЯ с творительным падежом
страница 69

Другие значения творительного падежа
страница 71

Творительный падеж в страдательном обороте
страница 72

Творительный падеж совместности с предлогом С
страница 73

Творительный падеж места
страница 74

Родительный падеж принадлежности и отношения
страница 78

Родительный падеж существительных в единственном числе
страница 78

Существительные женского рода на -Ь
страница 79

Окончания существительных единственного числа в родительном падеже
страница 79

Родительный падеж существительных во множественном числе
страница 80

Существительные женского рода на -Ь и -ИЯ
страница 80

Окончание существительных множественного числа в родительном падеже
страница 81

Родительный падеж меры и количества
страница 82

Родительный падеж времени (даты)
страница 84

Беглые гласные в родительном падеже
множественного числа
существительных
страница 86

Особые случаи образования
родительного падежа
множественного числа существительных
мужского рода
страница 87

Глаголы, после которых употребляется
родительный падеж
страница 88

Родительный падеж отрицания
страница 90

Родительный падеж сравнения
страница 90

Родительный падеж с предлогами
страница 91

Родительный падеж исходной точки движения
страница 92

Предлоги, указывающие на место
и исходную точку движения
страница 92

Другие значения родительного падежа
с предлогами
страница 93

Падежные вопросы
(сводная таблица)
страница 94

Склонение существительных
(сводная таблица)
страница 96

Несклоняемые существительные
страница 97

Беглые гласные в существительных
страница 98

МЕСТОИМЕНИЕ
страницы 100—149

РАЗРЯДЫ МЕСТОИМЕНИЙ
страница 100

Личные местоимения
страница 101

Склонение личных местоимений
страница 102

Употребление личных местоимений
(речевые образцы)
страница 108

Возвратное местоимение СЕБЯ
страница 112

Притяжательные местоимения
страница 114

Склонение притяжательных местоимений
страница 117

Неизменяемые притяжательные
местоимения ЕГО, ЕЁ, ИХ
страница 120

Притяжательное местоимение СВОЙ
страница 122

Употребление личных местоимений
ЕГО, ЕЁ, ИХ и притяжательных
местоимений ЕГО, ЕЁ, ИХ с предлогами
страница 125

Указательные местоимения
страница 126

Склонение указательных
местоимений ЭТОТ и ТОТ
страница 129

Определительные местоимения
страница 130

Вопросительные, относительные,
отрицательные и неопределённые
местоимения
страница 134

ИМЯ ПРИЛАГАТЕЛЬНОЕ
страницы 150—179

Родовые окончания прилагательных
страница 151

Качественные прилагательные
страница 152

Полная и краткая форма качественных
прилагательных
страница 153

Прилагательные в роли сказуемого
страница 154

Особые случаи образования краткой
формы прилагательных
страница 156

Степени сравнения качественных прилагательных
страница 156

Относительные прилагательные
страница 162

Притяжательные прилагательные
страница 166

Согласование местоимений, прилагательных, порядковых числительных и причастий с существительными в роде, числе и падеже (сводная таблица)
страница 168

ИМЯ ЧИСЛИТЕЛЬНОЕ
страницы 180—193

Количественные числительные
страница 180

Склонение количественных числительных
страница 181

Согласование количественных числительных с существительными
страница 182

Согласование количественных числительных с прилагательными и существительными
страница 183

Склонение числительных и существительных (сводная таблица)
страница 185

Собирательные числительные
страница 186

Порядковые числительные
страница 188

Дроби
страница 190

Обозначение времени по часам
страница 192

Употребление существительного ГОД
страница 193

ГЛАГОЛ
страницы 194—291

ФОРМЫ ГЛАГОЛА
страница 194

Неопределенная форма глагола — инфинитив
страница 195

Употребление инфинитива
страница 196

Настоящее время
страница 197

Продуктивные классы глаголов
страница 198

Чередование согласных в основе глагола в настоящем времени
страница 199

Продуктивные классы глаголов I и II спряжения и непродуктивные группы
страница 200—211

Глаголы с признаками I и II спряжений
страница 211

Прошедшее время
страница 212

Образование прошедшего времени
страница 214

Особенности образования прошедшего времени
страница 214

Будущее время
страница 215

Будущее время сложное
страница 216

Будущее время простое
страница 217

ВИДЫ ГЛАГОЛА
страница 218

Употребление видов глагола в прошедшем времени
страница 219

Особые случаи употребления видов глагола в прошедшем времени
страница 220

Обозначение начального и конечного предела действия видами глагола
страница 220

Употребление видов глагола в инфинитиве
страница 221

Употребление видов глагола в инфинитиве с отрицанием
страница 222

Употребление видов глагола в императиве
страница 222

Употребление видов глагола
в императиве с отрицанием
страница 223

Образование видов глагола
страница 224

Приставки с временны́м значением
страница 227

Употребление глаголов
с приставками
страница 228

Глаголы ПОЛОЖИТЬ, РЕЗАТЬ, БИТЬ
страницы 228–229

Глаголы ЛОЖИТЬСЯ — ЛЕЧЬ — ЛЕЖАТЬ,
САДИТЬСЯ — СЕСТЬ — СИДЕТЬ,
ВСТАВАТЬ — ВСТАТЬ — СТОЯТЬ
страница 230

Глаголы СТАВИТЬ — ПОСТАВИТЬ — СТОЯТЬ
страница 231

Глаголы КЛАСТЬ — ПОЛОЖИТЬ — ЛЕЖАТЬ,
ВЕШАТЬ — ПОВЕСИТЬ — ВИСЕТЬ
страница 232

ГЛАГОЛЫ ДВИЖЕНИЯ
страница 236

Употребление глаголов движения
страница 239

Глаголы движения I и II группы
страница 240

Значение глаголов движения
страница 242

Глагол ИДТИ
страница 244

Некоторые глаголы движения
в переносном значении
страница 246

Глаголы движения с приставками
страница 246

Глаголы движения с приставками
пространственного значения
страница 247

Глагол ИДТИ с приставками
страница 248

Глагол ЕХАТЬ с приставками
страница 249

Глагол ВЕСТИ с приставками
страница 250

Глагол ЛЕТЕТЬ с приставками
страница 251

Глаголы ИДТИ и ХОДИТЬ с приставками
страница 252

Глаголы ЕХАТЬ и ЕЗДИТЬ с приставками
страница 253

Глаголы ИДТИ и ВЕСТИ, ХОДИТЬ
и ВОДИТЬ с приставками
страница 254

Особенности употребления глаголов
движения с приставками
страница 255

Глаголы движения с приставками
непространственного значения ПО-, ПРО-, С-
страница 258

НАКЛОНЕНИЯ ГЛАГОЛА
страница 260

Повелительное наклонение (императив)
страница 261

Условное наклонение
страница 264

ЗАЛОГИ ГЛАГОЛА
страница 266

Образование страдательного залога
страница 267

Действительный залог
страница 268

Страдательный залог
страница 268

Глаголы с возвратной частицей -СЯ
страница 270

Употребление глагола БЫТЬ
страница 274

Употребление глагола ЕСТЬ
страница 275

Глагол в неопределённо-личном предложении
страница 276

Глагол в безличном предложении
страница 277

ПРИЧАСТИЕ
страница 282

Склонение причастий
страница 283

Образование причастий
страница 285

Употребление причастий
страница 286

Согласование причастий
с существительными
страница 287

ДЕЕПРИЧАСТИЕ
страница 288

Деепричастие совершенного вида
страница 289

Образование и употребление
деепричастий
страница 290

ПРЕДЛОГ
страницы 292–325

Выражение пространственных
отношений с помощью предлогов
страница 293

Выражение временных
отношений с помощью предлогов
страница 296

Выражение причинных
отношений с помощью предлогов
страница 302

Выражение целевых отношений
с помощью предлогов
страница 303

Выражение качественной
характеристики действия
с помощью предлогов
страница 303

Предлоги и падежи
страница 304

Многозначность предлогов
страница 305

Предлог В с винительным падежом
страница 306

Предлог В с предложным падежом
страница 307

Предлог НА с винительным падежом
страница 308

Предлог НА с предложным падежом
страница 309

Предлог ЗА с винительным падежом
страница 310

Предлог ЗА с творительным падежом
страница 311

Предлог ПОД с винительным
падежом
страница 312

Предлог ПОД с творительным
падежом
страница 313

Предлог ПЕРЕД с творительным
падежом
страница 314

Предлог НАД с творительным
падежом
страница 314

Предлог МЕЖДУ с творительным
падежом
страница 315

Предлог ПРИ с предложным падежом
страница 315

Предлог С с творительным падежом
страница 316

Предлог С с родительным падежом
страница 317

Предлог ОТ с родительным падежом
страница 318

Предлог ИЗ с родительным падежом
страница 319

Предлог У с родительным падежом
страница 320

Предлог ОКОЛО с родительным
падежом
страница 321

Предлог К с дательным падежом
страница 322

Предлог ПО с дательным падежом
страница 323

Предлоги ИЗ-ЗА и ИЗ-ПОД
с родительным падежом
страница 324

Предлоги ЧЕРЕЗ и СКВОЗЬ
с винительным падежом
страница 324

Ошибки в употреблении предлогов
страница 325

НАРЕЧИЕ
страницы 326–337

Наречия места
страница 326

Образование наречий места
страница 330

Наречия места с неопределенными частицами -ТО, -НИБУДЬ, КОЕ-
страница 331

Наречия места с отрицательными частицами НЕ и НИ
страница 331

Наречия времени
страница 332

Наречия образа действия
страница 334

Количественные наречия
страница 335

Предикативные наречия
страница 336

СОЮЗЫ И СОЮЗНЫЕ СЛОВА
страницы 338–347

Союз И
страница 338

Союзы ТАКЖЕ, ТОЖЕ, НЕ ТОЛЬКО..., НО И
страница 339

Союз А
страница 340

Союз НИ... НИ
страница 340

Союзы НО, ОДНАКО, ЗАТО, А ТО
страница 340

Союзы А, И, НО
страница 341

Союзы ИЛИ, ИЛИ... ИЛИ
страница 342

Союз ТО..., ТО
страница 342

Союзы ПОТОМУ ЧТО, ТАК КАК, ИБО, БЛАГОДАРЯ ТОМУ, ЧТО, ИЗ-ЗА ТОГО, ЧТО
страница 342

Союз ЧТОБЫ, ДЛЯ ТОГО ЧТОБЫ
страница 343

Союз ЧТОБЫ
страница 344

Союз ЧТО
страница 345

Союзы КОГДА, КАК ТОЛЬКО, ПРЕЖДЕ ЧЕМ, С ТЕХ ПОР КАК, ПОКА, ПОКА НЕ, ПОСЛЕ ТОГО КАК, ДО ТОГО КАК
страница 346

Союзы ЕСЛИ и ЕСЛИ БЫ
страница 347

Союз ЛИ
страница 347

Союз КАК, КАК БУДТО
страница 347

СЛОВООБРАЗОВАНИЕ
страницы 348–351

АЛФАВИТ
Аа Бб Вв
Гг Дд Ее
Ёё Жж Зз
Ии Йй Кк
Лл Мм Нн
Оо Пп Рр
Сс Тт Уу
Фф Хх Цц
Чч Шш Щщ
Ъъ Ыы Ьь
Ээ Юю Яя

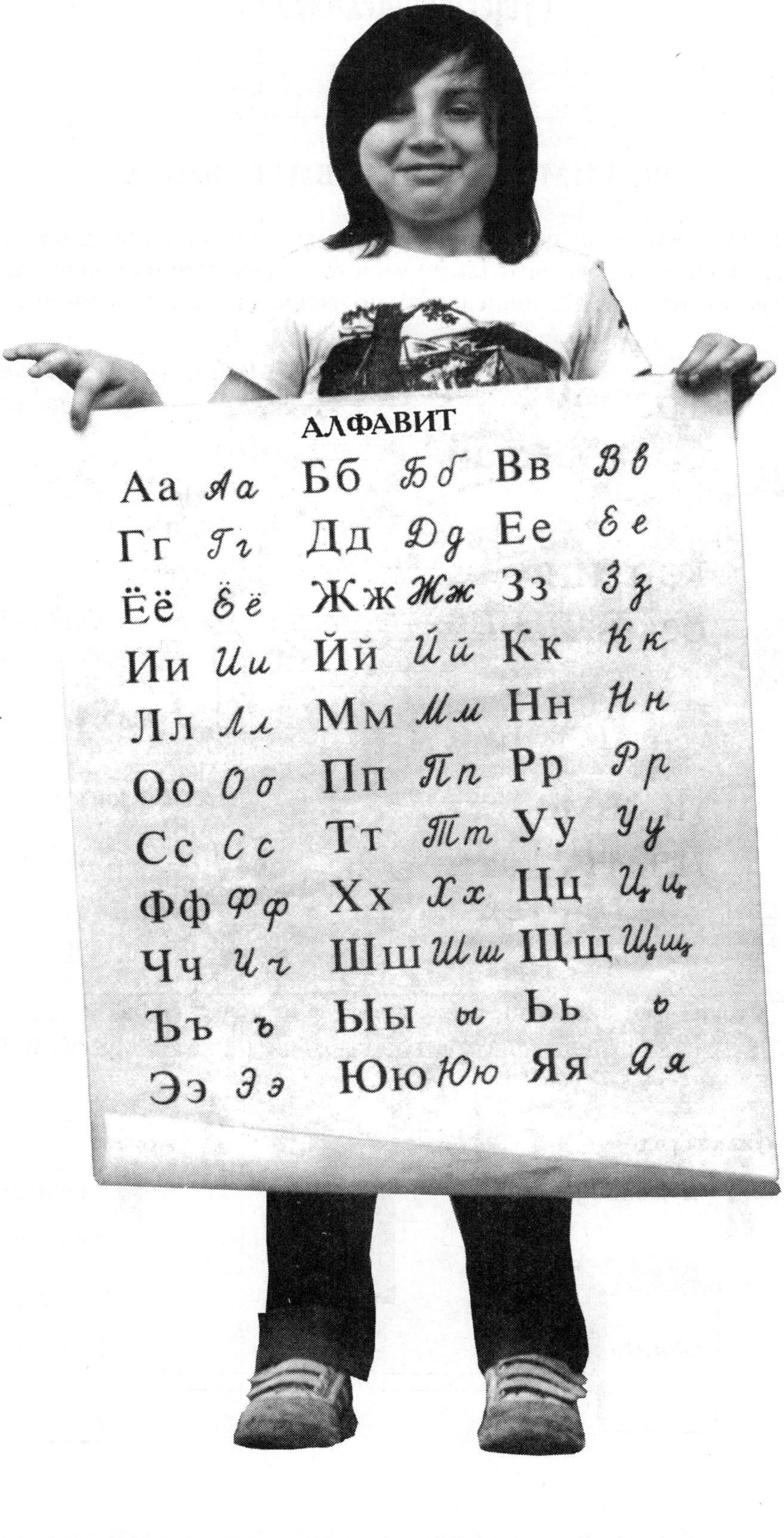

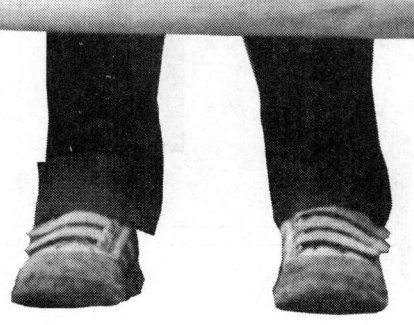

РОД ИМЁН СУЩЕСТВИТЕЛЬНЫХ

Для обозначения живых существ, предметов, явлений и абстрактных понятий в русском языке употребляются существительные **мужского**, **женского** и **среднего рода**.
Род существительного можно определить по **окончанию** или конечной согласной.

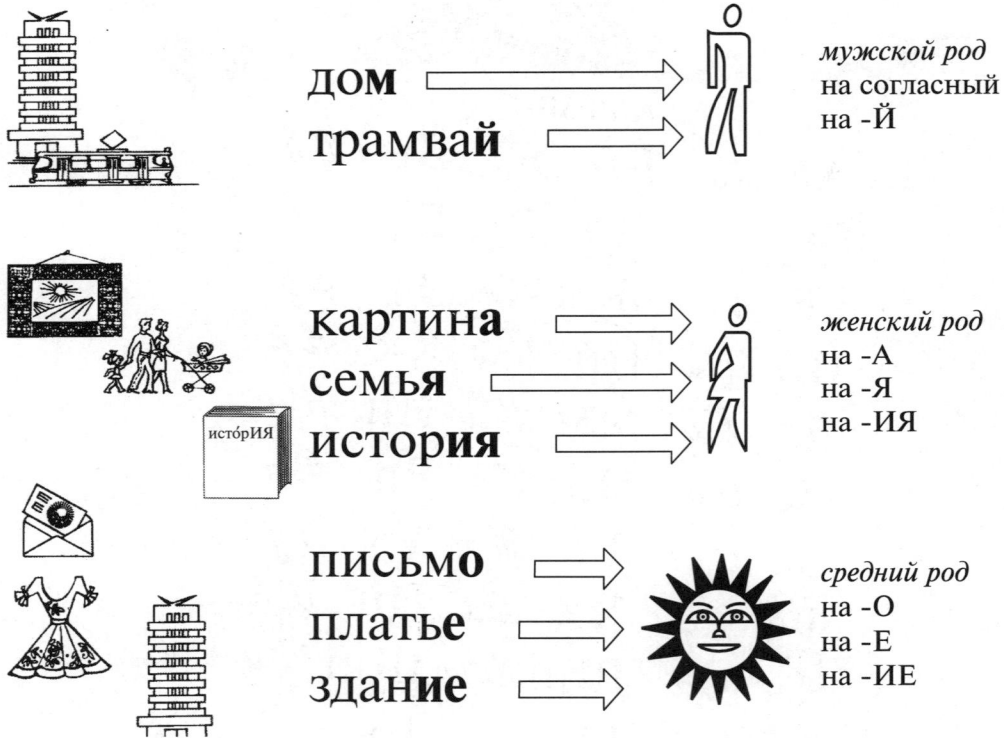

Особую группу составляют существительные, имеющие на конце -Ь. Они могут быть *мужского* или *женского рода*.

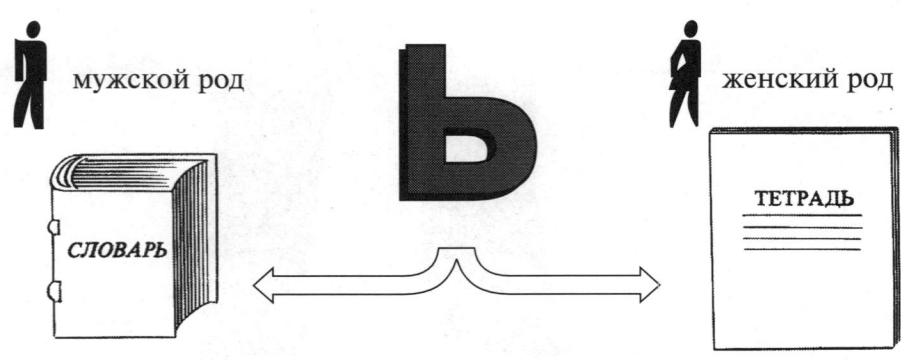

Имя существительное

СУЩЕСТВИТЕЛЬНЫЕ НА СОГЛАСНЫЙ И -Й ВСЕГДА МУЖСКОГО РОДА

К Г Х	Ш Ж	Ч Щ
спу́тниК	карандА́Ш	мяЧ
ма́льчиК	ноЖ	плаЩ
шко́льниК		
ОлéГ		
орéХ		

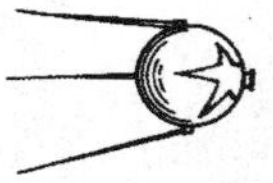

Б В Д З Л М Н П Р С Т Ф Ц – Й[1]

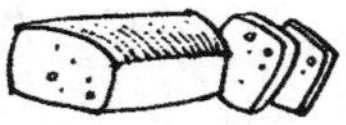

хлеБ	костю́М	 леС
 о́строВ	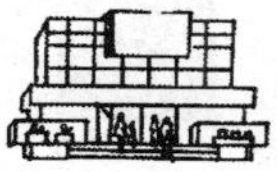 магази́Н	 космона́вТ
 по́езД	 теа́тР	 шарФ
 глаЗ	 авто́буС	 ме́сяЦ
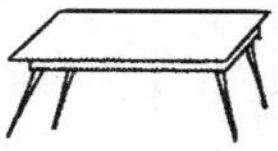 стоЛ		 музе́Й

 **СЛОВАРЬ**

биле́т   журна́л
вагóн   заво́д
вокза́л   класс
вопро́с   ключ
врач   лимо́н
вход   па́мятник
герб   са́хар
дом   тра́ктор

---

[1] В русском языке существительных *мужского рода*, оканчивающихся на -Й, немного. Например: геро́Й, урожа́Й, чаЙ и некоторые другие.

18 Имя существительное

СУЩЕСТВИТЕЛЬНЫЕ НА -А, -Я, -ИЯ ЖЕНСКОГО РОДА[1]

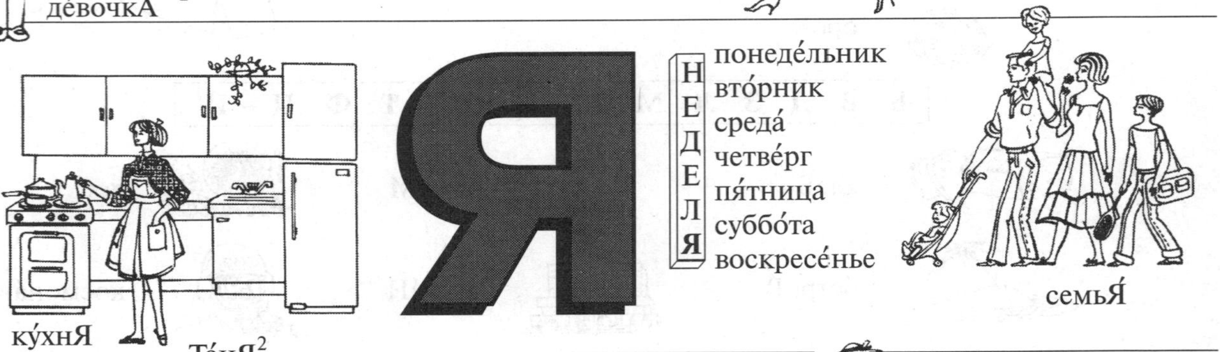

учительницА, ученицА, книгА, доскА, звездА, лунА, женщинА, картинА, девочкА, рыбА

кухнЯ, ТанЯ[2], НЕДЕЛЯ: понедельник, вторник, среда, четверг, пятница, суббота, воскресенье, семьЯ

демонстрацИЯ, линИЯ, МарИЯ, химИЯ, географИЯ, историЯ

СЛОВАРЬ

буква	работа	деревня	армия
вода	лампа	земля	организация
голова	машина	песня	профессия
задача	страна	статья	станция
комната	улица	идея	фамилия

Большинство существительных *женского рода* оканчивается на -А и совсем немного на -Я. Большая часть существительных *женского рода иностранного происхождения* оканчивается на -ИЯ.

---
[1] Исключение составляет небольшая группа существительных *мужского рода* (см. с. 22).
[2] Полные и уменьшительные женские имена также оканчиваются на -А, -Я или -ИЯ: *ЕкатеринА — КатЯ, ТатьянА — ТанЯ, МарИЯ — МашА*.

Имя существительное

СУЩЕСТВИТЕЛЬНЫЕ НА -О, -Е, -ИЕ И -МЯ ВСЕГДА СРЕДНЕГО РОДА

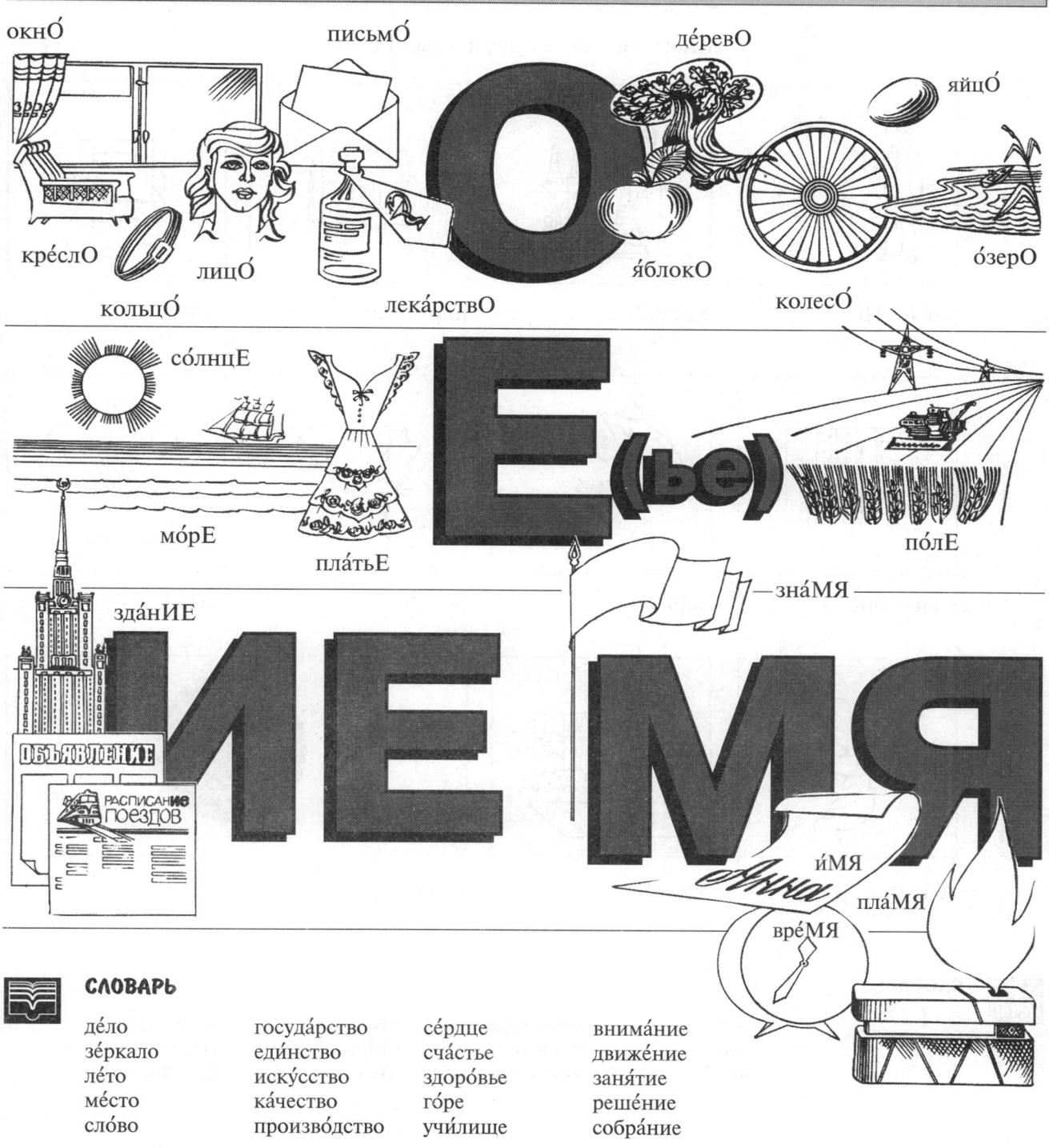

СЛОВАРЬ

де́ло	госуда́рство	се́рдце	внима́ние
зе́ркало	еди́нство	сча́стье	движе́ние
ле́то	иску́сство	здоро́вье	заня́тие
ме́сто	ка́чество	го́ре	реше́ние
сло́во	произво́дство	учи́лище	собра́ние

Большинство существительных *среднего рода* оканчивается на -ИЕ. Это обычно отглагольные существительные, обозначающие абстрактные понятия или действия. Небольшое число существительных на -О обозначает предметы, а на -СТВО — абстрактные понятия или действия. На -МЯ оканчивается всего несколько слов.

Имя существительное

СУЩЕСТВИТЕЛЬНЫЕ МУЖСКОГО РОДА НА -Ь

(Многие из них с суффиксом -ТЕЛЬ)

   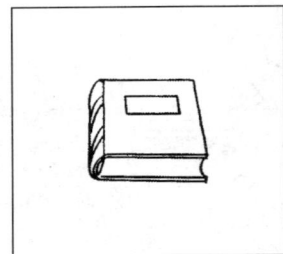

учиТЕЛЬ   КремлЬ   портфéлЬ   словáрЬ

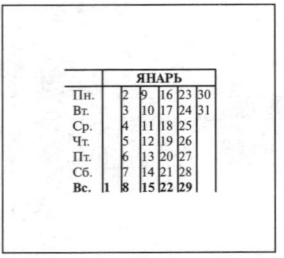 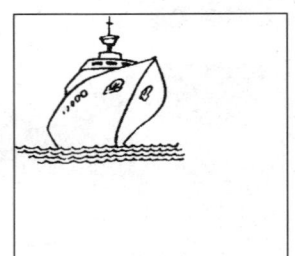 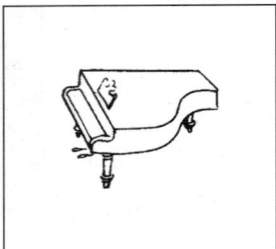 

календáрЬ   корáблЬ   роя́лЬ   дождЬ

 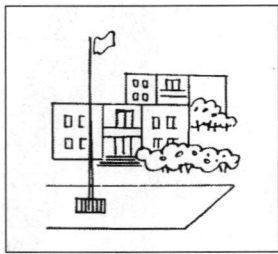 

гóлубЬ   лáгерЬ   рублЬ

 СЛОВАРЬ

гость	картóфель	ноль	секретáрь
день	кáшель	огóнь	ýголь
зверь	контрóль	путь	фестивáль

Существительных *мужского рода* на -Ь немного. Большая часть их имеет суффикс -ТЕЛЬ: *учиТЕЛЬ, жиТЕЛЬ, зриТЕЛЬ* (лица мужского рода) ; *двигаТЕЛЬ, выключáТЕЛЬ* (предметы мужского рода).

Некоторые существительные на -Ь заимствованы из других языков. Например, названия месяцев: *апрéлЬ, июлЬ* и другие; названия предметов: *цúркулЬ, портфéлЬ, картóфелЬ*.

Имя существительное 21

СУЩЕСТВИТЕЛЬНЫЕ ЖЕНСКОГО РОДА НА -Ь

(Большая часть из них с суффиксом -ОСТЬ)

 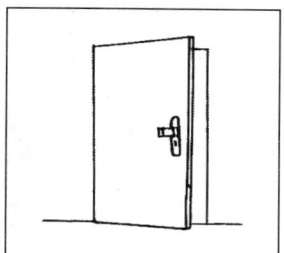 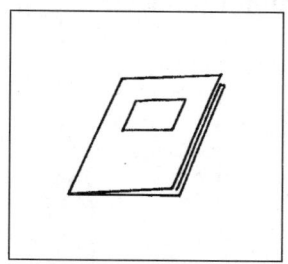 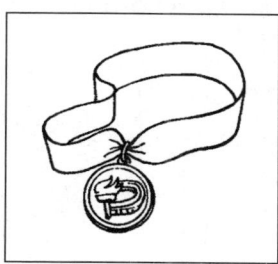

матЬ　　　　дочЬ　　　　　дверЬ　　　　　　　тетрáдЬ　　　　　　　медáлЬ

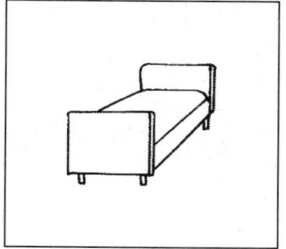   

кровáтЬ　　　　　　　　ночЬ　　　　　　　　óсенЬ　　　　　　　　солЬ

 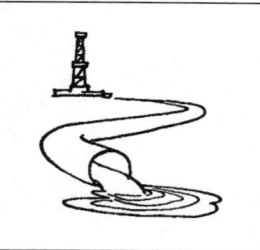  

лóшадЬ　　　　　　　　нефтЬ　　　　　　　плóщадЬ　　　　　　　цепЬ

Существительных *женского рода* на -Ь сравнительно немного. Большая часть их с суффиксом -ОСТЬ. Эти существительные обозначают абстрактные понятия: *нóвОСТЬ, скóрОСТЬ, мóлодОСТЬ, смéлОСТЬ, специáльнОСТЬ*.
Некоторые существительные на -Ь заимствованы из других языков. Например: *медáлЬ, акварéлЬ, морáлЬ*.

 СЛОВАРЬ

болéзнь	кровь	пáмять	соль
вещь	любóвь	пóмощь	сталь
власть	мéлочь	рáдость	стéпень
детáль	молодёжь	речь	степь
жизнь	нéнависть	роль	цель
кость	óбласть	связь	часть

Имя существительное

СУЩЕСТВИТЕЛЬНЫЕ МУЖСКОГО РОДА НА -А, -Я

Небольшое количество часто употребляющихся существительных, обозначающих лиц мужского пола, оканчивается на -А, -Я: *мужчинА, юношА, дедушкА, папА*[1], *дядЯ* и т. д.

мужчинА и юношА

— ПапА приехал!

дедушкА и дядЯ КолЯ

АлёшА и ПетЯ

Уменьшительные мужские имена в большинстве своём оканчиваются на -А, -Я: *Александр — СашА* или *ШурА, Алексей — АлёшА, Пётр — ПетЯ, Николай — КолЯ, Константин — КостЯ*.

 ОБРАТИТЕ ВНИМАНИЕ на согласование!

    МоЙ браТ СашА — красивЫЙ юношА.
    Мой друГ АлёшА пришёЛ.
    НаШ любимЫЙ дедушкА приехаЛ.
    ДядЯ КолЯ приехаЛ.

Притяжательные местоимения и прилагательные согласуются с существительными, т. е. стоят в том же роде.

---

[1] Слово *папА* употребляется в обращении.

Имя существительное

РОД ОДУШЕВЛЁННЫХ СУЩЕСТВИТЕЛЬНЫХ

Существительные, обозначающие **живых существ** (людей и животных), бывают только *мужского и женского* рода[1].

ребёнок и котёнок девочка и собака мальчик и лошадь

Грамматический **род** одушевлённых существительных **определяется**:
а) естественным **полом** человека или животного (домашние животные различного пола часто обозначаются различными словами: *бык — корова, петух — курица*);

б) **окончанием** существительного. Например: существительное *слон — мужского рода*, а существительное *обезьянА — женского рода*.

Существительные, обозначающие малышей и оканчивающиеся на суффиксы -ЁНОК, -ОНОК, независимо от естественного пола, всегда *мужского рода*: *телЁНОК, цыплЁНОК, котЁНОК, медвежОНОК, ребЁНОК*.

ребёнок ребёнок

 ОБРАТИТЕ ВНИМАНИЕ на согласование!

Род существительного определяет род местоимений и прилагательных, употребляющихся вместе с ним.

ЭтоТ маленькИЙ мальчиК ...
ЭтА маленькАЯ девочкА ...
ЭтО маленькОЕ деревО ...

От рода существительного-подлежащего зависит окончание глагола-сказуемого в прошедшем времени.

Наш но**вый** учитеЛЬ пришёЛ.
На**ша** но**вая** учительницА пришлА.
НаступиЛО жаркое летО.

---

[1] Исключение составляют слова: *дитя, животное — среднего рода*.

24 Имя существительное

РОД СУЩЕСТВИТЕЛЬНЫХ, ОБОЗНАЧАЮЩИХ ПРОФЕССИИ

Существительные, обозначающие **профессии**, бывают *мужского и женского рода*: *учи́тель — учи́тельница, тракори́ст — тракори́стка.*

учи́тель

учи́тельница

Однако большинство существительных, обозначающих профессии, традиционно *мужского рода*.

Он врач. Он архите́ктор. Он агроно́м. Он профе́ссор.

Она́ врач. Она́ архите́ктор. Она́ агроно́м. Она́ профе́ссор.

Он води́тель. Он касси́р. Он почтальо́н. Он фото́граф.

Она́ води́тель. Она́ касси́р. Она́ почтальо́н. Она́ фото́граф.

⚠️ **ОБРАТИТЕ ВНИМАНИЕ** на согласование!

Он — о́пытн**ый** врач.
Петро́**в** — молодо́**й** агроно́м.
Прие́хал до́ктор Ивано́**в**.
Уважа́**емый** профе́ссор Соколо́**в**!

Она́ — о́пытн**ый** врач.
Петро́**ва** — молодо́**й** агроно́м.
Прие́хала до́ктор Ивано́**ва**.
Уважа́**емая** профе́ссор Соколо́**ва**!

Имя существительное

РОД ЗАИМСТВОВАННЫХ СУЩЕСТВИТЕЛЬНЫХ

Многие существительные иноязычного происхождения (имена собственные, фамилии и географические названия) имеют нетипичные для русского языка окончания -И, -У, -Ю (имена собственные и фамилии могут оканчиваться на -О и -Е, женские имена собственные и фамилии — на согласный). Эти существительные не изменяются ни по числам, ни по падежам. Фамилии и имена собственные с такими окончаниями могут быть как **мужского**, так и **женского** рода.

К мужскому роду относятся:

а) мужские имена и фамилии: *наш ма́ленький Хосе́, вели́кий Гёте, президе́нт Не́ру*;
б) названия городов и островов: *многомиллио́нный То́кио, живопи́сный Ка́при*.

К женскому роду относятся:

а) женские имена и фамилии: *Эми́ли, Карме́н, Жени́, знамени́тая Виардо́*;
б) названия рек: *широ́кая Миссиси́пи*;
в) названия газет: *францу́зская «Юмани́те»*.

К среднему роду относятся:

названия неодушевлённых предметов: *но́вое пальто́, широ́кое шоссе́, звуково́е кино́*.

ЧИСЛО ИМЁН СУЩЕСТВИТЕЛЬНЫХ

ОБРАЗОВАНИЕ МНОЖЕСТВЕННОГО ЧИСЛА

Имя существительное в русском языке изменяется **по числам**. Оно может быть в **единственном** и во **множественном числе**. Показателем **множественного числа** является **окончание**.

1. единственное число   множественное число

стоЛ — столЫ
картинА — картинЫ   -Ы

Существительные *мужского рода* на твёрдый согласный[1] и существительные *женского рода* на -А имеют во *множественном числе* окончание -Ы.

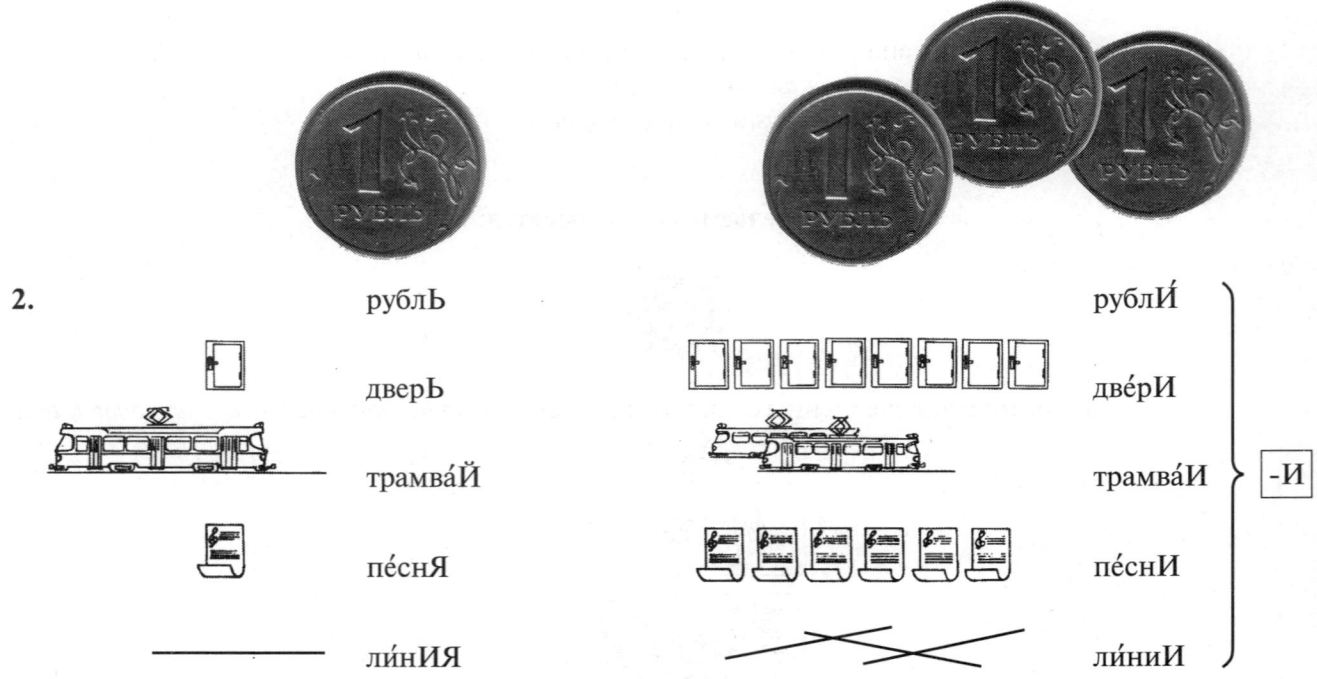

2. рубльЬ — рублИ
дверЬ — двЕрИ
трамвайЙ — трамваИ   -И
песняЯ — песнИ
линИЯ — линиИ

Существительные, оканчивающиеся на -Ь, -Й, -Я и -ИЯ, имеют во *множественном числе* окончание -И.

---

[1] Некоторые существительные *мужского рода* во *множественном числе* теряют гласный основы (О или Е): *угол — углы*, *американец — американцы* (см. «Беглые гласные»).

Имя существительное 27

3. ЗАПОМНИТЕ «золотое» правило русской орфографии.

После К Г Х
Ч Щ
Ж Ш
никогда не пишется Ы, а пишется И.

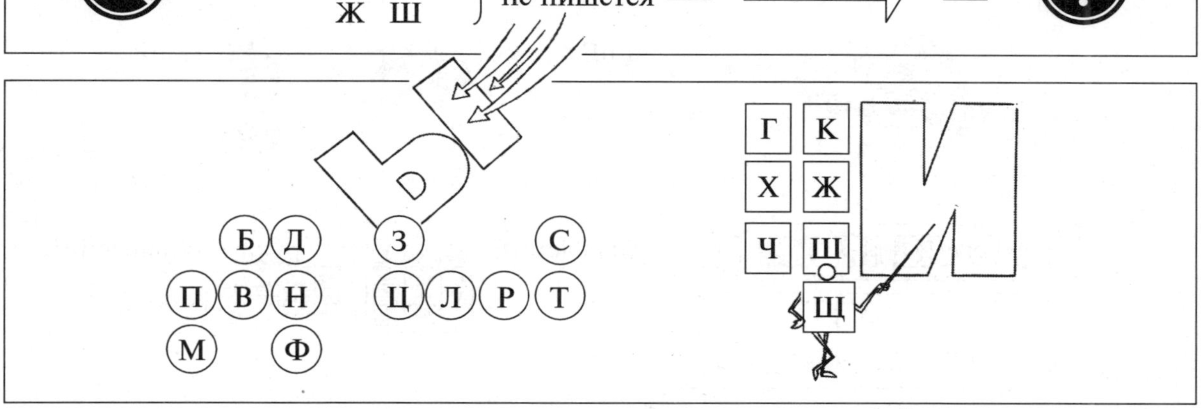

мáльчиК и дéвочКа — мáльчикИ и дéвочкИ
ноГá — нóГи
орéХ — орéхИ
мяЧ — мячИ́
плаЩ — плащИ́
ноЖ — ножИ́
карандáШ — карандашИ́

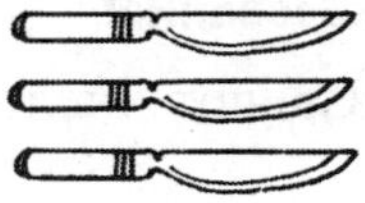

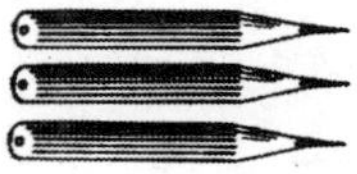

} -И

Существительные *мужского* и *женского рода* с основой на К, Г, Х и Ч, Щ, Ж, Ш во *множественном числе* имеют окончание -И.

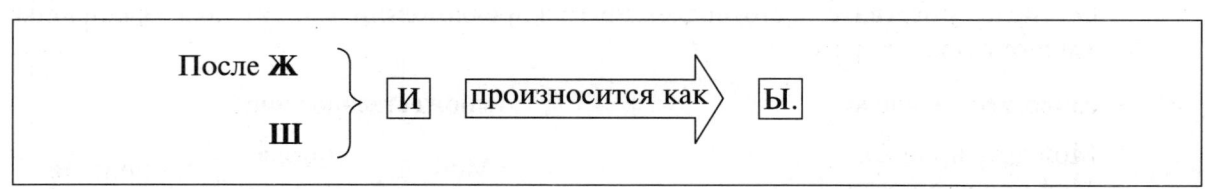

После Ж
Ш
} И произносится как Ы.

4.

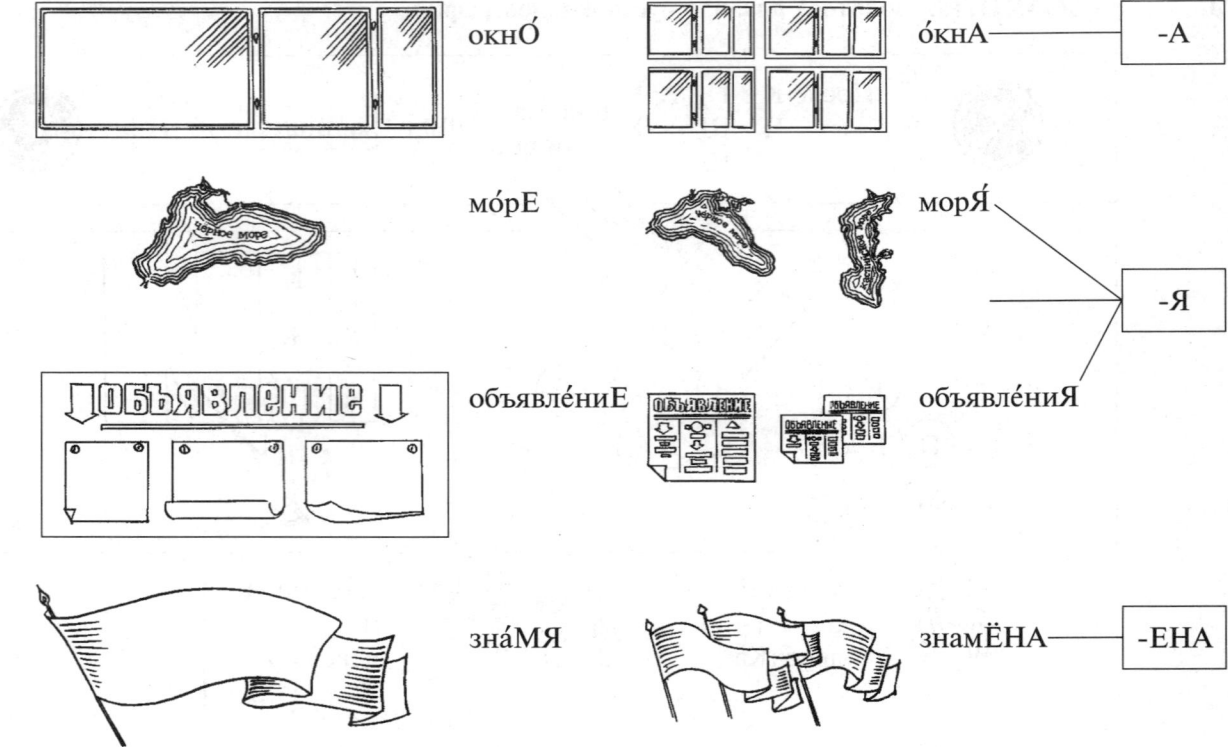

Окончания существительных *среднего рода* во *множественном числе* также зависят от их окончаний в *единственном числе*.

Существительные на -О   имеют окончание   -А
                      -Е   -Я
                      -МЯ   -ЕНА

При этом у двусложных (состоящих из двух слогов) существительных ударение переходит
    с окончания на основу: *окнó — óкнА, письмó — пúсьмА*
    или с основы на окончание: *мóре — морЯ́, пóле — полЯ́*

Существительные на -МЯ во *множественном числе* имеют форму на -ЕНА с ударением на конечном -А: *врéмя — времЕНÁ, úмя — имЕНÁ, сéмя — семЕНÁ*, но: *знáмя — знамЁНА*.

 ОБРАТИТЕ ВНИМАНИЕ на согласование!

От числа **существительного** зависит число местоимения и прилагательного, употребляющегося вместе с ним.

единственное число   **множественное число**

Э́тот мáленький мáльчик...
Э́та мáленькая дéвочка...   Э́ти мáленькие ⟨ мáльчики... / дéвочки... / дерéвья...
Э́то мáленькое дéрево...

От числа **существительного-подлежащего** в предложении зависит также **форма глагола-сказуемого** в прошедшем времени.

единственное число   **множественное число**

Мой друг пришёл.
Моя́ подрýга пришлá.   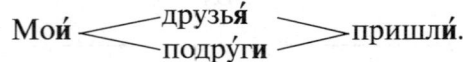

Имя существительное 29

ОСОБЫЕ СЛУЧАИ ОБРАЗОВАНИЯ МНОЖЕСТВЕННОГО ЧИСЛА СУЩЕСТВИТЕЛЬНЫХ

1.

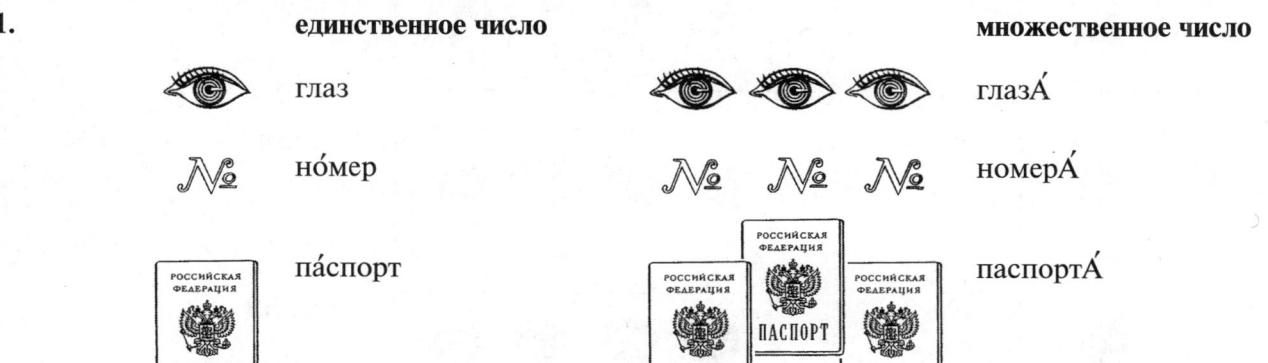

единственное число	множественное число
глаз	глазА́
но́мер	номерА́
па́спорт	паспортА́

Некоторые существительные *мужского рода* имеют *во множественном числе* окончания -А или -Я. <u>Ударение в этом случае падает на окончание.</u>

 СЛОВАРЬ

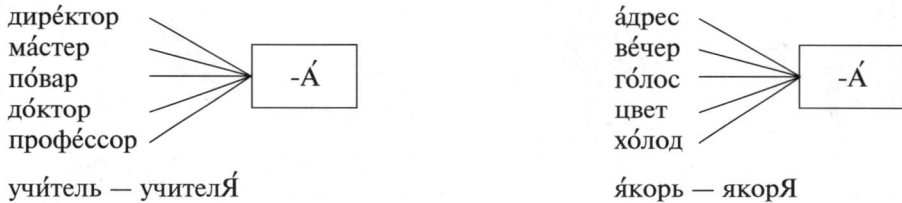

дире́ктор, ма́стер, по́вар, до́ктор, профе́ссор → -А́

а́дрес, ве́чер, го́лос, цвет, хо́лод → -А́

учи́тель — учителЯ́   я́корь — якорЯ́

Окончание -Я имеют некоторые существительные *мужского рода* на -Ь.

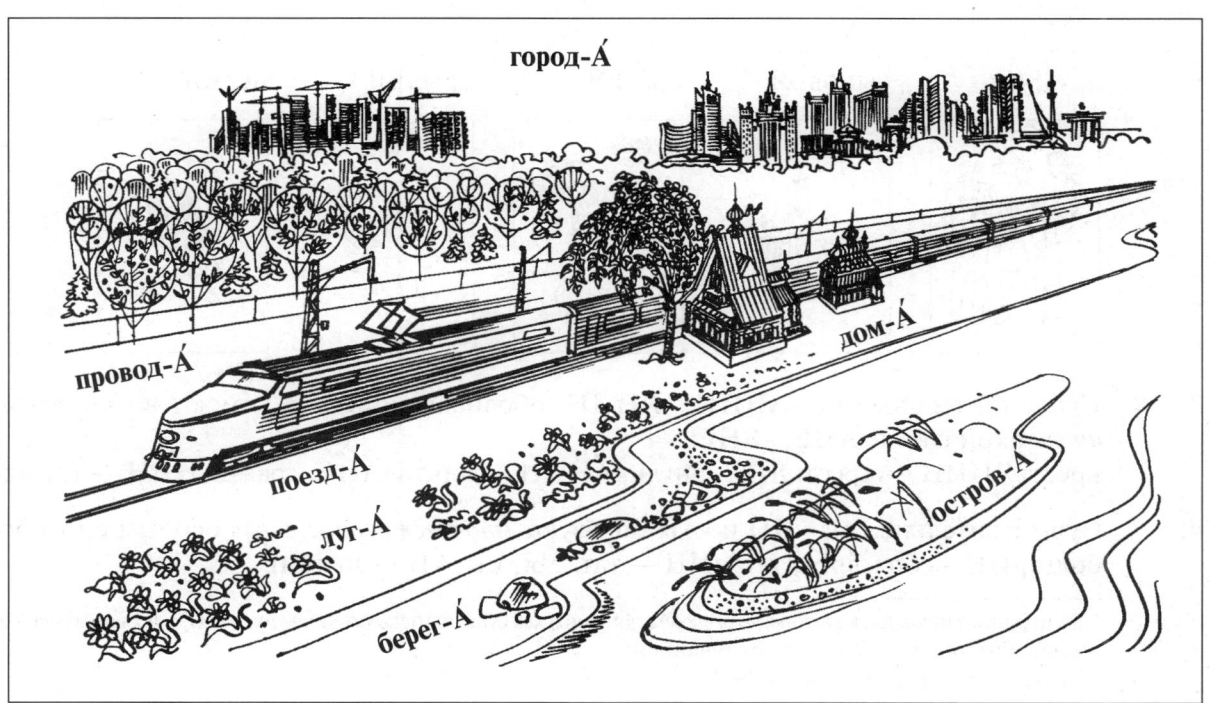

2.

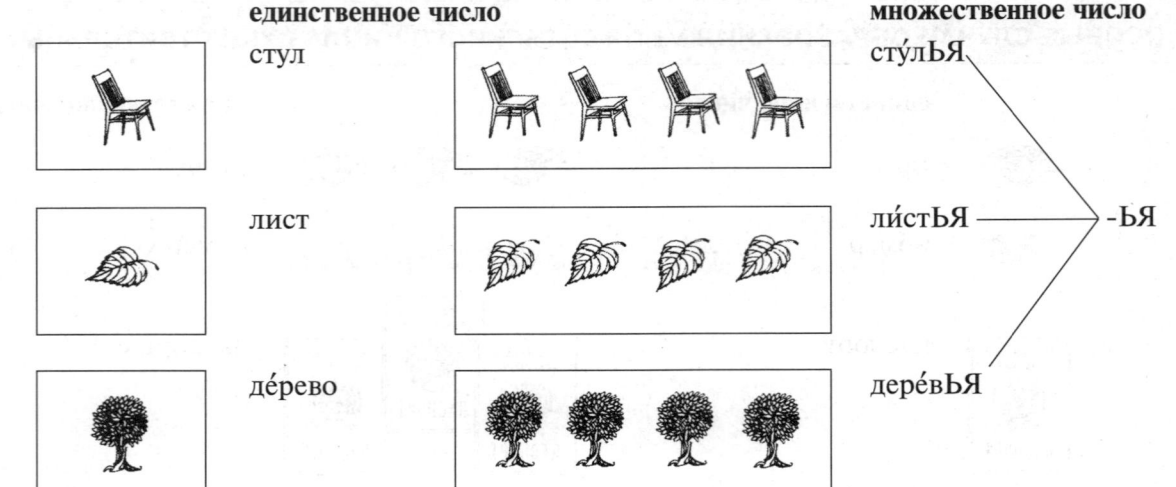

единственное число — множественное число: стул — сту́лЬЯ, лист — ли́стЬЯ, де́рево — дере́вЬЯ → -ЬЯ

Некоторые существительные *мужского рода* на твёрдый согласный и *среднего рода* на -О имеют во *множественном числе* окончание -ЬЯ[1].

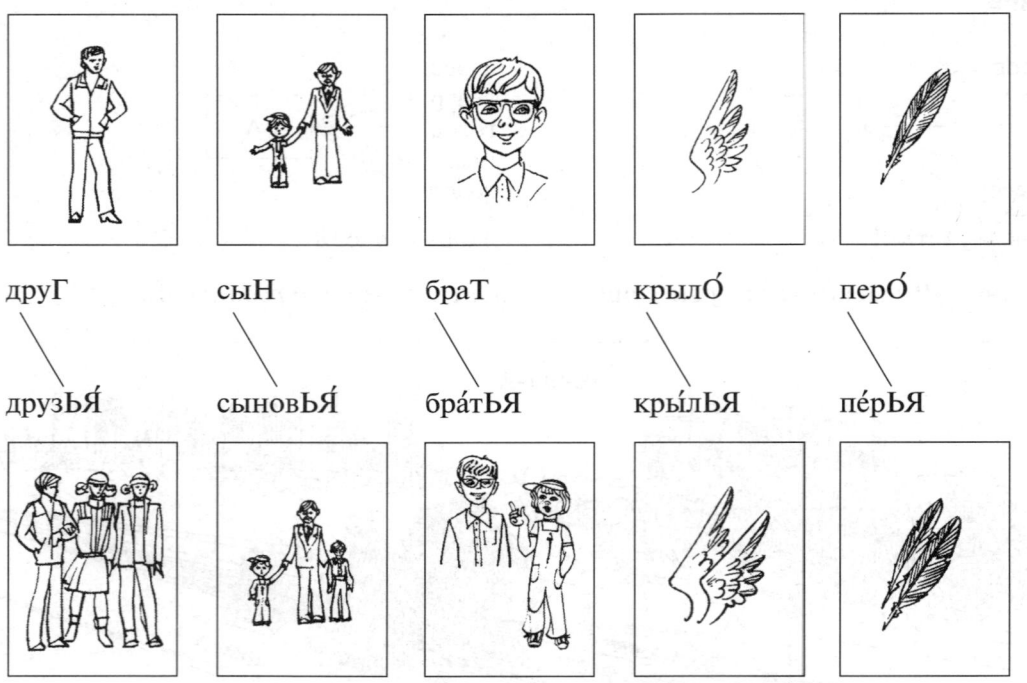

друГ — друзЬЯ́
сыН — сыновЬЯ́
браТ — бра́тЬЯ
крылО́ — кры́лЬЯ
перО́ — пе́рЬЯ

3. Существительные на -АНИН, -ЯНИН, обозначающие лиц, имеют во *множественном числе* окончания -АНЕ, -ЯНЕ:
крестьЯ́НИН — крестьЯ́НЕ, англича́НИН — англича́НЕ, граждАНИ́Н — гра́ждАНЕ

4. Существительные на -ИН и -АН образуют *множественное число* особым способом:
болга́рИН — болга́рЫ, тата́рИН — тата́рЫ, цыгА́Н — цыга́нЕ

---

[1] Эти существительные в *единственном числе* склоняются как существительные *ма́льчик, стол*, а во *множественном числе* имеют мягкий знак (-Ь) перед окончанием:
брат, бра́та, бра́ту, бра́том, о бра́те
бра́тья, бра́тьев, бра́тьям, бра́тьями, о бра́тьях

Имя существительное

5. Отдельные существительные образуют *множественное число* следующим образом.

мать и дочь	ребёнок	человек	цветок	яблоко	судно
ма́тери и до́чери	**де́ти**	**лю́ди**	**цветы́**	**я́блоки**	**суда́**

Наряду с формой *множественного числа* существительного *де́ти* встречается и форма *ребя́та*, чаще всего в обращении.

В разговорной речи слово *ребя́та* может относиться к мальчикам или юношам:

    ребя́та из на́шего кла́сса (ма́льчики)
    ребя́та из на́шей гру́ппы (студе́нты)

 ЗАПОМНИТЕ!

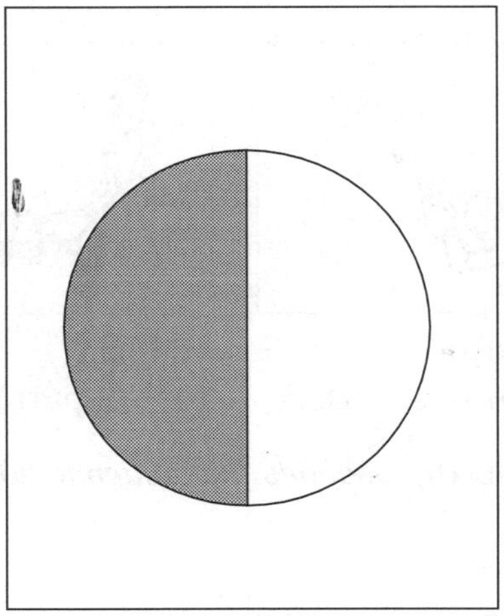

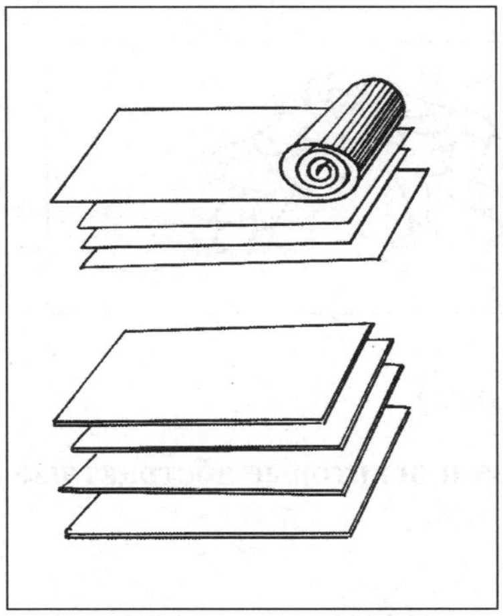

цвето́к	цвет {чёрный, бе́лый}	лист {бума́ги, карто́на}	лист расте́ния
цветы́	**цвета́**	**листы́**	**ли́стья**

Имя существительное

СУЩЕСТВИТЕЛЬНЫЕ, ИМЕЮЩИЕ ФОРМУ ТОЛЬКО ЕДИНСТВЕННОГО ЧИСЛА

Некоторые существительные употребляются только в *единственном числе*. Это существительные, обозначающие:

а) **вещества**:   б) **продукты**:

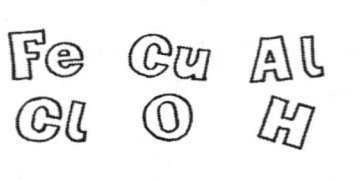 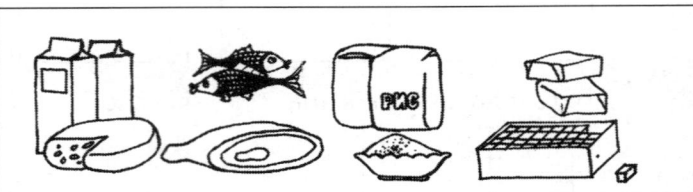

желе́зо, медь, алюми́ний   молоко́, ры́ба, рис, ма́сло
хлор, кислоро́д, водоро́д   сыр, мя́со, соль, са́хар

в) **совокупность предметов и лиц** (собирательные понятия):

 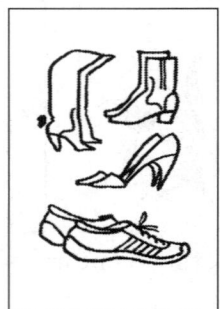   

оде́жда   о́бувь   посу́да   ме́бель   молодёжь

г) **некоторые действия**:

борьба́   охо́та   убо́рка   пла́вание
(от боро́ться) (от охо́титься) (от убира́ть) (от пла́вать)

д) **чувства и некоторые абстрактные понятия**: *любо́вь, не́нависть, здоро́вье*

 СЛОВАРЬ

зо́лото	интеллиге́нция	внима́ние	вражда́
серебро́	крестья́нство	добро́	го́лод
у́голь	челове́чество	мо́лодость	зави́симость
хло́пок	рисова́ние	по́мощь	темнота́
таба́к	чте́ние	сла́ва	шум

Имя существительное 33

е) некоторые овощи и ягоды:

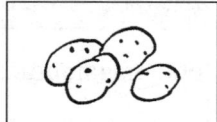 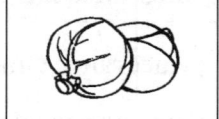 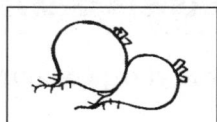  

картофель — капуста — свёкла — морковь — редис

лук — чеснок — горох — фасоль — петрушка

 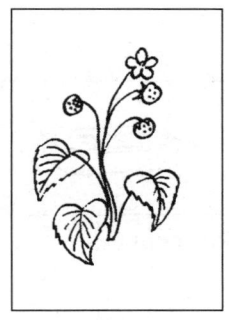 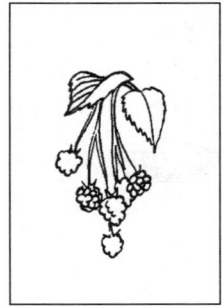 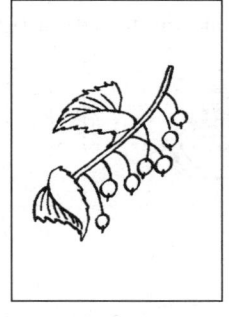 

виноград — земляника — малина — смородина — клюква

ОБРАТИТЕ ВНИМАНИЕ на согласование!

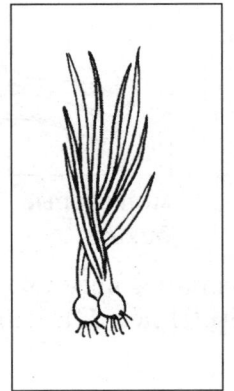 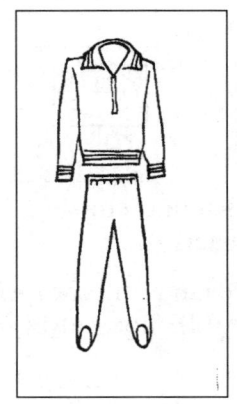 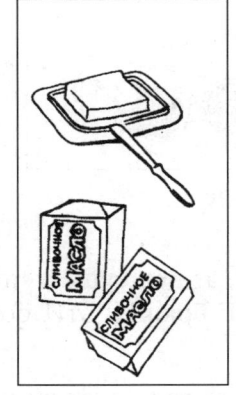 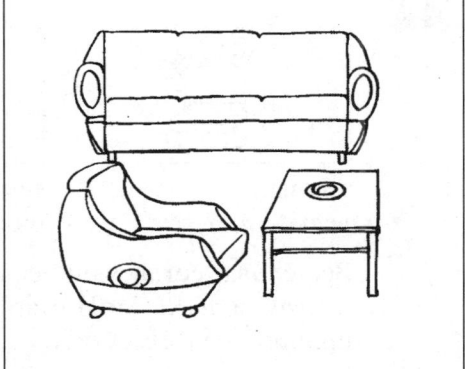

зелён**ый** лук — спортив**ная** одежда — сливочн**ое** масло — нов**ая** мебель

Все слова, согласующиеся с этими существительными, употребляются также в *единственном числе*: В шкафу висе**ла** моя́ спорти́вная оде́жда. На столе́ лежа́**ло** сли́вочное ма́сло.

Имя существительное

СУЩЕСТВИТЕЛЬНЫЕ, ИМЕЮЩИЕ ФОРМУ ТОЛЬКО МНОЖЕСТВЕННОГО ЧИСЛА

Только во *множественном числе* употребляются существительные, обозначающие:

а) **предметы, состоящие из двух или нескольких одинаковых частей**:

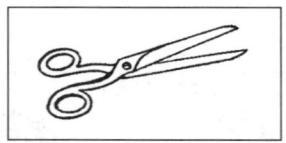  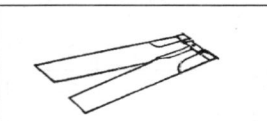 

но́жницы   очки́   брю́ки   весы́

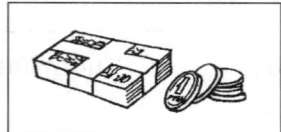 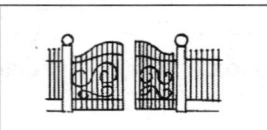  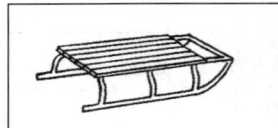

де́ньги   воро́та 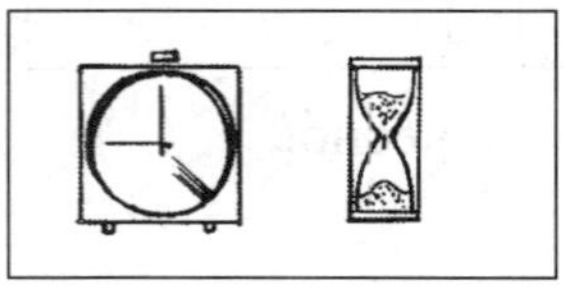   часы́   са́нки

б) **некоторые вещества и продукты**:

 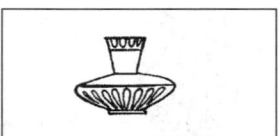 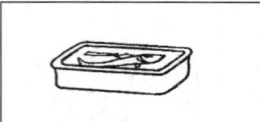 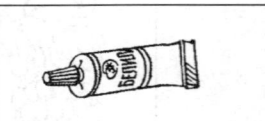

черни́ла   духи́   консе́рвы   бели́ла (кра́ска для худо́жника)

в) **некоторые абстрактные понятия**: *бу́дни, су́тки, переговоры, вы́боры, кани́кулы.*

 ОБРАТИТЕ ВНИМАНИЕ на согласование!

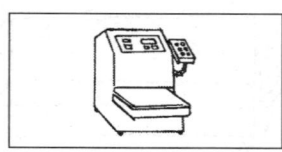  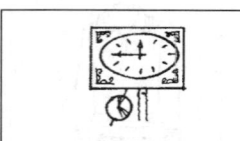 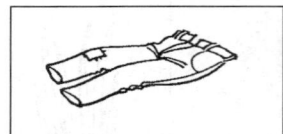

1. то́чные весы́   тёмные очки́   на́ши стенны́е часы́   мои́ ста́рые брю́ки

Все слова, согласующиеся с этими существительными, употребляются также во *множественном числе*: моИ́ ста́рЫЕ брю́кИ, э́тИ о́стрЫЕ но́жницЫ, бы́лИ ле́тнИЕ кани́кулЫ, прошлИ́ це́лЫЕ су́ткИ.

2. Когда важно подчеркнуть, что речь идёт об одном предмете или понятии, употребляется числительное **одни́**:

одни́ часы́   одни́ брю́ки   одни́ су́тки

Когда речь идёт о нескольких (2, 3, 4, ... 7) предметах, употребляются собирательные числительные (см. с. 186): **дво́е** су́ток, **че́тверо** су́ток.

СУЩЕСТВИТЕЛЬНЫЕ ИНОЯЗЫЧНОГО ПРОИСХОЖДЕНИЯ НА *-О, -Е, -И, -Ю, -У*

Большинство таких существительных, обозначающих неодушевлённые предметы, относится к *среднему роду* и не имеет формы *множественного числа*: кино́, пальто́, метро́, кафе́, шоссе́, такси́, жюри́, меню́, интервью́, ревю́ и т. д.

моё
пальто́

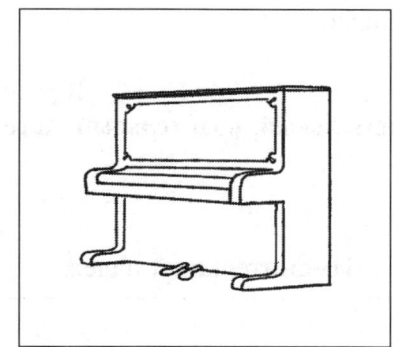

на́ше
пиани́но

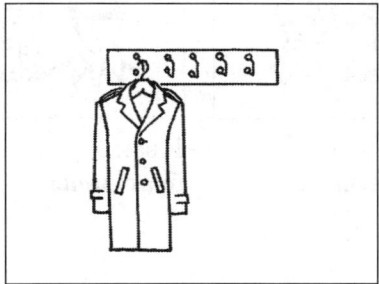

На ве́шалке
висе́ло
моё
пальто́.

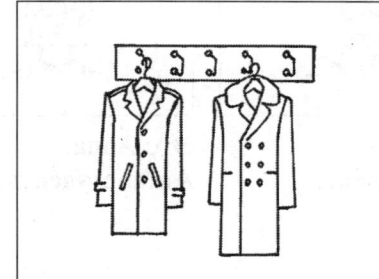

На ве́шалке
висе́ли
мои́
пальто́.

широ́кое
шоссе́

маршру́тное
такси́

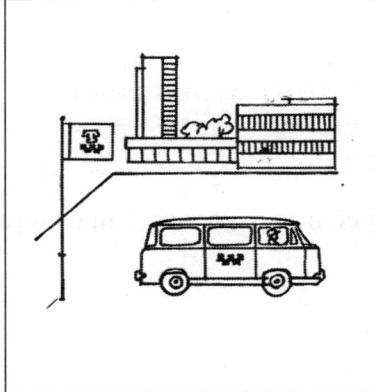

На пло́щади
стоя́ло
маршру́тное
такси́.

На пло́щади
стоя́ли
маршру́тные
такси́.

ПАДЕЖИ ИМЁН СУЩЕСТВИТЕЛЬНЫХ

В русском языке имена существительные в зависимости от того, какую роль в предложении они выполняют, могут изменяться по форме, получая различные окончания. Эти различные формы имён существительных называются **падежными** формами, а окончания — **падежными** окончаниями.

В русском языке **6 падежей**:
именительный, родительный, дательный, винительный, творительный, предложный.

Именительный падеж

Это **Иван**.
Иван **студент**.

Это **Анна**.
Анна **студентка**.

Родительный падеж

Анна сестра **Ивана**.

Иван брат **Анны**.

Дательный падеж

Анна даёт **Ивану** учебник.

Иван даёт **Анне** книгу.

Винительный падеж

Анна встречает **Ивана**.

Иван встречает **Анну**.

Творительный падеж

Анна гордится **Иваном**.

Иван гордится **Анной**.

Предложный падеж

употребляется только с предлогами

Имя существительное

⚠ ОБРАТИТЕ ВНИМАНИЕ на согласование!

Падежная форма существительного (а не место существительного в предложении, как это бывает во многих языках) указывает на то, какую роль в предложении играет данное существительное.

Винительный падеж

Иван встречает Анну.

Анну встречает Иван.

Значение предложений *Иван встречает Анну* и *Анну встречает Иван* одинаково: в обоих случаях *Иван* — тот, кто встречает (субъект), а *Анна* — та, кого он встречает (объект действия).

Очень часто падежная форма (падеж) существительного связана со стоящим перед ним **предлогом**.

Именительный падеж

не употребляется с предлогами

Родительный падеж

Анна получила подарок **от Ивана**.

Иван получил подарок **от Анны**.

Дательный падеж

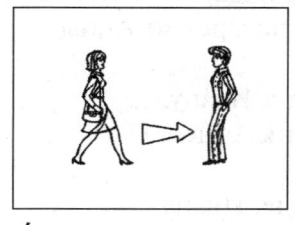

Анна подходит **к Ивану**.

Иван подходит **к Анне**.

Винительный падеж

Анна смотрит **на Ивана**.

Иван смотрит **на Анну**.

Творительный падеж

Анна разговаривает **с Иваном**.

Иван разговаривает **с Анной**.

Предложный падеж

Анна думает **об Иване**.

Иван думает **об Анне**.

Имя существительное

ОБРАТИТЕ ВНИМАНИЕ на согласование!

Именительный падеж никогда не употребляется с предлогами.
Предложный падеж употребляется только с предлогами.
Остальные падежи (**родительный, дательный, винительный** и **творительный**) могут употребляться:

без предлогов / с предлогами

И. п.	Это Áнна. Áнна студéнтка. Это Ивáн. Ивáн студéнт.	(не употребляется)
Р. п.	Áнна сестрá Ивáна. Ивáн брат Áнны.	Áнна получúла подáрок **от** Ивáна. Ивáн получúл подáрок **от** Áнны.
Д. п.	Áнна даёт Ивáну кнúгу. Ивáн даёт Áнне кнúгу.	Áнна подхóдит **к** Ивáну. Ивáн подхóдит **к** Áнне.
В. п.	Áнна встречáет Ивáна. Ивáн встречáет Áнну.	Áнна надéется **на** Ивáна. Ивáн надéется **на** Áнну.
Т. п.	Áнна гордúтся Ивáном. Ивáн гордúтся Áнной.	Áнна разговáривает **с** Ивáном. Ивáн разговáривает **с** Áнной.
П. п.	(не употребляется)	Áнна дýмает **об** Ивáне. Ивáн дýмает **об** Áнне.

Имена существительные, прилагательные, местоимения и числительные в предложении стоят в различных падежах.

Поэтому для того, чтобы научиться понимать русскую речь и правильно говорить по-русски, нужно усвоить правила употребления падежей в русском языке и правила образования падежных форм.

Имя существительное

ИМЕНИТЕЛЬНЫЙ ПАДЕЖ

Кто э́то? **Что** э́то? **Кто** чита́ет?
Э́то **Ива́н.** Э́то **кни́га.** **Студе́нт** чита́ет.

Когда мы задаём вопрос об имени какого-нибудь лица или о наименовании какого-нибудь предмета, мы говорим:

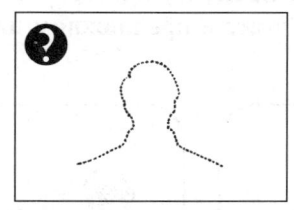

Кто э́то? Э́то **Ива́н.** 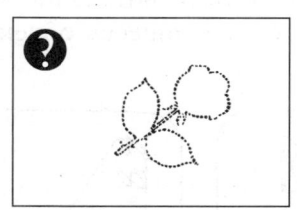 *Что э́то?* Э́то **ро́за.**

Когда мы относим лицо или предмет к какой-нибудь категории лиц или предметов, мы говорим:

Кто тако́й Ива́н?  Ива́н **студе́нт.**  *Что тако́е ро́за?*  Ро́за **цвето́к.**

Когда мы задаём вопрос о лице или предмете, совершающем какое-либо действие или находящемся в каком-нибудь состоянии, мы спрашиваем:

Кто пи́шет письмо́?  Письмо́ пи́шет **Ива́н.** 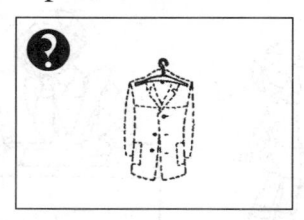 *Что виси́т на ве́шалке?* 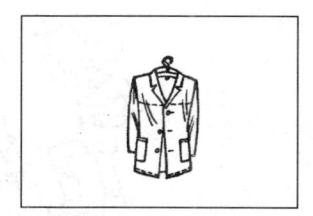 На ве́шалке виси́т **пальто́.**

Вопрос КТО? мы задаём, спрашивая о человеке или животном (о предмете одушевлённом), а вопрос ЧТО?, — спрашивая о неживом предмете (неодушевлённом).

Во всех этих случаях в ответах на вопросы КТО? или ЧТО? существительные стоят в **именительном падеже**.

Именительный падеж единственного числа — это исходная форма, зная которую, можно образовать все остальные падежные формы существительных.

В *именительном падеже* даются все существительные в словарях, все географические названия на картах, все вывески магазинов, наименования предприятий, учреждений.

Имя существительное

ПРЕДЛОЖНЫЙ ПАДЕЖ ОБЪЕКТА РЕЧИ

Предложный падеж, как показывает его название, употребляется только с **предлогами**.

| О ком вы расска́зываете? | — Я расска́зываю о дру́ге. |
| О чём вы ду́маете? | — Я ду́маю о фи́льме. |

Предложный падеж употребляется после предлога О и глаголов типа: *говори́ть*, *расска́зывать*, *чита́ть*, *ду́мать*. Существительное, обозначающее лицо или предмет, о котором говорят или думают (т. е. являющееся объектом речи или мысли), стоит в **предложном падеже** с предлогом О[1].

Мы говори́м
о чём?
о ма́тчЕ.

Она́ мечта́ет
о чём?
о сце́нЕ.

Он ду́мает
о чём?
об экза́менАХ.

Мать расска́зывает
о ком?
о де́тЯХ.

Вопрос О КОМ? мы задаём, спрашивая о человеке или животном — о *предмете одушевлённом*, а вопрос О ЧЁМ?, — спрашивая о *предмете неодушевлённом*.
Существительные, отвечающие на эти вопросы, имеют в *единственном числе* окончание -Е, а во *множественном* — окончания -АХ, -ЯХ.

---

[1] или ОБ — перед словом, которое начинается на гласный — об А́нне

Имя существительное 41

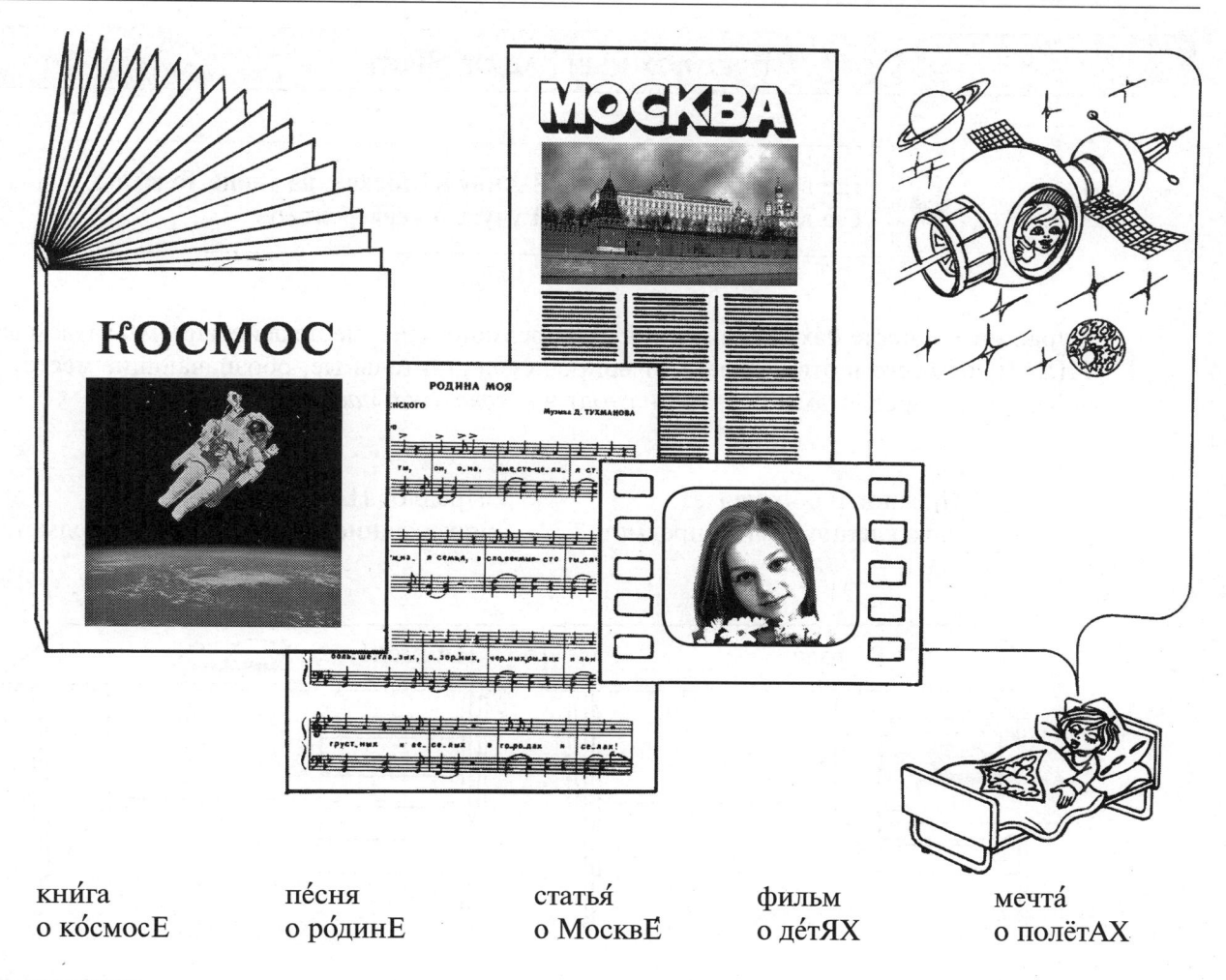

кни́га	пе́сня	статья́	фильм	мечта́
о ко́смосЕ	о ро́динЕ	о МосквЕ́	о де́тЯХ	о полётАХ

СЛОВАРЬ

Глаголы и **существительные**, после которых употребляется *предложный падеж* с предлогом О:

❓ О КОМ?		О ЧЁМ?

вспомина́ть о —	вспо́мнить о —	воспомина́ние о —
говори́ть о —	сказа́ть о —	разгово́р о —
ду́мать о —		мысль о —
забыва́ть о —	забы́ть о —	
мечта́ть о —		мечта́ о —
напомина́ть о —	напо́мнить о —	напомина́ние о —
объявля́ть о —	объяви́ть о —	объявле́ние о —
писа́ть о —	написа́ть о —	письмо́ о —
петь о —	спеть о —	пе́сня о —
по́мнить о —		па́мять о —
расска́зывать о —	рассказа́ть о —	расска́з о —
слы́шать о —		
сообща́ть о —	сообщи́ть о —	сообще́ние о —
спра́шивать о —	спроси́ть о —	вопро́с о —
узнава́ть о —	узна́ть о —	
чита́ть о —	прочита́ть о —	кни́га о —

Имя существительное

ПРЕДЛОЖНЫЙ ПАДЕЖ МЕСТА

❓ Где вы живёте? — Я живу́ в Москве́, на у́лице Толсто́го.
Где вы у́читесь? — Я учу́сь в университе́те.

Спрашивая о месте нахождения лица или предмета или о месте действия, мы задаём вопрос ГДЕ? Чаще всего в ответах на этот вопрос существительные, обозначающие **место**, употребляются с предлогами В[1] и НА и стоят в *предложном падеже*.

Предлог В обозначает нахождение внутри предмета.

Предлог НА обозначает нахождение на поверхности предмета.

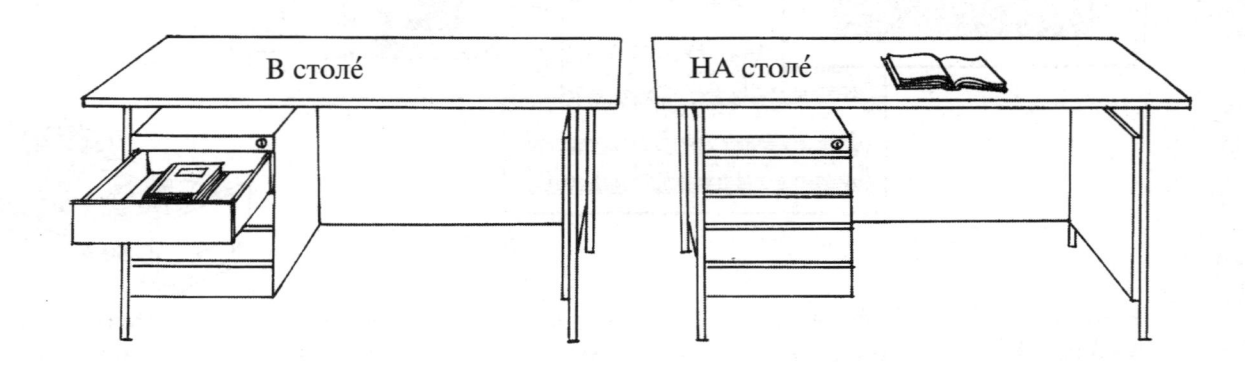

В столе́

НА столе́

ОКОНЧАНИЯ СУЩЕСТВИТЕЛЬНЫХ В ПРЕДЛОЖНОМ ПАДЕЖЕ

Мужской род	Женский род		Средний род
Имени́тельный падеж	Предложный падеж		
единственное число	единственное число		множественное число
Э́то { сто́л.	Кни́ги лежа́т на столЕ́,		на столА́Х. ⎯АХ⎯
стенА́.	Карти́ны вися́т на стенЕ́,		на стенА́Х.
окнО́.	Цветы́ стоя́т на окнЕ́,	⎯Е⎯	на о́кнАХ.
ла́герЬ.	Де́ти отдыха́ют в ла́герЕ,		в лагерЯ́Х. ⎯ЯХ⎯
музе́Й.	Мы бы́ли в музе́Е,		в музе́ЯХ.
дере́внЯ.	Крестья́не живу́т в дере́внЕ,		в деревнЯ́Х.

---

[1] или ВО — обычно перед словом, которое начинается на В с последующим согласным: *во вла́сти*.

Имя существительное 43

ПРЕДЛОЖНЫЙ ПАДЕЖ С ПРЕДЛОГАМИ *В* И *НА*

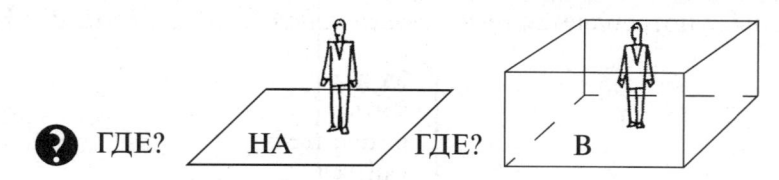

❓ ГДЕ? НА ГДЕ? В

Что это?

— Это
 стол,
 окно́,
 по́лка.

ГДЕ стоя́т цветы́?

— Цветы́ стоя́т
 на столЕ́,
 на окнЕ́,
 на по́лкЕ.

Что это?

— Это
 стака́н,
 ва́за.

ГДЕ (в чём?) стоя́т ро́зы?

— Ро́зы стоя́т
 в стака́нЕ,
 в ва́зЕ.

Цветы́ стоя́т
 в ва́зАХ,
 в стака́нАХ.

Цветы́ стоя́т
 на столА́Х,
 на о́кнАХ,
 на по́лкАХ.

44 Имя существительное

СЛОВАРЬ

Глаголы, после которых употребляется *предложный падеж* с предлогами В и НА:

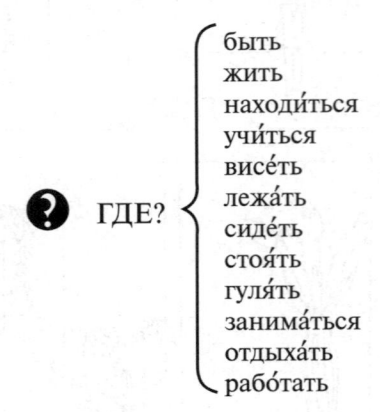

ГДЕ?
- быть
- жить
- находи́ться
- учи́ться
- висе́ть
- лежа́ть
- сиде́ть
- стоя́ть
- гуля́ть
- занима́ться
- отдыха́ть
- рабо́тать

Иногда вместо глагола (отдыха́ть, жить, учи́ться, рабо́тать, занима́ться, гуля́ть и т. д.) употребляется существительное, обозначающее то же действие (о́тдых, жизнь, учёба, рабо́та, заня́тия, прогу́лка и т. д.). В таких случаях для обозначения места действия также употребляются предлоги В и НА с *предложным падежом*.

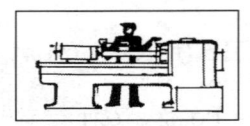

Он рабо́тает на заво́де.	рабо́та на заво́де
Я живу́ в Москве́.	жизнь в Москве́
Она́ у́чится в шко́ле.	учёба в шко́ле
Мы занима́емся в институ́те.	заня́тия в институ́те
Мы гуля́ем в па́рке.	прогу́лка в па́рке
Мы отдыха́ем на мо́ре.	о́тдых на мо́ре

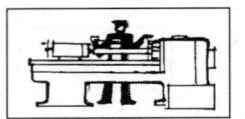

ОБРАТИТЕ ВНИМАНИЕ!

После глаголов типа *быть, жить, находи́ться* употребление *предложного падежа* обязательно. После глаголов типа *рабо́тать, гуля́ть* и многих других употребление *предложного падежа* факультативно.

Имя существительное

ОСОБЫЕ ОКОНЧАНИЯ СУЩЕСТВИТЕЛЬНЫХ В ПРЕДЛОЖНОМ ПАДЕЖЕ

I. окончание -И

Все существительные *женского рода* на -Ь и на -ИЯ, а также *среднего рода* на -ИЕ и *мужского* на -ИЙ имеют в *предложном падеже* окончание -И.

Это плóщадЬ.
На плóщадИ стои́т па́мятник.

Это лаборатóрИЯ.
В лаборатóриИ рабóтают лабора́нты.

Это общежи́тИЕ.
В общежи́тиИ живу́т студе́нты.

Это санатóрИЙ.
В санатóриИ мы отдыха́ем.

II. окончание -У

Некоторые существительные *мужского рода* имеют в *предложном падеже* после предлогов В и НА окончание -У[1].

Это сад.
Мы отдыха́ем в саду́.

Это лес.
Мы гуля́ем в лесу́.

Это бе́рег.
Мы сиди́м на берегу́.

Это мост.
Мы стои́м на мосту́.

Это порт.
Корабли́ стоя́т в порту́.

Здесь пе́рвый ряд.
На́ши места́ в пе́рвом ряду́.

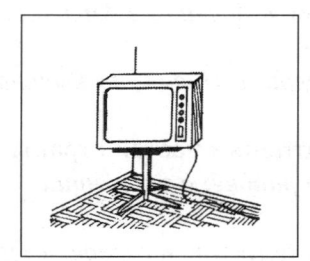

Здесь у́гол.
Телеви́зор стои́т в углу́.

Это шкаф.
На́ши ве́щи вися́т в шкафу́.

ЗАПОМНИТЕ!

ГДЕ?	на полу́	на краю́	в ... году́
	на снегу́	в аэропорту́	в бою́

---

[1] После предлога О те же существительные имеют окончание -Е: *расска́зывать о са́дЕ, о ле́сЕ.*

Имя существительное

ОБРАТИТЕ ВНИМАНИЕ на употребление предлогов В и НА в ответе на вопрос ГДЕ?

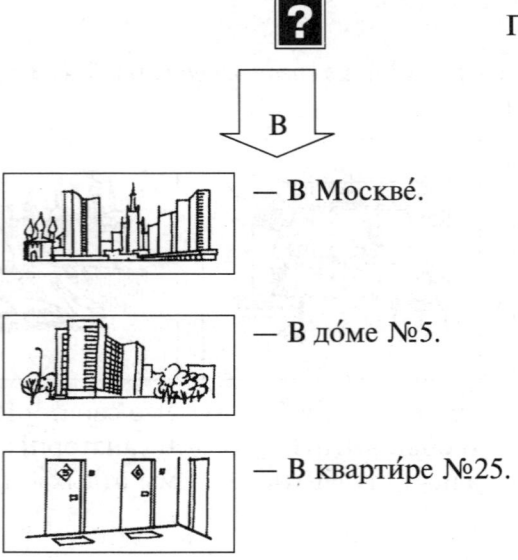

ГДЕ вы живёте?

В
— В Москве́.
— В до́ме №5.
— В кварти́ре №25.
— В ко́мнате.

НА
— НА Кавка́зе.
— НА у́лице Толсто́го.
— НА (второ́м) этаже́.

ГДЕ нахо́дится ваш го́род?

— В Евро́пе.
— В А́зии.
— В гора́х.

— НА се́вере (на ю́ге, на восто́ке).
— НА Ки́пре (на о́строве).
— НА берегу́ реки́ (мо́ря).

Предлог В употребляется при обозначении:
а) континентов: *в А́фрике, в Аме́рике, в Австра́лии*;
б) стран: *в А́нглии, в И́ндии, во Вьетна́ме*;
в) административных частей страны: *в о́бласти, в райо́не, в прови́нции, в шта́те*;
г) населённых пунктов: *в го́роде, в Пари́же, в дере́вне*;
д) зданий и помещений: *в до́ме, в кварти́ре, в ко́мнате*.

Предлог НА употребляется при обозначении:
а) стран света: *на ю́ге, на се́вере, на восто́ке, на за́паде*;
б) островов и берегов рек, озёр и морей: *на Ку́бе, на Во́лге*;
в) улиц и площадей: *на у́лице, на бульва́ре, на проспе́кте, на пло́щади*;
г) этажей: *на тре́тьем этаже́*.

ЗАПОМНИТЕ!

в Сиби́ри
в Крыму́
в Белору́ссии

но:

на Ура́ле
на Кавка́зе
на Алта́е

Имя существительное 47

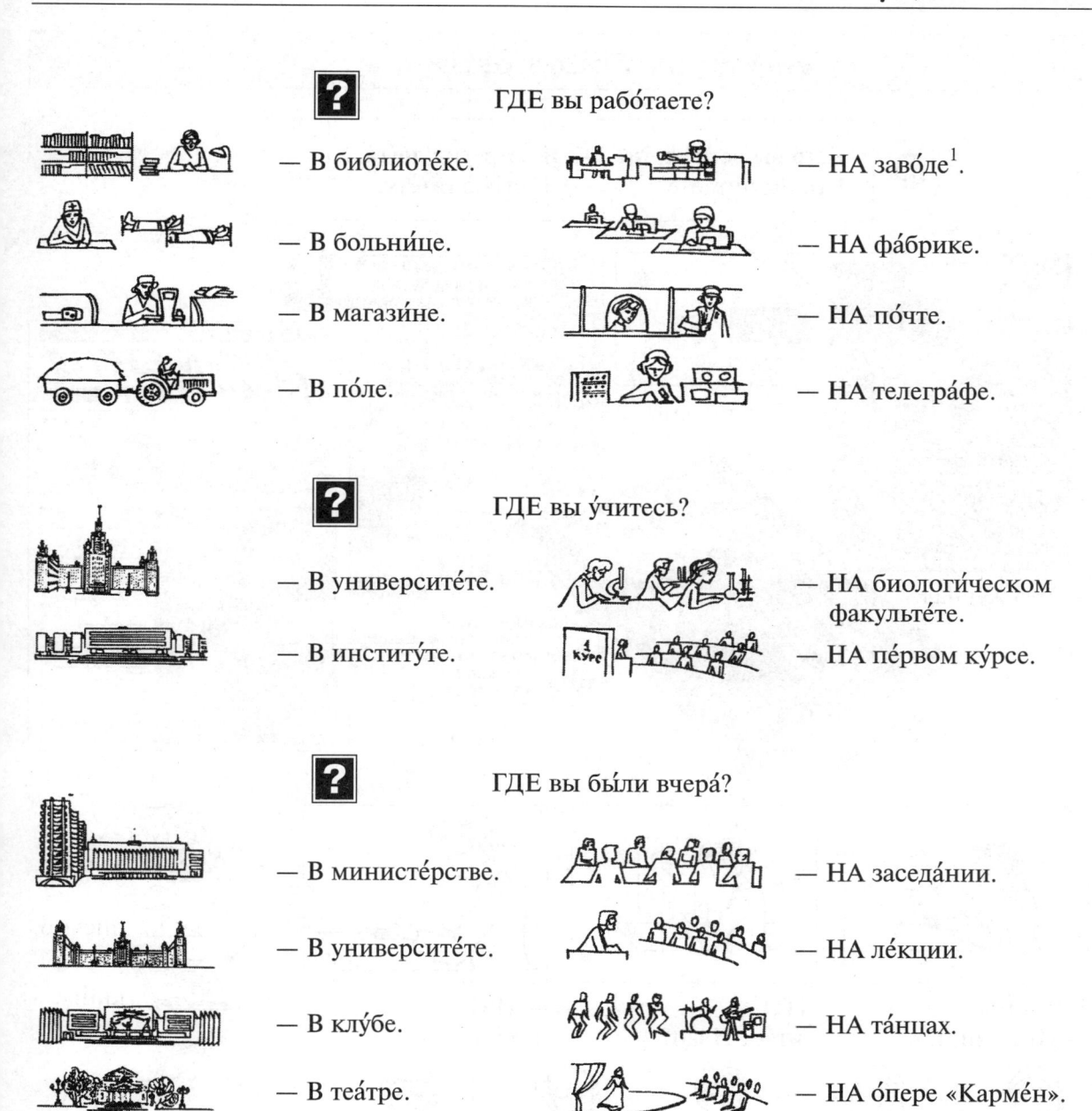

? ГДЕ вы работаете?

— В библиотеке. — НА заводе¹.
— В больнице.   — НА фабрике.
— В магазине.   — НА почте.
— В поле.   — НА телеграфе.

? ГДЕ вы учитесь?

— В университете. — НА биологическом факультете.
— В институте.   — НА первом курсе.

? ГДЕ вы были вчера?

— В министерстве.   — НА заседании.
— В университете.   — НА лекции.
— В клубе.   — НА танцах.
— В театре.   — НА опере «Кармен».
— В музее.   — НА выставке картин.

Предлог В употребляется при обозначении:
а) **учреждений**;
б) **учебных заведений**;
в) **класса**, **группы**.

Предлог НА употребляется при обозначении:
а) **факультета, курса**;
б) **мероприятий**.

---

¹ Предлог НА, обозначающий нахождение на поверхности, употребляется традиционно вместо предлога В с существительными *завод, фабрика, почта, телеграф*.

48 Имя существительное

ВИНИТЕЛЬНЫЙ ПАДЕЖ ОБЪЕКТА

Кого́ вы встре́тили? — Я встре́тил **дру́га**.
Что вы чита́ете? — Я чита́ю **газе́ту**.

Что э́то?

— Э́то письмо́.
— Э́то журна́л.
— Э́то кни́га.  
— Э́то газе́ты.

Кто чита́ет?
— Ива́н чита́ет.

ЧТО чита́ет Ива́н?

— Ива́н чита́ет...

журна́л.
письмо́.
кни́гу.
газе́ту.

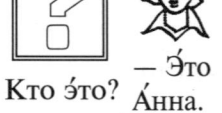

Кто э́то?

— Э́то А́нна. 
— Э́то Ка́тя. 
— Э́то Анто́н. 
— Э́то Андре́й. 
— Э́то И́горь.

Ива́н встре́тил...

КОГО́ встре́тил Ива́н?

— Ива́н встре́тил...

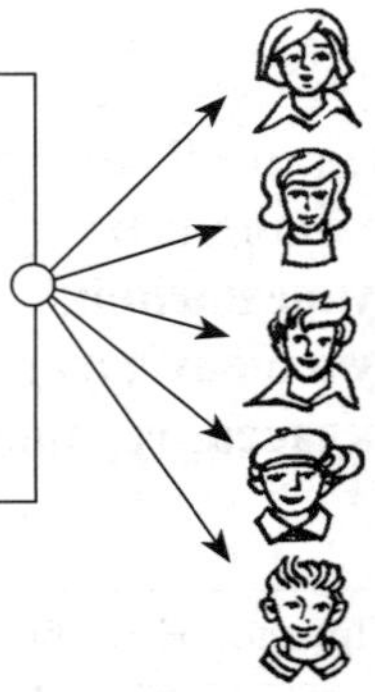

А́ннУ.
КатЮ.
Анто́нА.
Андре́Я.
И́горя.

Имя существительное

Олег купи́л...   Олег несёт...

ЧТО он купи́л?   ЧТО он несёт?

— Он купи́л   пиджа́к.   — Он несёт   чемода́н.

              пальто́.   одея́ло.

              руба́шкУ.   су́мкУ.

              сувени́ры.   пода́рки.

Предложения *Ива́н встре́тил... Оле́г купи́л...* не закончены. Поэтому необходимо добавить:

КОГО́ встре́тил Ива́н?   ЧТО купи́л Оле́г?
— Ива́н встре́тил дру́га.   — Он купи́л чемода́н,
Он встре́тил подру́гу,   су́мку,
            това́рищей.   пода́рки.

КОГО́? — если речь идёт об одушевлённых существительных.

ЧТО? — если речь идёт о неодушевлённых существительных.

Слова, которые употребляются после глаголов *встре́тил*, *купи́л*, *несёт* и т. д. (т. е. после так называемых переходных, или транзитивных, глаголов), обозначают объект действия и стоят в *винительном падеже*[1].

Винительный падеж встречается очень часто, так как очень многие глаголы в русском языке относятся к переходным.

Окончания существительных в *винительном падеже* единственного и множественного числа разнообразны. Они зависят от:

1) рода существительного;
2) его окончания в именительном падеже;
3) одушевлённости или неодушевлённости существительного.

---

[1] Это так называемое прямое дополнение.

Имя существительное

ОКОНЧАНИЯ СУЩЕСТВИТЕЛЬНЫХ В ВИНИТЕЛЬНОМ ПАДЕЖЕ

А. единственное число

I. У **неодушевлённых** существительных **мужского** и **среднего** рода, а также у всех существительных **женского** рода на -Ь *винительный падеж* равен *именительному* (В. п. = И. п.)

И. п.	В. п.
—	—
-Ь	-Ь
-Й	-Й
-О	-О
-Е	-Е
-Ь	-Ь

Это стол, слова́рь, трамва́й, кре́сло, со́лнце, тетра́дь, ло́шадь.

Я ви́жу стол, слова́рь, трамва́й, кре́сло, со́лнце, тетра́дь, ло́шадь.

ЗАПОМНИТЕ!

Существительные *наро́д, коллекти́в, класс, полк* и некоторые другие изменяются как **неодушевлённые**: *Я люблю́ свой наро́д.*

II. Все существительные **женского** и **мужского** рода на -А, -Я имеют окончания -У, -Ю.

И. п.	В. п.
-А	-У
-Я	-Ю

Это (незнако́мые) мужчи́на и же́нщина.

Я уви́дел (незнако́мых) мужчи́нУ и же́нщинУ.

Это (высо́кая) гора́.
Это (незнако́мая) земля́.

Моряки́ уви́дели (высо́кую) го́рУ.
Моряки́ уви́дели (незнако́мую) зе́млЮ.

III. **Одушевлённые** существительные **мужского** рода на согласный, -Й и -Ь имеют окончания -А, -Я.

Винительный падеж этих существительных по форме равен *родительному* (В. п. = Р. п.) (см. с. 52).

И.п.	В.п.
—	-А
-Й	-Я
-Ь	-Я

Это Анто́н и Серге́й.

Я встре́тил Анто́нА и Серге́Я.

Это учи́тель.

Я ви́дел учи́телЯ.

Имя существительное 51

Б. множественное число

I. У **неодушевлённых** существительных всех родов *винительный падеж* равен *именительному* (В. п. = И. п.)

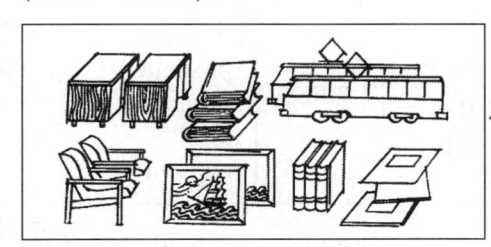

И. п.	В. п.
-Ы	-Ы
-И	-И
-А	-А
-Я	-Я

Э́то столы́, словари́, трамва́и, кре́сла, моря́, карти́ны, кни́ги, тетра́ди.

Я ви́дел столы́, словари́, трамва́и, кре́сла, моря́, карти́ны, кни́ги, тетра́ди.

ЗАПОМНИТЕ!

Винительный падеж одушевлённых существительных мужского и женского рода равен *родительному* (В. п. = Р. п.) (см. с. 52).

II. **Одушевлённые** существительные **женского** и **мужского** рода на -А, -Я утрачивают окончания, при этом у большинства существительных, оканчивающихся на -Я, появляется -Ь.

И. п.	В. п.
ед. ч.	мн. ч.
-А	—
-Я	-Ь

Э́то же́нщины и мужчи́ны.

Я ви́дел же́нщин и мужчи́н.

Э́то лётчицы-герои́ни.

Я ви́дел лётчиц-герои́нЬ.

III. **Одушевлённые** существительные **мужского** рода на согласный, -Й и -Ь имеют окончания -ОВ, -ЕВ, -ЕЙ.

И. п.	В. п.
ед. ч.	мн. ч.
—	-ОВ
-Й	-ЕВ
-Ь	-ЕЙ

Э́то лётчики-геро́и.

Я ви́дел лётчикОВ-героЕВ.

Э́то учителя́.

Я ви́дел учителЕЙ.

IV. **Одушевлённые** существительные **женского** рода на -Ь имеют окончания -ЕЙ (как и существительные **мужского** рода).

И. п.	В. п.
ед. ч.	мн. ч.
-Ь	-ЕЙ

Э́то ло́шади.   Я ви́дел лошадЕЙ.

ОКОНЧАНИЯ СУЩЕСТВИТЕЛЬНЫХ В ВИНИТЕЛЬНОМ ПАДЕЖЕ

		Имени-тельный падеж	Винительный падеж			
			единственное число		множественное число	
неодушевлённые	м. р., ср. р., ж. р. на -ь	стол, слова́рь, трамва́й, кре́сло, мо́ре, тетра́дь	Я ви́дел { стол, слова́рь, трамва́й, кре́сло, мо́ре, тетра́дь	В. п. = И. п.	Я ви́дел { столы́, словари́, трамва́и, кре́сла, моря́, тетра́ди	В. п. = И. п.
одушевлённые	ж. р. на -ь	ло́шадь	ло́шадь		Я ви́дел лошадЕ́Й -ЕЙ	В. п. = Р. п.
одушевлённые	м. р.	студе́нт, геро́й, учи́тель	Я ви́дел { студе́нтА, геро́Я, учи́телЯ -А/-Я	В. п. = Р. п.	Я ви́дел { студе́нтОВ -ОВ, геро́ЕВ -ЕВ, учителЕ́Й -ЕЙ	В. п. = Р. п.
одушевл.	ж. р., м. р. на -А, -Я	студе́нтка, герои́ня, мужчи́на	Я ви́дел { студе́нткУ, герои́нЮ, мужчи́нУ -У/-Ю		Я ви́дел { студе́нток, герои́нь, мужчи́н	В. п. = Р. п.
неодуш.	ж. р. на -А, -Я	гора́, земля́	{ го́рУ, зе́млЮ		Я ви́дел { го́ры, зе́мли	В. п. = Р. п.

СЛОВАРЬ

Глаголы, после которых употребляется *винительный падеж* без предлога (переходные глаголы):

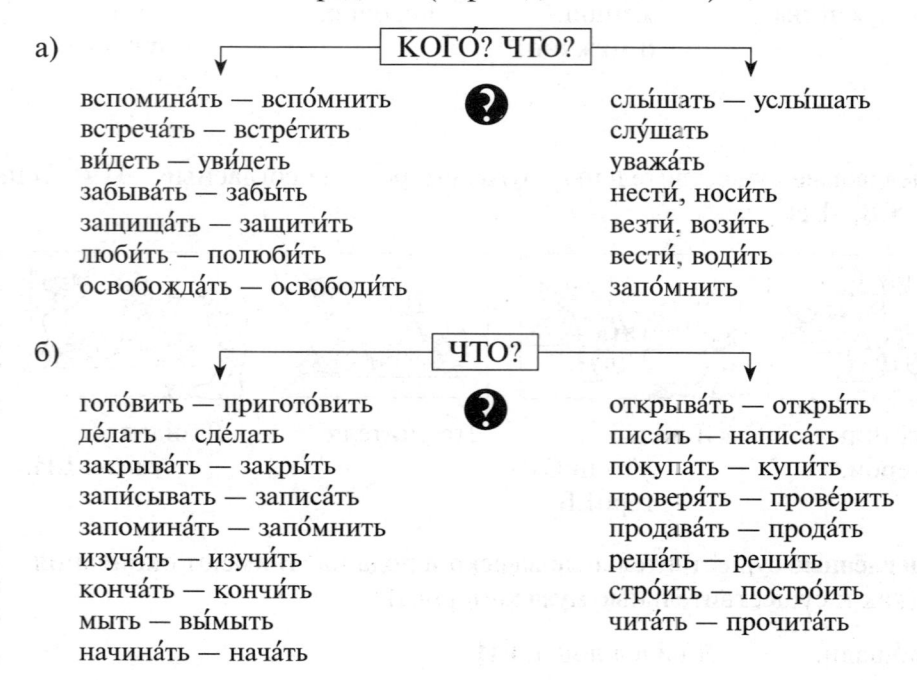

а) **КОГО́? ЧТО?**

вспомина́ть — вспо́мнить
встреча́ть — встре́тить
ви́деть — уви́деть
забыва́ть — забы́ть
защища́ть — защити́ть
люби́ть — полюби́ть
освобожда́ть — освободи́ть

слы́шать — услы́шать
слу́шать
уважа́ть
нести́, носи́ть
везти́, вози́ть
вести́, води́ть
запо́мнить

б) **ЧТО?**

гото́вить — пригото́вить
де́лать — сде́лать
закрыва́ть — закры́ть
запи́сывать — записа́ть
запомина́ть — запо́мнить
изуча́ть — изучи́ть
конча́ть — ко́нчить
мыть — вы́мыть
начина́ть — нача́ть

открыва́ть — откры́ть
писа́ть — написа́ть
покупа́ть — купи́ть
проверя́ть — прове́рить
продава́ть — прода́ть
реша́ть — реши́ть
стро́ить — постро́ить
чита́ть — прочита́ть

Имя существительное 53

СРАВНИТЕ:

КОГО? ЧТО?

Сестра́ лю́бит *кого́?* бра́тА.

Ма́льчик лю́бит *что?* виногра́д.

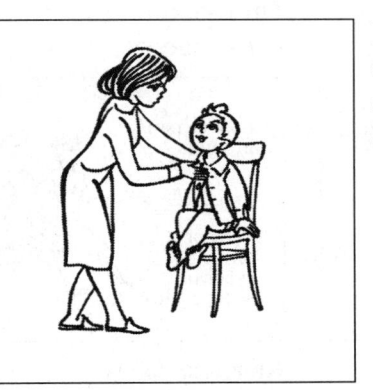

Мать одева́ет *кого?* сы́нА.

Анто́н надева́ет *что?* пиджа́к.

Студе́нты слу́шают *кого?* преподава́телЯ.

Студе́нты слу́шают *что?* конце́рт.

Де́ти слу́шают *кого?* учи́тельницУ.

Де́ти слу́шают *что?* му́зыкУ.

54 Имя существительное

ДРУГИЕ ЗНАЧЕНИЯ ВИНИТЕЛЬНОГО ПАДЕЖА

С помощью *винительного падежа* без предлога обозначаются также:

I. Время
(отрезок времени)

❓ СКОЛЬКО ВРЕ́МЕНИ?
КАК ДО́ЛГО?

Весь день они́ рабо́тали.

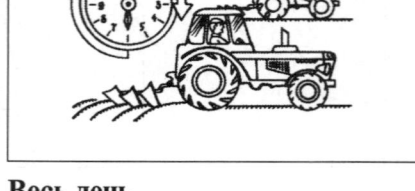

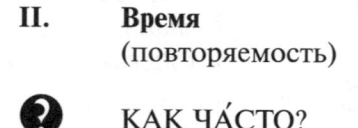

Он говори́л **одну́ мину́ту**.

II. Время
(повторяемость)

❓ КАК ЧА́СТО?

Ка́ждое у́тро я де́лаю заря́дку.

Ка́ждую сре́ду у нас уро́к физкульту́ры.

III. Пространство
(отрезок пути)

❓ СКО́ЛЬКО МЕ́ТРОВ?
(киломе́тров)?

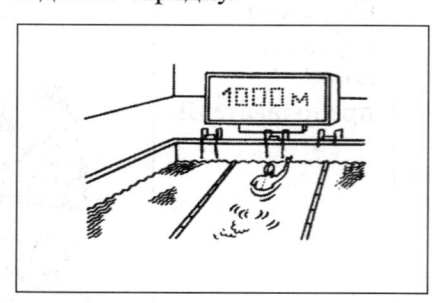

Плове́ц проплы́л **ты́сячу ме́тров**.

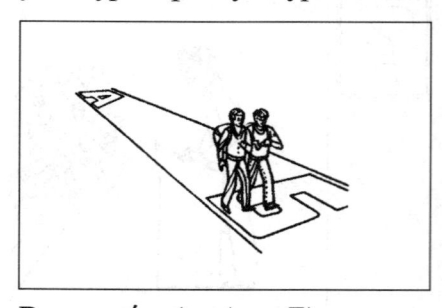

Всю доро́гу (от А до Б) они́ шли пешко́м.

IV. Вес

❓ СКО́ЛЬКО ГРА́ММОВ?
(килогра́ммов)?

Посы́лка ве́сит **оди́н килогра́мм**.

V. Цена

❓ СКО́ЛЬКО СТО́ИТ?

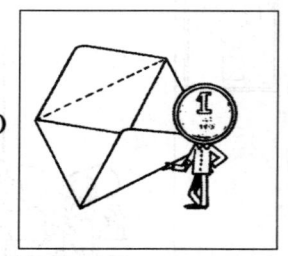

Конве́рт без ма́рки сто́ит **четы́ре рубля́**.

ВИНИТЕЛЬНЫЙ ПАДЕЖ С ПРЕДЛОГАМИ

ВИНИТЕЛЬНЫЙ ПАДЕЖ НАПРАВЛЕНИЯ
предлоги *В, НА* и *ЧЕ́РЕЗ*

Куда́ вы идёте?	— Я иду́ **в библиоте́ку**.
Куда́ вы е́дете?	— Я еду́ **на стадио́н**.

Винительный падеж употребляется с предлогами В и НА[1] после глаголов, обозначающих направленное движение или действие.

Существительные в *винительном падеже* с предлогами В и НА обозначают то место, куда направлено движение.

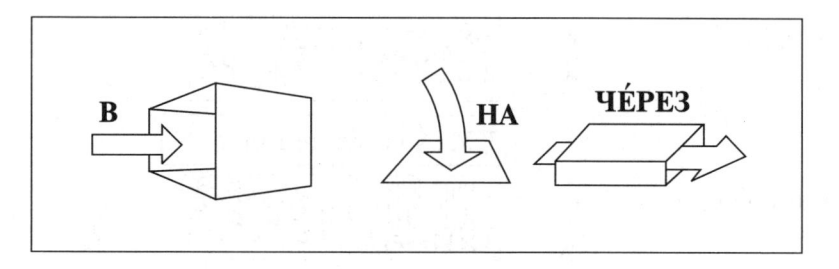

Скажи́те, куда́ поста́вить но́вые кни́ги?

— Поста́вьте их **в** шкаф!

— Поста́вьте их **на** по́лку!

— Положи́те их пока́ **на** стол!

Предлог ЧЕ́РЕЗ указывает на направление движения с одной стороны предмета на другую.

Челове́к прошёл **че́рез** парк.

Челове́к перехо́дит **че́рез** у́лицу[2].

---

[1] Винительный падеж направления употребляется также с предлогами ЗА и ПОД.
[2] = перехо́дит у́лицу.

Имя существительное

ОБРАТИТЕ ВНИМАНИЕ на употребление предлогов В и НА в ответе на вопрос «КУДА?»!

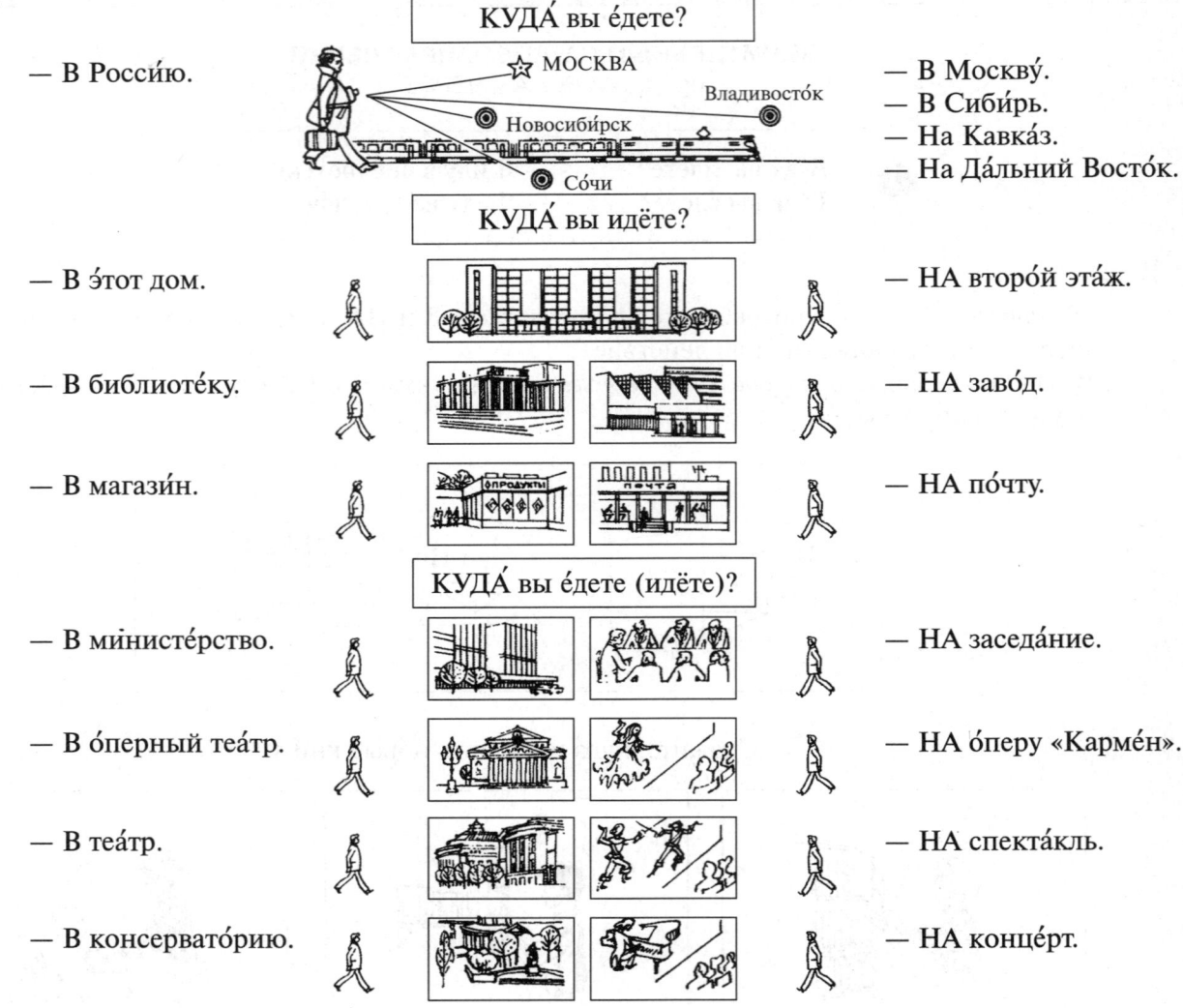

КУДА вы éдете?

— В Росси́ю.

МОСКВА
Владивосто́к
Новосиби́рск
Со́чи

— В Москву́.
— В Сиби́рь.
— На Кавка́з.
— На Да́льний Восто́к.

КУДА вы идёте?

— В э́тот дом.
— В библиоте́ку.
— В магази́н.

— НА второ́й эта́ж.
— НА заво́д.
— НА по́чту.

КУДА вы éдете (идёте)?

— В министе́рство.
— В о́перный теа́тр.
— В теа́тр.
— В консервато́рию.

— НА заседа́ние.
— НА о́перу «Карме́н».
— НА спекта́кль.
— НА конце́рт.

СЛОВАРЬ

Глаголы, обозначающие направленное движение или действие, после которых употребляется *винительный падеж* с предлогами В и НА:

КУДА?

а) идти́   ходи́ть   пойти́   спеши́ть
   éхать   éздить   уйти́   прийти́
   лете́ть лета́ть   прие́хать пое́хать
   бежа́ть бе́гать   войти́   уе́хать
   плы́ть   пла́вать   входи́ть   и т. д.

ЧТО? КУДА?

б) нести́[1], носи́ть
   принести́
   вести́, води́ть
   и т. д.
   посыла́ть — посла́ть
   класть   — положи́ть
   и т. д.

---

[1] Глаголы *нести́, носи́ть, везти́, вози́ть, вести́, води́ть, класть — положи́ть, ста́вить — поста́вить, посыла́ть — посла́ть* относятся к переходным глаголам и требуют дополнения в *винительном падеже* без предлога:

Он несёт (что?) чемода́н (куда?) на вокза́л.
Она́ кладёт (что?) кни́гу (куда?) на по́лку.

Имя существительное

СРАВНИТЕ:

КУДА?	ГДЕ?
(винительный падеж)	(предложный падеж)

Я кладу́ руба́шку *куда́?* в чемода́н.

Руба́шка лежи́т *где?* в чемода́нЕ.

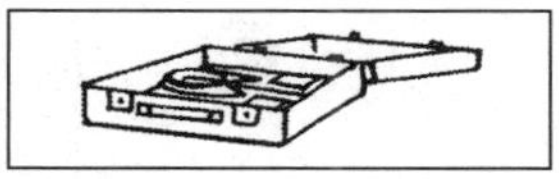

Мы идём *куда́?* в парк.

Мы сиди́м *где?* в па́ркЕ.

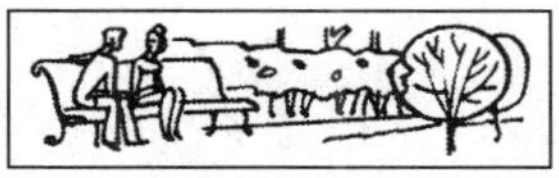

Я кладу́ кни́гу *куда́?* в су́мкУ.

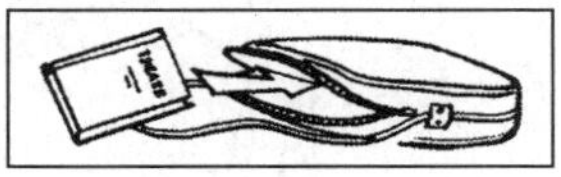

Кни́га нахо́дится *где?* в су́мкЕ.

Мы поднима́емся *куда́?* на верши́нУ.

Мы отдыха́ем *где?* на верши́нЕ.

СРАВНИТЕ:

Я кладу́ кни́гу 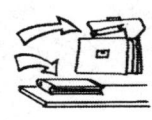 **в** портфе́ль. **на** стол.

Я смотрю́[1]  **в** окно́. **на** карти́ну.

Предлог В с *винительным падежом* употребляется:

а) **после глаголов с приставкой В-:**

Я вхожу́ **в** дом.

Я вношу́ чемода́н **в** ко́мнату.

Во́лга впада́ет **в** Каспи́йское мо́ре.

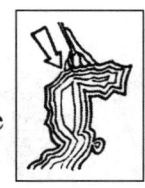

б) **при обозначении движения или действия, направленного внутрь предмета:**

Я броса́ю ка́мень **в** ре́ку.

Я стреля́ю **в** пти́цу.

Я стучу́ **в** дверь.

Я смотрю́ **в** бино́кль.

Предлог НА с *винительным падежом* употребляется при обозначении движения или действия, направленного на поверхность предмета.

Ли́стья па́дают **на** зе́млю.

Я надева́ю плато́к **на** го́лову.

Я смотрю́ **на** го́ры.

---

[1] Глагол *смотре́ть* может употребляться также без предлога: *Я смотрю́ фильм.*

Имя существительное

ДАТЕЛЬНЫЙ ПАДЕЖ АДРЕСАТА

Кому́ ты пода́ришь кни́гу? — Я подарю́ кни́гу **бра́ту**.
— Я подарю́ кни́гу **сестре́**.

Анто́н даёт бра́тУ мяч.

А́нна да́рит подру́гЕ кни́гу.

Кто даёт бра́тУ мяч.

Кто да́рит подру́гЕ кни́гу.

Что Анто́н даёт бра́тУ.

Что А́нна да́рит подру́гЕ.

КОМУ́ Анто́н даёт мяч.

КОМУ́ А́нна да́рит кни́гу.

Многие переходные глаголы имеют наряду с прямым дополнением (отвечающим на вопрос *кого́? что?* и стоящим в *винительном падеже*) ещё второе, косвенное дополнение, отвечающее на вопрос КОМУ́? ЧЕМУ́?. Это косвенное дополнение обозначает лицо или предмет, которому адресовано действие, и стоит в **дательном падеже**.

Имя существительное

Человеческая речь всегда бывает адресована кому-нибудь. Поэтому после глаголов типа *говори́ть*, *писа́ть* и т. д. существительное, обозначающее лицо, которому адресована речь, стоит в *дательном падеже*.

Мать говори́т
   кому́?
сы́нУ:
— Напиши́
   кому́?
па́пЕ письмо́.

Сын пи́шет
   кому́?
отцУ́ письмо́.

Ка́тя звони́т
   кому́?
Ни́нЕ.

Учи́тельница объясня́ет
   кому́?
ученикА́М (что?)
зада́чу.

Учи́тель расска́зывает
   кому́?
ученикА́М (о чём?)
об А́фрике.

Учи́тельница расска́зывает
   кому́?
де́тЯМ (что?)
ска́зку (о ком?)
о лисе́ и во́лке.

Со́ня сообща́ет
   кому́?
подру́гАМ (что?)
интере́сную но́вость.

Семён объявля́ет
   кому́?
друзьЯ́М (о чём?)
об экску́рсии на Кавка́з.

Учи́тель напомина́ет
   кому́?
шко́льникАМ (о чём?)
о пра́вилах движе́ния.

60 Имя существительное

Сын помогает *кому?*
отцУ (что делать?) мыть машину.

Мальчик мешает *кому?*
братУ и сестрЕ (что делать?) заниматься.

Отец запрещает *кому?*
сынУ (что делать?) курить.

Ученик отвечает *кому?*
учителЮ (на что?) на его вопросы.

Катя радуется (рада) *чему?*
приходУ гостей.

Этот мотоцикл принадлежит *кому?*
АнтонУ.

СЛОВАРЬ

Глаголы, после которых употребляется *дательный падеж*:

а) **КОМУ? ЧЕМУ?**

верить — поверить
звонить — позвонить
мешать — помешать
нравиться — понравиться

отвечать — ответить
помогать — помочь
радоваться — обрадоваться
принадлежать

телеграфировать
удивляться — удивиться

б) **КОМУ? (что?)**

Сын пишет (что?) письмо (**кому?**) отцУ.

готовить — приготовить
давать — дать
дарить — подарить
отдавать — отдать
объяснять — объяснить

показывать — показать
передавать — передать
продавать — продать
посылать — послать
предлагать — предложить

приносить — принести
переводить — перевести
покупать — купить
читать — прочитать

в) **КОМУ? (о чём?)**

Отец сообщил (**кому?**) сынУ (о чём?) о приезде.

говорить — сказать
напоминать — напомнить

объявлять — объявить
писать — написать

рассказывать — рассказать
читать — прочитать

Имя существительное   61

г)   ❓ **КОМУ́? (что де́лать?)**

Сестра́ помога́ет (**кому́?**) бра́тУ (что де́лать?) занима́ться.

запреща́ть — запрети́ть	позволя́ть — позво́лить	разреша́ть — разреши́ть
меша́ть — помеша́ть	предлага́ть — предложи́ть	сове́товать — посове́товать

СЛОВАРЬ

Существи́тельные, после которых употребляется *да́тельный паде́ж*:

отве́т (**кому́?**) подру́гЕ	пода́рок (**кому́?**) де́тЯМ	по́мощь (**кому́?**) старикА́М
письмо́ (**кому́?**) дру́гУ	посы́лка (**кому́?**) сы́нУ	сове́т (**кому́?**) молодЫ́М

Ива́нУ
} нра́вится э́тот костю́м.
А́ннЕ

ДАТЕЛЬНЫЙ ПАДЕЖ В БЕЗЛИЧНЫХ ПРЕДЛОЖЕНИЯХ

Де́вочке жа́рко.   **Студе́нту** ну́жно занима́ться.

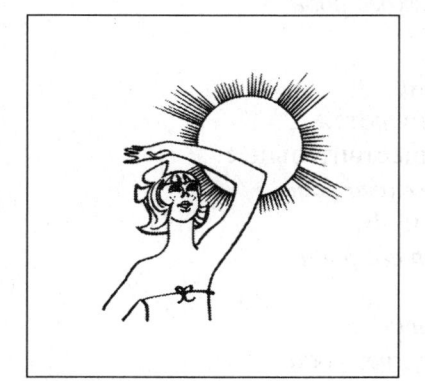

Де́вочкЕ жа́рко.    Анто́нУ хо́чется поката́ться на конька́х.    Ма́тЕРИ ка́жется, что сын бо́лен.

Да́тельный паде́ж употребля́ется в безли́чных предложе́ниях для обозначе́ния лиц, испы́тывающих како́е-либо состоя́ние.

ОКОНЧАНИЯ СУЩЕСТВИТЕЛЬНЫХ В ДАТЕЛЬНОМ ПАДЕЖЕ

	Имени-тельный падеж	Дательный падеж				
		единственное число			множественное число	
мужской и средний род	врач геро́й учи́тель	Он помога́ет	врачУ́ геро́Ю учи́телЮ	-У -Ю	Он помога́ет	врачА́М геро́ЯМ учителЯ́М
	де́ло здоро́вье зре́ние	Это помога́ет	де́лУ здоро́вьЮ зре́ниЮ		Это помога́ет	делА́М
женский род	подру́га а́рмия дочь	Он помога́ет	подру́гЕ а́рмиИ до́черИ	-Е -И	Он помога́ет	подру́гАМ дочерЯ́М

-АМ
-ЯМ

Окончания существительных в *дательном падеже*:

единственное число

На -У оканчиваются существительные *мужского рода* на твёрдый согласный и *среднего рода* на -О.

На -Ю оканчиваются существительные *мужского рода* на -Ь и *среднего рода* на -Е.

На -Е оканчиваются существительные *женского* и *мужского рода* на -А.

множественное число

На -АМ оканчиваются все существительные:
а) *мужского рода* на согласный;
б) *среднего рода* на -О;
в) *женского* и *мужского рода* на -А.

На -ЯМ оканчиваются все существительные:
а) *мужского рода* на -Й и -Ь;
б) *среднего рода* на -Е;
в) *женского* и *мужского рода* на -Я;
г) *женского рода* на -Ь.

Имя существительное 63

⚠ **ОБРАТИТЕ ВНИМАНИЕ!**

1. Отправляя письмо, надо писать имя, отчество и фамилию адресата в *дательном падеже*.

2. Существительное, обозначающее **имя человека**, в честь которого поставлен памятник, всегда стоит в *дательном падеже*. Заметьте, что имя скульптора, создавшего памятник, стоит в *родительном падеже*.

па́мятник
Петру́ Пе́рвОМУ

па́мятник первопеча́тникУ
Ива́нУ Фёдорову

па́мятник Пу́шкинУ
(па́мятник ску́льпторА
Опеку́шинА)

3. Спрашивая о **возрасте человека** или определяя его возраст, нужно ставить имя, отчество и фамилию человека в *дательном падеже*.

Ско́лько лет ⎰ Ива́нУ? — Ива́нУ 20 ⎱
⎨ Андре́Ю? — Андре́Ю 18 ⎬ лет.
⎩ А́ннЕ? — А́ннЕ 16 ⎭
   Ка́тЕ? — Ка́тЕ 10

Ско́лько лет бы́ло тогда́ ва́шему сы́ну?
— Моему́ сы́ну тогда́ бы́ло пять лет.

Имя существительное

ДАТЕЛЬНЫЙ ПАДЕЖ С ПРЕДЛОГАМИ

ПРЕДЛОГ К

Куда́ плывёт ло́дка?
— Ло́дка плывёт **к бе́регу**.

К кому́ (куда́?) вы идёте?
— Я иду́ **к врачу́**.

Дательный падеж с предлогом К употребляется[1]:

| для обозначения **предмета** (**места**), в сторону которого направлено движение. | для обозначения **человека**, который является целью движения. |

Ло́дка плывёт к бе́регу.

Больно́й пришёл к врачу́.

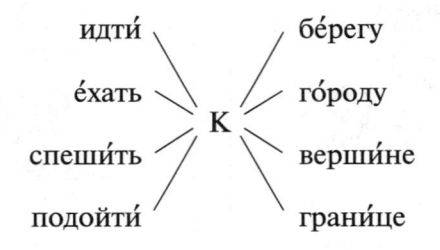

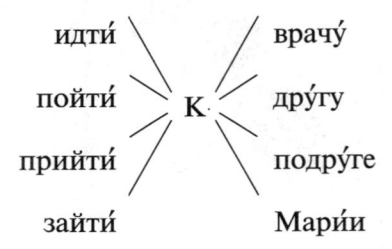

идти́ — бе́регу
е́хать — К — го́роду
спеши́ть — верши́не
подойти́ — грани́це

идти́ — врачу́
пойти́ — К — дру́гу
прийти́ — подру́ге
зайти́ — Мари́и

СРАВНИТЕ:

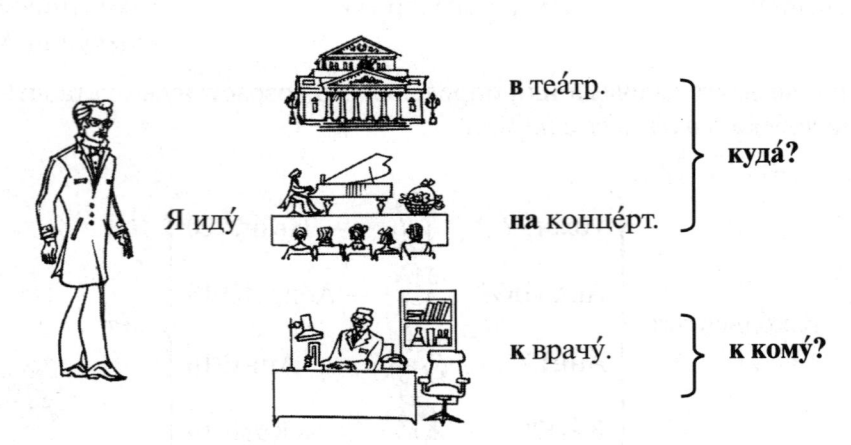

Я иду́
- **в** теа́тр.
- **на** конце́рт. } куда́?
- **к** врачу́. } к кому́?

---
[1] Другие значения предлога К см. раздел «Предлоги».

Имя существительное

ПРЕДЛОГ ПО

Где (по какой улице?) вы ехали? — Мы ехали **по улице** Чехова.

Дательный падеж с предлогом ПО употребляется для обозначения **движения** по поверхности.

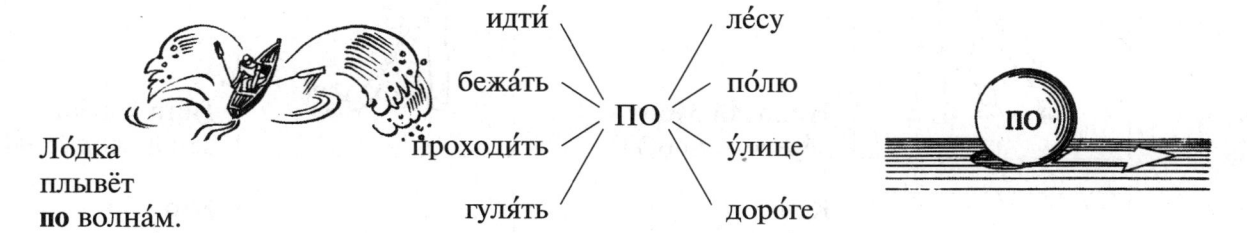

идти — лесу
бежать — полю
проходить — ПО — улице
гулять — дороге

Лодка плывёт **по** волнам.

ОБРАТИТЕ ВНИМАНИЕ на употребление предлога ПО в сочетаниях!

Подруги говорят **по** телефону.

Поезд движется **по** расписанию.

Друзья занимаются **по** новому учебнику.

альбом **по** рисованию

лекция **по** химии

эстрадный концерт **по** телевидению

66 Имя существительное

ТВОРИТЕЛЬНЫЙ ПАДЕЖ ИНСТРУМЕНТА

Чем вы пи́шете? — Я пишу́ **карандашо́м**.

Э́то топо́р

Никола́й ру́бит де́рево топоро́М.

Э́то лопа́та

Пётр копа́ет зе́млю лопа́тОЙ.

Кто ру́бит де́рево? — Никола́й.

Кто копа́ет зе́млю? — Пётр.

Что ру́бит Никола́й? — Де́рево.

Что копа́ет Пётр? — Зе́млю.

ЧЕМ Никола́й ру́бит де́рево? — ТопоРо́М.

ЧЕМ Пётр копа́ет зе́млю? — Лопа́тОЙ.

Для обозначения **инструмента**, орудия, которое используется для совершения какого-либо действия, или средства действия употребляется **творительный падеж**.
Существительное, обозначающее орудие (инструмент, средство действия), стоит в *творительном падеже* и отвечает на вопрос ЧЕМ?

Имя существительное 67

единственное число

Это нож. 
Я ре́жу хлеб
чем?
нож**ОМ**.

Это ци́ркуль.
Я рису́ю круг
чем?
ци́ркул**ЕМ**.

Это щётка. 
Я чи́щу костю́м
чем?
щётк**ОЙ**.

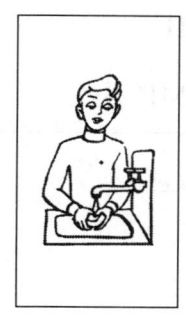

Это мы́ло. 
Я мо́ю ру́ки
чем?
мы́л**ОМ**.

Это полоте́нце. 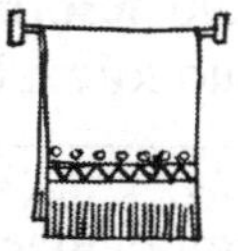
Я вытира́юсь
чем?
полоте́нц**ЕМ**.

Это кисть. 
Я рабо́таю
чем?
ки́ст**ЬЮ**.

множественное число

Это но́жницы. 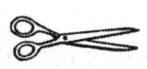
Я ре́жу бума́гу
чем?
но́жниц**АМИ**[1].

Это (цветны́е) карандаши́. 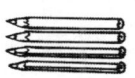
Я рису́ю
чем?
(цветны́ми) карандаш**АМИ**.

Это гво́зди. 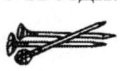
Я прибива́ю до́ску
чем?
гвоздя́**МИ**.

Это ки́сти. 
Я кра́шу
чем?
кистя́**МИ**.

Это у́дочки. 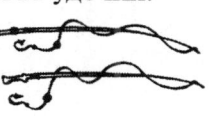
Я ловлю́ ры́бу
чем?
у́дочк**АМИ**.

---

[1] Существительное *но́жницы* употребляется только во множественном числе.

ОКОНЧАНИЯ СУЩЕСТВИТЕЛЬНЫХ В ТВОРИТЕЛЬНОМ ПАДЕЖЕ

	Имени-тельный падеж	Творительный падеж			
		единственное число		множественное число	
мужской и средний род	нож гвоздЬ ци́ркулЬ мы́лО лека́рствО полоте́нцЕ	ре́жу ножО́М черчу́ ци́ркулЕМ мо́ю мы́лОМ по́льзуюсь лека́рствОМ вытира́ю полоте́нцЕМ	-ОМ -ЕМ	ре́жут ножА́МИ прибива́ют гвоздЯ́МИ по́льзуются лека́рствАМИ вытира́ются полоте́нцАМИ	-АМИ -ЯМИ
женский род	щёткА землЯ́ кистЬ	чи́щу щёткОЙ засыпа́ю землЁЙ рабо́таю ки́стьЮ	-ОЙ -ЕЙ (-ЁЙ) -(ь)Ю	чи́стят щёткАМИ рабо́тают кистЯ́МИ	

Окончания существительных в *творительном падеже*:

единственное число

На -ОМ
оканчиваются существительные:
а) *мужского рода* на согласный;
б) *среднего рода* на -О.

На -ЕМ
оканчиваются существительные:
а) *мужского рода* на -Ь;
б) *среднего рода* на -Е.

На -ОЙ
оканчиваются существительные
женского
и *мужского рода* на -А.

На -ЕЙ
оканчиваются существительные
женского
и *мужского рода* на -Я.

На -(ь)Ю
оканчиваются существительные
женского рода на -Ь.

множественное число

На -АМИ
оканчиваются существительные:
а) *мужского рода* на согласный;
б) *среднего рода* на -О и -Е;
в) *женского рода* на -А.

На -ЯМИ
оканчиваются существительные:
а) *мужского рода* на -Ь;
б) *среднего рода* на -Е;
в) *женского рода* на -Я и -Ь.

ЗАПОМНИТЕ!

Если основа существительного оканчивается на шипящие Ж, Ш, Ч, Щ и Ц и окончание безударное, то существительное вместо окончаний -ОМ, -ОЙ имеет окончания -ЕМ, -ЕЙ: *товáрищЕМ, зáйцЕМ, ю́ношЕЙ, учени́цЕЙ* (но: *ножО́М, лицО́М, плечО́М*).

Имя существительное 69

УПОТРЕБЛЕНИЕ ГЛАГОЛОВ *БЫТЬ* И *ЯВЛЯТЬСЯ* С ТВОРИТЕЛЬНЫМ ПАДЕЖОМ

Космические полёты

Космические полёты

Космонавтика

в прошлом **были** мечт**ой**.

в наши дни **стали** реальност**ью**.

является област**ью** науки и техники.

ОБРАТИТЕ ВНИМАНИЕ!

прошедшее время	настоящее время	будущее время
Космические полёты *были* мечт**ой**.	Сейчас космические полёты — реальность.	Скоро космические полёты *будут* обычн**ыми**.
—	Сейчас космические полёты *являются* реальност**ью**.	—

Глагол **быть** в настоящем времени не употребляется. В книжной речи его можно заменить глаголом **являться**, после которого употребляется творительный падеж (*являются реальностью*). Глагол *являться* (в значении *быть*) в прошедшем и будущем времени употребляется редко.

СЛОВАРЬ

Глаголы, после которых употребляется *творительный падеж*:

а) КЕМ? ЧЕМ?

быть	становиться — стать	казаться	показаться
являться	называться	оказаться	считаться

(вспомогательные глаголы)

Ночью этот предмет казался страшным зверем.

Днём он оказался старым деревом.

Имя существительное

б) работать   служить
КЕМ?
(глаголы, указывающие на должность, служебное положение)

Это Пётр.   Он солдат (пограничник).   Пётр служит (служил, будет служить) солдатом (пограничником).

Это Катя.   Она врач.   Катя работает (работала, будет работать) врачом.

в) Товарища Михайлова (кого?) избрали (кем?) депутатом.
КЕМ?
выбирать — выбрать   делать — сделать   называть — назвать
избирать — избрать   назначать — назначить   считать

г) восхищаться   восторгаться   любоваться
КЕМ? возмущаться   гордиться   наслаждаться
ЧЕМ?
(глаголы, обозначающие эмоциональное состояние)

Я любуюсь красивым видом.   Я восхищаюсь картиной.   Я наслаждаюсь музыкой.   Спортсмен гордится своими наградами.

д) увлекаться   интересоваться   заниматься
КЕМ?
ЧЕМ? (глаголы, указывающие на занятие)

Юноша интересуется бабочками.   Мальчик увлекается радиотехникой.   Археолог занимается раскопками.

е) владеть   командовать   пользоваться
КЕМ? обладать   руководить
ЧЕМ?
(глаголы, обозначающие управление, обладание)

Водитель управляет машиной.   Директор руководит заводом.   Генерал командует парадом.   Переводчик владеет многими языками.

ж) болеть   жертвовать   рисковать
заболеть   пожертвовать   страдать
ЧЕМ?

Петя болеет гриппом.   Альпинист рискует жизнью.

з) вязать   красить   писать   рубить
(что?) вытирать   копать   резать   чистить
ЧЕМ?
(при указании на орудие, с помощью которого совершается действие, или способ действия)

Имя существительное   71

ДРУГИЕ ЗНАЧЕНИЯ ТВОРИТЕЛЬНОГО ПАДЕЖА

С помощью *творительного падежа* без предлога обозначается также:

1. **Время**

Летним утром мы бежим на пляж.

Солнечным днём мы загораем на пляже.

Прохладным вечером мы гуляем в парке.

Поздней ночью мы спим.

Морозной зимой мы катаемся на санках.

Ранней весной мы собираем цветы.

Жарким летом мы купаемся.

Дождливой осенью мы собираем грибы.

2. **Способ и образ действия**

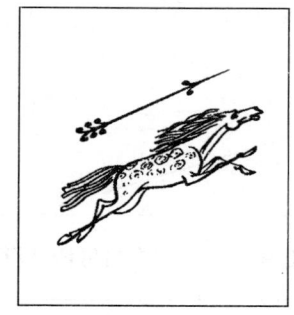

Конь помчался *как?* **стрелой**.

Он поёт *как?* **басом**.

Она говорит *как?* **тихим голосом**.

Имя существительное

ТВОРИТЕЛЬНЫЙ ПАДЕЖ В СТРАДАТЕЛЬНОМ ОБОРОТЕ

Аспира́нт прово́дит иссле́дования.   Иссле́дования прово́дятся **аспира́нтом**.

Аспира́нт прово́дит иссле́дование.

Иссле́дование прово́дится аспира́нт**ОМ**.

При замене действительного оборота страдательным:

1) на место переходного глагола несовершенного вида ставится тот же глагол с частицей -СЯ;
2) прямое дополнение становится подлежащим,
3) подлежащее, обозначающее действующее лицо, ставится в *творительном падеже*.

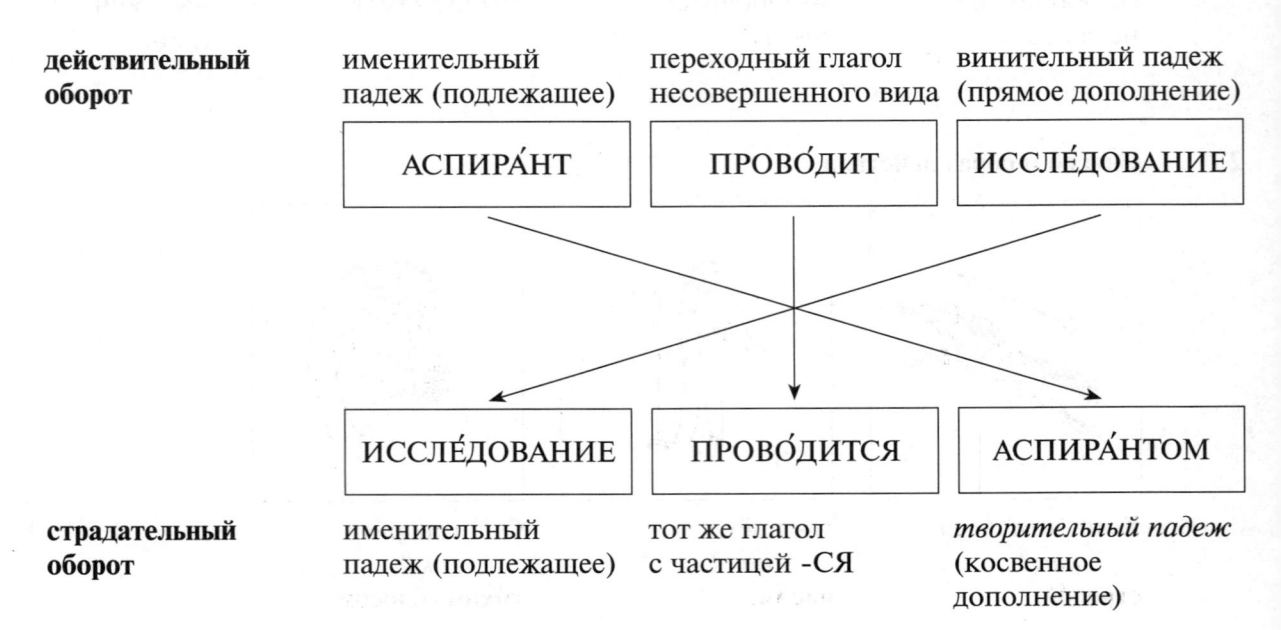

действительный оборот	именительный падеж (подлежащее)	переходный глагол несовершенного вида	винительный падеж (прямое дополнение)
	АСПИРА́НТ	ПРОВО́ДИТ	ИССЛЕ́ДОВАНИЕ
	ИССЛЕ́ДОВАНИЕ	ПРОВО́ДИТСЯ	АСПИРА́НТОМ
страдательный оборот	именительный падеж (подлежащее)	тот же глагол с частицей -СЯ	*творительный падеж* (косвенное дополнение)

Имя существительное 73

ТВОРИТЕЛЬНЫЙ ПАДЕЖ СОВМЕСТНОСТИ С ПРЕДЛОГОМ С

? С кем вы перепи́сываетесь? — Я перепи́сываюсь с **друзья́ми**.

Для обозначения **совместности** употребляется предлог С.

| Я знако́млюсь с де́вушкОЙ. | Я разгова́риваю с това́рищАМИ. | Я перепи́сываюсь с друзьЯ́МИ. | Пришла́ мать с сы́нОМ. |

Существительное, обозначающее лицо, совместно с которым производится действие, стоит в *творительном падеже* с предлогом С.

СЛОВАРЬ

Глаголы, после которых употребляется *творительный падеж* с предлогом С:

С КЕМ?
- бесе́довать
- встреча́ться — встре́титься
- догова́риваться — договори́ться
- здоро́ваться — поздоро́ваться
- знако́миться — познако́миться
- мири́ться — помири́ться
- разгова́ривать
- сове́товаться — посове́товаться
- ссо́риться — поссо́риться

ОБРАТИТЕ ВНИМАНИЕ!

а) человек с чемода́нОМ
де́вушка с дли́нными волосАМИ 
молодо́й челове́к с бородО́Й
дом с колоннАМИ 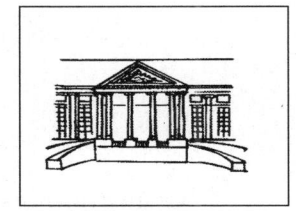

Существительное с предлогом С может обозначать признак предмета.

б) смотре́ть со стра́хОМ
наблюда́ть с интере́сОМ 

Существительное с предлогом С может употребляться для характеристики состояния, сопровождающего действие (*как?*).

Имя существительное

ТВОРИТЕЛЬНЫЙ ПАДЕЖ МЕСТА

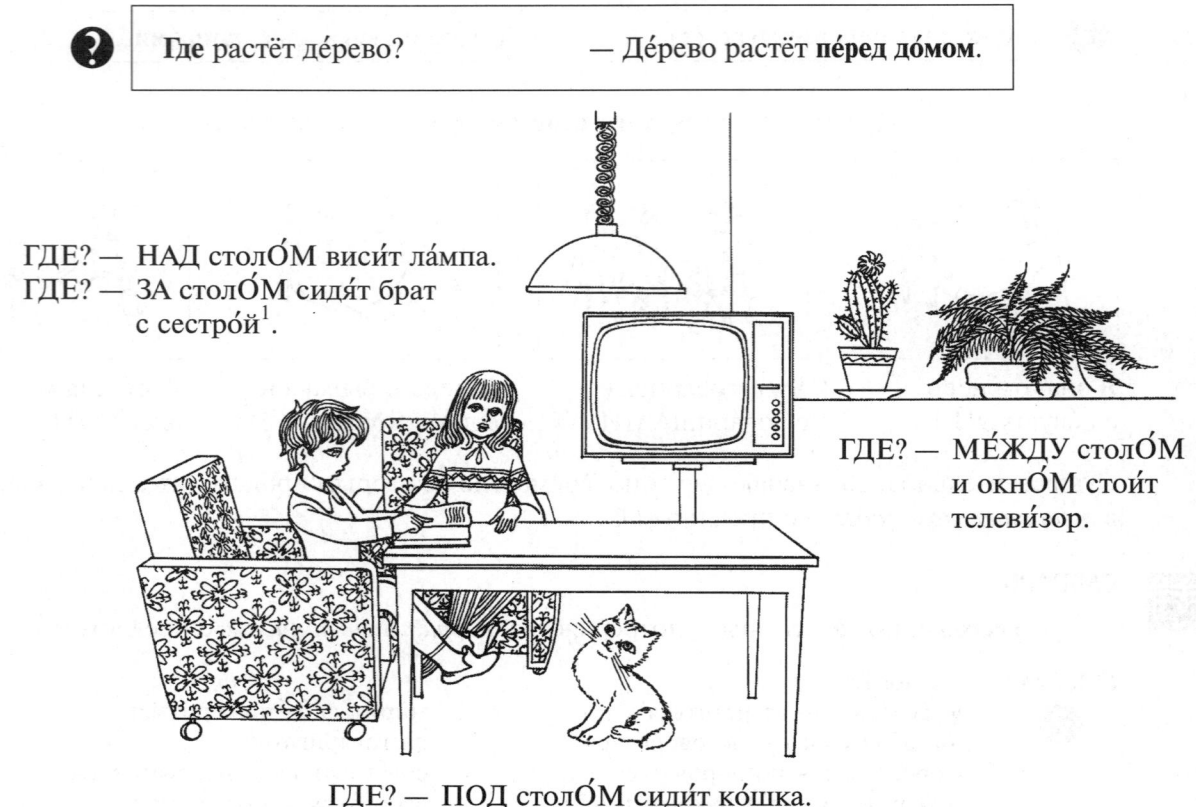

Где растёт де́рево? — Де́рево растёт **перед до́мом**.

ГДЕ? — НАД столо́М виси́т ла́мпа.
ГДЕ? — ЗА столо́М сидя́т брат с сестро́й[1].

ГДЕ? — МЕ́ЖДУ столо́М и окно́М стои́т телеви́зор.

ГДЕ? — ПОД столо́М сиди́т ко́шка.

ПРЕДЛОГИ

```
           НАД
ПЕ́РЕД   МЕ́ЖДУ   ЗА
           ПОД
```

Существительные в *творительном падеже* с предлогами ПЕ́РЕД, НАД, МЕ́ЖДУ, ПОД, ЗА обозначают **место** и отвечают на вопрос ГДЕ?[1]

СРАВНИТЕ:

Предлоги ЗА и ПОД
с винительным падежом

Предлоги ЗА и ПОД употребляются с *винительным падежом*, когда обозначается движение в определённом направлении (*куда́?*).

Предлоги ЗА и ПОД
с творительным падежом

Предлоги ЗА и ПОД употребляются с *творительным падежом*, когда указывается место действия (*где?*).

---

[1] О других значениях предлогов ЗА, ПЕ́РЕД, НАД, МЕ́ЖДУ, ПОД см. раздел «Предлоги».

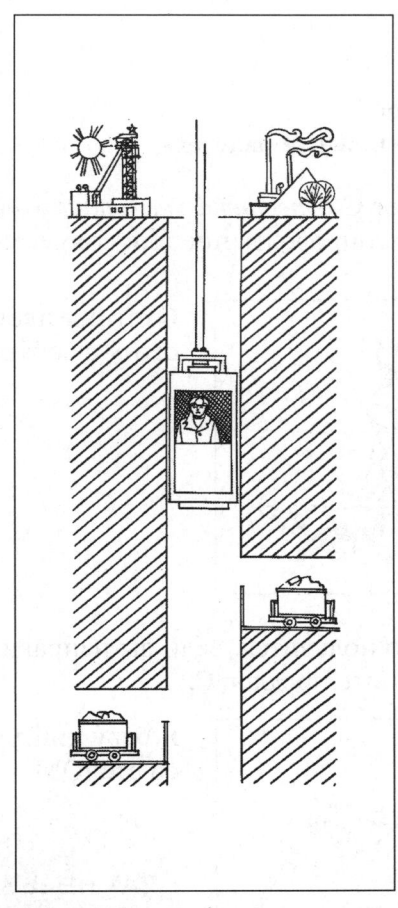

Имя существительное 75

Шахтёр работает под землЕЙ.

Шахтёр спускается под землЮ.

Пётр вешает пальто за дверь.

Пальто висит за дверЬЮ.

СРАВНИТЕ:

за стол
(В. п.)

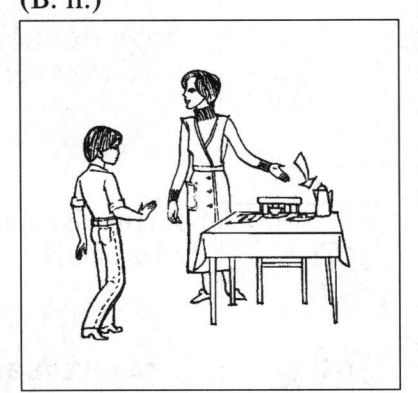

за столом
(Т. п.)

из-за стола
(Р. п.)

Мать говорит Пете:
— Завтрак готов!
Садись за стол!

Петя сидит
за столОМ.
Он завтракает.

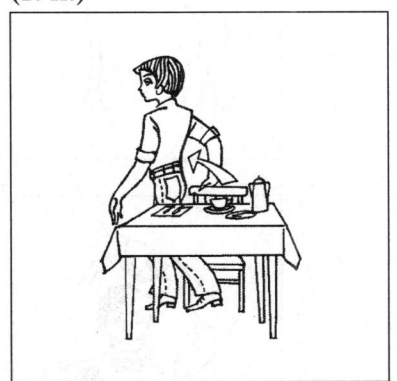

Петя кончил
завтракать.
Он встаёт из-за столА.

Имя существительное

СРАВНИТЕ:

Предлог С
с родительным падежом

Предлог С с *родительным падежом* обозначает отделение, удаление от поверхности.

Предлог С
с творительным падежом

Предлог С с *творительным падежом* обозначает сопровождение или совместность.

Де́вушка снима́ет пальто́ с ве́шалкИ.

Охо́тник идёт на охо́ту с соба́кОЙ.

Вот что получится, если вы неправильно употребите предлог **С**:

Я беру́ кни́гу со столА́.

Я беру́ кни́гу со столО́М.

ТАК НЕЛЬЗЯ СКАЗАТЬ!

Я срыва́ю я́блоко с де́ревА.

Я срыва́ю я́блоко с де́ревОМ.

ТАК НЕЛЬЗЯ СКАЗАТЬ!

Я снима́ю шля́пу с головЫ́.

Я снима́ю шля́пу с головО́Й.

ТАК НЕЛЬЗЯ СКАЗАТЬ!

Имя существительное 77

СРАВНИТЕ:

Творительный падеж с предлогом С	**Творительный падеж без предлога**
Человек + инструмент в состоянии покоя.	Мальчик ловит рыбу удочкОЙ.
мальчик с удочкОЙ	Художник рисует краскАМИ.
художник с краскАМИ	Человек с помощью инструмента делает что-либо.
девушка с платкОМ	Девушка машет платкОМ.

Имя существительное

РОДИТЕЛЬНЫЙ ПАДЕЖ ПРИНАДЛЕЖНОСТИ И ОТНОШЕНИЯ

Чей э́то велосипе́д?
— Э́то велосипе́д **Анто́на**.

Како́й э́то бе́рег?
(бе́рег **чего́**).
— Э́то бе́рег **мо́ря**.

Когда́ предме́т характеризу́ется по его́ **владе́льцу**, и́мя **владе́льца** (т.е. того́ лица́, кото́рому принадлежи́т предме́т) ста́вится в **роди́тельном падеже́**.

Когда́ предме́т **определя́ется** с по́мощью **друго́го предме́та**, к кото́рому он отно́сится и́ли ча́стью кото́рого он явля́ется, назва́ние **определя́ющего** предме́та ста́вится в **роди́тельном падеже́**.

Существи́тельное в *роди́тельном падеже́* в э́том слу́чае отвеча́ет на вопро́с ЧЕЙ? ЧЬЯ? ЧЬЁ? ЧЬИ? (кого́?)

Существи́тельное в *роди́тельном падеже́* в э́том слу́чае отвеча́ет на вопро́с КАКО́Й? КАКА́Я? КАКО́Е? КАКИ́Е? (чего́?)

РОДИТЕЛЬНЫЙ ПАДЕЖ СУЩЕСТВИТЕЛЬНЫХ В ЕДИНСТВЕННОМ ЧИСЛЕ

мужско́й род

Э́то Анто́н.
Э́то велосипе́д.
Э́то велосипе́д *чей?*
Анто́нA.

сре́дний род

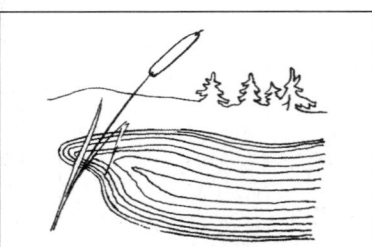

Э́то о́зеро.
Э́то бе́рег.
Э́то бе́рег *чего́?*
о́зерA.

же́нский род

Э́то А́нна.
Э́то пла́тье.
Э́то пла́тье *чьё?*
А́ннЫ.

Э́то преподава́тель.
Э́то портфе́ль.
Э́то портфе́ль *чей?*
преподава́теля.

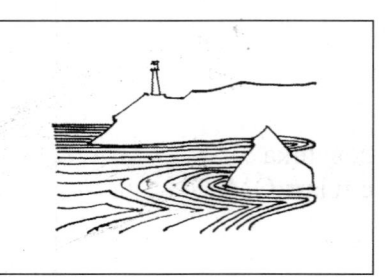

Э́то мо́ре.
Э́то бе́рег.
Э́то бе́рег *чего́?*
мо́рЯ.

Э́то Ка́тя.
Э́то кни́га.
Э́то кни́га *чья?*
Ка́тИ.

Имя существительное

СУЩЕСТВИТЕЛЬНЫЕ ЖЕНСКОГО РОДА НА -Ь

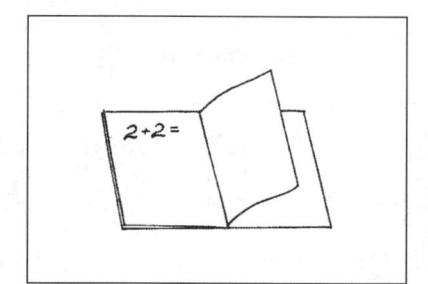

Это тетрáдь.
Это страни́ца.
Это страни́ца
чегó?
тетрáдИ.

Это мать.
Это портрéт.
Это портрéт
чей?
мáтерИ.

Это дочь.
Это стол.
Это стол
чей?
дóчерИ.

ОКОНЧАНИЯ СУЩЕСТВИТЕЛЬНЫХ ЕДИНСТВЕННОГО ЧИСЛА В РОДИТЕЛЬНОМ ПАДЕЖЕ

	Именительный падеж	Родительный падеж	
мужской и средний род	студéнт	кни́га студéнтА	
	герóй	óрден герóЯ	
	писáтель	ромáн писáтелЯ	-А -Я
	óзеро	бéрег óзерА	
	мóре	бéрег мóрЯ	
	движéние	скóрость движéниЯ	
женский род	Áнна	кни́га ÁннЫ	
	пéсня	словá пéснИ	-Ы -И
	истóрия	учéбник истóриИ	
	тетрáдь	страни́ца тетрáдИ	

Окончания существительных в *родительном падеже* в **единственном числе**:

на -А оканчиваются существительные *мужского рода*[1] на твёрдый согласный и *среднего рода* на -О;

на -Я оканчиваются существительные *мужского рода* на -Й и -Ь, а также *среднего рода* на -Е и -ИЕ;

на -Ы оканчиваются существительные *женского и мужского рода* на -А;

на -И оканчиваются существительные *женского рода* на -Я, -ИЯ и *мужского рода* на -Я.

---

[1] Некоторые существительные *мужского рода* теряют в *родительном падеже* последнюю гласную основы (так называемые беглые гласные -О- и -Е-): ýгол — углá, отéц — отцá.

Имя существительное

РОДИТЕЛЬНЫЙ ПАДЕЖ СУЩЕСТВИТЕЛЬНЫХ ВО МНОЖЕСТВЕННОМ ЧИСЛЕ

мужской род

Это студе́нты.
Это тетра́ди.
Это тетра́ди
  чьи?
студе́нт**ОВ**.

средний род

Это озёра.
Это берега́.
Это берега́
  чего?
озёр.

женский род

Это студе́нтки.
Это уче́бники.
Это уче́бники
  чьи?
студе́нток.

Это преподава́тели.
Это ко́мната.
Это ко́мната
  чья?
преподава́тел**ЕЙ**.

Это моря́.
Это берега́.
Это берега́
  чего?
мор**ЕЙ**.

Это герои́ни.
Это портре́ты.
Это портре́ты
  чьи?
герои́н**Ь**.

СУЩЕСТВИТЕЛЬНЫЕ ЖЕНСКОГО РОДА НА -Ь И -ИЯ

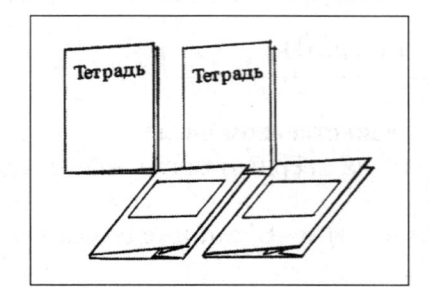

Это тетра́ди.
Это обло́жки.
Это обло́жки
  чего?
тетра́д**ЕЙ**.

Это ма́тери.
Это фотогра́фии.
Это фотогра́фии
  чьи?
матер**ЕЙ**.

Это фотогра́фии.
Это альбо́м.
Это альбо́м
  чего?
фотогра́фий.

Имя существительное

ОКОНЧАНИЯ СУЩЕСТВИТЕЛЬНЫХ МНОЖЕСТВЕННОГО ЧИСЛА В РОДИТЕЛЬНОМ ПАДЕЖЕ

	Именительный падеж ед. ч.	Родительный падеж мн. ч.	
мужской род	студе́нт	кни́га студе́нт**ОВ**	-ОВ
	геро́й	о́рден геро́**ЕВ**	-ЕВ
	писа́тель	рома́н писа́тел**ЕЙ**	-ЕЙ
средний род	о́зеро	берега́ озёр	—
	мо́ре	берега́ мор**ЕЙ**	-ЕЙ
	зда́ние	силуэ́ты зда́ний	—
женский род	студе́нтка	уче́бники студе́нток	—
	пе́сня	слова́ пе́сен	—
	фотогра́фия	альбо́м фотогра́фий	—
	тетра́дь	страни́цы тетра́д**ЕЙ**	-ЕЙ

Окончания существительных в *родительном падеже* во **множественном числе**:

на -ОВ оканчиваются существительные *мужского рода* на все согласные, кроме шипящих;
на -ЕВ[1] оканчиваются существительные *мужского рода* на -Й;
на -ЕЙ оканчиваются существительные:
а) *мужского рода* на -Ь и шипящие Ж, Ч, Ш, Щ;
б) *среднего рода* на -Е;
в) *женского рода* на -Ь.

Теряют окончания существительные:
а) *среднего рода* на -О;
б) *женского* и *мужского рода* на -А, -Я.

Не имеют окончаний существительные:
а) *среднего рода* на -ИЕ;
б) *женского рода* на -ИЯ.

Мягкость конечного согласного у существительных на -Я обозначается -Ь:

дере́вня — дереве́**нь**, ку́хня — ку́хо**нь** (исключение: пе́сня — пе́се**н**).

---

[1] Существительные типа *брат — бра́тья*, *лист — ли́стья* в родительном падеже множественного числа имеют окончание -ЬЕВ (*бра́тЬЕВ*).

82 Имя существительное

РОДИТЕЛЬНЫЙ ПАДЕЖ МЕРЫ И КОЛИЧЕСТВА

С помощью *родительного падежа* обозначается также:

1) **часть целого**

кусо́к хле́бА	полови́на я́блокА	че́тверть кру́гА

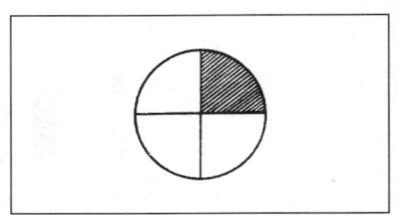

2) **определённая мера, количество чего-либо**

буты́лка (стака́н) водЫ́	литр молокА́	метр ткА́нИ
две́сти гра́ммов мА́слА	килогра́мм мукИ́	килогра́мм я́блок

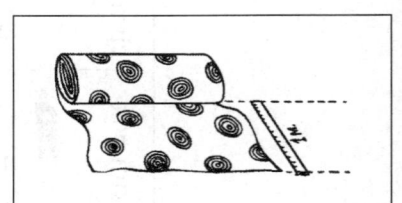

3) **количество предметов или лиц со словами** *мно́го, ма́ло, ско́лько, не́сколько*

не́сколько — груш, я́блок, слив

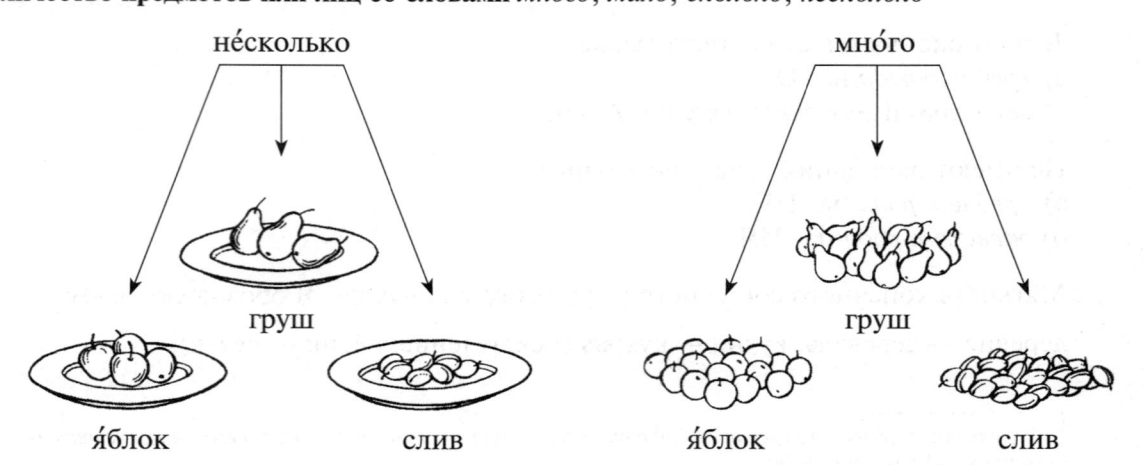

мно́го — груш, я́блок, слив

Имя существительное 83

4) **совокупность предметов или лиц**

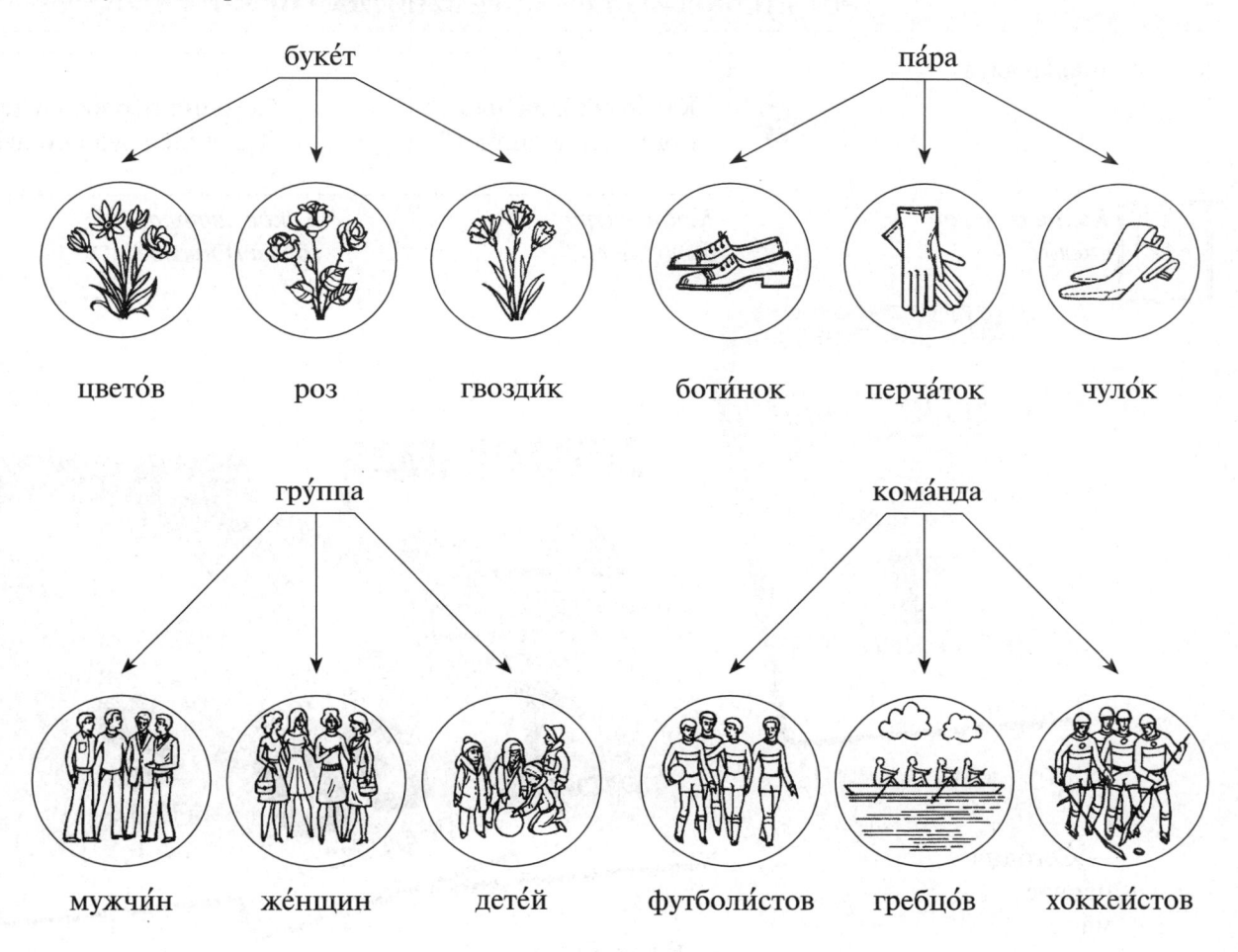

букет → цветов, роз, гвоздик

пара → ботинок, перчаток, чулок

группа → мужчин, женщин, детей

команда → футболистов, гребцов, хоккеистов

5) **точное количество предметов или лиц (больше 1)**

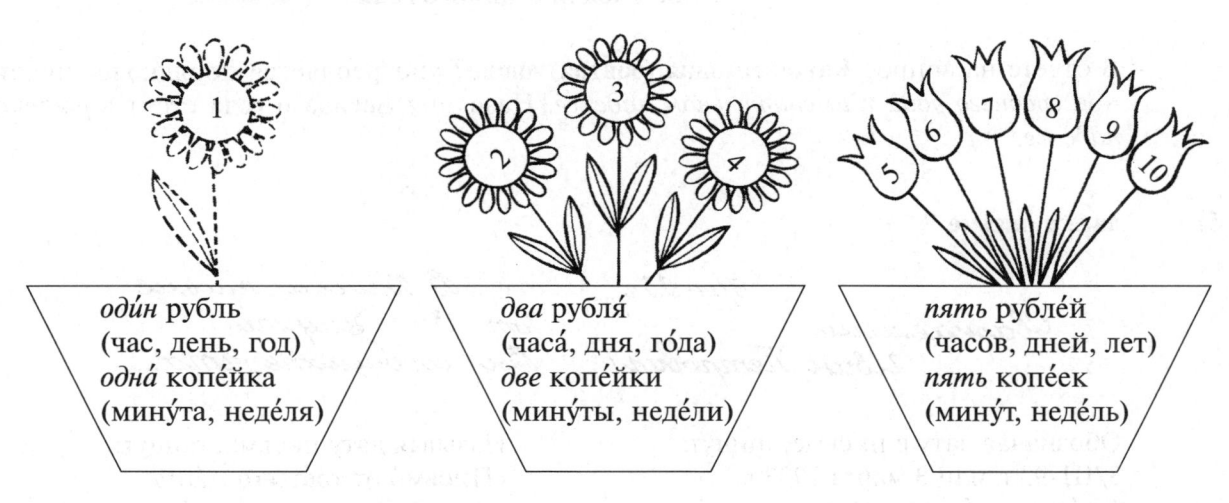

один рубль
(час, день, год)
одна копейка
(минута, неделя)

два рубля́
(часа́, дня, го́да)
две копейки
(минуты, недели)

пять рубле́й
(часо́в, дней, лет)
пять копеек
(минут, недель)

Более подробно о согласовании числительных с существительными см. с. 182—185.

84 Имя существительное

РОДИТЕЛЬНЫЙ ПАДЕЖ ВРЕМЕНИ (ДАТЫ)

а) **точная дата**

Какое сегодня число? — Сегодня первое **июня**.
Когда вы родились? — Я родился **первого июня**.

Какое сегодня число? *Какое вчера было число?* *Какое завтра (будет) число?*

— Сегодня первое мая...

— Вчера было тридцатое апреля...
...две тысячи седьмого года.

— Завтра (будет) второе мая...

В ответе на вопрос **Какое сегодня (завтра) число?** употребляется порядковое числительное *среднего рода* в *именительном падеже*. Названия **месяца** и **года** стоят в *родительном падеже*.

б) **дата в письме**

3/III-93 г.
Уважаемый Иван Петрович!

В Вашем письме от 3 марта Вы сообщаете, что...

Обозначая дату в письме, пишут: 3/III-93 г. или 3 марта 1993 г. (тр**е́**т**ьего** м**а́**рта тысяча девятьсот девяносто тр**е́**т**ьего** г**о́**да).

Называя дату письма, пишут: «Письм**о́** от тр**е́**т**ьего** м**а́**рта тысяча девятьсот девяносто третьего г**о́**да».

Имя существительное 85

в) **точная дата события**

Когда́ была́ при́нята Конститу́ция Росси́йской Федера́ции?

Когда́ был за́пущен пе́рвый иску́сственный спу́тник Земли́?

— Конститу́ция Росси́йской Федера́ции была́ принята́ двена́дцатого декабря́ ты́сяча девятьсо́т девяно́сто тре́тьего го́да.

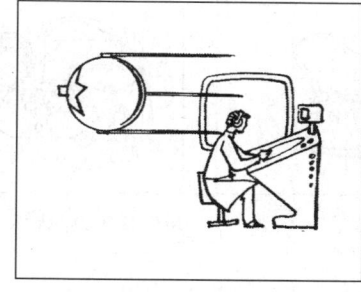

— Пе́рвый в ми́ре иску́сственный спу́тник Земли́ был за́пущен в Сове́тском Сою́зе четвёртого октября́ ты́сяча девятьсо́т пятьдеся́т седьмо́го го́да.

Когда́ вы уезжа́ете?

Когда́ вы возвраща́етесь?

— Мы уезжа́ем пя́того апре́ля.

— Мы возвраща́емся два́дцать шесто́го ма́я.

Когда́ вы родили́сь?

— Я роди́лся два́дцать пя́того ию́ня ты́сяча девятьсо́т шестьдеся́т пе́рвого го́да.

В отве́те на вопро́с *когда́?* все составны́е ча́сти да́ты: число́, ме́сяц, год стоя́т в *роди́тельном падеже́*.

⚠️ **ОБРАТИ́ТЕ ВНИМА́НИЕ!**

В отве́те на вопро́с *когда́?* числи́тельное, обознача́ющее то́чную да́ту, употребля́ется *без предло́га*.

Имя существительное

БЕГЛЫЕ ГЛАСНЫЕ В РОДИТЕЛЬНОМ ПАДЕЖЕ МНОЖЕСТВЕННОГО ЧИСЛА СУЩЕСТВИТЕЛЬНЫХ

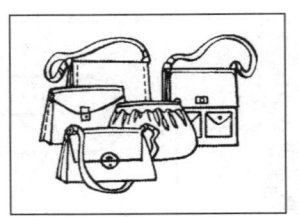

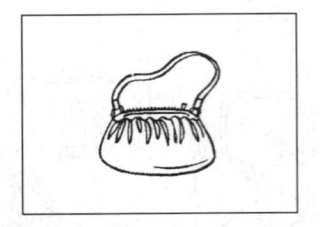

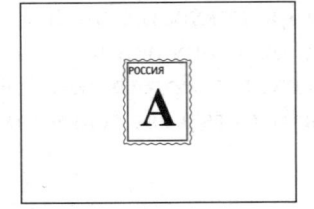

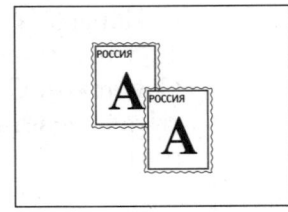

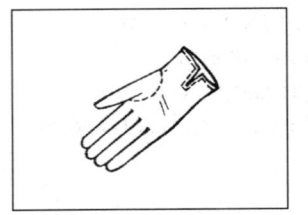

одна́ су́мка	мно́го су́мОк	одна́ оши́бка	мно́го оши́бОк
одна́ ма́рка	мно́го ма́рОк	одна́ перча́тка	па́ра перча́тОк
одна́ де́вушка	гру́ппа де́вушЕк	одна́ ча́шка	шесть ча́шЕк
одно́ письмо́	мно́го пи́сЕм	одно́ кре́сло	не́сколько кре́сЕл

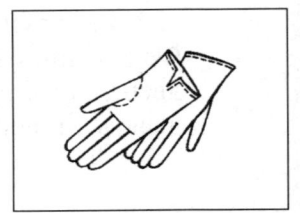

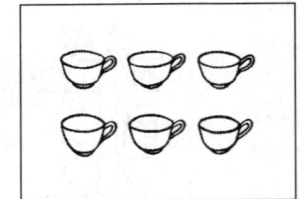

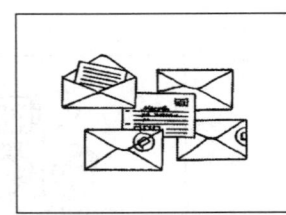

Больше половины существительных *женского рода* на -А имеют суффикс -К-, перед которым стоит согласный: *су́мка, ча́шка*. В *родительном падеже множественного числа* эти существительные (как и все существительные *женского рода* на -А, -Я) теряют окончания. Для более удобного произношения между согласными включаются так называемые **беглые гласные** -О- (после **твёрдых согласных**) — *су́мОк* и -Е- (после **мягких согласных** и **шипящих** Ж, Ш, Ч, Щ) — *ча́шЕк*.

Беглые гласные -Е- и -О- (-О- только после Г и К) появляются и у существительных *среднего рода*: число́ — чи́сЕл, ядро́ — я́дЕр, окно́ — о́кОн.

Имя существительное

ОСОБЫЕ СЛУЧАИ ОБРАЗОВАНИЯ РОДИТЕЛЬНОГО ПАДЕЖА МНОЖЕСТВЕННОГО ЧИСЛА СУЩЕСТВИТЕЛЬНЫХ МУЖСКОГО РОДА

I. У некоторых существительных *мужского рода* (челове́к, солда́т, партиза́н, грузи́н, чуло́к, сапо́г, боти́нок, глаз и раз) в *родительном падеже множественного числа* нет окончаний.

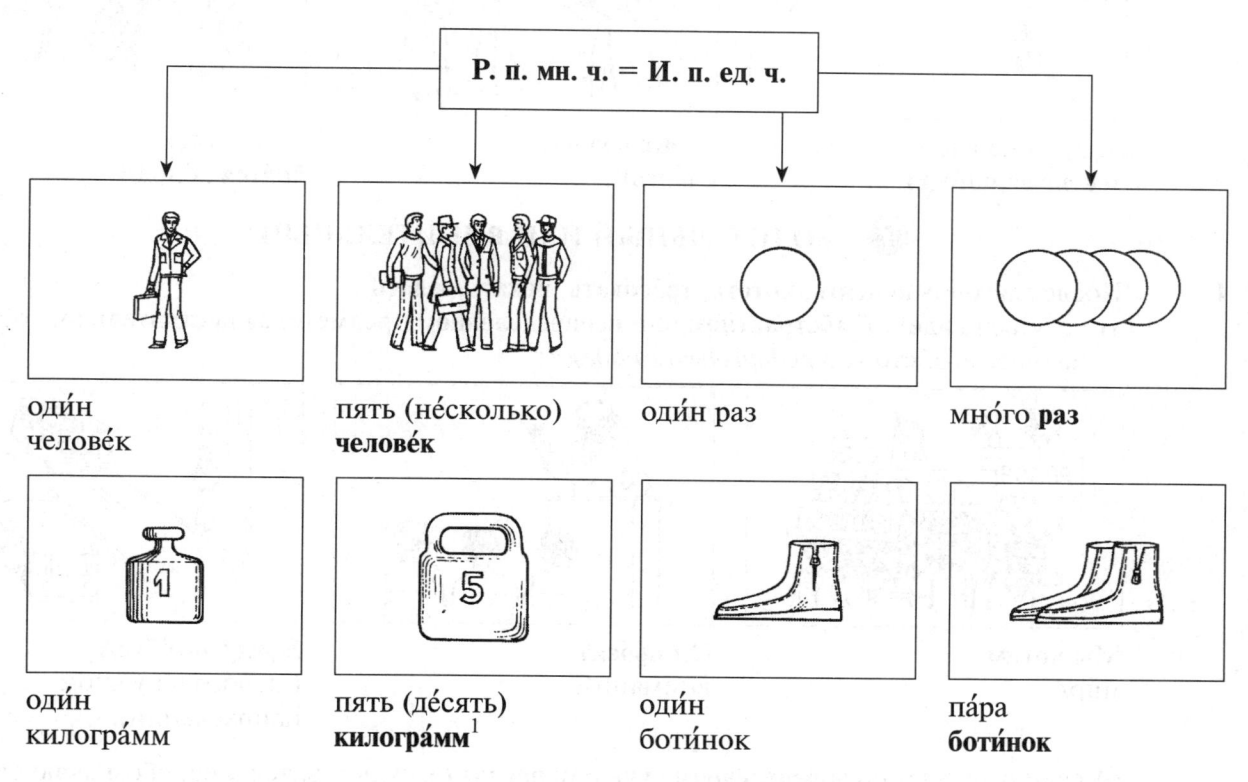

Р. п. мн. ч. = И. п. ед. ч.

оди́н челове́к

пять (не́сколько) **челове́к**

оди́н раз

мно́го **раз**

оди́н килогра́мм

пять (де́сять) **килогра́мм**[1]

оди́н боти́нок

па́ра **боти́нок**

II. У некоторых существительных *мужского рода* (суп, чай, са́хар, сыр, мёд, яд, виногра́д, наро́д и др.) при обозначении целого, из которого выделяется некоторая часть, наряду с формой *родительного падежа единственного числа* на -А, -Я употребляется форма на -У, -Ю.

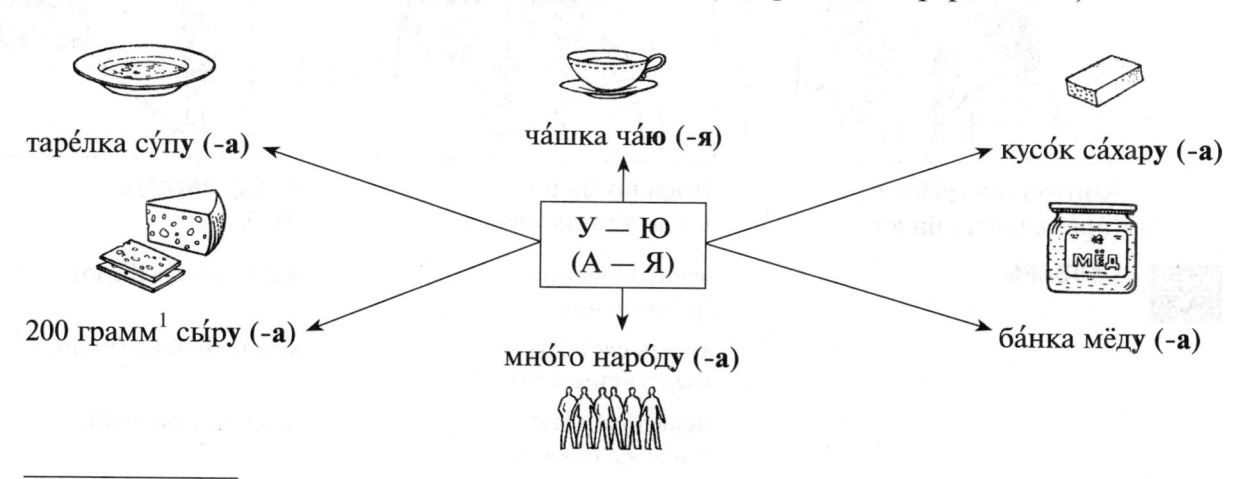

таре́лка су́пу (-а)

ча́шка ча́ю (-я)

кусо́к са́хару (-а)

У — Ю (А — Я)

200 грамм[1] сы́ру (-а)

мно́го наро́ду (-а)

ба́нка мёду (-а)

---

[1] *Правильная форма* — пять килогра́ммов, две́сти гра́ммов. Однако в разговоре употребляется форма *пять, де́сять, не́сколько килогра́мм; две́сти, восемьсо́т грамм*.

88 Имя существительное

ГЛАГОЛЫ, ПОСЛЕ КОТОРЫХ УПОТРЕБЛЯЕТСЯ РОДИТЕЛЬНЫЙ ПАДЕЖ

Андрей первым **достиг** верши́нЫ.

— **Желаю** вам сча́стьЯ!

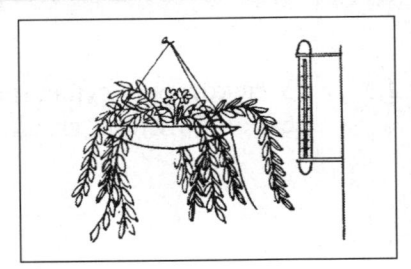

Эти цветы́ **боя́тся** хо́лодА.

❓ РОДИТЕЛЬНЫЙ ИЛИ ВИНИТЕЛЬНЫЙ?

I. После глаголов **проси́ть, хоте́ть, тре́бовать, иска́ть, ждать**

а) если речь идёт об **абстра́ктном** или **неопределённом** предмете, существительное, обозначающее его, стоит в *родительном падеже*:

Мы **хоти́м** ми́рА.

Он **про́сит** внима́ниЯ.

Я **жду** авто́бусА (любо́го в ну́жном направле́нии).

б) если речь идёт об **определённом лице** или **предмете**, существительное, обозначающее его, стоит в *винительном падеже*:

Контролёр **тре́бует** (предъяви́ть) **биле́т**.

Я **прошу́ биле́т** на вече́рний сеа́нс.

Я **жду** авто́бус № 3.

СЛОВАРЬ

ждать реше́ния (разреше́ния)

хоте́ть свобо́ды (незави́симости)

иска́ть защи́ты (справедли́вости)

тре́бовать внима́ния (дисципли́ны)

ждать жену́ (Ка́тю)

хоте́ть я́блоко (гру́шу)

иска́ть свою́ шля́пу

тре́бовать про́пуск

Имя существительное 89

II. После глаголов **налить, положить, нарезать, нарвать, купить, взять, дать, выпить, съесть**:

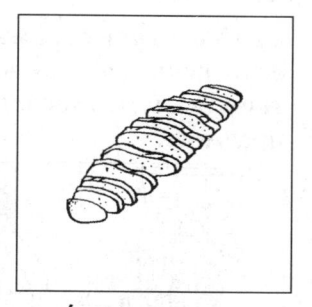

налить	налить	выпить	выпить
сок	сокА	молоко	молокА
в кувшин	в стакан	(всё)	(чашку)
(весь)	(часть)		

нарезать	нарезать	съесть	съесть
хлеб	хлебА	виноград	(кисть)
(весь)	(часть)	(весь)	виноградА

После глаголов **налить, положить, нарезать, нарвать, купить, взять, дать, выпить, съесть**, если действие распространяется на

весь предмет, существительное, обозначающее его, стоит в *винительном падеже*.	**часть предмета**, существительное, обозначающее его, стоит в *родительном падеже*.
Покупая отдельные вещи, говорят:	О покупке продуктов говорят:
— Покажите мне, пожалуйста, этот костюм (эту блузку, эти ботинки).	— Я купила на ужин масла (сыру, колбасы, молока).
— Я купила платье (юбку, телевизор, стол, книги).	— Пойду куплю хлеба (мяса, яиц, рыбы).

Имя существительное

РОДИТЕЛЬНЫЙ ПАДЕЖ ОТРИЦАНИЯ

| У меня́ нет **бра́та**. | Сего́дня нет **дождя́**. | Я не зна́ю **э́того челове́ка**. |

Родительный падеж употребляется после **НЕТ, НЕ́ БЫЛО, НЕ БУ́ДЕТ**.

ОБРАТИТЕ ВНИМАНИЕ!

И. п.
- У меня́ **есть** сестра́.
- У меня́ **был** брат.
- У меня́ сего́дня **бу́дут** го́сти.
- В э́том магази́не **есть** телеви́зоры.
- Здесь **была́** остано́вка авто́буса.
- За́втра **бу́дет** дождь.

Р. п.
- У меня́ **нет** сестр**Ы́**.
- У меня́ **не́ было** бра́т**А**.
- У меня́ сего́дня **не бу́дет** гост**Е́Й**.
- В э́том магази́не **нет** телеви́зор**ОВ**.
- Здесь **не́ было** остано́вк**И** авто́буса.
- За́втра **не бу́дет** дожд**Я́**.

Когда перед переходным глаголом имеется **отрицание**, дополнение стоит:

в *винительном падеже*, если речь идёт об **определённом** лице или предмете.

в *родительном падеже*, если речь идёт об **абстрактном** или неопределённом предмете.

Он купи́л «Литерату́рную газе́ту».

Она́ не купи́ла «Литерату́рную газе́ту».

Она́ **никако́й** газе́т**Ы** **не** купи́ла.

РОДИТЕЛЬНЫЙ ПАДЕЖ СРАВНЕНИЯ

| Слон бо́льше **соба́ки**. |

При **сравнении** двух предметов по тому или иному признаку существительное, обозначающее предмет, с которым мы сравниваем, стоит в *родительном падеже*.

Э́та соба́ка бо́льше ко́шк**И**.

Соба́ка ме́ньше слон**А́**.

Ко́шка сильне́е мы́ш**И**.

Андре́й ста́рше Ива́н**А**.

Ива́н мла́дше Андре́**Я**.

Брат вы́ше сестр**Ы́**.

Имя существительное

РОДИТЕЛЬНЫЙ ПАДЕЖ С ПРЕДЛОГАМИ

РОДИТЕЛЬНЫЙ ПАДЕЖ МЕСТА

Многие предлоги требуют *родительного падежа*. Большинство из них указывают на **место**, где находится лицо или предмет или происходит действие. Существительные с такими предлогами отвечают на вопрос ГДЕ?

У[1], ОКОЛО, ВОКРУГ, НЕДАЛЕКО ОТ, ПОЗАДИ, НАПРОТИВ, ПОСРЕДИ

❓ Где растут деревья? — Деревья растут **около дома**.

У домА

ОКОЛО домА

ВОКРУГ домА

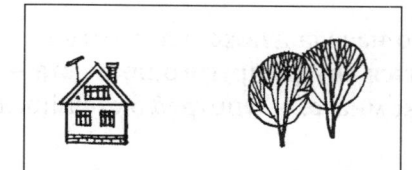

НЕДАЛЕКО ОТ домА

ПОЗАДИ домА

НАПРОТИВ домА

ПОСРЕДИ дворА

РОДИТЕЛЬНЫЙ ПАДЕЖ МЕСТА ДВИЖЕНИЯ

Некоторые предлоги, требующие *родительного падежа*, употребляются при обозначении **места движения**: МИМО, ВДОЛЬ, ДО.

Я прошёл МИМО магазинА.

Я иду ВДОЛЬ рекИ.

Я дошёл ДО мостА и остановился.

Я прошёл МИМО домА (киоскА, деревА, остановкИ).

Мы шли ВДОЛЬ берегА (заборА, железной дорогИ).

Он быстро дошёл ДО городА (магазинА, площадИ).

---

[1] О других значениях предлога У см. раздел «Предлоги».

92 Имя существительное

РОДИТЕЛЬНЫЙ ПАДЕЖ ИСХОДНОЙ ТОЧКИ ДВИЖЕНИЯ

При указании на **исходную точку движения** употребляются различные предлоги в зависимости от места, в котором находилось лицо или предмет до начала движения. Существительные с такими предлогами отвечают на вопрос ОТКУДА?

Место (ГДЕ?)   **Исходная точка движения (ОТКУДА?)**

Он стоя́л у окна́. 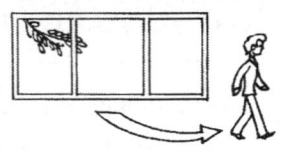   Он отошёл ОТ окна́.

Если до начала движения предмет находился **поблизости** от другого предмета — стоя́л **у** (**во́зле, о́коло, вблизи́**) окна́, — употребляется предлог ОТ.

Он сиде́л на сту́ле. 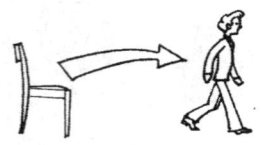   Он встал СО сту́лА.

Если до начала движения предмет находился **на поверхности** другого предмета — сиде́л **на** сту́ле, — употребляется предлог С.

Он был в ко́мнате.   Он вы́шел ИЗ ко́мнатЫ.

Если до начала движения предмет находится **внутри** другого предмета — он был **в** ко́мнате, — употребляется предлог ИЗ[1].

Инжене́р Петро́в был за грани́цей. 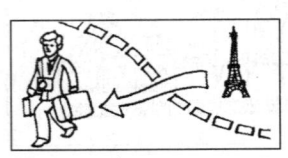   Он прие́хал ИЗ-ЗА грани́цЫ.

Если до начала движения предмет находился за другим предметом (Маши́на стоя́ла **за** до́мом. Инжене́р Петров был **за** грани́цей.) — употребляется предлог ИЗ-ЗА (Маши́на вы́ехала **из-за** до́ма. Он прие́хал **из-за** грани́цы.).

ПРЕДЛОГИ, УКАЗЫВАЮЩИЕ НА МЕСТО И ИСХОДНУЮ ТОЧКУ ДВИЖЕНИЯ

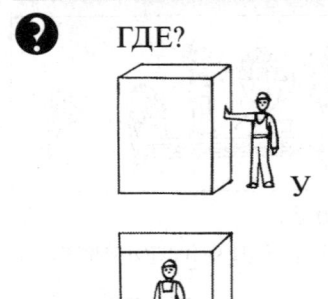

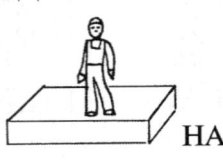

ГДЕ?   У   ОТКУДА?   ОТ   ГДЕ?   НА   ОТКУДА?   С

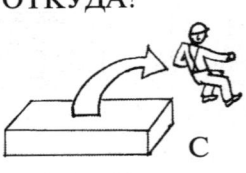

В   ИЗ   ЗА   ИЗ-ЗА

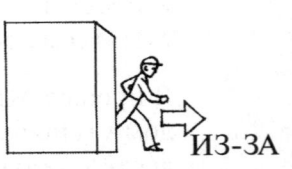

---

[1] В тех случаях, когда традиционно предлог НА употребляется вместо предлога В, при обозначении исходной точки движения употребляется предлог С: *жил* **на** *Алта́е* — *прие́хал* **с** *Алта́я*; *был* **на** *по́чте* — *пришёл* **с** *по́чты*.

Имя существительное 93

ДРУГИЕ ЗНАЧЕНИЯ РОДИТЕЛЬНОГО ПАДЕЖА С ПРЕДЛОГАМИ[1]

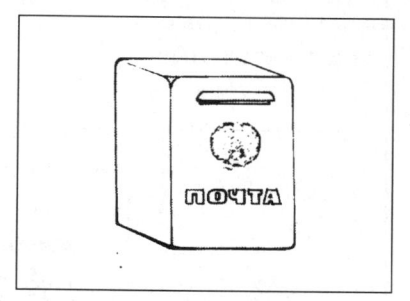

ящик ДЛЯ писем
(предназначение)

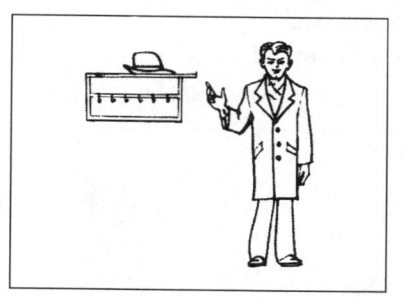

Он надел всё, КРОМЕ шляпЫ.
(исключение)

Он вышел из дому БЕЗ шляпЫ.
(отсутствие)

ОБРАТИТЕ ВНИМАНИЕ на употребление предлогов в ответах на вопросы!

КУДА?

ГДЕ?

ОТКУДА?

Куда
поднимается турист
— НА гору.

Где
он находится?
— НА горе.

Откуда
он спускается?
— С горы.

Куда
идут дети?
— В школу.

Где
они учатся?
— В школе.

Откуда
они возвращаются?
— ИЗ школы.

---

[1] О предлогах с *родительным падежом*, выражающих отношения времени, причины и цели, см. раздел «Предлоги».

94 Имя существительное

ПАДЕЖНЫЕ ВОПРОСЫ

одушевлённые существительные | неодушевлённые существительные

ИМЕНИТЕЛЬНЫЙ ПАДЕЖ

КТО это? — Это **Таня**.
ЧТО это? — Это **книга**.

РОДИТЕЛЬНЫЙ ПАДЕЖ

ЧЬЯ (КОГО?) это книга? — Это книга Тан**И**.
Это обложка **ЧЕГО**? — Это обложка книг**И**.

ДАТЕЛЬНЫЙ ПАДЕЖ

КОМУ сестра подарила книгу? — Сестра подарила книгу Тан**Е**.
ЧЕМУ радуется Таня? — Таня радуется книг**Е**.

Имя существительное 95

	одушевлённые существительные		неодушевлённые существительные	

ВИНИТЕЛЬНЫЙ ПАДЕЖ

КОГО́ ты встре́тила на у́лице?	— Я встре́тила Та́н**Ю**.	**ЧТО** ты уви́дела в окне́?	— Я уви́дела кни́г**У**.

ТВОРИТЕЛЬНЫЙ ПАДЕЖ

С КЕМ ты поздоро́валась?	— Я поздоро́валась с Та́н**ЕЙ**.	**Чем** ты интересу́ешься?	— Я интересу́юсь кни́г**ОЙ**.

ПРЕДЛОЖНЫЙ ПАДЕЖ

О КОМ ты расска́зываешь?	— Я расска́зываю о Та́н**Е**.	**О ЧЁМ** ты расска́зываешь?	— Я расска́зываю о кни́г**Е**.

Имя существительное

СКЛОНЕНИЕ СУЩЕСТВИТЕЛЬНЫХ

ОДУШЕВЛЁННЫЕ СУЩЕСТВИТЕЛЬНЫЕ

И. п.	Это врач.	Это учитель.	Это сестра (медицинская).	Это Катя.	Это мать и дочь.
Р. п.	Это инструменты врачА.	Это портфель учителЯ.	Это шапочка сестрЫ.	Это туфли КатИ.	Это сумка матерИ.
Д. п.	Сестра даёт врачУ инструменты.	Я даю учителЮ тетрадь.	Врач даёт сестрЕ рецепт.	Я даю КатЕ книгу.	Я даю матерИ дневник.
В. п.	Я вижу врачА.	Я вижу учителЯ.	Я вижу сестрУ.	Я вижу КатЮ.	Я вижу мать.

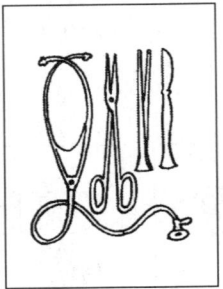

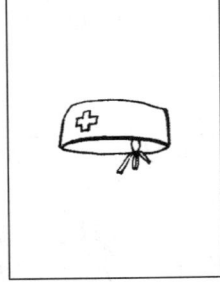

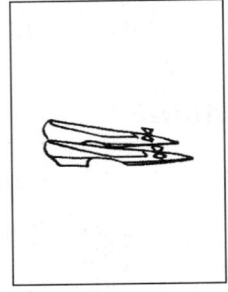

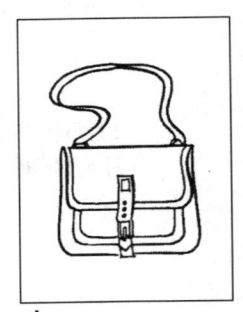

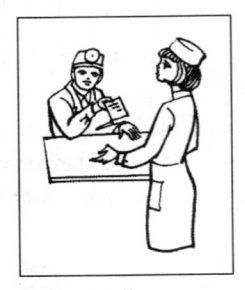

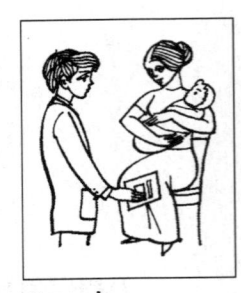

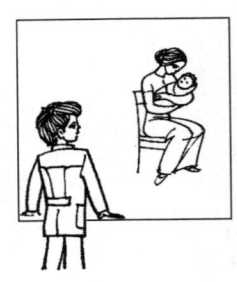

Имя существительное 97

Т. п.	Я разгова́риваю с врачО́М.	Я разгова́риваю с учи́телЕМ.	Я разгова́риваю с сестрО́Й.	Я разгова́риваю с Ка́тЕЙ.	Я разгова́риваю с ма́терЬЮ.

П. п.	Я вспомина́ю о врачЕ́.	Я вспомина́ю об учи́телЕ.	Я вспомина́ю о сестрЕ́.	Я вспомина́ю о Ка́тЕ.	Я вспомина́ю о ма́терИ.

СКЛОНЕНИЕ ОДУШЕВЛЁННЫХ СУЩЕСТВИТЕЛЬНЫХ В ЕДИНСТВЕННОМ ЧИСЛЕ

И. п.	врач	учи́тель	геро́й	сестра́	Ка́тя	мать
Р. п.	врачА́	учи́телЯ	геро́Я	сестрЫ́	Ка́тИ	ма́терИ
Д. п.	врачУ́	учи́телЮ	геро́Ю	сестрЕ́	Ка́тЕ	ма́терИ
В. п.	врачА́	учи́телЯ	геро́Я	сестрУ́	Ка́тЮ	мать
Т. п.	врачО́М	учи́телЕМ	геро́ЕМ	сестрО́Й	Ка́тЕЙ	ма́терЬЮ
П. п.	о врачЕ́	об учи́телЕ	о геро́Е	о сестрЕ́	о Ка́тЕ	о ма́терИ

НЕСКЛОНЯЕМЫЕ СУЩЕСТВИТЕЛЬНЫЕ

ЗАПОМНИТЕ!

НЕ склоняются:
1) существительные **иноязычного** происхождения, которые имеют нетипичные для русского языка окончания: -И, -У, -Ю (жюри́, кенгуру́, меню́ и др.);
2) группа существительных **иноязычного** происхождения на -О, -Е (метро́, шоссе́ и др.);
3) **имена**, **фамилии** и **географические названия**, оканчивающиеся на -О, -Е, -И, -У (Шевче́нко, Гёте, Гольдо́ни, Не́ру, То́кио, Миссиси́пи и др.);
4) **женские имена** и **фамилии**, оканчивающиеся на согласный (Карме́н и др.);
5) **аббревиатуры** (**буквенные сокращения**) — РФ, МГУ, ООН и др.

БЕГЛЫЕ ГЛАСНЫЕ В СУЩЕСТВИТЕЛЬНЫХ

При отсутствии окончаний у некоторых форм существительных *мужского рода* в *единственном числе* и *женского* и *среднего рода* во *множественном числе* образуется группа из нескольких согласных. Так получаются неблагозвучные, трудно произносимые формы.

Для благозвучия в эти формы перед последним согласным звуком включаются гласные -О- или -Е- (-Ё-), которые не встречаются в других падежных формах. Так как эти гласные то появляются, то исчезают, они называются **беглыми гласными**.

Беглые гласные встречаются:

1. В **именительном падеже единственного числа** существительных *мужского рода*, оканчивающихся на

   -ОЛ(Ь), -ЕЛ (-ЁЛ), -ЕР, -ЕНЬ, -ОК, -ЁК, -ЁНОК, -ЕЦ:

   посо́л — посла́
   у́гОл — угла́
   у́гОль — угля́
   орЁл — орла́
   ве́тЕр — ве́тра
   ка́мЕнь — ка́мня
   кусо́к — куска́
   огонЁк — огонька́
   ребёнОк — ребёнка
   стано́к — станка́
   отЕ́ц — отца́

   В односложных словах:

   дЕнь — дня
   лОб — лба
   сОн — сна

   Вместо беглого -Е- иногда появляется:

   а) -Ь-:

   лЁд — льда
   лЕв — льва
   ручЕ́й — ручья́

   б) -Й-:

   боЕ́ц — бойца́

2. В **родительном падеже множественного числа** существительных *женского* и *среднего рода*, оканчивающихся на

   -ЛЯ, -НА, -НЯ, -КА[1], -ЦА, -ЛО, -МО, -НО, -ЦО, -ЦЕ:

   земля́ —земЕ́ль
   сосна́ — со́сЕн
   дере́вня — дереве́Ень
   пе́сня — пе́сЕн
   де́вочка — де́вочЕк
   де́вушка — де́вушЕк
   копе́йка — копе́Ек
   ча́шка — ча́шЕк
   овца́ — овЕ́ц
   кре́сло — кре́сЕл
   весло́ — вёсЕл
   письмо́ — пи́сЕм
   бревно́ — брёвЕн
   кольцо́ — колЕ́ц
   се́рдце — сердЕ́ц
   полоте́нце — полоте́нЕц

   У существительных с основой на -К- обычно появляется

   -О-:

   ве́тка — ве́тОк
   доска́ — до́сОк
   ло́дка — ло́дОк
   ска́зка — ска́зОк

---

[1] То же в **родительном падеже множественного числа** существительных *мужского рода*, оканчивающихся на -КА: *де́душка — де́душЕк, мальчи́шка — мальчи́шЕк*.

Имя существительное 99

БЕГЛЫЕ ГЛАСНЫЕ В СУЩЕСТВИТЕЛЬНЫХ МУЖСКОГО РОДА

стан о к + и   **от е ц + ы**

И. п.	стано́к	станки́	оте́ц	отцы́
Р. п.	станка́	станко́в	отца́	отцо́в
Д. п.	станку́	станка́м	отцу́	отца́м
В. п.	стано́к	станки́	отца́	отцо́в
Т. п.	станко́м	станка́ми	отцо́м	отца́ми
П. п.	о станке́	о станка́х	об отце́	об отца́х

ь / ё л д + ы   **й / е бо ц + ы**

И. п.	лёд	льды	бое́ц	бойцы́
Р. п.	льда	льдов	бойца́	бойцо́в
Д. п.	льду	льдам	бойцу́	бойца́м
В. п.	лёд	льды	бойца́	бойцо́в
Т. п.	льдом	льда́ми	бойцо́м	бойца́ми
П. п.	о льде	о льдах	о бойце́	о бойца́х

БЕГЛЫЕ ГЛАСНЫЕ В СУЩЕСТВИТЕЛЬНЫХ ЖЕНСКОГО РОДА

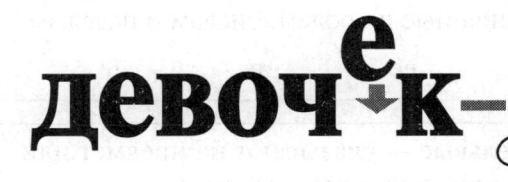

лод о к – а   **девоч е к – а**

И. п.	ло́дка	ло́дки	де́вочка	де́вочки
Р. п.	ло́дки	ло́док	де́вочки	де́вочек
Д. п.	ло́дке	ло́дкам	де́вочке	де́вочкам
В. п.	ло́дку	ло́дки	де́вочку	де́вочек
Т. п.	ло́дкой	ло́дками	де́вочкой	де́вочками
П. п.	о ло́дке	о ло́дках	о де́вочке	о де́вочках

БЕГЛЫЕ ГЛАСНЫЕ В СУЩЕСТВИТЕЛЬНЫХ СРЕДНЕГО РОДА

И. п.	окно́	о́кна	В. п.	окно́	о́кна
Р. п.	окна́	о́кон	Т. п.	окно́м	о́кнами
Д. п.	окну́	о́кнам	П. п.	об окне́	об о́кнах

Местоимение

Страницы 100—149

Местоимения — это слова, которые указывают на предметы и лица или их признаки, но не называют их. Местоимения заменяют, таким образом, имя существительное и имя прилагательное.

РАЗРЯДЫ МЕСТОИМЕНИЙ

Личные — заменяют имя лица или название предмета:

я	ты	он	она́	оно́
мы	вы		они́	

Возвратное — обозначает объект, который является одновременно субъектом действия:

себя́

Притяжательные — указывают, кому принадлежит предмет:

мой	моя́	моё	мои́
твой	твоя́	твоё	твои́
наш	на́ша	на́ше	на́ши
ваш	ва́ша	ва́ше	ва́ши

Неизменяемые по родам, числам и падежам:

его́	её	их

Указательные — указывают на предмет или какое-нибудь качество предмета:

э́тот	э́та	э́то	э́ти
тот	та	то	те
тако́й	-а́я	-о́е	-и́е

Определительные — определяют предмет или лицо с различных точек зрения:

ка́ждый	-ая	-ое	-ые
любо́й	-а́я	-о́е	-ы́е
весь	вся	всё	все
сам	сама́	само́	са́ми
са́мый	-ая	-ое	-ые

Вопросительные — используются в качестве вопроса о лице или предмете, о владельце предмета, о его качестве:

кто?	что?		
чей?	чья?	чьё?	чьи?
како́й?	кака́я?	како́е?	каки́е?
кото́рый?	-ая?	-ое?	-ые?

Относительные — употребляются для связи предложений:

кто	что		
како́й	кака́я	како́е	каки́е
кото́рый	-ая	-ое	-ые

Отрицательные — употребляются при общем отрицании вопроса:

никто́			
ничто́			
никако́й	никака́я	никако́е	никаки́е
не́кого			
не́чего			

Неопределённые — указывают на различную степень неопределённости предмета или признака:

кто́-то	кто́-нибудь	ко́е-кто́
что́-то	что́-нибудь	ко́е-что́
како́й-то	кака́я-то	како́е-то
како́й-нибудь	кака́я-нибудь	како́е-нибудь
ко́е-како́й	ко́е-кака́я	ко́е-како́е

ЛИЧНЫЕ МЕСТОИМЕНИЯ

Самые употребительные слова в каждом языке — **личные местоимения**. Они заменяют имя лица или название предмета (заменяют в предложении существительные). С их помощью обозначается:

а) лицо говорящего — **1-е лицо: Я** (ед. ч.), **МЫ** (мн. ч.);
б) лицо собеседника — **2-е лицо: ТЫ** (ед. ч.), **ВЫ** (мн. ч.);
в) лицо человека или предмет, о которых говорят, — **3-е лицо: ОН, ОНА́, ОНО́** (ед. ч.), **ОНИ́** (мн. ч.).

Личные местоимения 1-го и 2-го лица **я** и **ты (Вы)**[1] употребляются при замене существительных как мужского, так и женского рода.

Личные местоимения 3-го лица *единственного числа* в зависимости от рода существительных, которые они заменяют, бывают трёх родов: мужского — **он**, женского — **она́**, среднего — **оно́**.

Личные местоимения *множественного числа* — **мы, вы, они́** — рода не имеют.

Личные местоимения **мы** и **вы** обозначают группы лиц, в составе которых находится 1-е или 2-е лицо.

единственное число   **множественное число**

а) **1-е лицо** — тот, кто говорит:

Я    Я 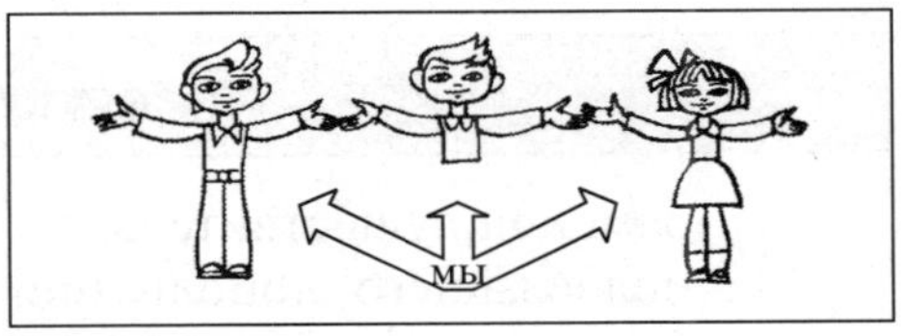   МЫ

б) **2-е лицо** — тот, с кем говорят:

ТЫ    ТЫ 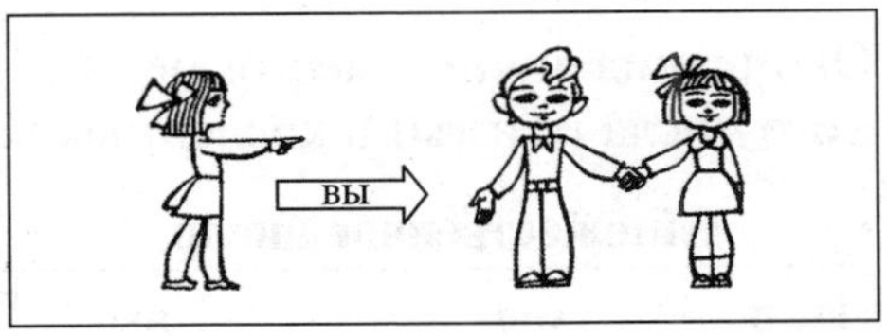   ВЫ

в) **3-е лицо** — тот, о ком говорят:

ОН    ОНА́    ОНО́    ОНИ́    ОНИ́

⚠️ **ОБРАТИТЕ ВНИМАНИЕ!**

При **переводе** личных местоимений с родного языка на русский будьте особенно внимательны!

Не забывайте, что **род личного местоимения 3-го лица** в русском языке определяется **родом существительного**, которое оно заменяет.

Например: *дом* — **он**, *окно́* — **оно́**, *дере́вня* — **она́**.

---
[1] Об употреблении местоимения ВЫ см. с. 105.

Личные местоимения употребляются в различных падежах — в зависимости от их роли в предложении.

Именительный падеж			Родительный падеж			Дательный падеж		
	ед. ч.	мн. ч.		ед. ч.	мн. ч.		ед. ч.	мн. ч.
Учи́тель спра́шивает: Кто э́то?	— Это я ты он она́	мы вы они́	Учи́тель спра́шивает: У кого́ есть слова́рь?	— У меня́ у тебя́ у него́ у неё есть словарь.	у нас у вас у них	Кому́ учи́тель даёт тетра́дь?	Учи́тель даёт тетра́дь мне тебе́ ему́ ей	нам вам им

Винительный падеж			Творительный падеж			Предложный падеж		
	ед. ч.	мн. ч.		ед. ч.	мн. ч.		ед. ч.	мн. ч.
Кого́ спра́шивает учи́тель?	Учи́тель спра́шивает меня́ тебя́ его́ её	нас вас их	Кем дово́лен учи́тель?	Учи́тель дово́лен мной тобо́й им ей, е́ю	на́ми ва́ми ва́ми и́ми	О ком ду́мает учи́тель?	Учи́тель ду́мает обо мне́ о тебе́ о нём о ней	о нас о вас о них

СКЛОНЕНИЕ ЛИЧНЫХ МЕСТОИМЕНИЙ

Заменяя существительное в предложении, личные местоимения могут выступать в роли подлежащего, дополнения и пр.

Подобно существительным они **изменяются по падежам**, т. е. склоняются.

Однако в одном и том же падеже формы существительных и личных местоимений неодинаковы.

Окончания личных местоимений 1-го и 2-го лица единственного числа (**я** и **ты**) в косвенных падежах одинаковы.

Единственное число

И. п.	я	ты
Р. п.	мен**Я**	теб**Я**
Д. п.	мн**Е**	теб**Е́**
В. п.	мен**Я**	теб**Я**
Т. п.	мн**ОЙ**	тоб**О́Й**
П. п.	обо мн**Е́**	о теб**Е́**

Множественное число

И. п.	мы	вы
Р. п.	нас	вас
Д. п.	нам	вам
В. п.	нас	вас
Т. п.	на́ми	ва́ми
П. п.	о нас	о вас

Окончания личных местоимений 1-го и 2-го лица множественного числа (**мы** и **вы**) в косвенных падежах одинаковы.

Падежные формы личных местоимений 3-го лица единственного и множественного числа **он (оно́), она́, они́** резко отличаются от падежных форм личных местоимений 1-го и 2-го лица.

	Единственное число		Множественное число
И. п.	он (оно́)	она́	они́
Р. п.	его́	её	их
Д. п.	ему́	ей	им
В. п.	его́	её	их
Т. п.	им	ей, е́ю	и́ми
П. п.	о нём	о ней	о них

В склонении всех личных местоимений формы родительного и винительного падежа одинаковы (**Р. п. = В. п.**).

Местоимение 103

СКЛОНЕНИЕ ЛИЧНЫХ МЕСТОИМЕНИЙ *Я* И *ТЫ*

И. п.

Это **я** — Андре́й.

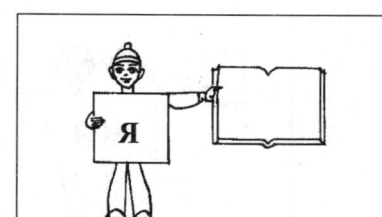

Р. п.

У меня́ есть интере́сная кни́га.

Д. п.

Сестра́ даёт **мне** кни́гу.

Э́то **ты**, И́горь?

У тебя́ есть интере́сная кни́га?

Брат даёт **тебе́** кни́гу?

В. п.

Серге́й ждёт **меня́** на остано́вке авто́буса.

Т. п.

Серге́й гуля́ет со **мной**.

П. п.

Серге́й иногда́ вспомина́ет **обо мне́**.

Серге́й ждёт **тебя́** на остано́вке авто́буса.

Серге́й ча́сто гуля́ет с **тобо́й**.

Серге́й ча́сто ду́мает **о тебе́**.

СКЛОНЕНИЕ ЛИЧНЫХ МЕСТОИМЕНИЙ *МЫ* И *ВЫ*

И. п.

Это **мы** — Андре́й и А́нна.

Это **вы**, Серге́й и А́нна?

Р. п.

У **нас** есть интере́сные кни́ги.

У **вас** есть интере́сные кни́ги?

Д. п.

Анто́н даёт **нам** интере́сные кни́ги.

Анто́н даёт **вам** интере́сные кни́ги.

В. п.

Серге́й ждёт **нас** на остано́вке авто́буса.

Я жду **вас** на остано́вке авто́буса.

Т. п.

Серге́й ча́сто гуля́ет **с на́ми**.

Я ча́сто гуля́ю **с ва́ми**.

П. п.

Серге́й ча́сто вспомина́ет **о нас**.

Я ча́сто вспомина́ю **о вас**.

Местоимение

ОБРАТИТЕ ВНИМАНИЕ!

При официальном, вежливом обращении к старшему или малознакомому человеку употребляется местоимение **ВЫ**.

Здравствуйте, Мария Ивановна! Как **Вы** поживаете?

У **Вас** есть последний номер журнала «Огонёк»?

Я принёс **Вам** свежие газеты.

Я вчера долго ждал **Вас** в аудитории.

Я хочу поговорить с **Вами** о важном деле.

Как **Вы** поживаете? Я часто вспоминаю о **Вас**.

В письмах местоимение Вы пишется с большой буквы.

> Уважаемый Иван Петрович!
>
> Наверно, Вы уже знаете, что...
> Я хочу попросить у Вас совета (Вашего совета)...
> Поэтому я решил обратиться к Вам (написать Вам о...).
> Сообщите мне, пожалуйста, когда я бы мог Вас видеть (увидеться, встретиться с Вами).

ЗАПОМНИТЕ!

После местоимения **вы (Вы)** в обращении к **одному** лицу глагол употребляется во **множественном числе**:

вы (Вы) знаете ...   вы (Вы) приехали ...   как вы (Вы) мне писали ...

106 Местоимение

СКЛОНЕНИЕ ЛИЧНЫХ МЕСТОИМЕНИЙ ОН И ОНА́

И. п.

Это **он** — Серге́й.

Это **она́** — Со́ня.

Р. п.

У **него́** есть интере́сная кни́га.

У **неё** есть интере́сная кни́га.

Д. п.

Со́ня даёт **ему́** интере́сную кни́гу.

Серге́й даёт **ей** интере́сную кни́гу.

В. п.

Со́ня ждёт **его́** (Серге́я) на остано́вке авто́буса.

Серге́й ждёт **её** (Со́ню) на остано́вке авто́буса.

Т. п.

Со́ня ча́сто гуля́ет **с ним** (с Серге́ем).

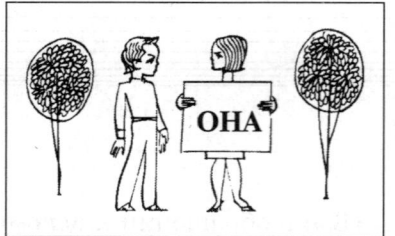

Серге́й ча́сто гуля́ет **с ней** (с Со́ней).

П. п.

Со́ня ча́сто вспомина́ет **о нём** (о Серге́е).

Серге́й ча́сто ду́мает **о ней** (о Со́не).

Местоимение 107

СКЛОНЕНИЕ ЛИЧНЫХ МЕСТОИМЕНИЙ *ОНИ*

И. п.

Это **они** — Сергей и Соня.

Р. п.

У **них** есть интересные книги.

Д. п.

Я подарю **им** интересные книги.

В. п.

Я жду **их** на остановке автобуса.

Т. п.

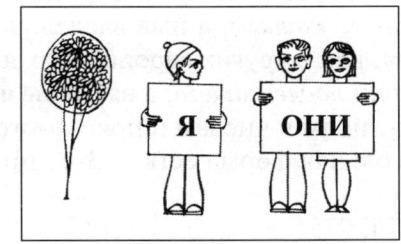

Я иногда гуляю **с ними**.

П. п.

Я часто вспоминаю **о них**.

Если перед личным местоимением третьего лица (он, она, оно, они) в косвенных падежах стоит **предлог**, к местоимению прибавляется -Н.

Я купил это
- для **него**.
- для **неё**.
- для **них**.

Он идёт
- за **ним**.
- за **ней**.
- за **ними**.

Мы идём
- к **нему**.
- к **ней**.
- к **ним**.

Я занимаюсь
- с **ним**.
- с **ней**.
- с **ними**.

Я говорю
- о **нём**.
- о **ней**.
- о **них**.

Местоимение

УПОТРЕБЛЕНИЕ ЛИЧНЫХ МЕСТОИМЕНИЙ

(речевые образцы)

РОДИТЕЛЬНЫЙ ПАДЕЖ

а) Чаще всего **личные местоимения в родительном падеже** употребляются в конструкции

У меня́ есть ...

У меня́ нет ... ,

соответствующей конструкциям:

I have ... — I have not... (английский язык)

J'ai... — Je n'ai pas ... (французский язык)

Ich habe ... — Ich habe keinen (keine, kein, keine) ... (немецкий язык).

ОБРАТИТЕ ВНИМАНИЕ!

В русском языке **название предмета** в конструкции **У меня́ есть** ... стоит в *именительном падеже* (т. е. является *подлежащим*), а имя владельца предмета — в *родительном падеже* с предлогом У. В то время, как в других европейских языках **имя владельца предмета** в предложении выступает в роли *подлежащего*, а **название предмета** — в роли *прямого дополнения*. Вместо изменяемого по лицам и числам (спрягаемого) глагола в русском языке употребляется неизменяемая глагольная форма **есть** — 3-е лицо, ед. ч., настоящего времени глагола **быть**.

О глаголе *быть* см. с. 274, 275.

У меня́ есть брат.   **У меня́ есть** сестра́.   **У меня́ есть** тетра́ди.

У тебя́ ⎫   У тебя́ ⎫   У тебя́ ⎫
У него́ ⎪   У него́ ⎪   У него́ ⎪
У неё ⎬ есть   У неё ⎬ есть   У неё ⎬ есть
У нас ⎪ брат.   У нас ⎪ сестра́.   У нас ⎪ тетра́ди.
У вас ⎪   У вас ⎪   У вас ⎪
У них ⎭   У них ⎭   У них ⎭

В определённых случаях (см. с. 275) глагольная форма **есть** опускается.

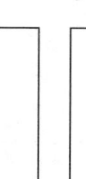

У него́ мно́го книг.

У неё све́тлые во́лосы.

Местоимение 109

б) Указывая на **отсутствие** кого-либо или чего-либо, говорят:

У меня́ нет бра́та, сестры́.

У меня́ нет кни́ги, тетра́ди.

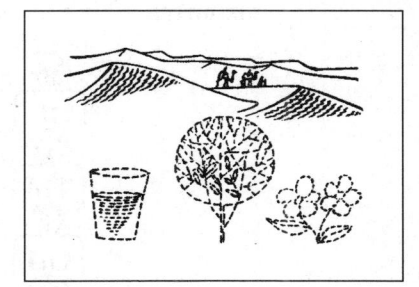

В пусты́не нет воды́, нет дере́вьев, нет цвето́в.

При этом существительное, обозначающее **отсутствующий предмет**, стоит в *родительном падеже*, а вместо изменяемой формы глагола с отрицанием стоит слово **нет**.

в) Личные местоимения с предлогом **У** употребляются также в конструкции:

У меня́
У тебя́ } боли́т го́рло.
и т. д.

У него́
У меня́ } боли́т нога́.
и т. д.

У меня́
У неё } боля́т зу́бы.
и т. д.

ДАТЕЛЬНЫЙ ПАДЕЖ

а) **Личные местоимения в дательном падеже** употребляются при обозначении **возраста**:

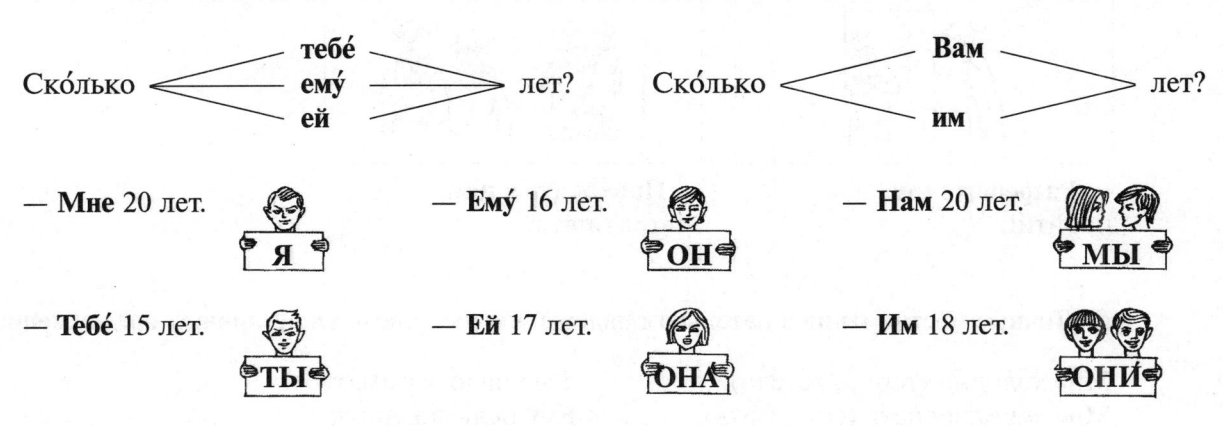

Ско́лько ⟨ тебе́ / ему́ / ей ⟩ лет?   Ско́лько ⟨ Вам / им ⟩ лет?

— **Мне** 20 лет.   [Я]
— **Ему́** 16 лет.   [ОН]
— **Нам** 20 лет.   [МЫ]

— **Тебе́** 15 лет.   [ТЫ]
— **Ей** 17 лет.   [ОНА]
— **Им** 18 лет.   [ОНИ]

— **Ей** бы́ло тогда́ 5 лет.
— **Ему́** ско́ро бу́дет 30 лет.

Местоимение

б) Личные местоимения в дательном падеже употребляются в конструкции с глаголом **нра́вится**.

Я → мне		нам ← МЫ
ТЫ → тебе́	нра́вится	вам ← ВЫ
ОН → ему́	э́тот цвето́к	им ← ОНИ
ОНА́ → ей		

Тебе́ (ему́, ей, вам) нра́вится э́тот цвето́к?
— Да, э́тот цвето́к **мне (ему́, ей, нам) нра́вится**.

в) Личные местоимения в дательном падеже употребляются **с глаголами**.

— Да́йте мне, пожа́луйста, слова́рь.

— Переда́йте мне, пожа́луйста, соль.

— Помоги́те мне!

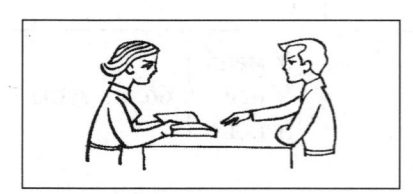

— Покажи́те мне, пожа́луйста, альбо́м.

— Объясни́те мне, пожа́луйста, зада́чу.

— Скажи́те нам, пожа́луйста, где нахо́дится декана́т?

— Разреши́те мне пройти́!

— Приходи́те к нам за́втра опя́ть!

г) Личные местоимения в дательном падеже употребляются **в безличных предложениях**.

Мне хо́лодно (тепло́, ве́село).
Мне хо́чется спать (есть, пить).

Тебе́ на́до занима́ться.
Ему́ нельзя́ кури́ть.
Мне ка́жется, что за́втра бу́дет тепло́.

Местоимение

ВИНИТЕЛЬНЫЙ ПАДЕЖ

а) **Личные местоимения в винительном падеже** употребляются при выяснении **имени** человека.

Как	тебя		Я	— Меня зовут Андрей (Анна).
	его	зовут?	ОН	— Его зовут Пётр.
	её		ОНА	— Её зовут Вера.
	Вас		ВЫ	— Меня зовут Антон Иванович.

б) **Личные местоимения в винительном падеже** употребляются с **глаголами**.

— Я люблю **тебя**!

— Поздравляю **вас**!

— Благодарю **тебя** за подарок!

— Приглашаем **вас** на свадьбу.

— Простите, я не понимаю **Вас**!

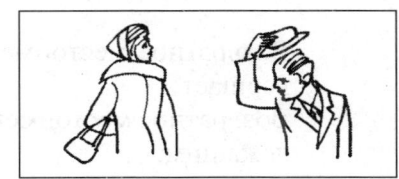

— Извините **меня**, пожалуйста!

ТВОРИТЕЛЬНЫЙ ПАДЕЖ

— Пойдёмте с **нами** в кино!

— Я хочу посоветоваться с **Вами**.

— Давайте сыграем с **Вами** в шахматы!

ПРЕДЛОЖНЫЙ ПАДЕЖ

— Я часто вспоминаю о **тебе** (о **Вас**).
Он всегда думает о **ней** (о **них**).

112 Местоимение

ВОЗВРАТНОЕ МЕСТОИМЕНИЕ *СЕБЯ*

Возвратное местоимение СЕБЯ относится только к действующему лицу (подлежащему).

Мать купи́ла (*кому́?*) сы́ну ту́фли.

Мать купи́ла (*кому́?*) себе́ ту́фли.

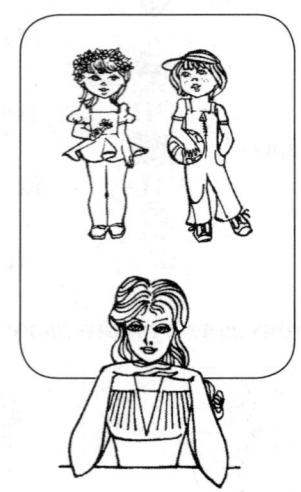

Мать всегда́ ду́мает (*о ком?*) о де́тях.

Эгои́ст всегда́ ду́мает (*о ком?*) о себе́.

Возвратное местоимение **себя** показывает, что действие направлено на того, кто его совершает.

Возвратное местоимение **себя** не имеет форм именительного падежа и не может быть подлежащим.

Во всех остальных падежах возвратное местоимение **себя** склоняется как личное местоимение *ты*: тебя́ — себя́, тебе́ — себе́, тебя́ — себя́, тобо́й — собо́й, о тебе́ — о себе́.

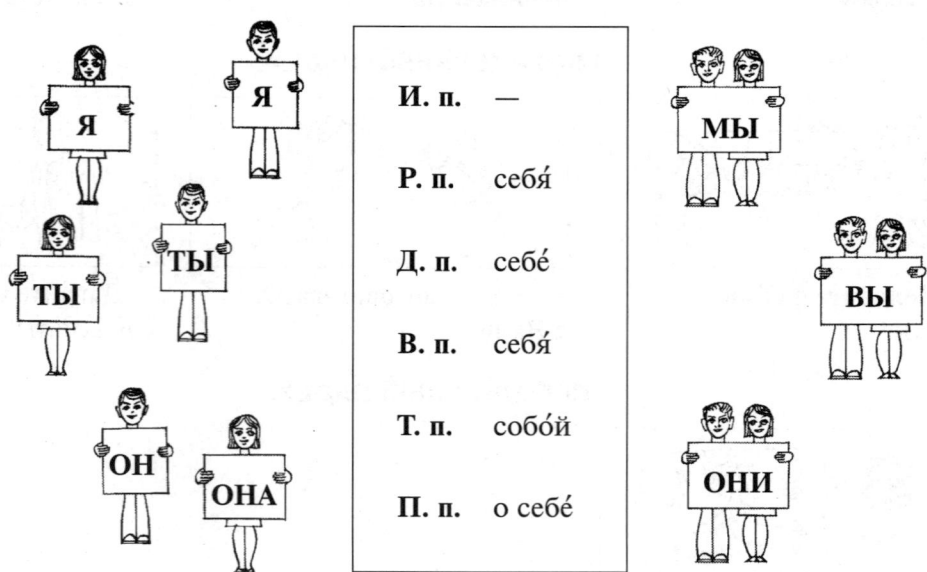

И. п.	—
Р. п.	себя́
Д. п.	себе́
В. п.	себя́
Т. п.	собо́й
П. п.	о себе́

Возвратное местоимение **себя** не имеет форм рода и числа. Оно может относиться к первому, второму и третьему лицу в единственном и множественном числе.

Местоимение

Родительный падеж

Он работает **у себя** дома.

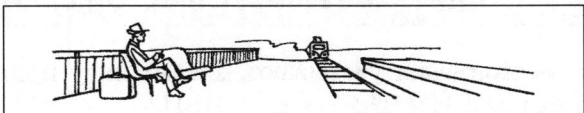

Он сел и поставил чемодан **около себя**.

Он снял **с себя** пальто.

Дательный падеж

Я покупаю **себе** костюм.

Она выбирает **себе** кофточку.

Мы выбираем **себе** туфли.

Мы покупаем **себе** телевизор.

— Вы представляете **себе**, что такое русская зима?

Винительный падеж

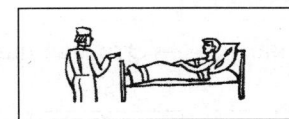

Как Вы **себя** чувствуете?
— Я чувствую **себя** уже хорошо!

Творительный падеж

Она положила книгу **перед собой**.

Она любуется **собой**.

— Сегодня я не доволен **собой**.

Спортсмены разделили **между собой** первое место.

Он вошёл и закрыл **за собой** дверь.

— Идёт дождь! Я возьму **с собой** зонт.

— Возьмите нас **с собой**!

Они взяли детей **с собой**.

Предложный падеж

Он рассказывает **о себе**.

Мать часто забывает **о себе**.
Врач советует ей подумать **о себе**.
Он всегда уверен **в себе**.

Они рассказывают **о себе**.

ПРИТЯЖАТЕЛЬНЫЕ МЕСТОИМЕНИЯ

Притяжательные местоимения указывают, **какому лицу** принадлежит данный предмет. Они отвечают на вопросы: ЧЕЙ?, ЧЬЯ?, ЧЬЁ?, ЧЬИ?

Притяжательные местоимения **МОЙ, ТВОЙ, НАШ, ВАШ**, указывающие на **принадлежность к первому и второму лицу,** изменяются по родам и числам. Род и число притяжательных местоимений определяется существительным, к которому они относятся, т. е. **притяжательные местоимения согласуются в роде и числе с существительным**.

Чей это портфе́ль?
Чья это ша́пка?
Чьё это пальто́?
Чьи это перча́тки?

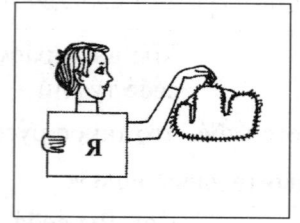

— Это **мой** портфе́ль.
— Это **моя́** ша́пка.
— Это **моё** пальто́.
— Это **мои́** перча́тки.

Это **твой** портфе́ль?
Это **твоя́** ша́пка?
Это **твоё** пальто́?
Это **твои́** перча́тки?

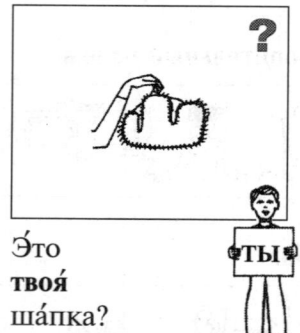

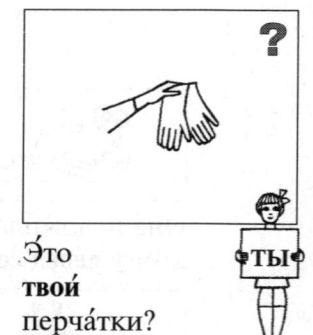

Это **наш** телеви́зор.
Это **на́ша** маши́на.
Это **на́ше** окно́.
Это **на́ши** кни́ги.

Это **ваш** телеви́зор?
Это **ва́ша** маши́на?
Это **ва́ше** окно́.
Это **ва́ши** кни́ги?

Местоимение 115

ПРИТЯЖАТЕЛЬНЫЕ МЕСТОИМЕНИЯ *ЕГО*, *ЕЁ*, *ИХ*

В русском языке нет специальных притяжательных местоимений, указывающих на принадлежность **третьему** лицу. В таких случаях употребляются формы родительного падежа личных местоимений третьего лица: **ЕГО́**, **ЕЁ**, **ИХ**.

Притяжательные местоимения **его́**, **её**, **их** могут относиться к существительным мужского, женского и среднего рода в единственном и множественном числе.

Притяжательные местоимения **его́**, **её**, **их** не изменяются ни по родам, ни по числам.

Чей э́то портфе́ль?

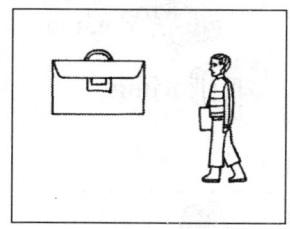

— Э́то портфе́ль *Анто́на*.
— Э́то **его́** портфе́ль.

Чья э́то ша́пка?

— Э́то ша́пка *Анто́на*.
— Э́то **его́** ша́пка.

Чьё э́то пальто́?

— Э́то пальто́ *Анто́на*.
— Э́то **его́** пальто́.

Чьи э́то перча́тки?

— Э́то перча́тки *Анто́на*.
— Э́то **его́** перча́тки.

Чей э́то чемода́н?

— Э́то чемода́н *А́нны*.
— Э́то **её** чемода́н.

Чья э́то блу́зка?

— Э́то блу́зка *А́нны*.
— Э́то **её** блу́зка.

Чьё э́то зе́ркало?

— Э́то зе́ркало *А́нны*.
— Э́то **её** зе́ркало.

Чьи э́то перча́тки?

— Э́то перча́тки *А́нны*.
— Э́то **её** перча́тки.

Чей э́то дом?

— Э́то дом *Петро́вых*.
— Э́то **их** дом.

Чья э́то маши́на?

— Э́то маши́на *Ивано́вых*.
— Э́то **их** маши́на.

Чьё э́то пиани́но?

— Э́то пиани́но *Орло́вых*.
— Э́то **их** пиани́но.

Чьи э́то чемода́ны?

— Э́то чемода́ны *Соколо́вых*.
— Э́то **их** чемода́ны.

116   Местоимение

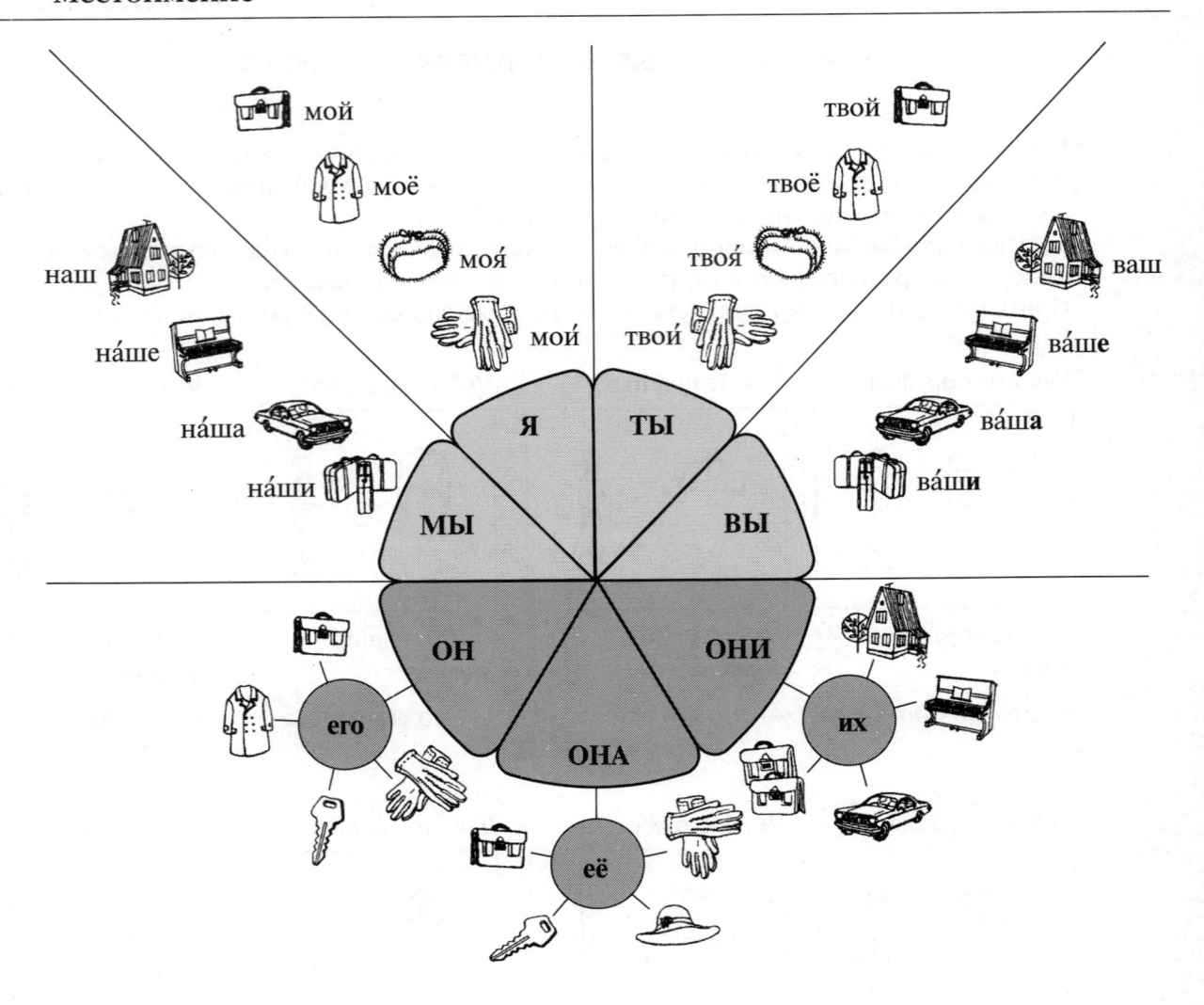

наш
на́ше
на́ша
на́ши

мой
моё
моя́
мои́

твой
твоё
твоя́
твои́

ваш
ва́ше
ва́ша
ва́ши

Я   ТЫ
МЫ   ВЫ
ОН   ОНИ
ОНА́

его́   их
её

СРАВНИТЕ:

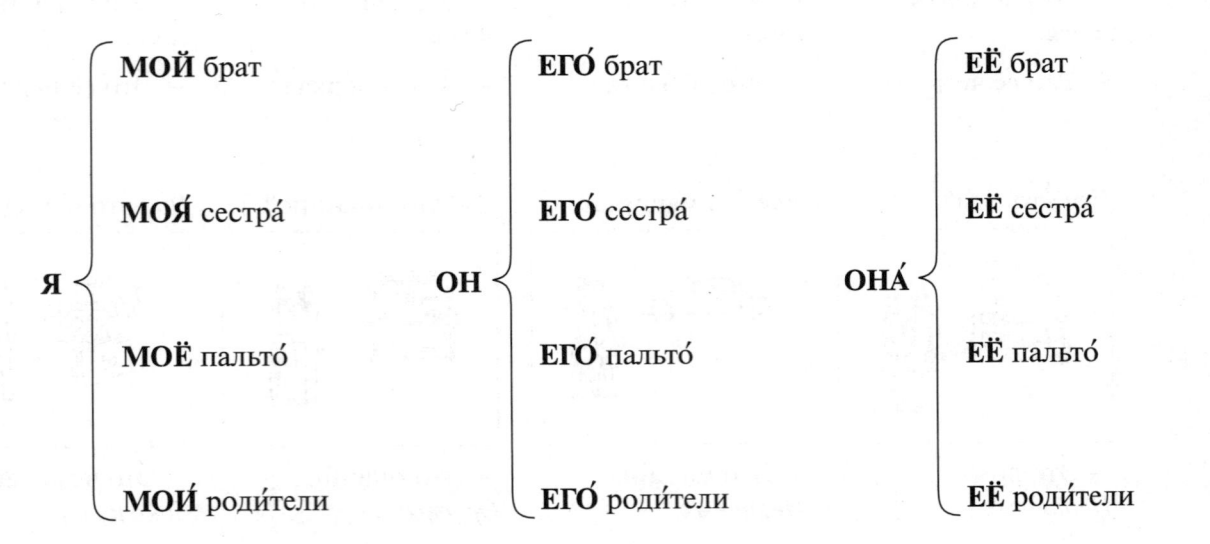

Я {
МОЙ брат
МОЯ́ сестра́
МОЁ пальто́
МОИ́ роди́тели
}

ОН {
ЕГО́ брат
ЕГО́ сестра́
ЕГО́ пальто́
ЕГО́ роди́тели
}

ОНА́ {
ЕЁ брат
ЕЁ сестра́
ЕЁ пальто́
ЕЁ роди́тели
}

Местоимение 117

СКЛОНЕНИЕ ПРИТЯЖАТЕЛЬНЫХ МЕСТОИМЕНИЙ

Притяжательные местоимения **мой, твой, наш, ваш** изменяются не только **по родам** и **числам**, но и **по падежам**. При этом они согласуются с существительными, которые они определяют. Падежные окончания притяжательных местоимений мужского (**мой, твой, наш, ваш**) и среднего (**моё, твоё, наше, ваше**) рода повторяют падежные формы личного местоимения **он**.

СКЛОНЕНИЕ ПРИТЯЖАТЕЛЬНЫХ МЕСТОИМЕНИЙ МУЖСКОГО РОДА
МОЙ, ТВОЙ, НАШ, ВАШ

Именительный падеж

Это Сергей.
Он **мой** брат.

Родительный падеж

У **моего** брата
(**у него**) есть
интересная книга.

Дательный падеж

Мама подарила
моему брату (**ему**)
интересную книгу.

Винительный падеж

Соня ждёт
моего брата
(**его**).

Творительный падеж

Соня гуляет
с **моим** братом
(**с ним**) в парке.

Предложный падеж

Соня вспоминает
о **моём** брате
(**о нём**).

Олег принёс
мой (**наш**) учебник.

Это **мой** (**наш**)
учебник.

Это учебник **моего**
(**нашего**) брата.

Если речь идёт о *предмете неодушевлённом*, то **винительный падеж** притяжательных местоимений мужского (**мой, твой, наш, ваш**) и среднего рода (**моё, твоё, наше, ваше**), так же как и винительный падеж неодушевлённых существительных, равен **именительному**.

Если речь идёт о *лице* (*предмете одушевлённом*), то **винительный падеж** притяжательных местоимений мужского рода (**мой, твой, наш, ваш**), так же как и винительный падеж одушевлённых существительных, равен **родительному**.

СКЛОНЕНИЕ ПРИТЯЖАТЕЛЬНЫХ МЕСТОИМЕНИЙ ЖЕНСКОГО РОДА
МОЯ́, ТВОЯ́, НА́ША, ВА́ША

Именительный падеж

Э́то О́льга.
Она́ **моя́** сестра́.

Родительный падеж

У **мое́й** сестры́
(**у неё**) есть но́вая
су́мка.

Дательный падеж

Ма́ма подари́ла **мое́й**
сестре́ (**ей**) краси́вую
су́мку.

Винительный падеж

Ка́тя ждёт **мою́**
сестру́ (**её**).

Творительный падеж

Ка́тя гуля́ет с **мое́й**
сестро́й (**с ней**).

Предложный падеж

Ка́тя всегда́ ду́мает
о **мое́й** сестре́ (**о ней**).

Притяжательные местоимения женского рода имеют:
а) в винительном падеже окончания -Ю, -У: *мо*Ю́, *тво*Ю́, *на́ш*У, *ва́ш*У.

Я ви́дела
твою́ но́вую
су́мку.

Я встре́тил вчера́ на у́лице
на́шу ста́рую
учи́тельницу.

б) во всех остальных падежах одинаковые окончания -ЕЙ: *мо*Е́Й, *тво*Е́Й, *на́ш*ЕЙ, *ва́ш*ЕЙ.

Местоимение 119

СКЛОНЕНИЕ ПРИТЯЖАТЕЛЬНЫХ МЕСТОИМЕНИЙ ВО МНОЖЕСТВЕННОМ ЧИСЛЕ
МОИ́, ТВОИ́, НА́ШИ, ВА́ШИ

Именительный падеж
Это **мои́** роди́тели.

Родительный падеж 
У **мои́х** роди́телей (**у них**) есть пла́зменный телеви́зор.

Дательный падеж 
Друзья́ подари́ли **мои́м** роди́телям (**им**) цветы́.

Винительный падеж 
Друзья́ навести́ли **мои́х** (**их**) роди́телей.

Творительный падеж 
Они́ до́лго разгова́ривали с **мои́ми** роди́телями (**с ни́ми**).

Предложный падеж 
Друзья́ ча́сто вспомина́ют о **мои́х** роди́телях (**о них**).

Падежные окончания притяжательных местоимений **мои́, твои́, на́ши, ва́ши** повторяют в косвенных падежах падежные формы личного местоимения *они́*.

Я принёс тебе́ **мои́** (**твои́, на́ши, ва́ши**) кни́ги.

Это **мои́** (**твои́, на́ши, ва́ши**) кни́ги.

Вчера́ я встре́тил **мои́х** (**твои́х, на́ших, ва́ших**) друзе́й в па́рке.

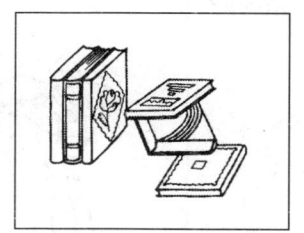

Это кни́ги **мои́х** (**твои́х, на́ших, ва́ших**) друзе́й.

Если речь идёт о *предметах неодушевлённых*, то **винительный падеж** притяжательных местоимений **мои́, твои́, на́ши, ва́ши**, так же как и винительный падеж неодушевлённых существительных, <u>равен</u> **именительному**.

Если речь идёт о *лицах* (*предметах одушевлённых*), то **винительный падеж** притяжательных местоимений **мои́, твои́, на́ши, ва́ши**, так же как и винительный падеж одушевлённых существительных, <u>равен</u> **родительному**.

120 Местоимение

НЕИЗМЕНЯЕМЫЕ ПРИТЯЖАТЕЛЬНЫЕ МЕСТОИМЕНИЯ *ЕГО́*, *ЕЁ*, *ИХ*

И. п.
Кто?

В гостя́х у Андре́я. — Э́то Андре́й и **его́** брат.

В гостя́х у Ка́ти. — Э́то Ка́тя и **её** сестра́.

В гостя́х у сосе́дей. — Э́то на́ши друзья́ и **их** де́ти.

Р. п.
У кого́?

У **его́** бра́та мно́го книг.

У **её** сестры́ мно́го ку́кол.

У **их** дете́й мно́го игру́шек.

Д. п.
Кому́?

Я дарю́ **его́** бра́ту альбо́м.

Я дарю́ **её** сестре́ мяч.

Я принёс **их** де́тям кни́ги.

Местоимение 121

В. п.
Кого?

В гостях у Андрея.

Я фотографи́рую **его́** бра́та.

В гостя́х у Ка́ти.

Я фотографи́рую **её** сестру́.

В гостя́х у сосе́дей.

Я фотографи́рую **их** дете́й.

Т. п.
С кем?

Я игра́ю с **его́** бра́том.

Я игра́ю с **её** сестро́й.

Я игра́ю с **их** детьми́.

П. п.
О ком?

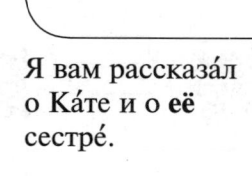

Я вам рассказа́л об Андре́е и о **его́** бра́те.

Я вам рассказа́л о Ка́те и о **её** сестре́.

Я вам рассказа́л о на́ших друзья́х и об **их** де́тях.

⚠️ **ОБРАТИТЕ ВНИМАНИЕ!**

После предлогов притяжательные местоимения **его́**, **её**, **их**, в отличие от личных, не имеют начального Н.

Я пришла́ в го́сти к **нему́** и к **его́** бра́ту.
Я говори́ла с **ним** и с **его́** бра́том.

ПРИТЯЖАТЕЛЬНОЕ МЕСТОИМЕНИЕ *СВОЙ*

В русском языке существует особое притяжательное местоимение **СВОЙ** (**СВОЁ**, **СВОЯ**, **СВОИ**), которое указывает на принадлежность предмета любому лицу — первому, второму и третьему.

Местоимение **свой** употребляется только тогда, когда предмет, к которому оно относится, принадлежит действующему лицу (или действующим лицам).

ЗАПОМНИТЕ!

В *именительном падеже* местоимение *свой* **не употребляется**[1].

Это **мой** брат, **моя** сестра и **мои** родители.

Это **твой** брат, **твоя** сестра и **твои** родители.

Это **его** брат, **его** сестра и **его** родители.

Это **её** брат, **её** сестра и **её** родители.

Я жду **своего** брата, **свою** сестру и **своих** родителей.

Ты ждёшь **своего** брата, **свою** сестру и **своих** родителей.

Он ждёт **своего** брата, **свою** сестру и **своих** родителей.

Она ждёт **своего** брата, **свою** сестру и **своих** родителей.

СРАВНИТЕ:

Это я, **мой** брат и **моя** сестра.

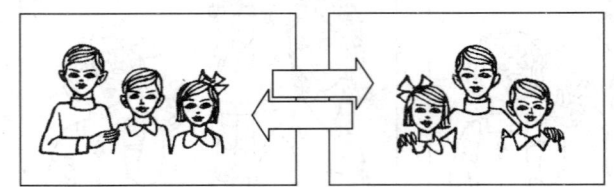

Я люблю **своего** брата и **свою** сестру (т. е. *моего* брата и *мою* сестру).

Это **мой** друг, **его** брат и **его** сестра.

Я люблю **его** брата и **его** сестру (т. е. брата и сестру *моего* друга).

ЗАПОМНИТЕ!

Если предмет не принадлежит действующему лицу, то употреблять местоимение **свой** нельзя.

---

[1] Исключение составляют конструкции типа: *У него́ есть своя́* (т. е. собственная) *маши́на*. *У неё своё* (собственное) *мне́ние по э́тому вопро́су*.

Местоимение 123

Местоимение **свой** изменяется по родам, числам и падежам как местоимение *мой* и *твой*.

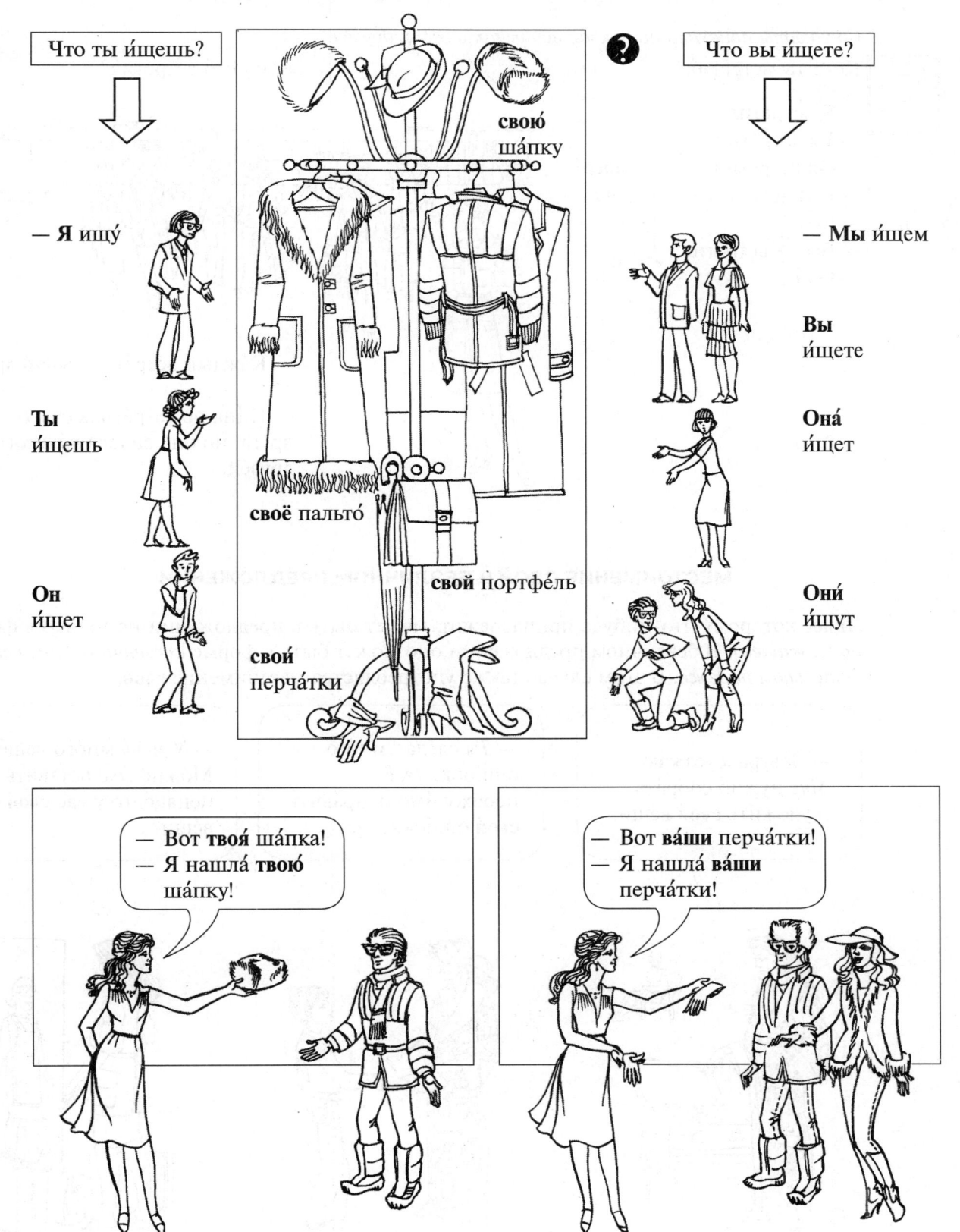

Что ты и́щешь?

— **Я** ищу́

Ты и́щешь

Он и́щет

свою́ ша́пку

своё пальто́

свой портфе́ль

свои́ перча́тки

Что вы и́щете?

— **Мы** и́щем

Вы и́щете

Она́ и́щет

Они́ и́щут

— Вот **твоя́** ша́пка!
— Я нашла́ **твою́** ша́пку!

— Вот **ва́ши** перча́тки!
— Я нашла́ **ва́ши** перча́тки!

УПОТРЕБЛЕНИЕ ПРИТЯЖАТЕЛЬНОГО МЕСТОИМЕНИЯ *СВОЙ*

Студе́нты прие́хали на вокза́л встреча́ть свои́х друзе́й.

Кого́ ты встре́тил?

— **Я** встре́тил
— **Ты** встре́тил
— **Он** встре́тил
— **Она́** встре́тила } **своего́** дру́га.
— **Мы**
— **Вы** } встре́тили
— **Они́**

Кто кого́ встре́тил?

— Ка́ждый встре́тил **своего́** дру́га.

— Ни́на не встре́тила **своего́** дру́га, но она́ ви́дела *на́ших* (*их*) друзе́й.

МЕСТОИМЕНИЕ *СВОЙ* В БЕЗЛИЧНОМ ПРЕДЛОЖЕНИИ

Лицо, кото́рому что-нибу́дь принадлежи́т, мо́жет быть в предложе́нии не то́лько в фо́рме *подлежа́щего*. В безли́чном предложе́нии оно́ мо́жет быть в фо́рме *ко́свенного дополне́ния* в *да́тельном падеже́*. В э́том слу́чае та́кже употребля́ется местоиме́ние **свой**.

— За́втра *я* уезжа́ю. *Мне* ну́жно собра́ть и уложи́ть **свои́** ве́щи.

— *Ты* сде́лал мно́го оши́бок. *Тебе́* необходи́мо испра́вить **свои́** оши́бки.

— У *меня́* мно́го веще́й. Мо́жно *мне* оста́вить ненадо́лго у вас **свои́** ве́щи?

Местоимение

УПОТРЕБЛЕНИЕ ЛИЧНЫХ МЕСТОИМЕНИЙ *ЕГО*, *ЕЁ*, *ИХ* И ПРИТЯЖАТЕЛЬНЫХ МЕСТОИМЕНИЙ *ЕГО*, *ЕЁ*, *ИХ* С ПРЕДЛОГАМИ

Это Николай и *его* сестра Мария.	Это Мария и *её* брат Николай.
У него тёмные волосы, а *у его* сестры светлые.	**У неё** светлые волосы, а *у её* брата тёмные.
Мы пришли в гости **к нему** и *к его* сестре.	Мы пришли в гости **к ней** и *к её* брату.
Мы разговаривали **с ним** и *с его* сестрой.	Мы разговаривали **с ней** и *с её* братом.
Дома мы рассказывали **о нём** и *о его* сестре.	Дома мы рассказывали **о ней** и *о её* брате.

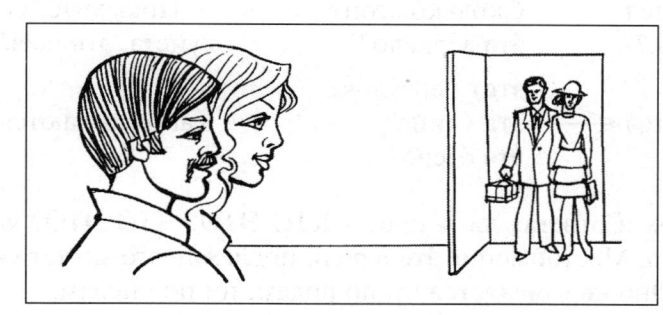

УКАЗАТЕЛЬНЫЕ МЕСТОИМЕНИЯ

Указательные местоимения указывают на **предмет**, выделяют данный предмет из других однородных.

I. Местоимение Э́ТОТ (Э́ТО, Э́ТА, Э́ТИ) указывает на предмет, находящийся близко, или на такой, о котором только что говорилось, о котором уже известно.

а) В вопросах и ответах на вопросы КАКО́Й? КАКА́Я? КАКО́Е? КАКИ́Е? местоимение э́тот выполняет роль определения и **согласуется** с существительным в роде, числе и падеже.

Как называ́ется **э́тот** переу́лок?

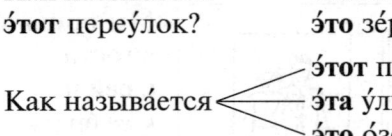

Ско́лько сто́ит **э́то** зе́ркало?

— Покажи́те, пожа́луйста, **э́ти** часы́!

— Ты не зна́ешь, кто **э́та** де́вушка?

Как называ́ется ⟨ **э́тот** переу́лок? / **э́та** у́лица? / **э́то** о́зеро?

Как называ́ются ⟨ **э́ти** цветы́? / **э́ти** плоды́? / **э́ти** дере́вья?

б) В вопросах и ответах на вопросы КТО Э́ТО? ЧТО Э́ТО? употребляется только местоимение э́то. Местоимение э́то в роли подлежащего может указывать на любое лицо или предмет. Оно **не изменяется** ни по родам, ни по числам.

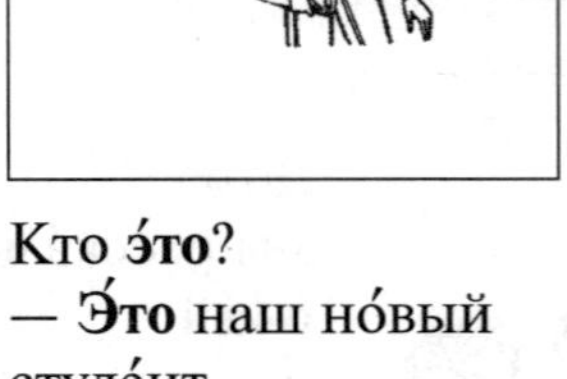

Кто э́то?
— Э́то наш но́вый студе́нт.

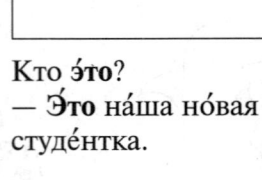

Кто э́то?
— Э́то на́ша но́вая студе́нтка.

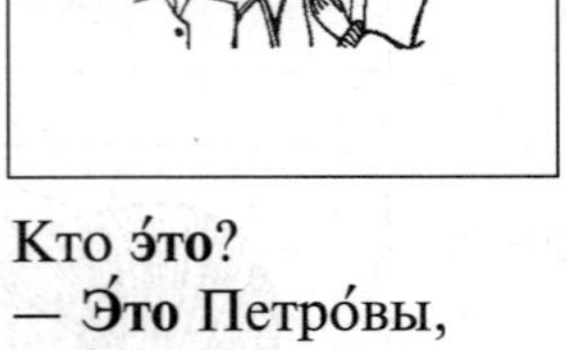

Кто э́то?
— Э́то Петро́вы, на́ши но́вые сосе́ди.

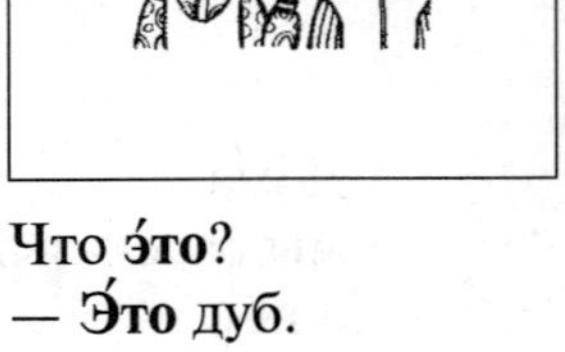

Что э́то?
— Э́то дуб.

Кто э́то? Э́то ⟨ студе́нт. / студе́нтка. / студе́нты.

Что э́то? Э́то ⟨ журна́л. / газе́та. / письмо́. / кни́ги.

Местоимение **это** часто указывает на лицо, предмет, событие или явление, о котором говорится в предыдущем предложении.

Ви́дите вдали́ высо́кое зда́ние? **Э́то** Моско́вский университе́т.

В аудито́рию вошла́ незнако́мая де́вушка. **Э́то** была́ но́вая студе́нтка.

На столе́ лежа́т кни́ги. **Э́то** но́вые уче́бники ру́сского языка́.

в) Местоимение **это** может указывать также на всё предыдущее высказывание. Оно может употребляться в роли дополнения и тогда соответствующим образом **изменяется** по падежам.

— Я сдал экза́мен.
— **Э́то** о́чень хорошо́ (что ты сдал экза́мен).

Прилете́ли пе́рвые ла́сточки. Мы ра́ды **э́тому** (прилёту ла́сточек).

Вчера́ шёл си́льный дождь. Из-за **э́того** мы не пошли́ на экску́рсию (из-за дождя́).

— За́втра я уезжа́ю. Мне на́до гото́виться к **э́тому** (к отъе́зду).

II. Местоимение **ТОТ (ТО, ТА, ТЕ)** употребляется для указания на более далёкие предметы.

— **Э́тот** авто́бус идёт в центр?
— **Э́тот** туда́ не идёт.
— А **тот**?
— **Тот** идёт.

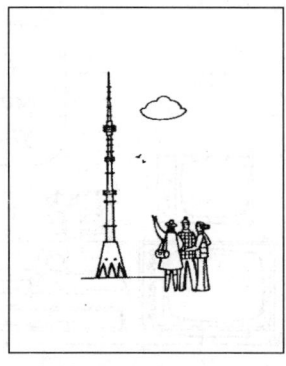

— Посмотри́те на **ту** ба́шню!

— **Э́ти** цветы́ о́чень краси́вые, но **те** мне нра́вятся бо́льше.

128 Местоимение

В этих случаях местоимение **тот**, так же как и **э́тот**, **согласуется** в роде, числе и падеже с существительным, которое оно определяет.

В сложных предложениях местоимение **тот** является членом главного предложения, а относительные местоимения (*кто, что, кото́рый* см. с. 138) — членами придаточного предложения.

То,
что я услы́шал,
порази́ло меня́.

Ту балери́ну,
кото́рая танцу́ет сейча́с,
я ви́жу впервы́е.

Придаточное предложение обычно стоит *после* местоимения **тот** и раскрывает его содержание.

СРАВНИТЕ:

Вот авто́бус № 40.
Э́тот авто́бус идёт на вокза́л.

[...]. Э́тот...

Тот авто́бус кото́рый вам ну́жен, здесь не остана́вливается.

Тот..., [...].

Шёл дождь.
Из-за **э́того** мы не пошли́ на экску́рсию.

[...]. Из-за **э́того**...

Мы не пошли́ на экску́рсию из-за **того́**, что шёл дождь.

Из-за **того́**,... [...].

III. Местоимение **ТАКО́Й (ТАКА́Я, ТАКО́Е, ТАКИ́Е)** указывает на признак предмета. **Тако́й** — значит подобный тому, о котором говорилось раньше или говорится далее.

Местоимение **тако́й** *согласуется* с существительным в роде, числе и падеже и **склоня́ется** как прилагательное *большо́й*.

— Покажи́те мне **тако́й** телеви́зор, *кото́рый* рабо́тает на транзи́сторах.

— У вас нет **таки́х** магнитофо́нов, *кото́рые* удо́бно носи́ть с собо́й?

Местоимение 129

СКЛОНЕНИЕ УКАЗАТЕЛЬНЫХ МЕСТОИМЕНИЙ ЭТОТ И ТОТ

И. п.	Р. п.	Д. п.	В. п.	Т. п.	П. п.
Этот (тот) человек приходил вчера.	Имя (его) **этого (того)** человека я не знаю.	Я сообщил (ему) **этому (тому)** человеку новость.	Я видел (его) **этого (того)** человека в парке.	Я встретился (с ним) **с этим (с тем)** человеком на улице.	Мы говорили (о нём) **об этом (о том)** человеке.
Эта (та) женщина приходила вчера.	Имя (её) **этой (той)** женщины я не знаю.	Я сообщил (ей) **этой (той)** женщине новость.	Я видел (её) **эту (ту)** женщину в парке.	Я встретился (с ней) **с этой (с той)** женщиной на улице.	Мы говорили (о ней) **об этой (о той)** женщине.
Эти (те) люди приходили вчера.	Имён (их) **этих (тех)** людей я не знаю.	Я сообщил (им) **этим (тем)** людям новость.	Я видел (их) **этих (тех)** людей в парке.	Я встретился (с ними) **с этими (с теми)** людьми на улице.	Мы говорили (о них) **об этих (о тех)** людях.

ОПРЕДЕЛИТЕЛЬНЫЕ МЕСТОИМЕНИЯ

Определительные местоимения определяют **предмет** или **лицо** с различных точек зрения. Они **согласуются** с существительными в роде, числе и падеже и **склоняются** как прилагательные.

I. **КА́ЖДЫЙ, ЛЮБО́Й, ВСЯ́КИЙ** обозначают отдельный предмет из числа многих однородных:
— Вы хоти́те знать, как пройти́ на вокза́л? На у́лице мно́го люде́й.
Ка́ждый (любо́й, вся́кий) пока́жет вам доро́гу.

Кроме того, каждое из этих местоимений имеет дополнительное значение:

Ка́ждый, -ая, -ое — и тот, и другой, и тре́тий;
любо́й, -а́я, -о́е, -ы́е — оди́н из мно́гих, всё равно́ како́й;
вся́кий, -ая, -ое, -ие — ра́зный, разнообра́зный.

Ка́ждый тури́ст к похо́ду гото́в. **У ка́ждого** по́лный рюкза́к.

Но тури́сты быва́ют **вся́кие** (молоды́е, пожилы́е, о́пытные, неопытные).

Все тури́сты останови́лись отдохну́ть Но **ка́ждый** отдыха́ет по-сво́ему.

— В библиоте́ке мно́го **вся́ких** книг (т. е. са́мых разнообра́зных).
— Возьми́те **любу́ю** кни́гу, кото́рая вам нра́вится.

— В магази́не мно́го **вся́ких** украше́ний (т. е. разли́чных).
— Выбира́й себе́ **любо́е**! (т. е. како́е хо́чешь).

Местоимение 131

II. **ВЕСЬ**   **ВСЁ**   **ВСЯ**   **ВСЕ**

Весь корабль украшен флагами.

Всё поле покрыто цветами.

Вся земля покрыта снегом.

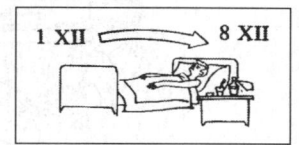

Мы **все** за мир.

Весь день студент занимался.

Всё утро идёт дождь.

Всю неделю он был болен.

Все выходные (нерабочие) дни мы проводили за городом.

Местоимение **весь** (**вся, всё, все**) указывает на совокупность или полноту охвата чего-либо и употребляется с существительными (с которыми **согласуется** в роде, числе и падеже), а также самостоятельно (только в среднем роде и во множественном числе).

ОБРАТИТЕ ВНИМАНИЕ!

| всё — средний род |
| все — множественное число |

— Я уже **всё** съел (то, что было на столе).

Вы **всё** поняли? (то, что я вам объяснил).

Все готовы отвечать?

Весь, вся, все и **целый, целая, целое** близки по значению, но...

СРАВНИТЕ:

— Дайте мне, пожалуйста, **целый** арбуз (а не половинку арбуза).

Мы купили арбуз и съели его **весь** (до конца).

Целую неделю шли дожди.

Он прожил в Москве **целый** год.

Я вчера отдыхал **целый** день (т. е. много времени).

Всю прошлую неделю шли дожди.

Весь этот год он занимался.

Я вчера отдыхал **весь** день (т. е. без перерыва).

132 Местоимение

III.

САМ (САМА́, САМО́, СА́МИ)

Де́вочка сама́ сши́ла пла́тье. (без по́мощи ма́тери)

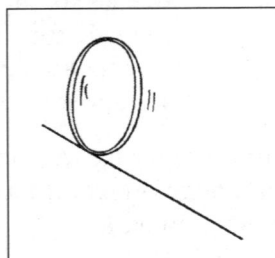

Это колесо́ само́ ка́тится.

Ма́льчики са́ми (без по́мощи отца́) сде́лали моде́ли корабля́.

— Пройди́те к секретарю́!
— Нет, я до́лжен ви́деть самого́ дире́ктора и всё рассказа́ть ему́ самому́ (и́менно ему́, а не кому́-нибудь друго́му). То́лько он сам мо́жет реши́ть э́тот вопро́с (он, а не кто́-нибудь друго́й).

Если местоимение **сам** (**сама́** и т. д.) стоит

по́сле существи́тельного или ли́чного местоиме́ния, оно ука́зывает на то, что лицо́ соверша́ет де́йствие самостоя́тельно, без чужо́й по́мощи.

пе́ред существи́тельным (и по́сле ли́чного местоиме́ния в ко́свенном падеже́), оно́ выделя́ет определённое лицо́, подчёркивает его́ значе́ние.

СА́МЫЙ (СА́МАЯ, СА́МОЕ, СА́МЫЕ)

— Э́то са́мый высо́кий пик!

Альпини́сты подняли́сь на са́мую верши́ну горы́.

— Э́то са́мая лу́чшая фигури́стка.

Ло́дка останови́лась у са́мого бе́рега.

Э́то са́мые краси́вые цветы́.

Дождь идёт с са́мого утра́.

Если местоимение **са́мый** (**са́мая** и т. д.) стоит

пе́ред прилага́тельным, оно́ образу́ет вме́сте с ним превосхо́дную сте́пень прилага́тельного.

пе́ред существи́тельным, оно́ подчёркивает кра́йнюю грани́цу (преде́л) в простра́нстве или во вре́мени.

Местоимение

При склонении местоимение **сам** сохраняет ударение на окончании во всех падежах, кроме именительного падежа множественного числа. Во множественном числе в окончаниях — гласный И.

При склонении местоимение **са́мый** сохраняет ударение на основе во всех падежах. Во множественном числе в окончаниях — гласный Ы.

	мужской и средний род	женский род	множественное число	мужской и средний род	женский род	множественное число
И. п.	сам (само́)	сама́	са́ми	са́мый (са́мое)	са́мая	са́мые
Р. п.	самого́	само́й	сами́х	са́мого	са́мой	са́мых
Д. п.	самому́	само́й	сами́м	са́мому	са́мой	са́мым
В. п.	И/Р	саму́ (самоё)	И/Р	И/Р	са́мую	И/Р
Т. п.	сами́м	само́й	сами́ми			са́мыми
П. п.	о само́м	о само́й	о сами́х	о са́мом	о са́мой	о са́мых

Все *определительные местоимения* **согласуются** в роде, числе и падеже с существительными. Они **склоняются** как прилагательные.

ОБРАТИТЕ ВНИМАНИЕ!

В русском языке местоимение **сам** в значении «один» не употребляется.

ВОПРОСИТЕЛЬНЫЕ, ОТНОСИТЕЛЬНЫЕ, ОТРИЦАТЕЛЬНЫЕ И НЕОПРЕДЕЛЁННЫЕ МЕСТОИМЕНИЯ

Как показано в таблице, все перечисленные виды местоимений происходят от **вопросительных**.

вопроси-тельные	относи-тельные	отрица-тельные	неопреде-лённые		
кто?	..., кто	никто́	кто́-то	кто́-нибудь	кое́-кто́
что?	..., что	ничто́	что́-то	что́-нибудь	кое́-что́
чей?	..., чей	ниче́й	че́й-то	че́й-нибудь	кое́-че́й
како́й?	..., како́й	никако́й	како́й-то	како́й-нибудь	кое́-како́й
кото́рый?	..., кото́рый		не́который		
ско́лько?		ниско́лько	не́сколько		

ВОПРОСИТЕЛЬНЫЕ МЕСТОИМЕНИЯ

Задавая вопросы, употребляют **вопросительные местоимения**:

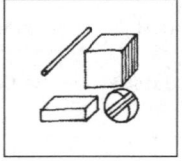

КТО?   **ЧТО?**   **ЧЕЙ?**   **КАКО́Й?**   **КОТО́РЫЙ?**   **СКО́ЛЬКО?**

I. Когда речь идёт о человеке или животном, задают вопрос КТО?, а спрашивая о неодушевлённых **предметах** — вопрос ЧТО?

Местоимения **КТО** и **ЧТО** не имеют ни рода, ни числа. Слова, связанные с ними в предложении, могут стоять в единственном и множественном числе.

Кто пришёл?   — Пришёл Анто́н.   — Пришла́ А́нна.   — Пришли́ Анто́н и А́нна.

ЗАПОМНИТЕ!

Если после вопроса **кто?** глагол употребляется в форме *прошедшего времени*, то, независимо от пола и числа лиц, о которых идёт речь, он ставится в *мужском роде* в *единственном числе*.

Местоимение 135

Что случи́лось?
Что там **разби́лось?**

— Разби́лся стака́н.

— Разби́лась ча́шка.

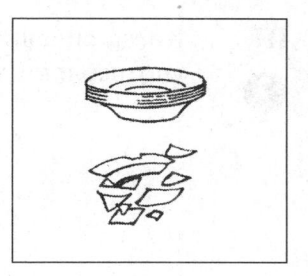

— Разби́лись таре́лки.

ЗАПО́МНИТЕ!

Если после вопроса **что?** глагол употребляется в форме *прошедшего времени*, то, независимо от рода и числа предметов, о которых идёт речь, он ставится в *среднем роде*.

При склонении вопросительные местоимения **кто?** и **что?** образуют падежные вопросы:

И. п. **кто? что?**   Д. п. **кому́? чему́?**   Т. п. **кем? чем?**
Р. п. **кого́? чего́?**   В. п. **кого́? что?**   П. п. **о ком? о чём?**

II. Когда спрашивают о признаке или свойстве предмета, употребляют местоимение **КАКО́Й?** (**КАКА́Я? КАКО́Е? КАКИ́Е?**)

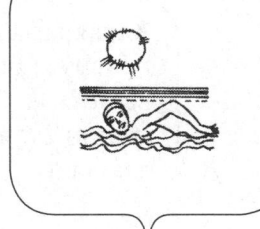

ру́сский язы́к
францу́зский язы́к
неме́цкий язы́к

Како́й язы́к вы изуча́ете?
— Ру́сский.

Кака́я сего́дня пого́да?
— Тёплая.

Како́е у вас настрое́ние?
— Прекра́сное!

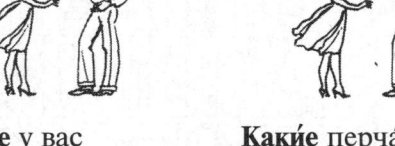

Каки́е перча́тки вы себе́ купи́ли?
— Ко́жаные.

Местоимения **какой, какая, какое, какие** употребляются также в восклицаниях:

— **Како́й** сего́дня прекра́сный день!
— **Како́е** све́жее у́тро!

— **Кака́я** чуде́сная пого́да!
— **Каки́е** я́ркие кра́ски!

Местоимение **како́й** *согласуется* с существительными в роде, числе и падеже и **склоняется** как прилагательное.

136 Местоимение

III. Когда спрашивают о предмете, занимающем определённое место в ряду себе подобных, употребляют местоимение **КОТО́РЫЙ?** (**КОТО́РАЯ? КОТО́РОЕ? КОТО́РЫЕ?**)

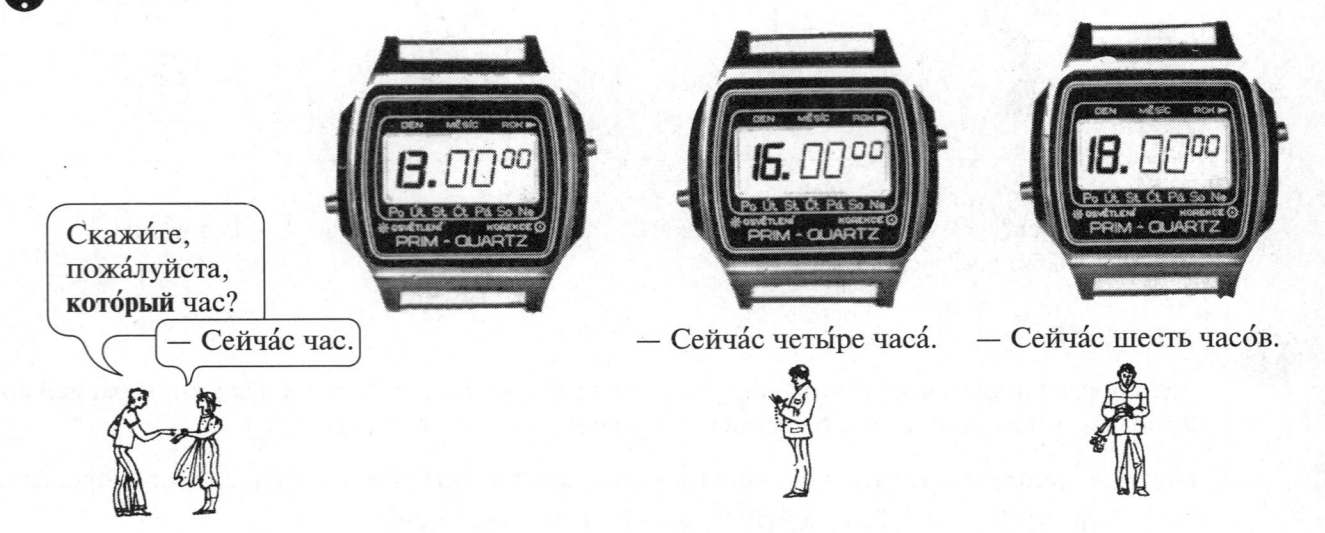

— Скажи́те, пожа́луйста, **кото́рый** час?
— Сейча́с час.
— Сейча́с четы́ре часа́.
— Сейча́с шесть часо́в.

Местоиме́ние **кото́рый** *согласуется* с существительными в роде, числе и падеже и **склоня́ется** как прилагательное.

ОБРАТИ́ТЕ ВНИМА́НИЕ!

Разли́чные вопро́сы — разли́чные отве́ты.

— Да́йте мне кни́гу! **Каку́ю?**
— Ту, **большу́ю**, в тёмном переплёте.

Кото́рую?
— **Тре́тью** сле́ва.

Кака́я ва́за вам нра́вится бо́льше всего́?
— Вон та, **высо́кая**, све́тлая.

Кото́рая?
— **Тре́тья** спра́ва.

Местоимение 137

IV. Когда спрашивают о владельце предмета, употребляют местоимение **ЧЕЙ? (ЧЬЯ? ЧЬЁ? ЧЬИ?)**

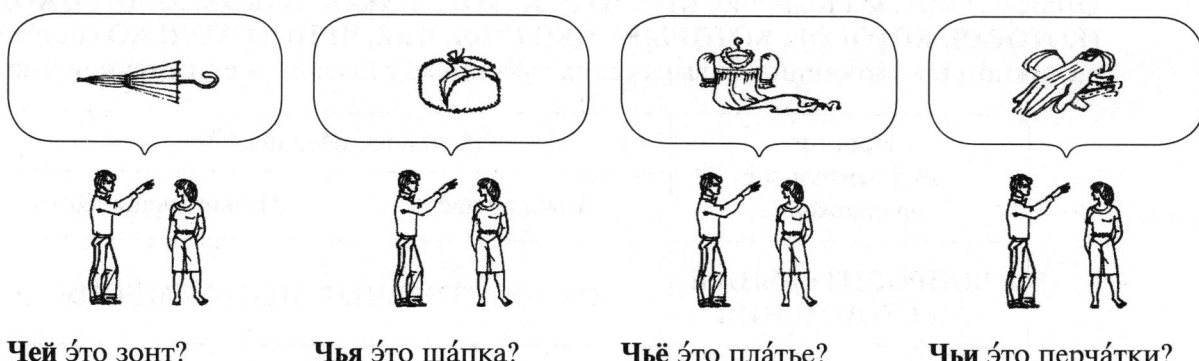

Чей это зонт?
— Это мой зонт.

Чья это шапка?
— Это Сашина шапка.

Чьё это платье?
— Это Катино платье.

Чьи это перчатки?
— Это перчатки моей подруги.

Местоимение **чей** *согласуется* с существительными в роде, числе и падеже и **склоняется** как личное местоимение *он* (*она, они*).
Падежные формы местоимения **чей** употребляются крайне редко.

V. Когда спрашивают о количестве предметов, употребляют вопросительное местоимение **СКОЛЬКО?**

Сколько у вас книг?
Сколько дней вы провели в Москве?

Существительное после местоимения **сколько?** стоит в **родительном падеже**:

а) во *множественном* числе, если речь идёт о нескольких отдельных предметах или называется существительное, имеющее форму только множественного числа.

б) в *единственном* числе, если речь идёт об известном количестве (мере) какого-нибудь продукта, название которого употребляется только в единственном числе, или называется абстрактное существительное, имеющее форму только единственного числа.

Сколько у вас **книг**?
— Много.

Сколько дней вы провели в Москве?
— 5 дней.

Сколько мяса купить на обед?
— Один килограмм.

Сколько молока вы купили?
— 3 бутылки.

Сколько дней, месяцев, лет, веков, рублей, денег, книг, тетрадей, сил, знаний...?

Сколько мяса, молока, хлеба, зерна, угля, нефти, руды, здоровья, энергии...?

ОТНОСИТЕЛЬНЫЕ МЕСТОИМЕНИЯ

Относительные местоимения **КТО, ЧТО, КАКО́Й (КАКА́Я, КАКО́Е, КАКИ́Е), КОТО́РЫЙ (КОТО́РАЯ, КОТО́РОЕ, КОТО́РЫЕ), ЧЕЙ (ЧЬЯ, ЧЬЁ, ЧЬИ)** и **СКО́ЛЬКО** употребляются в сложном предложении для выражения связи между главной и придаточной частью.

Простое вопросительное предложение	Сложное предложение	
	Главная часть	Придаточная часть
ВОПРОСИТЕЛЬНЫЕ МЕСТОИМЕНИЯ	ОТНОСИТЕЛЬНЫЕ МЕСТОИМЕНИЯ	
Кто пришёл?	Я спроси́л,	кто пришёл.
Что вы купи́ли?	Я хоте́л узна́ть,	что вы купи́ли.
Кака́я за́втра бу́дет пого́да?	По ра́дио сообщи́ли,	кака́я за́втра бу́дет пого́да.
В *кото́ром* часу́ начина́ется конце́рт?	На биле́те напи́сано,	в кото́ром часу́ начина́ется конце́рт.
Чьи э́то перча́тки?	Дежу́рная спроси́ла,	чьи э́то перча́тки.
Ско́лько дней вы бу́дете в Москве́?	Я вам напишу́,	ско́лько дней я бу́ду в Москве́.

В главной части могут употребляться *указательные местоимения: тот (та, то, те), такой (такая, такое, такие), столько.*

Главная часть УКАЗАТЕЛЬНЫЕ МЕСТОИМЕНИЯ	Придаточная часть ОТНОСИТЕЛЬНЫЕ МЕСТОИМЕНИЯ
Я зна́ю *того́*,	**кто** пришёл.
Я уже́ ви́дел *то*,	**что** вы купи́ли.
За́втра бу́дет *така́я* же пого́да,	**кака́я** была́ сего́дня.
В *том* биле́те,	**кото́рый** я купи́л, ука́зано вре́мя нача́ла конце́рта.
Он остава́лся в Москве́ *сто́лько* дней,	**ско́лько** мог.

Местоимение   139

Если в главной части стоит указательное местоимение *тот* без существительного, то в придаточной части употребляются относительные местоимения

кто — если речь идёт о *человеке*,
что — если речь идёт о *неодушевлённом предмете*.

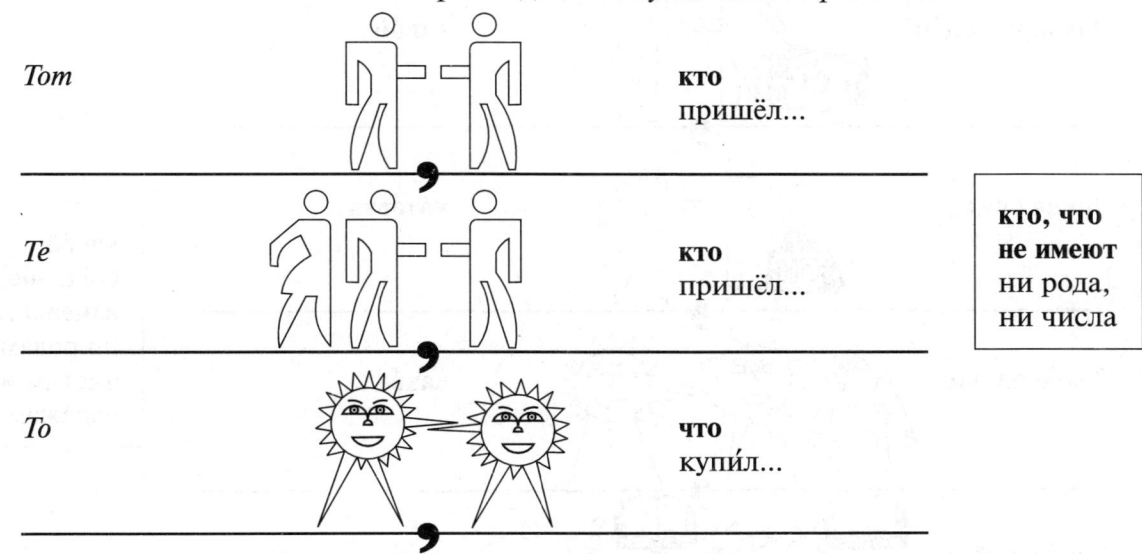

Тот		**кто** пришёл...
Те		**кто** пришёл...
То		**что** купил...

кто, что не имеют ни рода, ни числа

Если в главной части стоит
  указательное местоимение *тот* с существительным или
  только существительное, без указательного местоимения, то
в придаточной части, как правило, употребляется относительное местоимение (**который, которая, которое, которые**) в том же роде и числе.

(*Тот*) чемодан		кото́**рый**...
(*Та*) су́мка		кото́**рая**...
(*То*) пла́тье		кото́**рое**...
(*Те*) кни́ги		кото́**рые**...

кото́рый (-ая, -ое, -ые) изменяется по родам, числам и падежам

СРАВНИТЕ:

Тот, **кто** пришёл...   *Тот человек*, **который** пришёл...
То, **что** я купи́ла...   *Та блу́зка*, **кото́рую** я купи́ла...

Местоимение

Если в главной части стоит указательное местоимение *такой*, то в придаточной части, как правило, употребляется относительное местоимение **какой** (**какая, какое, какие**) в том же роде и числе.

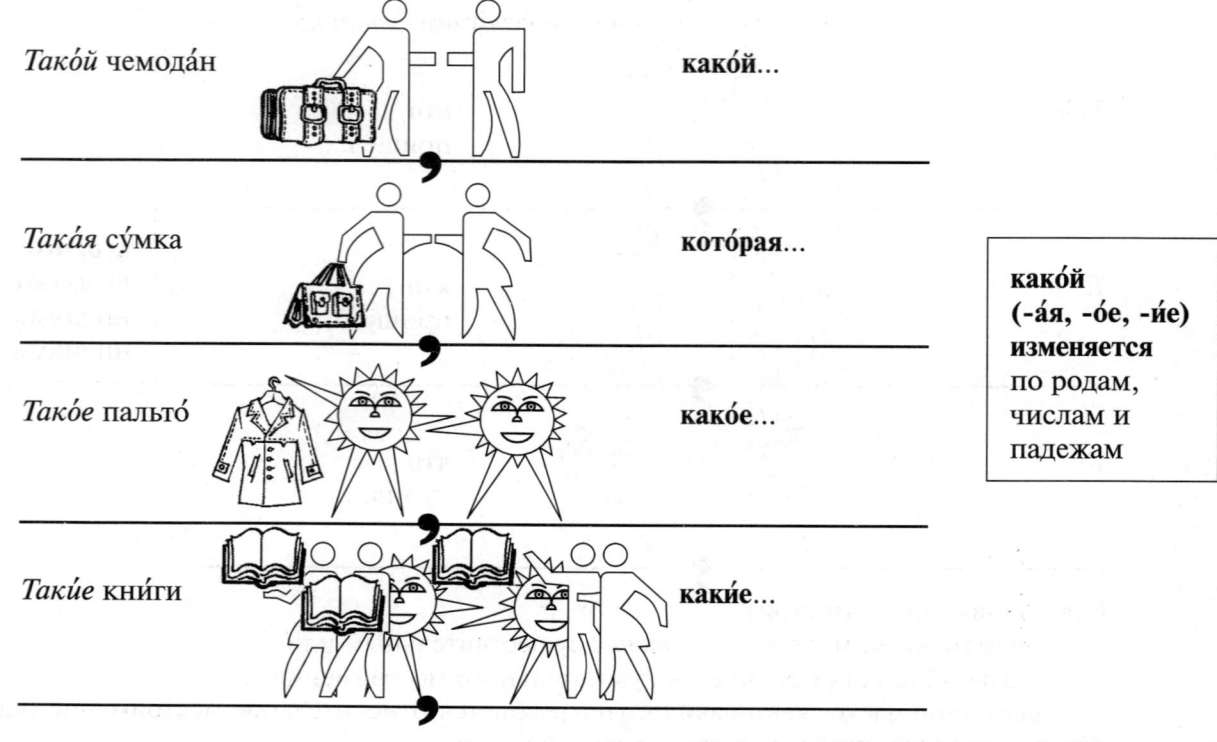

Такой чемодан	**какой**...
Такая сумка	**которая**...
Такое пальто	**какое**...
Такие книги	**какие**...

какой
(**-ая, -ое, -ие**)
изменяется
по родам,
числам и
падежам

Если в главной части стоит указательное местоимение *столько*, в придаточной части употребляется относительное местоимение **сколько**.

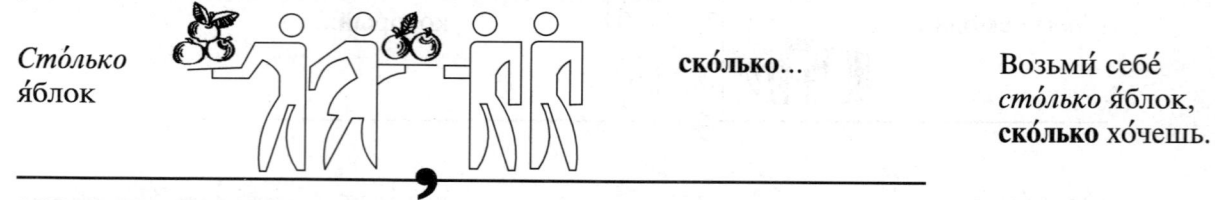

Столько яблок — **сколько**...

Возьми себе *столько* яблок, **сколько** хочешь.

⚠ ОБРАТИТЕ ВНИМАНИЕ!

Падеж указательного местоимения в главном предложении и **падеж** относительного местоимения в придаточном зависят от их роли в данном предложении по отношению к глаголу-сказуемому.

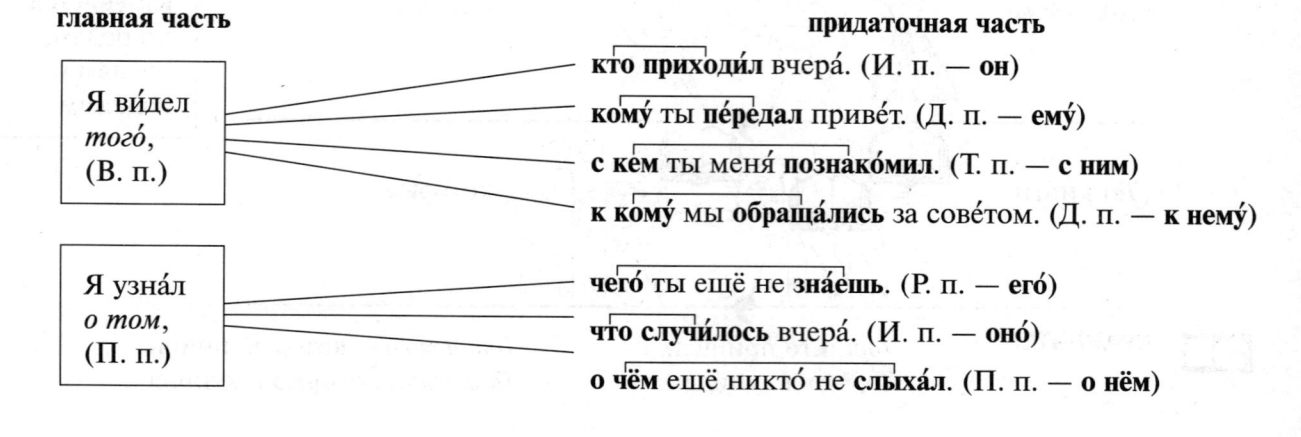

главная часть — **придаточная часть**

Я видел *того*, (В. п.)
- **кто** приходил вчера. (И. п. — **он**)
- **кому** ты передал привет. (Д. п. — **ему**)
- с **кем** ты меня познакомил. (Т. п. — **с ним**)
- к **кому** мы обращались за советом. (Д. п. — **к нему**)

Я узнал *о том*, (П. п.)
- **чего** ты ещё не знаешь. (Р. п. — **его**)
- **что** случилось вчера. (И. п. — **оно**)
- о **чём** ещё никто не слыхал. (П. п. — **о нём**)

Местоимение

главная часть — **придаточная часть**

Я видел *того* человека, (В. п.)
- кото́рый приходи́л вчера́. (И. п. — он)
- у кото́рого мы бы́ли. (Р. п. — у него́)
- кото́рому ты пе́редал письмо́. (Д. п. — ему́)
- кото́рого мы встре́тили вчера́. (В. п. — его́)
- с кото́рым мы познако́мились. (Т. п. — с ним)
- о кото́ром мне расска́зывали. (П. п. — о нём)

Я говори́л *с той* де́вушкой, (Т. п.)
- кото́рая приходи́ла вчера́. (И. п. — она́)
- кото́рой ты пе́редал письмо́. (Д. п. — ей)
- кото́рую мы встре́тили вчера́. (В. п. — её)
- с кото́рой мы познако́мились. (Т. п. — с ней)
- о кото́рой мне расска́зывали. (П. п. — о ней)

Я хочу́ купи́ть себе́ *таку́ю* су́мку, (В. п.)
- кака́я висе́ла вчера́ в витри́не. (И. п.)
- како́й ещё ни у кого́ нет. (Р. п.)
- каку́ю я ви́дела у свое́й подру́ги. (В. п.)
- о како́й я давно́ мечта́ю. (П. п.)

существительное в главной части → род, число → **КОТО́РЫЙ КАКО́Й** → падеж ← **глагол в придаточной части**

⚠ ОБРАТИТЕ ВНИМАНИЕ!

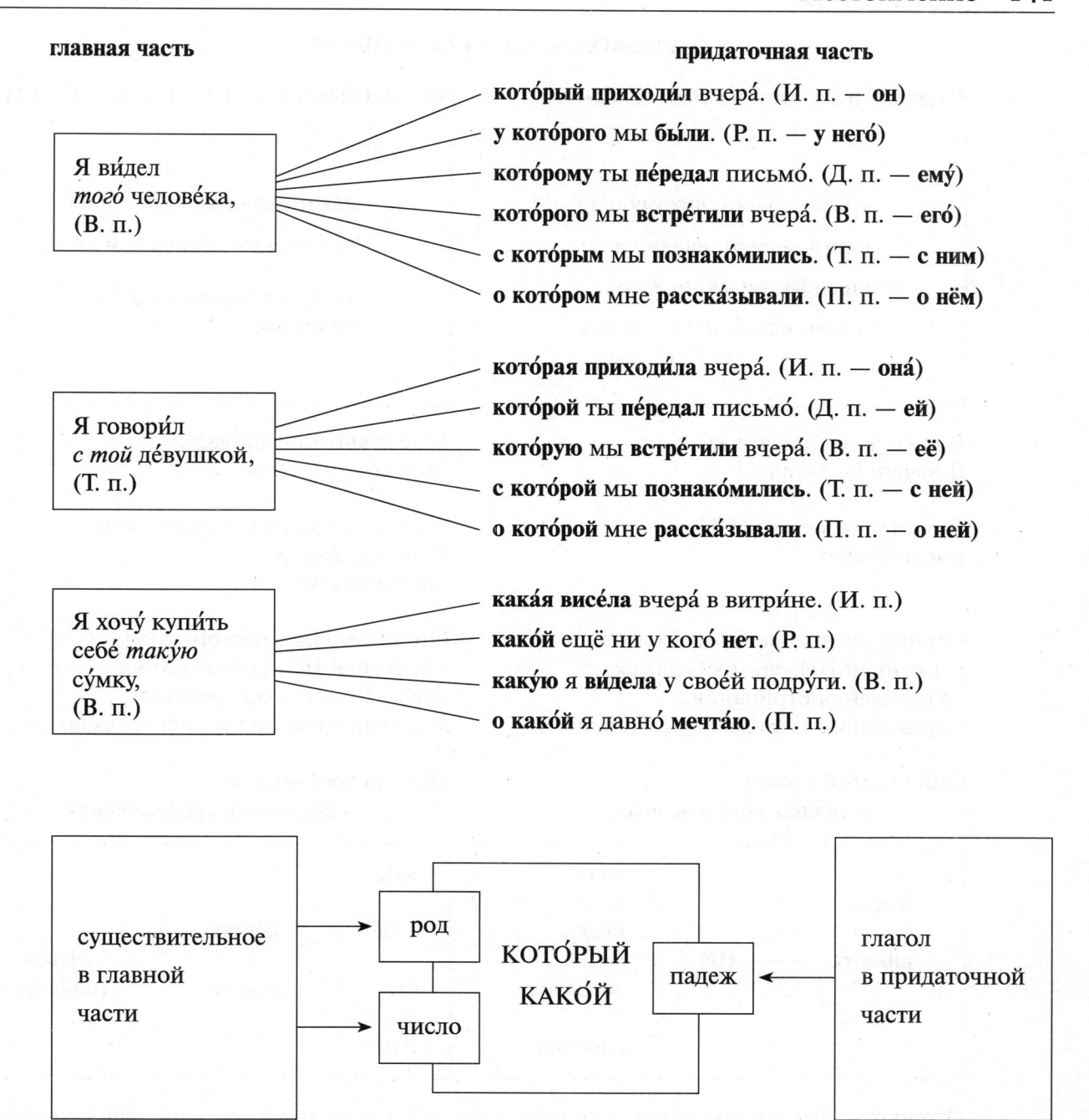

род и число местоимений *который* и *какой* зависят от **существительного главной части**, к которому они относятся.

падеж местоимений *который* и *какой* зависит от **глагола-сказуемого придаточной части**.

Местоимения **который** и **какой** склоняются как прилагательные.

ОТРИЦАТЕЛЬНЫЕ МЕСТОИМЕНИЯ

Отрицательные местоимения образуются от вопросительных с помощью частиц НИ- и НЕ-.

никто́, никого́, никому́ и др. **ничто́, ничего́, ничему́** и др. **никако́й, никако́го** и др. **ниче́й, ничья́, ничьё, ничьи́.**	**не́кого, не́кому, не́кем** и др. **не́чего, не́чему, не́чем** и др. Именительного падежа **не имеют.**

Я **никого́** не спра́шивал.
Я **ничего́** не чита́л.

Мне **не́кого** спра́шивать.
Мне **не́чего** чита́ть.

Безударная частица НИ- —
усилительная.

Частица НЕ-, на которую всегда
падает ударение, —
отрицательная.

Отрицательные местоимения
с частицей НИ- употребляются
для усиления отрицания,
выраженного глаголом с частицей НЕ.

Отрицательные местоимения
с частицей НЕ- указывают на
невозможность совершения
действия из-за отсутствия объекта.

Они употребляются
в личных предложениях.

Они употребляются
в безличных предложениях.

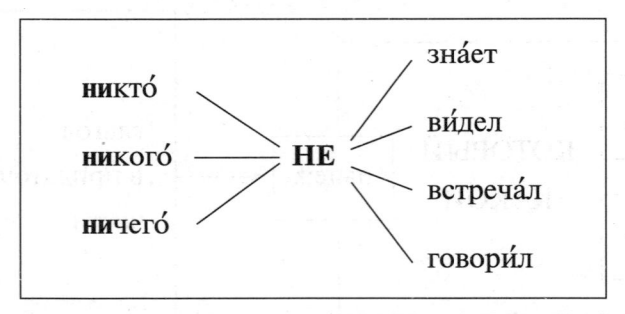

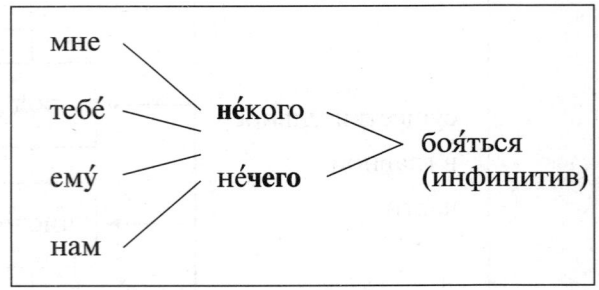

никто́ ⟶ НЕ ⟶ зна́ет / ви́дел / встреча́л / говори́л никого́ ничего́	мне / тебе́ / ему́ / нам ⟶ не́кого / не́чего ⟶ боя́ться (инфинитив)

Отрицательные местоимения склоняются так же, как соответствующие вопросительные местоимения.

⚠ ОБРАТИТЕ ВНИМАНИЕ!

При употреблении с предлогами отрицательные местоимения распадаются на две части и предлог ставится **между** частицей **ни-** или **не-** и местоимениями **кого́, чего́, кому́** и т. д.

никого́ ни **у** кого́	никем ни **с** кем	не́кого не́ **у** кого	не́кому не́ **к** кому

Местоимение 143

I. Отрицательные местоимения с частицей НИ-

— Кто решил эту задачу?
— **Никто** её **не** решил. Она очень трудная.

— Что ты расскажешь про Антарктиду?
— **Я ничего не** знаю. Я не был в школе целую неделю.

— Чья это кошка?
— **Ничья.** Она общая (у неё нет хозяина).

— Ты видишь вдали башню?
— **Никакой** башни я **не** вижу.

II. Отрицательные местоимения с частицей НЕ-

— **Некому** помочь (нет человека, который помог бы мне).

— Мне **некого** спросить (нет человека, которого я мог бы спросить).

— Какой костюм мне купить? Жаль, **не с кем** посоветоваться (я один).

— Расскажи мне о матче!
— **Не о чем** рассказывать, так как матча не было.

ОТРИЦАТЕЛЬНЫЕ МЕСТОИМЕНИЯ С ЧАСТИЦАМИ

СРАВНИТЕ:

НИ

Сын ушёл, **никого́ не** спроси́в (роди́тели бы́ли до́ма, но он не сказа́л им, что ухо́дит).

Ма́льчик **никому́ не** даёт свои́ игру́шки (он хо́чет игра́ть оди́н).

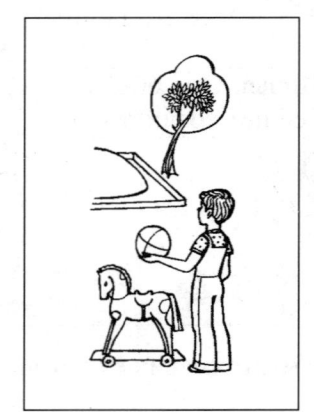

Ма́льчик **ни с ке́м не** игра́ет (он не лю́бит игра́ть с други́ми детьми́).

Ма́льчик **ниче́м не** хо́чет писа́ть (у него́ есть и ру́чка, и каранда́ш, но писа́ть он не хо́чет).

НЕ

Сы́ну **не́кого** бы́ло спроси́ть (он привы́к спра́шивать разреше́ния у роди́телей, но их не́ было до́ма).

Ма́льчику **не́кому** дать игру́шки (он гото́в дать свои́ игру́шки други́м, но никого́ нет).

Ма́льчику **не́ с кем** игра́ть (все де́ти ушли́, он оста́лся оди́н).

Ма́льчику **не́чем** писа́ть (он бы писа́л, но у него́ нет ни ру́чки, ни карандаша́).

Местоимение 145

УПОТРЕБЛЕНИЕ ОТРИЦАТЕЛЬНЫХ МЕСТОИМЕНИЙ НИКТО́, НИЧТО́ БЕЗ ПРЕДЛОГОВ И С ПРЕДЛОГАМИ

Именительный падеж	Родительный падеж	Дательный падеж	Винительный падеж	Творительный падеж	Предложный падеж
НИКТО́					
Никто́ не приходи́л.	**Никого́** там **не** было.	**Никому́** об э́том **не** говори́те.	**Никого́** я **не** ви́дел.	**Нике́м** э́то **не** испо́льзуется.	—
—	Э́то уже́ **ни для кого́ не** секре́т.	Он **ни к кому́ не** обраща́лся.	Он **ни на кого́ не** наде́ется.	Он **ни с кем не** говори́л.	Он **ни о ком не** ду́мал.
НИЧТО́					
Ничто́ мне **не** чу́ждо.	**Ничего́** они́ **не** заме́тили.	**Ничему́** он бо́льше **не** удивля́лся.	**Ничего́** я **не** зна́ю.	**Ниче́м** уже́ **нельзя́** помо́чь.	—
—	Э́то **ни до чего́** хоро́шего **не** доведёт.	Он **не** прояви́л интере́са **ни к чему́**.	**Не** наде́йся **ни на что** бо́льше.	Он **не** соглаша́ется **ни с чем**.	Я **не** хочу́ бо́льше говори́ть **ни о чём**.

НЕОПРЕДЕЛЁННЫЕ МЕСТОИМЕНИЯ

Для обозначения неопределённого лица, предмета или признака служат **неопределённые местоимения**. Они образуются от вопросительных местоимений с помощью частиц:

-ТО:	КТО́-ТО, ЧТО́-ТО, КАКО́Й-ТО, ЧЕЙ-ТО
-НИБУДЬ:	КТО́-НИБУДЬ, ЧТО́-НИБУДЬ, КАКО́Й-НИБУДЬ, ЧЕ́Й-НИБУДЬ[1]
КО́Е-:	КО́Е-КТО́, КО́Е-ЧТО́, КО́Е-КАКО́Й
НЕ-:	НЕ́КОТОРЫЕ, НЕ́СКОЛЬКО

Чаще других употребляются неопределённые местоимения с частицами **-то** и **-нибудь**.

I. Неопределённые местоимения с частицей -ТО

употребляются, когда речь идёт о:

а) реально существующем и определённом, но неизвестном говорящему лице, предмете или признаке:

Кто́-то стучи́т
(стучи́т челове́к,
но я не зна́ю кто).

Он **что́-то** купи́л
(я не зна́ю что).

Я нашёл **чей-то** зонт
(я не зна́ю, чей он).

Он подари́л ей **како́й-то** цвето́к
(я не зна́ю какой).

В этих случаях обычно речь идёт о действии, которое происходит в *настоящем* или произошло в *прошлом*;

б) реально существующем, определённом, известном говорящему раньше, но забытом к моменту речи лице, предмете или признаке:

Кто́-то мне об э́том говори́л
(я не по́мню кто).

Я **что́-то** чита́л об э́том
(я не по́мню что).

II. Неопределённые местоимения с частицей -НИБУДЬ

употребляются, когда речь идёт о:

а) совершенно неопределённом или не выбранном говорящим (из нескольких возможных) лице, предмете или признаке:

Пусть **кто́-нибудь** из вас позвони́т мне ве́чером
(всё равно́ кто).

Купи́ мне **что́-нибудь** на обе́д
(всё равно́ что).

Мо́жно мне взять **чей-нибудь** зонт
(всё равно́ чей)?

Поста́вь сюда́ **како́й-нибудь** цвето́к
(всё равно́ како́й).

В этих случаях обычно речь идёт о действии, которое произойдёт или может произойти в будущем;

б) предмете, лице, факте неопределённом, но предположительном:

Бою́сь, что **кто́-нибудь** мо́жет заболе́ть.

Вероя́тно, **что́-нибудь** случи́лось.

Местоимение с частицей **-то** в подобных случаях показывает бо́льшую степень уверенности:

Наве́рное, там **что́-то** случи́лось.

---

[1] К этим местоимениям близки по значению неопределённые местоимения с частицей -ЛИБО (КТО́-ЛИБО, ЧТО́-ЛИБО, КАКО́Й-ЛИБО). Они употребляются обычно в книжной речи.

Местоимение 147

НЕОПРЕДЕЛЁННЫЕ МЕСТОИМЕНИЯ С ЧАСТИЦАМИ

-ТО

Кто́-то стучи́т.
(Я слы́шу стук, но не ви́жу, кто стучи́т.)

Па́па принёс **что́-то** интере́сное (не ви́дно что и́менно).

Он **кому́-то** звони́т.
(Я ви́жу, что звони́т, но кому́, не зна́ю.)

— Я нашёл **чей-то** зонт (не зна́ю, чей он).

-НИБУДЬ

— Пусть **кто́-нибудь** из вас поде́ржит мне карти́ну (всё равно кто).

— Хо́чешь **что́-нибудь** вку́сное (из того́, что есть на столе́)?

— Позвони́ **кому́-нибудь** из твои́х друзе́й (всё равно кому́) и попроси́ тебе́ помо́чь.

— Возьми́ **че́й-нибудь** зонт (всё равно́ чей).

148 Местоимение

— Мама купила **какую-то** книгу (она завёрнута, и я не вижу, какая она).

— Дайте мне, пожалуйста, **какую-нибудь** интересную книгу (из тех, которые есть в библиотеке)!

III. **Неопределённые местоимения с частицей КОЕ-** употребляются, когда речь идёт о предмете, известном говорящему, но не известном слушающему.

— К тебе **кое-кто** уже пришёл.

— Я тебе **кое-что** купила.

— Я узнал **кое-какие** новости.

Частицы, стоящие после местоимения (**-то** и **-нибудь**) и перед местоимением (**кое-**), пишутся через чёрточку и не изменяются:

Я спрошу **кого-нибудь**, позвоню **кому-нибудь**.

ОБРАТИТЕ ВНИМАНИЕ!

Если местоимение с частицами **-то, -нибудь** употребляется с предлогами, то предлоги ставятся перед местоимением:

Посоветуйтесь **с кем-нибудь**, расскажите **о чём-нибудь**.

Если местоимение с частицей **кое-** употребляется с предлогами, то предлоги ставятся после частицы:

Я хочу тебя спросить **кое о чём**.

Я должен **кое с кем** поговорить.

Неопределённые местоимения с частицами **-то, -нибудь, кое-** склоняются как соответствующие вопросительные местоимения.

Местоимение 149

IV. **Неопределённое местоимение НЕ́КОТОРЫЕ** указывает на то, берётся часть из целого (некоторые из ...):

— **Не́которые** студе́нты уже́ сда́ли экза́мены (не все, а то́лько часть).

— Я прочита́л **не́которые** расска́зы Льва Толсто́го (не все расска́зы Толсто́го, а то́лько часть их).

Местоимение **не́которые** *склоняется* как прилагательное.

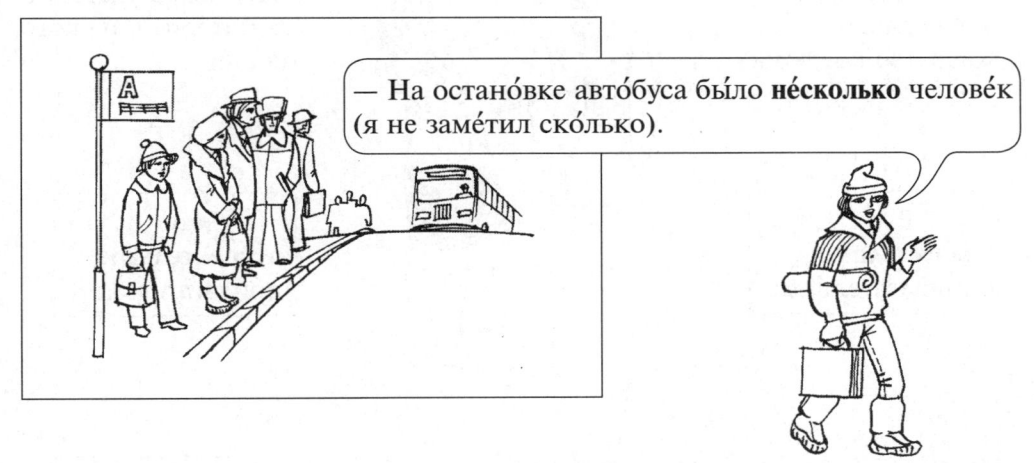

V. **Неопределённое местоимение НЕ́СКОЛЬКО** указывает на неопределённое количество:

— На остано́вке авто́буса бы́ло **не́сколько** челове́к (я не заме́тил ско́лько).

Он говори́т на **не́скольких** иностра́нных языка́х.
Он зна́ет **не́сколько** иностра́нных языко́в.
(я не зна́ю то́чно ско́лько)

Местоимение **не́сколько** *склоняется* как прилагательное во множественном числе.
После местоимения **не́сколько** в именительном и винительном падежах существительное стоит в родительном падеже множественного числа:

Там бы́ло **не́сколько** ← студе́нтов. / студе́нток. / мест.

Я ви́дел **не́сколько** ← студе́нтов. / студе́нток. / мест.

Во всех других падежах местоимение и существительное согласуются:

Р. п. — У **не́скольких** студе́нтов (студе́нток) есть но́вые уче́бники.
Д. п. — Профе́ссор объясни́л пра́вило **не́скольким** студе́нтам (студе́нткам).
Т. п. — Ассисте́нт рабо́тал с **не́сколькими** студе́нтами (студе́нтками).
П. п. — Он говори́л о **не́скольких** студе́нтах (студе́нтках).

Страницы 150—179

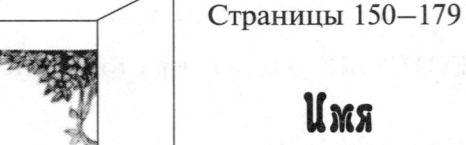

Имя прилагательное

Прилагательные — это слова, обозначающие признаки предметов (непосредственно или по отношению к другим предметам).

> **Како́й** э́то костю́м? **Чей** э́то костю́м?
> — Э́то **ма́мин но́вый све́тлый шерстяно́й** костю́м.

Прилагательные бывают **качественные**, **относительные** и **притяжательные**.

Како́й костю́м?
— **Но́вый**.
— **Све́тлый**.
Но́вый, све́тлый обозначают качество костюма.

↑ Это **качественные** прилагательные

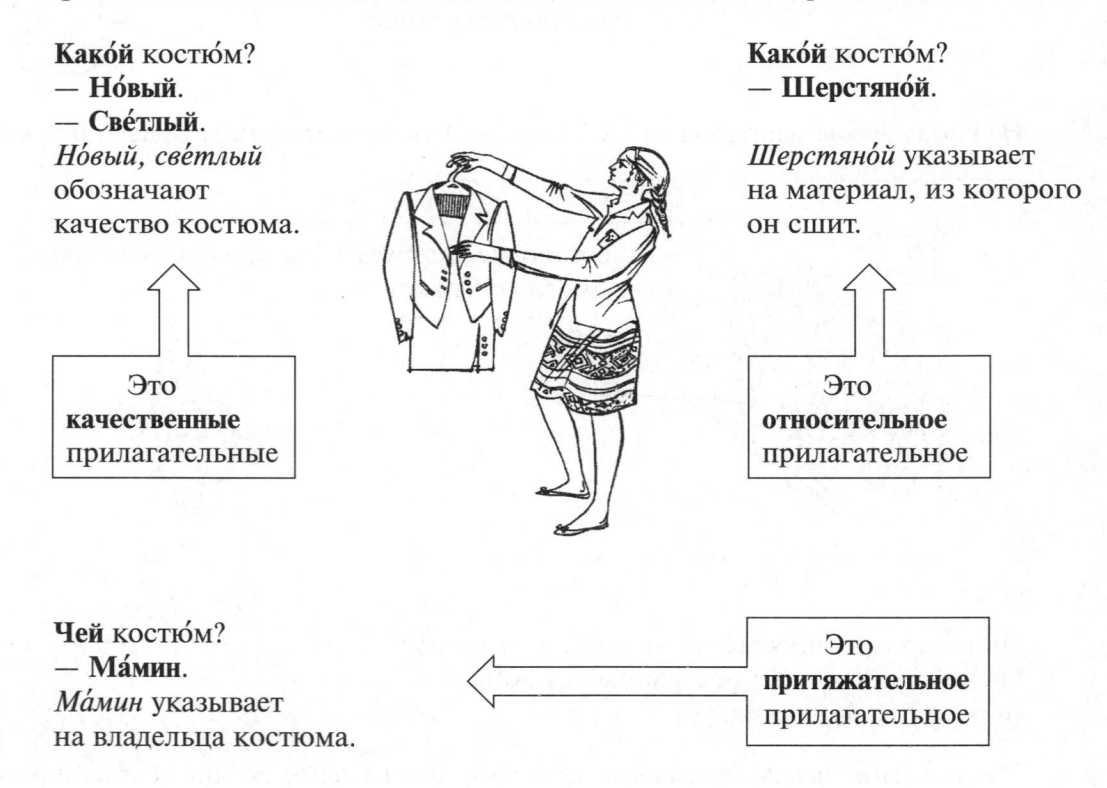

Како́й костю́м?
— **Шерстяно́й**.

Шерстяно́й указывает на материал, из которого он сшит.

↑ Это **относительное** прилагательное

Чей костю́м?
— **Ма́мин**.
Ма́мин указывает на владельца костюма.

← Это **притяжательное** прилагательное

Прилагательные отвечают на вопросы **КАКО́Й? КАКА́Я? КАКО́Е? КАКИ́Е?** и **ЧЕЙ? ЧЬЯ? ЧЬЁ? ЧЬИ?** Прилагательное относится к существительному, **определяет** его и **согласуется** с ним, т. е. ставится в том же роде, числе и падеже, что и существительное.

Э́то нов -ый костю́м.
-ое пла́тье.
-ая шля́па.

Э́то но́вые костю́мы.
пла́тья.
шля́пы.

Имя прилагательное

РОДОВЫЕ ОКОНЧАНИЯ ПРИЛАГАТЕЛЬНЫХ[1]

Основа на:	мужской род		средний род		женский род		множественное число	
твёрдый согласный	но́вый молодо́й	-ЫЙ -ОЙ	но́вое молодо́е	-ОЕ	но́вая молода́я	-АЯ	но́вые молоды́е	-ЫЕ
К, Х, Г	ма́ленький плохо́й	-ИЙ -ОЙ	ма́ленькое плохо́е	-ОЕ	ма́ленькая плоха́я	-АЯ	ма́ленькие плохи́е	-ИЕ
Ж, Ш, Ч, Щ	хоро́ший большо́й	-ИЙ -ОЙ	хоро́шее большо́е	-ЕЕ -ОЕ	хоро́шая больша́я	-АЯ	хоро́шие больши́е	-ИЕ
мягкий согласный Н	си́ний	-ИЙ	си́нее	-ЕЕ	си́няя	-ЯЯ	си́ние	-ИЕ

I. С основой на твёрдый согласный

Большинство прилагательных в русском языке имеет основу на твёрдый согласный. В мужском роде эти прилагательные оканчиваются на:

-ЫЙ — но́вый, кра́сный, ста́рый, све́тлый (если ударение падает на основу)

-ОЙ — молодо́й, просто́й, лесно́й (если ударение падает на окончание)

В среднем роде эти прилагательные оканчиваются на:

-ОЕ — но́вое, кра́сное, ста́рое, све́тлое, молодо́е, просто́е, лесно́е

В женском роде эти прилагательные оканчиваются на:

-АЯ — но́вая, кра́сная, ста́рая, све́тлая, молода́я, проста́я, лесна́я

Во множественном числе эти прилагательные оканчиваются на:

-ЫЕ — но́вые, кра́сные, ста́рые, све́тлые, молоды́е, просты́е, лесны́е

II. С основой на К, Г, Х и Ж, Ш, Ч, Щ

Так как после согласных к, г, х, ж, ш, ч, щ — Ы не пишется, прилагательные с основой на эти согласные в мужском роде оканчиваются на:

-ИЙ — ма́ленький, стро́гий, ти́хий, све́жий, хоро́ший, горя́чий, о́бщий (если ударение падает на основу)

-ОЙ — морско́й, друго́й, плохо́й, чужо́й, большо́й (если ударение падает на окончание)

В среднем роде эти прилагательные оканчиваются на:

-ОЕ — ма́ленькое, стро́гое, ти́хое, морско́е, друго́е, плохо́е, чужо́е, большо́е

-ЕЕ[2] — све́жее, хоро́шее, горя́чее, о́бщее (если ударение падает на основу)

В женском роде эти прилагательные оканчиваются на:

-АЯ — ма́ленькая, стро́гая, ти́хая, морска́я, друга́я и т. д.

Во множественном числе эти прилагательные оканчиваются на:

-ИЕ — ма́ленькие, стро́гие, ти́хие, морски́е, други́е и т. д.

III. С основой на мягкий -Н-

В русском языке такие прилагательные имеют ударение на основе и оканчиваются на: -ИЙ, -ЕЕ, -ЯЯ, -ИЕ (си́ний, си́няя, си́нее, си́ние).

---

[1] Обычно прилагательное в словаре даётся в мужском роде.
[2] Только прилагательные с основой на Ж, Ш, Ч, Щ.

КАЧЕСТВЕННЫЕ ПРИЛАГАТЕЛЬНЫЕ

Качественные прилагательные обозначают свойства и качества предметов или лиц, например
цвет: бе́лый, чёрный, кра́сный, жёлтый, зелёный;
разме́р, фо́рму: ма́ленький, большо́й, высо́кий, кру́глый;
физи́ческие ка́чества: лёгкий, тяжёлый, молодо́й, ста́рый;
сво́йства хара́ктера: до́брый, злой, упо́рный, сме́лый.

а) Некоторые очень часто встречающиеся качественные прилагательные состоят только из корня и окончаний — ударных и безударных.

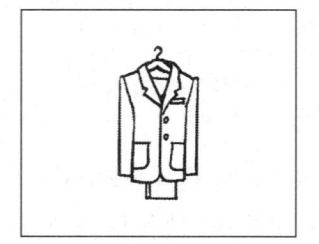

но́в-ый
костю́м

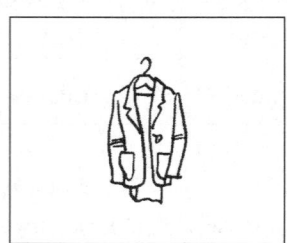

ста́р-ый
костю́м

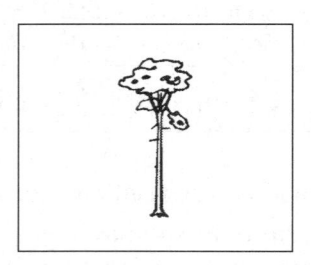

прям-о́е
де́рево

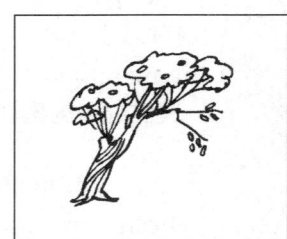

крив-о́е
де́рево

б) Большинство качественных прилагательных образуются от существительных с помощью суффикса -Н- и окончаний -ЫЙ, -АЯ, -ОЕ, -ЫЕ.

грязь
гря́з-н-ые
ру́ки

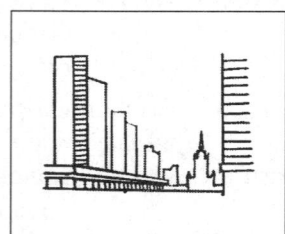

длина́
дли́н-н-ая
у́лица

хо́лод
холо́д-н-ый
ве́тер

страх
стра́ш-н-ый
зверь

в) У многих прилагательных между корнем и окончанием имеется суффикс -К-. Эти прилагательные означают склонность к какому-нибудь действию или свойство.

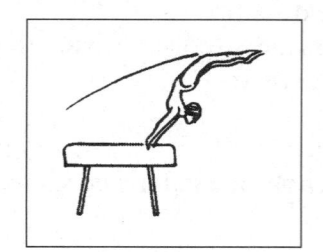

ло́в-к-ий
прыжо́к

ме́т-к-ий
вы́стрел

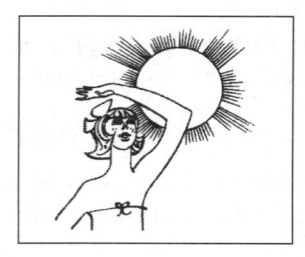

я́р-к-ий
свет

выс-о́к-ая
гора́

Имя прилагательное

ПОЛНАЯ И КРАТКАЯ ФОРМЫ КАЧЕСТВЕННЫХ ПРИЛАГАТЕЛЬНЫХ

Качественные прилагательные имеют в русском языке две формы:

полную	**краткую**
краси́в**ЫЙ**, краси́в**АЯ**, краси́в**ОЕ**	краси́в, краси́в**А**, краси́в**О**, краси́в**Ы**
с окончаниями:	с окончаниями:

м. р.	ж. р.	ср. р.	мн. ч.		м. р.	ж. р.	ср. р.	мн. ч.
-ЫЙ	-АЯ	-ОЕ	-ЫЕ		—	-А	-О	-Ы
-ОЙ	-ЯЯ	-ЕЕ	-ИЕ					-И
-ИЙ								

Полные прилагательные отвечают на вопросы КАКО́Й?, КАКА́Я?, КАКО́Е?, КАКИ́Е? Они употребляются в предложении в качестве	Краткие прилагательные отвечают на вопросы КАКО́В?, КАКОВА́?, КАКОВО́?, КАКОВЫ́? Они употребляются в предложении только как
1) *определения*: **краси́вый** го́род	*сказуемое* с глаголом-связкой **быть**[1]: Ле́том э́тот го́род осо́бенно **краси́в**.
2) *сказуемого*[2]: Э́тот го́род **краси́вый**.	

Полные прилагательные *согласуются с существительным* в роде, числе и падеже:	Краткие прилагательные *согласуются с существительным* (*с подлежащим*) в роде и числе:
Ки́ев — краси́**вый** го́род.	Наш го́род (был, бу́дет) всегда́ краси́в.
Днепр — краси́**вая** река́.	У́тром река́ (была́, бу́дет) осо́бенно краси́**ва**.
Байка́л — краси́**вое** о́зеро.	У́тром о́зеро (бы́ло, бу́дет) осо́бенно краси́**во**.
Кавка́зские го́ры — краси́**вые**.	Зимо́й го́ры (бы́ли, бу́дут) осо́бенно краси́**вы**.
Полные прилагательные склоняются (см. с. 168—179).	Краткие прилагательные не склоняются.

---

[1] В настоящем времени глагол-связка **быть** не употребляется.

[2] Об употреблении глагола **быть** со сказуемым, выраженным прилагательным в полной или краткой форме, см. с. 274.

154 Имя прилагательное

ПРИЛАГАТЕЛЬНЫЕ В РОЛИ СКАЗУЕМОГО

В качестве **сказуемого** можно употребить полную или краткую форму прилагательного.

Полная форма указывает на постоянный признак предмета.

Краткая форма обычно указывает на временный признак предмета.

Наша Таня — **краси́вая**. (всегда́)

Катя была́ вчера́ о́чень **краси́ва**. (на конце́рте)

Мой брат — челове́к **здоро́вый** и **си́льный**.

Пе́тя был вчера́ **здоро́в**, а сего́дня он **бо́лен**.

Полная форма указывает на признак предмета вообще.

Краткая форма указывает на признак предмета по отношению к определённому лицу, предмету или определённым обстоятельствам.

Вече́рнее пла́тье у меня́ **дли́нное**.

Эти ту́фли (№ 41) — **больши́е**.

Это ту́фли (№ 32) — **ма́ленькие**.

Это пла́тье бы́ло **длинно́** Ната́ше.

Ма́мины ту́фли де́вочке **велики́**.

Эти ту́фли мне **малы́**.

Имя прилагательное 155

Выполняя роль сказуемого, краткое прилагательное, как и глагол, может определять форму зависимой части, т. е. управлять определённым падежом.

Чемпион **достоин** *чего?* (Р. п.) **награды**.

Они **рады** *чему?* (Д. п.) **встрече**.

Идёт дождь. **Мне** *кому?* (Д. п.) **нужен** зонтик.

Спортсмен **готов** *к чему?* (Д. п.) к прыжку.

Писатель **известен** *чем?* (Т. п.) своими романами.

Девушка **больна** *чем?* (Т. п.) ангиной.

Сын **похож** *на кого?* (В. п.) на своего отца.

Мы **довольны** *чем?* (Т. п.) нашей экскурсией в горы.

5 − 5 = 0   Пять минус пять **равно** (*чему?*) нулю.
Сегодня студенты (школьники) **свободны** (*от чего?*) от занятий.
Я **согласен** (*с кем?*) с вами.
Мы **уверены** (*в чём?*) в победе своей команды.
Озеро **богато** (*чем?*) рыбой.
Мы **дружны** (*с кем?*) с Петей.

Имя прилагательное

ОСОБЫЕ СЛУЧАИ ОБРАЗОВАНИЯ КРАТКОЙ ФОРМЫ ПРИЛАГАТЕЛЬНЫХ

I. Краткая форма прилагательных в мужском роде не имеет окончаний. Если при утрате окончания образуются трудно произносимые формы (у́зк-ий — узк, больн-о́й — больн, бе́дн-ый — бедн), то между последними двумя согласными появляется так называемая беглая гласная О или Е.

О перед К	у́зк-ий — у́з**о**к, узка́, у́зко, узки́
	коро́тк-ий — ко́рот**о**к, коротка́, ко́ротко, ко́ротки
	я́рк-ий — я́р**о**к, ярка́, я́рко, я́рки
Е перед Н	ну́жн-ый — ну́ж**е**н, нужна́, ну́жно, нужны́
	тру́дн-ый — тру́д**е**н, трудна́, тру́дно, трудны́
	си́льн-ый — силён, сильна́, си́льно, сильны́
	больн-о́й — бо́л**е**н, больна́, бо́льно, больны́

II. Прилагательные **большо́й** и **ма́ленький** кратких форм не имеют. Вместо них используются краткие формы прилагательных **вели́кий** и **ма́лый**.

вели́кий[1]
большо́й } вели́к, велика́, велико́, велики́

ма́лый[2]
ма́ленький } мал, мала́, мало́, малы́

III. От некоторых прилагательных краткую форму образовать нельзя. Это главным образом прилагательные, образованные от существительных:
на **-ский**: *бра́тский, дру́жеский, това́рищеский*;
на **-овой, -евой**: *делово́й, волево́й, боево́й*;
на **-ный, -ной, -ний**: *гла́вный, по́здний, ли́шний*;
обозначающие цвет: *ора́нжевый, кори́чневый, голубо́й, лило́вый* и др.

СТЕПЕНИ СРАВНЕНИЯ КАЧЕСТВЕННЫХ ПРИЛАГАТЕЛЬНЫХ

ОБРАЗОВАНИЕ СТЕПЕНЕЙ СРАВНЕНИЯ

Каждый предмет может обладать определённым качеством в различной степени. Поэтому качественные прилагательные могут иметь различные **степени сравнения**.

Ви́ктор **си́льный** челове́к.

Прилагательное обычно называет качество предмета или лица, не сравнивая его с другими.

---

[1] **вели́кий** — а) необыкновенно большой: *Вели́кий,* или *Ти́хий океа́н*;
   б) необыкновенно значительный: *Вели́кая Оте́чественная война́. Вели́кий ру́сский поэ́т А.С. Пу́шкин.*
[2] **ма́лый** — меньший, чем другой: *Большо́й теа́тр* и *Ма́лый теа́тр в Москве́, Ма́лая А́зия.*

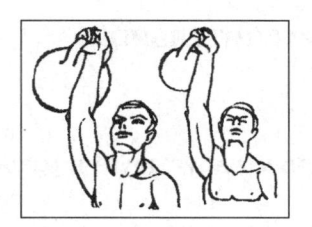

Имя прилагательное

Антон **сильне́е** Ви́ктора (чем Ви́ктор).

Прилагательное в **сравнительной степени** называет качество, которое у данного предмета или лица проявляется в большей степени, чем у другого, с которым этот предмет или лицо сравнивается.

Никола́й **са́мый си́льный** (сильне́е всех).

Прилагательное в **превосходной степени** показывает, что предмет или лицо обладает качеством в самой большой степени.

В русском языке имеются по **две** формы **сравнительной** и **превосходной степени**:

Сложная (изменяемая) сравнительная степень

образуется от любого качественного прилагательного в любом роде, числе и падеже с помощью служебного неизменяемого слова БО́ЛЕЕ.

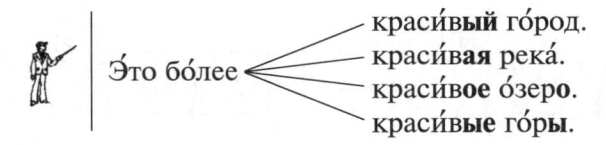

Это бо́лее
- краси́вый го́род.
- краси́вая река́.
- краси́вое о́зеро.
- краси́вые го́ры.

Простая (неизменяемая) сравнительная степень

образуется от основы качественных прилагательных и суффикса -ЕЕ. Одна и та же форма используется в любом роде и числе.

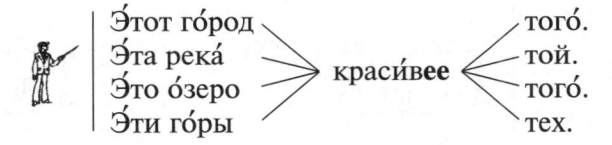

Э́тот го́род / Э́та река́ / Э́то о́зеро / Э́ти го́ры — краси́вее — того́. / той. / того́. / тех.

Сложная (изменяемая) превосходная степень

образуется от любого качественного прилагательного в любом роде, числе и падеже с помощью согласующегося с ним в роде, числе и падеже местоимения **са́мый** (**са́мая, са́мое, са́мые**).

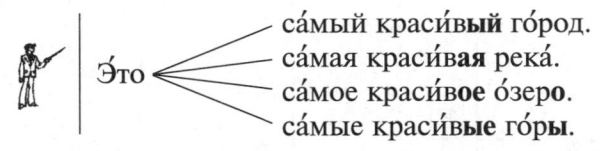

Это
- са́мый краси́вый го́род.
- са́мая краси́вая река́.
- са́мое краси́вое о́зеро.
- са́мые краси́вые го́ры.

Простая (неизменяемая) превосходная степень

образуется от простой сравнительной степени качественных прилагательных и местоимения **весь** в родительном падеже множественного числа — **всех**.

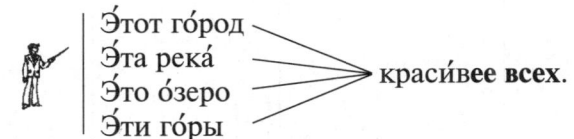

Э́тот го́род / Э́та река́ / Э́то о́зеро / Э́ти го́ры — краси́вее всех.

Сложные изменяемые формы сравнительной и превосходной степени используются главным образом в качестве

а) **определения**:
   Я не зна́ю **бо́лее краси́вого** го́рода, чем мой родно́й го́род Санкт-Петербу́рг.
б) и реже **сказуемого**:
   Из всех городо́в, кото́рые я ви́дел, Санкт-Петербу́рг для меня́ **са́мый краси́вый**.

Простые неизменяемые формы сравнительной и превосходной степени используются главным образом в качестве **сказуемого**:

Совреме́нный Санкт-Петербу́рг **краси́вее** пре́жнего.
Мне ка́жется, что Санкт-Петербу́рг **краси́вее** всех други́х городо́в.

158 Имя прилагательное

ОСОБЕННОСТИ ОБРАЗОВАНИЯ ПРОСТОЙ ФОРМЫ СРАВНИТЕЛЬНОЙ И ПРЕВОСХОДНОЙ СТЕПЕНЕЙ НА -Е[1]

В русском языке некоторые согласные **чередуются**, т. е. заменяют друг друга в различных формах слова (см. с. 98—99).

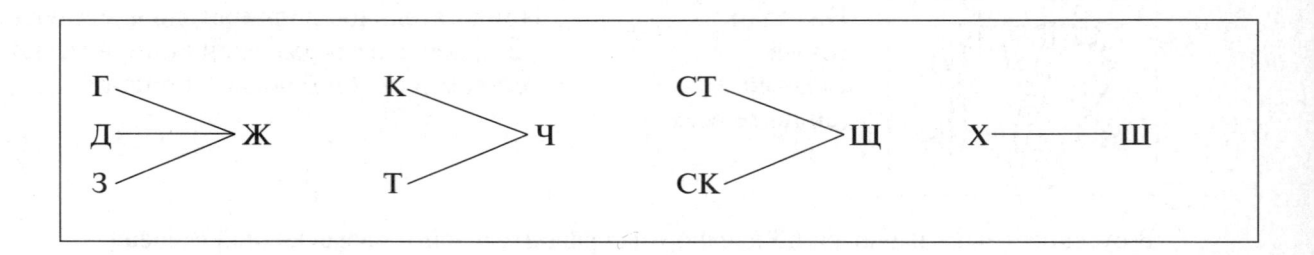

Г ⟶ Ж
Д ⟶ Ж
З ⟶ Ж

К ⟶ Ч
Т ⟶ Ч

СТ ⟶ Щ
СК ⟶ Щ

Х ——— Ш

Если основа прилагательного оканчивается на чередующийся согласный Г, К, Х, З, Д, Т, СТ, СК, то к нему присоединяется суффикс -Е (а не -ЕЕ).

стро́Гий — стро́ЖЕ
стро́ЖЕ всех

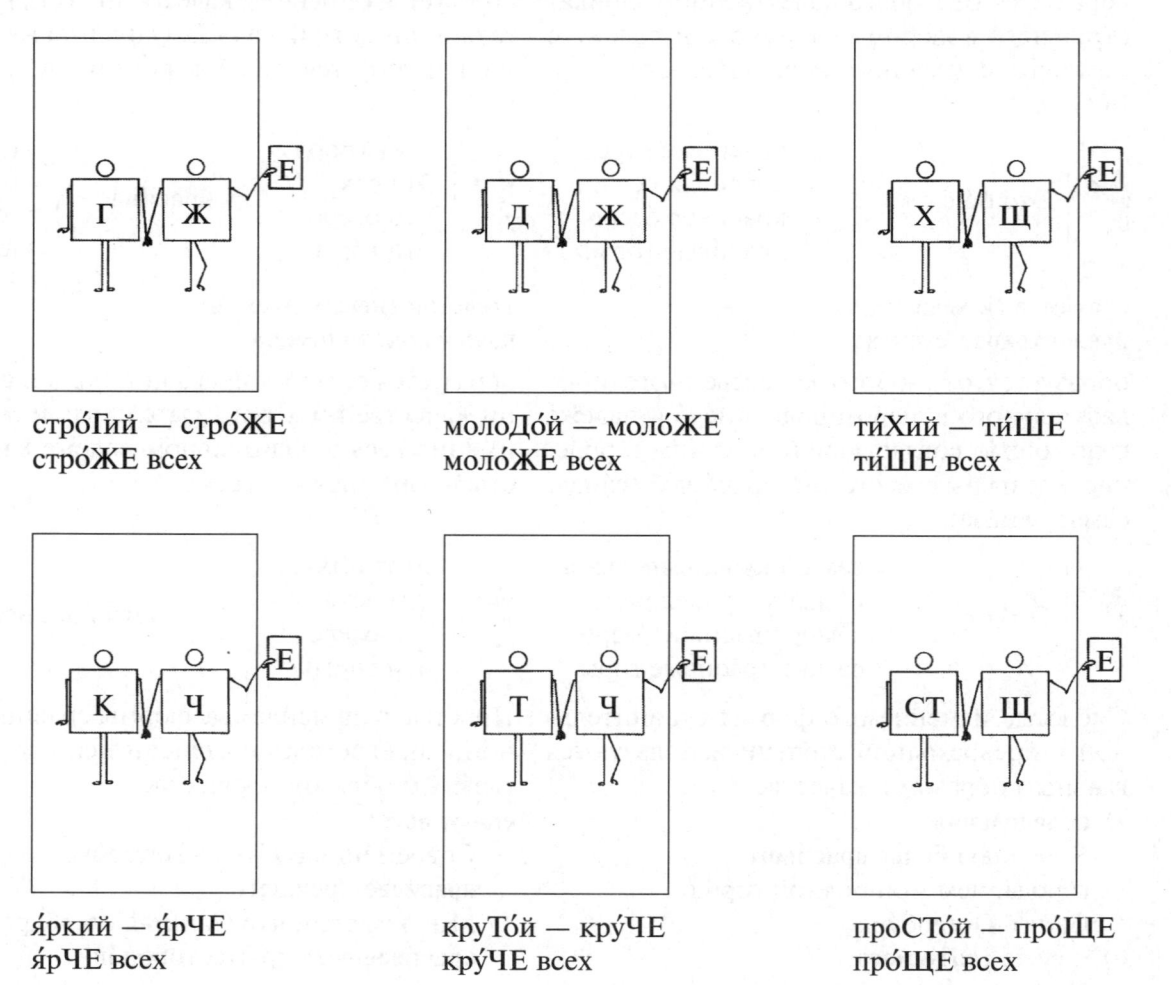

молоДо́й — моло́ЖЕ
моло́ЖЕ всех

ти́Хий — ти́ШЕ
ти́ШЕ всех

я́ркий — я́рЧЕ
я́рЧЕ всех

круТо́й — кру́ЧЕ
кру́ЧЕ всех

проСТо́й — про́ЩЕ
про́ЩЕ всех

---

[1] Ударение никогда не падает на суффикс -Е.

Имя прилагательное 159

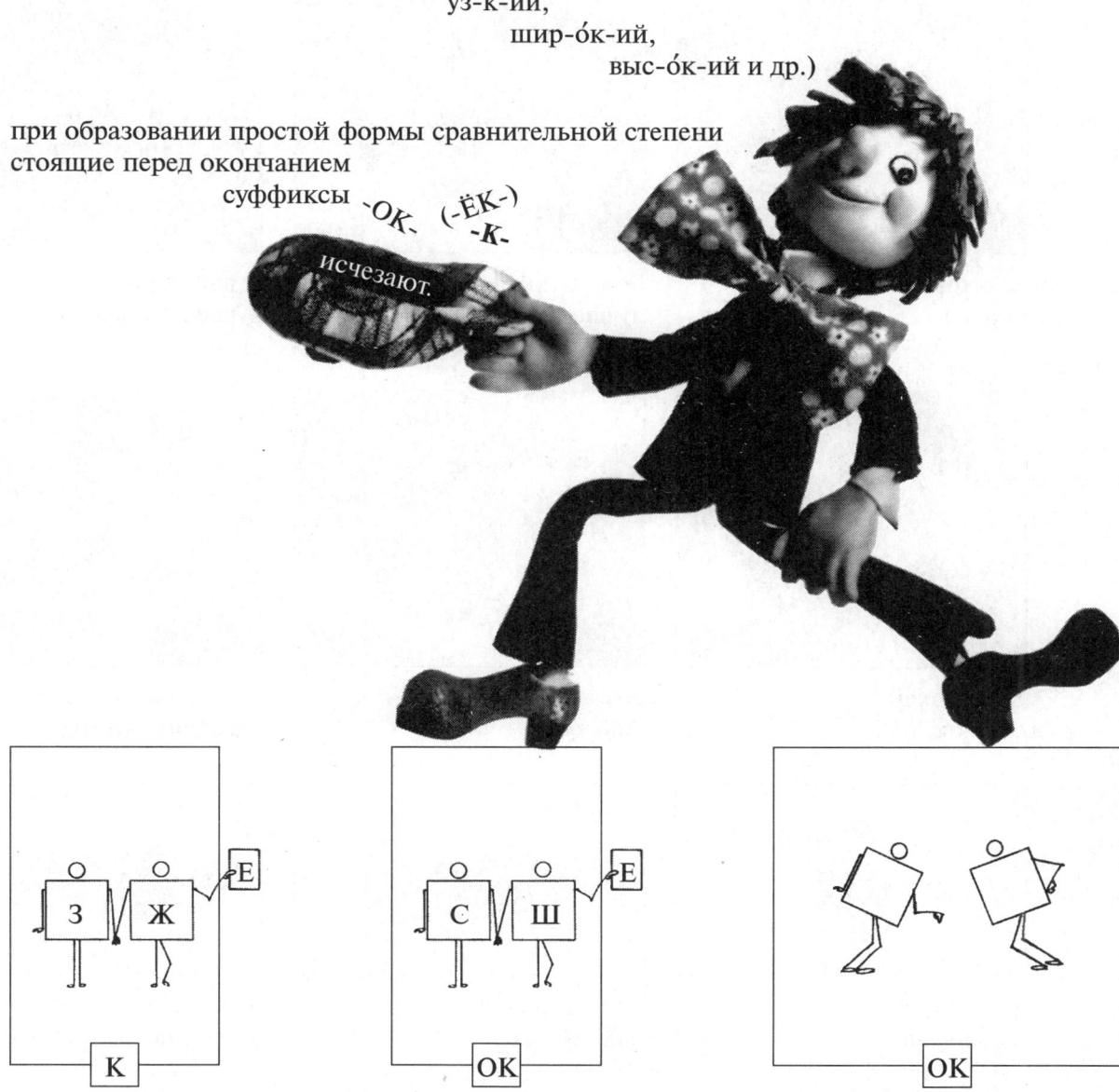

У некоторых прилагательных
(бли́з-к-ий,
гла́д-к-ий,
ни́з-к-ий,
у́з-к-ий,
шир-о́к-ий,
выс-о́к-ий и др.)

при образовании простой формы сравнительной степени стоящие перед окончанием суффиксы -ОК- (-ЁК-) -К- исчезают.

ни́з-к-ий — ни́же
бли́з-к-ий — бли́же
у́з-к-ий — у́же

выс-о́к-ий — вы́ше

глуб-о́к-ий — глу́бже
дал-ёк-ий — да́льше
шир-о́к-ий — ши́ре

СЛОВАРЬ

дорого́й — доро́же
сухо́й — су́ше
твёрдый — твёрже

бога́тый — бога́че
кре́пкий — кре́пче
лёгкий — ле́гче

то́лстый — то́лще
чи́стый — чи́ще
ча́стый — ча́ще

160 Имя прилагательное

ОСОБЫЕ СЛУЧАИ ОБРАЗОВАНИЯ СТЕПЕНЕЙ СРАВНЕНИЯ

Некоторые прилагательные образуют степени сравнения особым способом:

Э́то **хоро́ший** сни́мок.

Э́тот сни́мок **лу́чше**.

А вот **са́мый лу́чший (хоро́ший)** сни́мок.

Э́то **плохо́й** сни́мок.

Э́тот сни́мок ещё **ху́же**.

Э́то **са́мый ху́дший (плохо́й)** сни́мок.

Э́та матрёшка **ма́ленькая**.

Э́та матрёшка ещё **ме́ньше**.

А вот **са́мая ма́ленькая** матрёшка.

Анто́н **ста́рше** всех.

И́горь **ста́рше** Пе́ти.

Э́то Пе́тя, сре́дний из бра́тьев Соколо́вых.

Са́ша **мла́дше** Пе́ти.

Ко́ля **са́мый мла́дший**.

⚠️ **ОБРАТИТЕ ВНИМАНИЕ** на согласование!

Прилагательные **большо́й** и **ма́ленький** обычно характеризуют *размер*.
Прилагательные **ста́рший** и **мла́дший** обычно характеризуют *возраст*.

Имя прилагательное 161

СРАВНИТЕ: Сравнивая два предмета по их качествам, можно выразить мысль двумя способами:

Слон *бо́льше* и *сильне́е*, чем соба́ка.
(И. п.)

Слон *бо́льше* и *сильне́е* соба́ки.
(Р. п.)

ОБРАЗОВАНИЕ ПРОСТОЙ ФОРМЫ ПРЕВОСХОДНОЙ СТЕПЕНИ ПРИЛАГАТЕЛЬНЫХ НА -ЕЙШИЙ, -АЙШИЙ

Если нужно выразить мысль о том, что предмет обладает каким-либо качеством в очень большой степени, но не сравнивать его с другими предметами, в русском языке употребляется особая форма прилагательных на -ЕЙШИЙ (а после **ж, ч, ш, щ** на -АЙШИЙ)[1].

Ро́за — **са́мый краси́вый** цвето́к (из всех цвето́в).

Ро́за — **краси́вейший** цвето́к (необыкнове́нно краси́вый цвето́к).

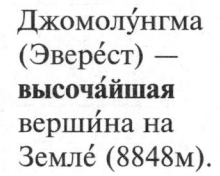

Джомолу́нгма (Эвере́ст) — **са́мая высо́кая** верши́на на Земле́.

Джомолу́нгма (Эвере́ст) — **высоча́йшая** верши́на на Земле́ (8848м).

СА́МЫЙ...   -ЕЙШИЙ (-АЙШИЙ)

Предмет обладает данным качеством в самой высокой степени <u>по сравнению</u> с другими предметами.

Предмет обладает данным качеством в чрезвычайно высокой степени. (<u>без сравнения</u> с другими)

СЛОВАРЬ

опа́сный — опа́снейший
спосо́бный — спосо́бнейший
си́льный — сильне́йший
сло́жный — сложне́йший
у́мный — умне́йший

глубо́кий — глубоча́йший
кра́ткий — кратча́йший
ме́лкий — мельча́йший
стро́гий — строжа́йший
то́нкий — тонча́йший

---

[1] Эти формы более употребительны в книжной речи.

162 Имя прилагательное

ОТНОСИТЕЛЬНЫЕ ПРИЛАГАТЕЛЬНЫЕ

Относительные прилагательные обозначают признаки предметов по их отношению к другим предметам или лицам, т. е. поясняют:

а) из какого *материала* сделан предмет:
   желéзный (кáменный, деревя́нный) мост; золотóе (серéбряное) кольцó;

б) для *кого* предназначен предмет:
   дéтский стул, учи́тельская газéта, студéнческая столóвая;

в) к какому *времени* относится предмет:
   лéтний дождь, весéнние цветы́, вечéрняя газéта;

г) к какому *месту* относится предмет:
   гóрная верши́на, морскáя ры́ба, ю́жные фру́кты;

д) к какой *области* деятельности относится предмет:
   литерату́рный (спорти́вный, техни́ческий) журнáл; драмати́ческий (óперный, балéтный) спектáкль.

Относительные прилагательные образуются от существительных с помощью различных суффиксов:

I. Суффикс -Н- (твёрдый Н) и окончания
-ЫЙ,-АЯ,-ОЕ,-ЫЕ:

желéз-о
желéз-н-ый
мост

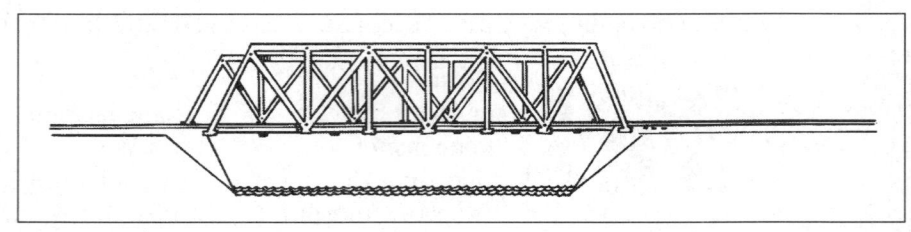

кáмень
кáмен-н-ый
мост

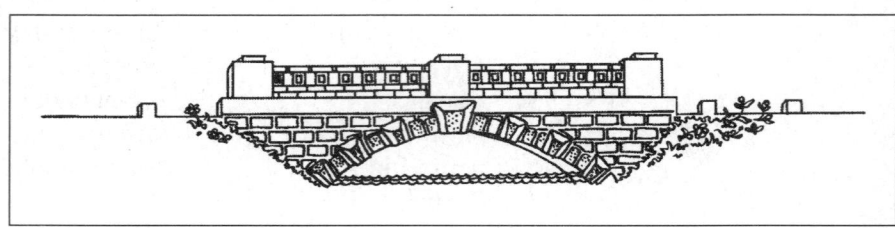

чай
чáй-н-ая
лóжка

лунá
лу́н-н-ый
свет

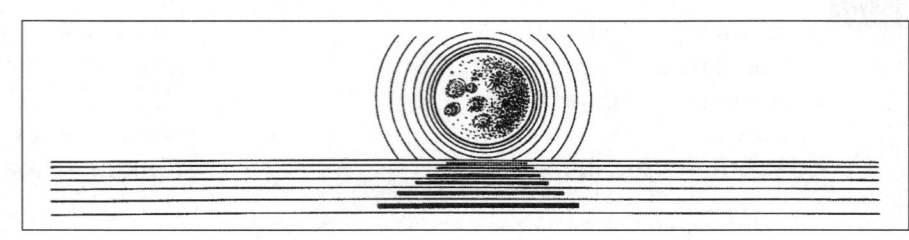

Имя прилагательное 163

Если основа существительных оканчивается на Г, К, Х, Т, Ц, то происходит **чередование** согласных:

друг — дру**ж**еская помощь
те**х**ника — техни**ч**еский журнал
студе**нт** — студе**нч**еская столовая
со**лнце** — соне**ч**ный луч

ту**рок** — туре**цк**ий язык
таба**к** — таба**ч**ный дым
оте**ц** — оте**ч**еская забота
пету**х** — пету**ш**иный крик

дорог-а
дорож-н-ый
знак

рук-а
руч-н-ые
часы

табак
табач-н-ый
киоск

солнц-е
солнеч-н-ый
свет

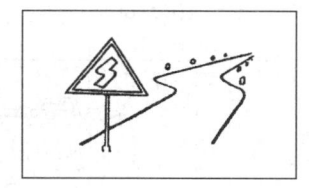

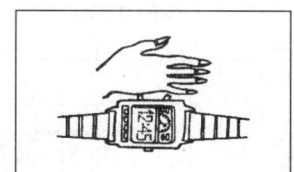

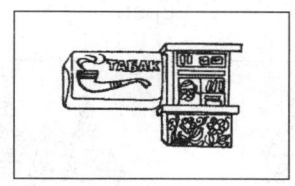

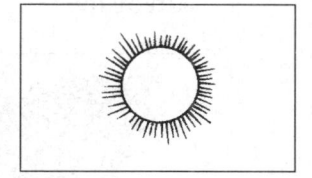

II. Суффикс -СК- и окончания -ИЙ, -АЯ, -ОЕ, -ИЕ (от наименований лиц, географических и абстрактных понятий):

дети
дет-ск-ая
мебель

студенты
студенч-е-ск-ая
столовая

Санкт-Петербург
санкт-петербург-ск-ие
мосты

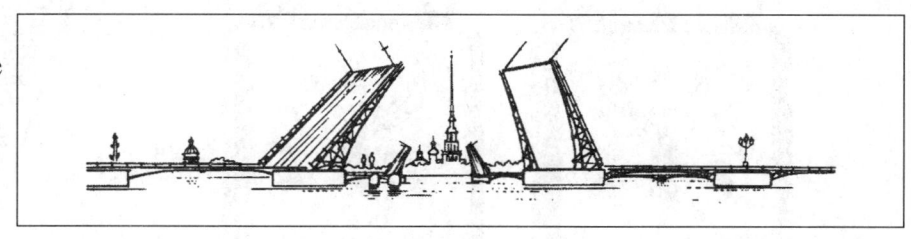

Москва
Москов-ск-ий
Кремль

Таким же способом образуются русские фамилии на -СКИЙ: *Белинский, Чайковский.*

164 Имя прилагательное

III. Кроме того, относительные прилагательные образуются с помощью суффиксов: -АТ-, -ИСТ-, -ОВ-, -ЕВ-, -ИЧЕСК-, -ЕНН-, -АН-, -ЯН- (-Н-):

полоса́	скала́	мех	по́ле
полос-а́т-ое	скал-и́ст-ый	мех-ов-о́й	полев-ы́е
живо́тное	бе́рег	воротни́к	цветы́

де́рево	исто́рия	письмо́	ко́жа
дерев-я́нн-ый	Истор-и́ческ-ий	пи́сьм-енн-ый	ко́ж-ан-ый
дом	музе́й	стол	чемода́н

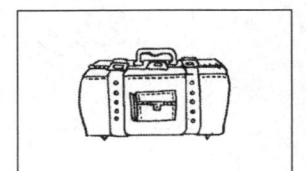

Прилагательные с основой на мягкий -Н- и с безударными окончаниями -ИЙ, -ЯЯ, -ЕЕ, -ИЕ (ударение на основе) встречаются очень часто.

К ним относятся:

а) прилагательные, обозначающие период *времени*:

ра́нний
у́тренний
час

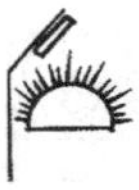

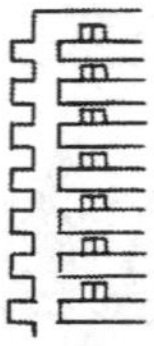

по́здний
вече́рний
час

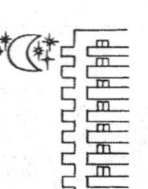

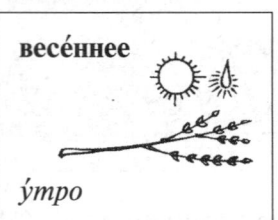

«Вече́рняя Москва́» *газе́та*

зи́мнее	весе́ннее	ле́тнее	осе́ннее
утро	*утро*	*утро*	*утро*

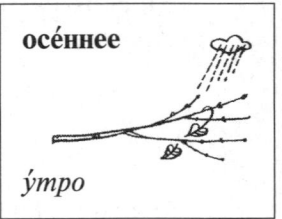

Имя прилагательное 165

б) прилагательные, обозначающие *место* и некоторые другие:

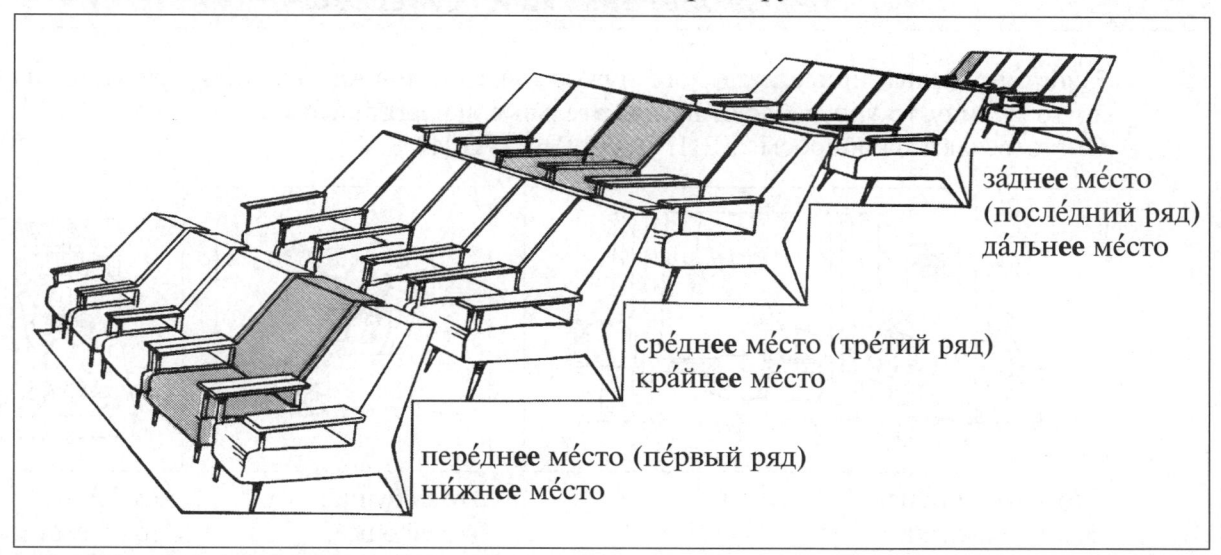

за́днее ме́сто (после́дний ряд)
да́льнее ме́сто

сре́днее ме́сто (тре́тий ряд)
кра́йнее ме́сто

пере́днее ме́сто (пе́рвый ряд)
ни́жнее ме́сто

ве́рхняя по́лка

сре́дняя по́лка

ни́жняя по́лка

СЛОВАРЬ

время

зима́ — зи́мний ⎫
весна́ — весе́нний ⎬ день
ле́то — ле́тний ⎪
о́сень — осе́нний ⎭

у́тро — у́тренний ⎫ час
ве́чер — вече́рний ⎭

вчера́ — вчера́шний ⎫
сего́дня — сего́дняшний ⎬ обе́д
за́втра — за́втрашний ⎭

Но́вый год — нового́дний пра́здник

место

впереди́ — пере́днее ⎫ колесо́
позади́ — за́днее ⎭

край — кра́йний ⎫
бли́зко — бли́жний ⎬ дом
даль — да́льний ⎭

низ — ни́жний ⎫
середи́на — сре́дний ⎬ эта́ж
верх — ве́рхний ⎭

вне — вне́шний у́гол
внутри́ — вну́тренний двор
здесь — зде́шний жи́тель

отдельные случаи

одна́ сторона́ — односторо́нний взгляд
же́нщина за́мужем — заму́жняя же́нщина
дом — дома́шний телефо́н
сосе́д — сосе́дняя кварти́ра

и́скренний ⎫
ли́шний ⎬ челове́к
посторо́нний ⎭

си́ние ⎫ глаза́
ка́рие ⎭

после́дний день

ЗАПОМНИТЕ!

Эти прилагательные следует запомнить, чтобы не смешивать их с прилагательными с основой на твёрдый -Н-.

| Н твёрдый | — | кра́с-н-ый, -ая, -ое, -ые |
| Н мягкий | — | си́н-ий, -яя, -ее, -ие |

ПРИТЯЖАТЕЛЬНЫЕ ПРИЛАГАТЕЛЬНЫЕ

Если с помощью прилагательного нужно показать принадлежность предмета (или лица) другому лицу, то употребляют **притяжательные прилагательные**[1].
Они отвечают на вопросы: ЧЕЙ? ЧЬЯ? ЧЬЁ? ЧЬИ?

Это ма́ма и па́па.
Это их ко́мната.
Это ма́м-ин-а и
па́п-ин-а ко́мната.

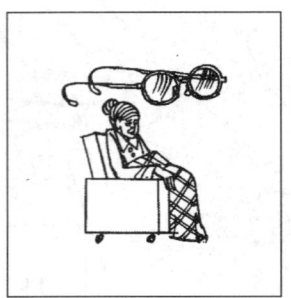

Это ба́бушка.
Это её очки́.
Это ба́бушк-ин-ы очки́.

Это Ли́за.
Это её ве́щи.
Это Ли́з-ин-ы ве́щи.

Притяжательные прилагательные образуются:

1. от названий лиц (главным образом родственников), собственных имён и названий профессий с помощью суффиксов -ИН (-ЫН) и -ОВ (-ЕВ).
Таким образом образованы от имён собственных, прозвищ и наименований профессий и многие русские фамилии:

   Ива́н **Петро́в** (сын Петра́), Ни́на **Петро́ва** (дочь Петра́),
   Никола́й **Кузнецо́в** (сын кузнеца́), Андре́й **Соколо́в** (сын челове́ка, кото́рого называ́ли Со́кол).

2. от названий лиц и животных с помощью окончаний -ИЙ, -ЬЯ, -ЬЕ, -ЬИ:

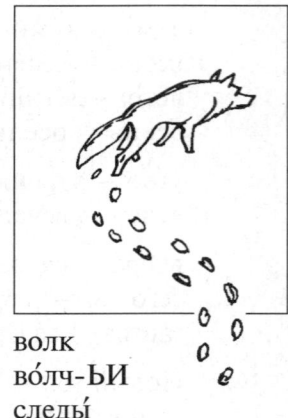

лиса́
ли́с-ИЙ
хвост

коро́ва
коро́в-ЬЕ
молоко́

рыба́к
рыба́ч-ЬЯ
ло́дка

волк
во́лч-ЬИ
следы́

При образовании притяжательных прилагательных последние согласные основы чередуются по правилу:

| К, Т, Ц = Ч | Х = Ш | Д, Г = Ж |

---
[1] Притяжательные прилагательные употребляются чаще всего в разговорной речи.

Имя прилагательное   167

Некоторые относительные и притяжательные прилагательные перешли в категорию *качественных*:

| | стально́й трос
стальны́е не́рвы | **Относительные**
стально́й трос
(трос из ста́ли)
золото́е кольцо́
(кольцо́ из зо́лота) | **Качественные**
стальны́е не́рвы
(кре́пкие не́рвы)
золоты́е ру́ки
(уме́лые ру́ки) |

Некоторые прилагательные перешли в разряд *существительных*, но сохранили падежные окончания прилагательных:

| рабо́чий | 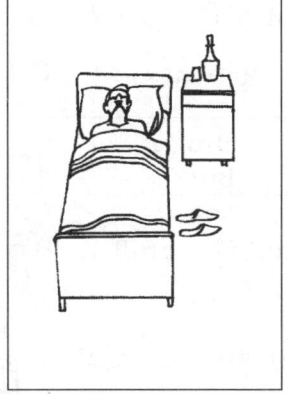 больно́й |  прохо́жий |  часово́й |

| столо́вая |  ва́нная |  мастерска́я |  бу́лочная |

СРАВНИТЕ:

Я навести́л **больно́го дру́га**.   — Я навести́л **больно́го**.
Мы обе́даем в **столо́вой ко́мнате**.   — Мы обе́даем в **столо́вой**.

168 Имя прилагательное

СОГЛАСОВАНИЕ *МЕСТОИМЕНИЙ, ПРИЛАГАТЕЛЬНЫХ, ПОРЯДКОВЫХ ЧИСЛИТЕЛЬНЫХ* И *ПРИЧАСТИЙ* С СУЩЕСТВИТЕЛЬНЫМИ В РОДЕ, ЧИСЛЕ И ПАДЕЖЕ

местоимения	(притяжательные, вопросительные, указательные, относительные, определительные, отрицательные, неопределённые)	**согласуются** с существительными в роде, числе и падеже
прилагательные **порядковые числительные** **причастия**		и **склоняются** по общему типу склонения

ЕДИНСТВЕННОЕ ЧИСЛО МУЖСКОЙ И СРЕДНИЙ РОД

ИМЕНИТЕЛЬНЫЙ ПАДЕЖ — КТО? ЧТО?

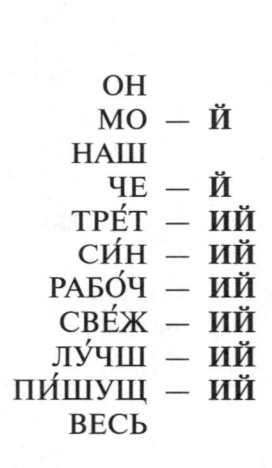

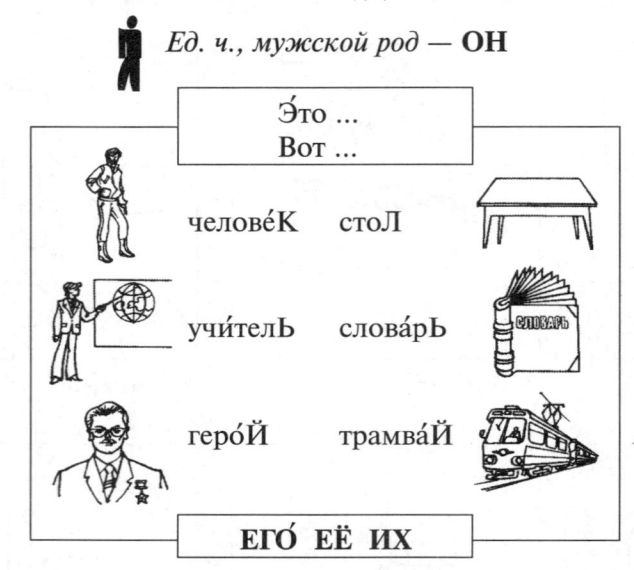

Ед. ч., мужской род — ОН

Это ...
Вот ...

ОН	человéК стоЛ	ОДИ́Н
МО — Й		ПÉРВ — ЫЙ
НАШ		НÓВ — ЫЙ
ЧЕ — Й	учи́тель словáрЬ	КОТÓР — ЫЙ
ТРÉТ — ИЙ		СÁМ — ЫЙ
СИ́Н — ИЙ		КÁЖД — ЫЙ
РАБÓЧ — ИЙ		МОЛОД — ÓЙ
СВÉЖ — ИЙ	герóЙ трамвáЙ	БОЛЬШ — ÓЙ
ЛУ́ЧШ — ИЙ		ВТОР — ÓЙ
ПИ́ШУЩ — ИЙ		КАК — ÓЙ
ВЕСЬ		ЭТОТ

ЕГÓ ЕЁ ИХ

ИМЕНИТЕЛЬНЫЙ ПАДЕЖ — ЧТО?

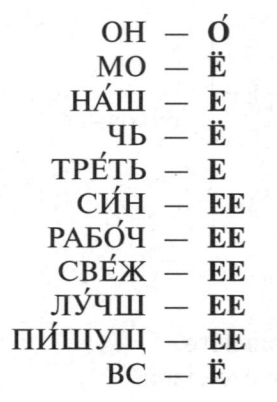

Ед. ч., средний род — ОНÓ

Это ...
Вот ...

ОН — Ó	дéревО плáтьЕ	ОДН — Ó
МО — Ё		ПÉРВ — ОЕ
НÁШ — Е		НÓВ — ОЕ
ЧЬ — Ё		КОТÓР — ОЕ
ТРÉТЬ — Е		СÁМ — ОЕ
СИ́Н — ЕЕ	письмÓ объявлéнИЕ	КÁЖД — ОЕ
РАБÓЧ — ЕЕ		МОЛОД — ÓЕ
СВÉЖ — ЕЕ		БОЛЬШ — ÓЕ
ЛУ́ЧШ — ЕЕ		ВТОР — ÓЕ
ПИ́ШУЩ — ЕЕ		КАК — ÓЕ
ВС — Ё	ЕГÓ ЕЁ ИХ	ЭТО

Имя прилагательное 169

РОДИТЕЛЬНЫЙ ПАДЕЖ — КОГО? ЧЕГО?

Ед. ч., мужской и средний род

Здесь нет ...

(Н) — ЕГÓ	человéкА	трамвáЯ
МО — ЕГÓ	учúтелЯ	письмÁ
НÁШ — ЕГÓ	геróЯ	плáтьЯ
ЧЬ — ЕГÓ	столÁ	объявлéниЯ
ТРÉТЬ — ЕГÓ	словарЯ́	дéревА
СИ́Н — ЕГÓ		
СВÉЖ — ЕГÓ		
РАБÓЧ — ЕГÓ		
ЛÚЧШ — ЕГÓ		
ПИ́ШУЩ — ЕГÓ		
ВС — ЕГÓ		

ОДН — ОГÓ
ПÉРВ — ОГО
НÓВ — ОГО
КОТÓР — ОГО
СÁМ — ОГО
КÁЖД — ОГО
МОЛОД — ÓГО
БОЛЬШ — ÓГО
ВТОР — ÓГО
КАК — ÓГО
Э́Т — ОГО

ЕГÓ ЕЁ ИХ

ВИНИТЕЛЬНЫЙ ПАДЕЖ — КОГО?

Ед. ч., мужской род одушевлённые существительные (люди или животные)

Винительный падеж
как
родительный падеж
(**В. п. = Р. п.**)

Я вúдел ...

(Н) — ЕГÓ	человéкА
МО — ЕГÓ	геróЯ
НÁШ — ЕГÓ	учúтелЯ
ЧЬ — ЕГÓ	
ТРÉТЬ — ЕГÓ	
СИ́Н — ЕГÓ	
СВÉЖ — ЕГÓ	
РАБÓЧ — ЕГÓ	
ЛÚЧШ — ЕГÓ	
ПИ́ШУЩ — ЕГÓ	
ВС — ЕГÓ	

ОДН — ОГÓ
ПÉРВ — ОГО
НÓВ — ОГО
КОТÓР — ОГО
КÁЖД — ОГО
БОЛЬШ — ÓГО
ВТОР — ÓГО
КАК — ÓГО
Э́Т — ОГО

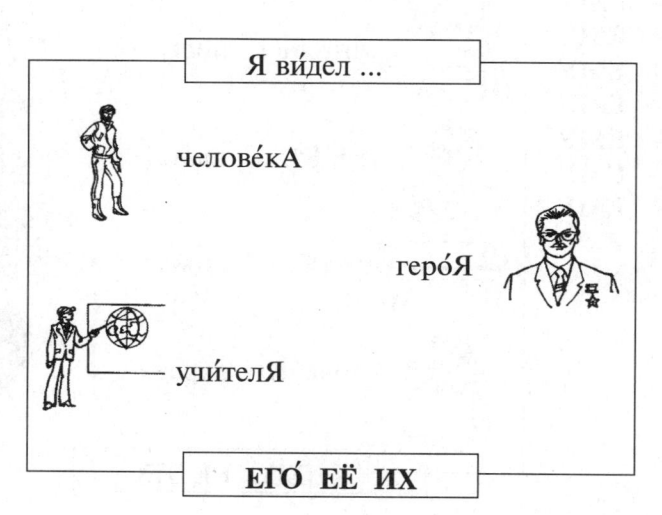

ЕГÓ ЕЁ ИХ

170 Имя прилагательное

ВИНИТЕЛЬНЫЙ ПАДЕЖ — ЧТО?

Ед. ч., мужской род неодушевлённые существительные

Винительный падеж как именительный падеж (**В. п. = И. п.**)

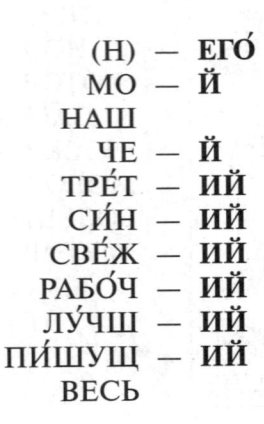

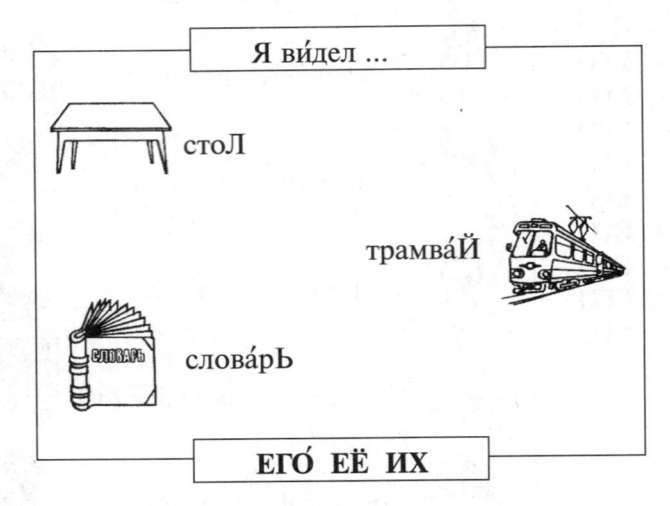

Я видел ...

(Н) — ЕГО́	ОДИ́Н
МО — Й	ПЕ́РВ — ЫЙ
НАШ	НО́В — ЫЙ
ЧЕ — Й	КОТО́Р — ЫЙ
ТРЕ́Т — ИЙ	СА́М — ЫЙ
СИ́Н — ИЙ	КА́ЖД — ЫЙ
СВЕ́Ж — ИЙ	МОЛОД — О́Й
РАБО́Ч — ИЙ	БОЛЬШ — О́Й
ЛУ́ЧШ — ИЙ	ВТОР — О́Й
ПИ́ШУЩ — ИЙ	КАК — О́Й
ВЕСЬ	Э́ТОТ

стол, трамва́Й, слова́рЬ

ЕГО́ ЕЁ ИХ

Ед. ч., средний род
Винительный падеж как именительный падеж (**В. п. = И. п.**)

ДАТЕЛЬНЫЙ ПАДЕЖ — КОМУ́? ЧЕМУ́?

Ед. ч., мужской и средний род

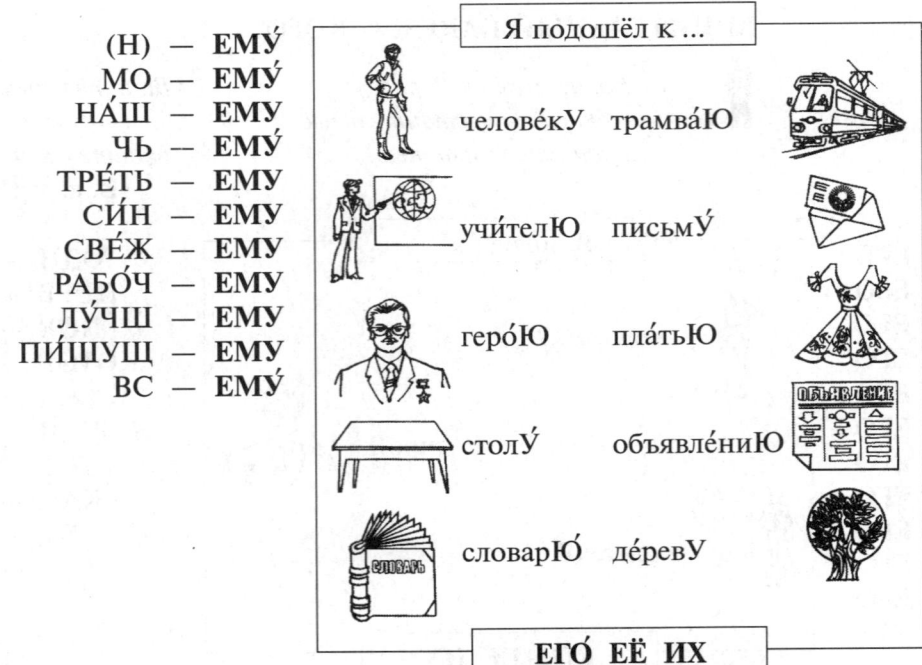

Я подошёл к ...

(Н) — ЕМУ́	ОДН — ОМУ́
МО — ЕМУ́	ПЕ́РВ — ОМУ
НА́Ш — ЕМУ	НО́В — ОМУ
ЧЬ — ЕМУ́	КОТО́Р — ОМУ
ТРЕ́Т — ЕМУ	СА́М — ОМУ
СИ́Н — ЕМУ	КА́ЖД — ОМУ
СВЕ́Ж — ЕМУ	МОЛОД — О́МУ
РАБО́Ч — ЕМУ	БОЛЬШ — О́МУ
ЛУ́ЧШ — ЕМУ	ВТОР — О́МУ
ПИ́ШУЩ — ЕМУ	КАК — О́МУ
ВС — ЕМУ́	Э́Т — ОМУ

челове́кУ, трамва́Ю
учи́телЮ, письму́
геро́Ю, пла́тьЮ
столУ́, объявле́ниЮ
словарЮ́, де́ревУ

ЕГО́ ЕЁ ИХ

Имя прилагательное 171

ТВОРИТЕЛЬНЫЙ ПАДЕЖ — КЕМ? ЧЕМ?

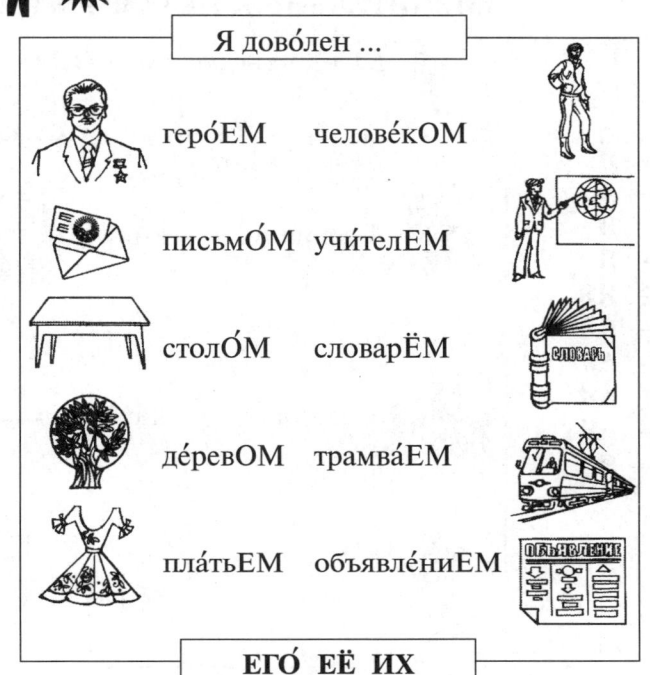

Ед. ч., мужской и средний род

Я доволен …

(Н) — ИМ		геро́ЕМ	челове́кОМ	ОДН — И́М
МО — И́М				ПЕ́РВ — ЫМ
НА́Ш — ИМ				НО́В — ЫМ
ЧЬ — ИМ		письмО́М	учи́телЕМ	КОТО́Р — ЫМ
ТРЕ́ТЬ — ИМ				СА́М — ЫМ
СИ́Н — ИМ				КА́ЖД — ЫМ
СВЕ́Ж — ИМ		столО́М	словарЁМ	МОЛОД — Ы́М
РАБО́Ч — ИМ				БОЛЬШ — И́М
ЛУ́ЧШ — ИМ				ВТОР — Ы́М
ПИ́ШУЩ — ИМ		де́ревОМ	трамва́ЕМ	КАК — И́М
ВС — ЕМ				Э́Т — ИМ
		пла́тьЕМ	объявле́ниЕМ	

ЕГО́ ЕЁ ИХ

ПРЕДЛОЖНЫЙ ПАДЕЖ — О КОМ? О ЧЁМ?

Ед. ч., мужской и средний род

Я ду́маю о …

(Н) — ЕМ		челове́кЕ	трамва́Е	ОДН — О́М
МО — ЁМ				ПЕ́РВ — ОМ
НА́Ш — ЕМ				НО́В — ОМ
ЧЬ — ЁМ		учи́телЕ	письмЕ́	КОТО́Р — ОМ
ТРЕ́ТЬ — ЕМ				СА́М — ОМ
СИ́Н — ЕМ				КА́ЖД — ОМ
СВЕ́Ж — ЕМ		геро́Е	пла́тьЕ	МОЛОД — О́М
РАБО́Ч — ЕМ				БОЛЬШ — О́М
ЛУ́ЧШ — ЕМ				ВТОР — О́М
ПИ́ШУЩ — ЕМ		столЕ́	объявле́ниИ	КАК — О́М
ВС — ЕМ				Э́Т — ОМ
		словарЕ́	де́ревЕ	

ЕГО́ ЕЁ ИХ

Имя прилагательноé

**ЕДИНСТВЕННОЕ ЧИСЛО
ЖЕНСКИЙ РОД**

ИМЕНИТЕЛЬНЫЙ ПАДЕЖ — КТО? ЧТО?

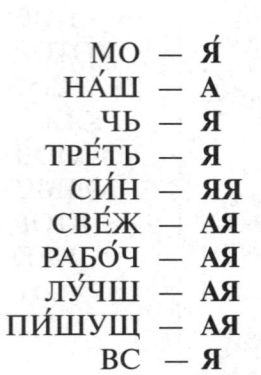

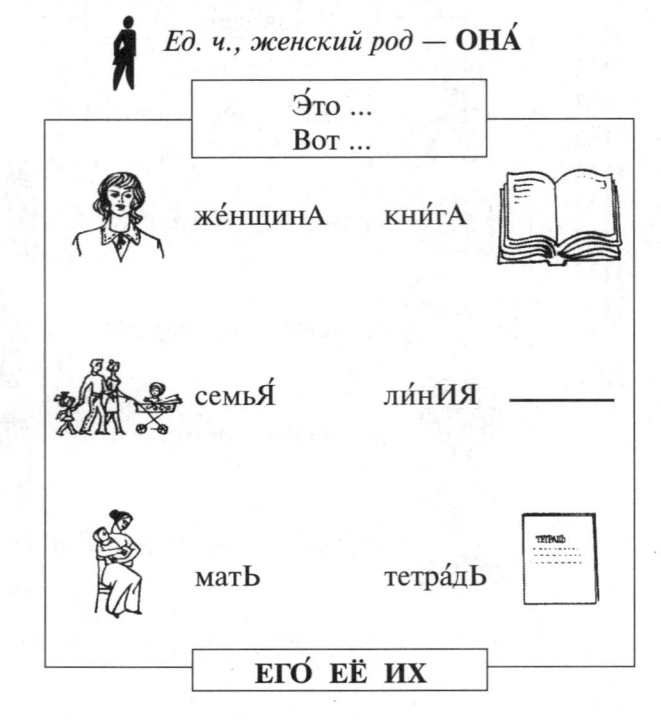

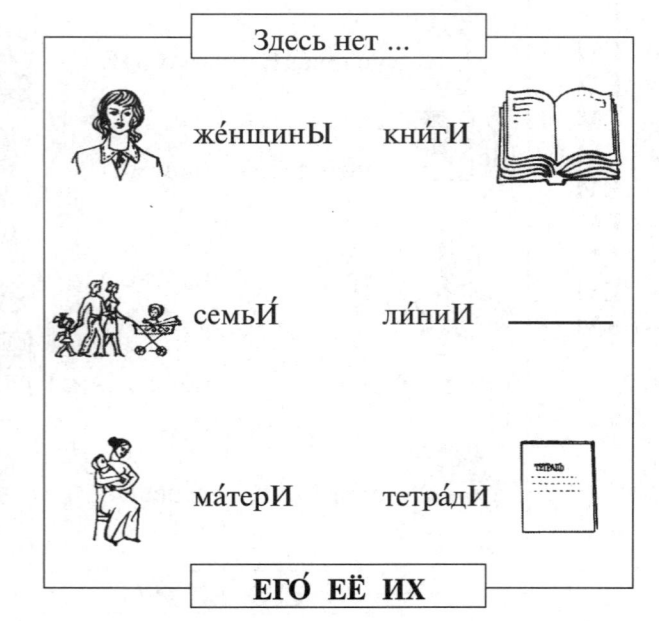

Ед. ч., женский род — **ОНÁ**

Это ...
Вот ...

МО — Я́	же́нщинА	кни́гА
НÁШ — А		
ЧЬ — Я		
ТРÉТЬ — Я		
СИ́Н — ЯЯ		
СВÉЖ — АЯ	семьЯ́	ли́ниИЯ
РАБÓЧ — АЯ		
ЛУ́ЧШ — АЯ		
ПИ́ШУЩ — АЯ		
ВС — Я	матЬ	тетра́дЬ

ОДН — Á
НÓВ — АЯ
МОЛОД — А́Я
ПÉРВ — АЯ
ВТОР — А́Я
КОТÓР — АЯ
СÁМ — АЯ
КА́ЖД — АЯ
КАК — А́Я
БОЛЬШ — А́Я
ЭТ — А

ЕГÓ ЕЁ ИХ

РОДИ́ТЕЛЬНЫЙ ПАДЕЖ — КОГÓ? ЧЕГÓ?

Ед. ч., женский род

Здесь нет ...

(Н) — ЕЁ	же́нщинЫ	кни́гИ
МО — ÉЙ		
НÁШ — ЕЙ		
ЧЬ — ЕЙ		
ТРÉТЬ — ЕЙ		
СИ́Н — ЕЙ		
СВÉЖ — ЕЙ		
РАБÓЧ — ЕЙ	семьИ́	ли́ниИ
ЛУ́ЧШ — ЕЙ		
ПИ́ШУЩ — ЕЙ		
ВС — ЕЙ	ма́терИ	тетра́дИ

ОДН — ÓЙ
НÓВ — ОЙ
МОЛОД — ÓЙ
ПÉРВ — ОЙ
ВТОР — ÓЙ
КОТÓР — ОЙ
СÁМ — ОЙ
КА́ЖД — ОЙ
КАК — ÓЙ
БОЛЬШ — ÓЙ
ЭТ — ÓЙ

ЕГÓ ЕЁ ИХ

Имя прилагательное 173

ДАТЕЛЬНЫЙ ПАДЕЖ — КОМУ́? ЧЕМУ́?

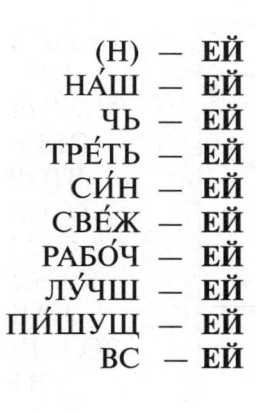

Ед. ч., женский род

Я подошёл к ...

(Н) — ЕЙ	же́нщинЕ	кни́гЕ
НА́Ш — ЕЙ		
ЧЬ — ЕЙ		
ТРЕ́ТЬ — ЕЙ		
СИ́Н — ЕЙ		
СВЕ́Ж — ЕЙ		
РАБО́Ч — ЕЙ		
ЛУ́ЧШ — ЕЙ	семьЕ́	ли́ниИ
ПИ́ШУЩ — ЕЙ		
ВС — ЕЙ		
	ма́терИ	тетра́дИ

ОДН — О́Й
НО́В — ОЙ
МОЛОД — О́Й
ПЕ́РВ — ОЙ
ВТОР — О́Й
КОТО́Р — ОЙ
СА́М — ОЙ
КА́ЖД — ОЙ
КАК — О́Й
БОЛЬШ — О́Й
Э́Т — ОЙ

ЕГО́ ЕЁ ИХ

ВИНИТЕЛЬНЫЙ ПАДЕЖ — КОГО́? ЧТО?

Ед. ч., женский род

Я ви́дел ...

(Н) — ЕЁ	же́нщинУ	кни́гУ
МО — Ю́		
НА́Ш — У		
ЧЬ — Ю		
ТРЕ́ТЬ — Ю		
СИ́Н — ЮЮ		
СВЕ́Ж — УЮ		
РАБО́Ч — УЮ	семьЮ́	ли́ниЮ
ЛУ́ЧШ — УЮ		
ПИ́ШУЩ — УЮ		
ВС — Ю		
	матЬ	тетра́дЬ

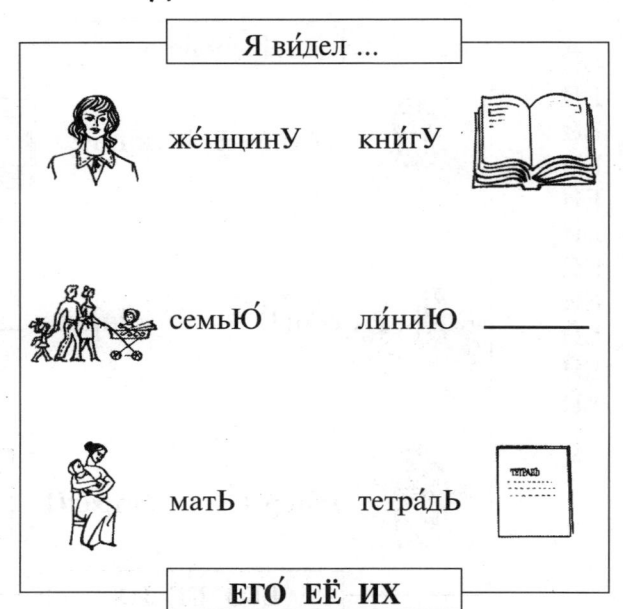

ОДН — У́
НО́В — УЮ
МОЛОД — У́Ю
ПЕ́РВ — УЮ
ВТОР — У́Ю
КОТО́Р — УЮ
СА́М — УЮ
КА́ЖД — УЮ
КАК — У́Ю
БОЛЬШ — У́Ю
Э́Т — У

ЕГО́ ЕЁ ИХ

ТВОРИТЕЛЬНЫЙ ПАДЕЖ — КЕМ? ЧЕМ?

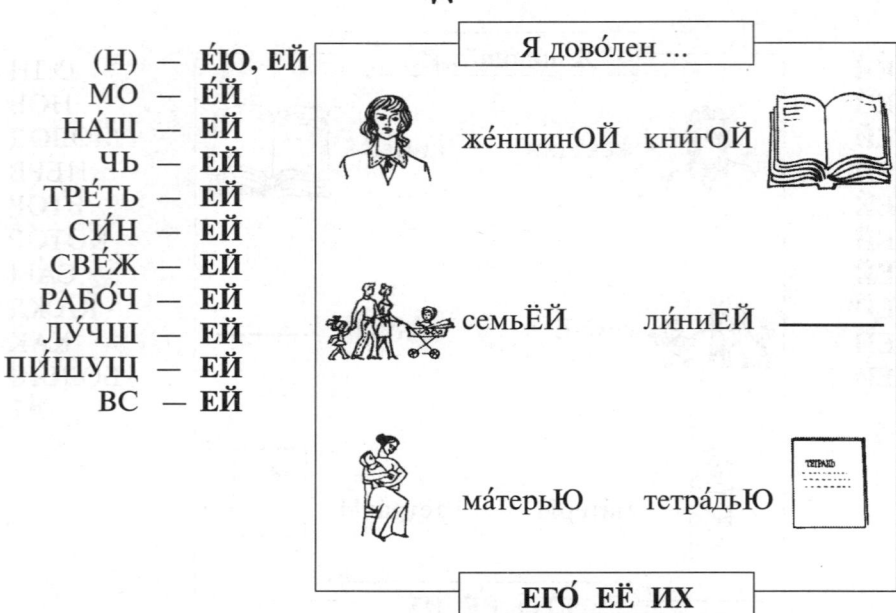

Ед. ч., женский род

(Н) — **ЕЮ, ЕЙ**			ОДН — **ОЙ**
МО — **ЕЙ**			НОВ — **ОЙ**
НАШ — **ЕЙ**			МОЛОД — **ОЙ**
ЧЬ — **ЕЙ**			ПЕРВ — **ОЙ**
ТРЕТЬ — **ЕЙ**			ВТОР — **ОЙ**
СИН — **ЕЙ**			КОТОР — **ОЙ**
СВЕЖ — **ЕЙ**			САМ — **ОЙ**
РАБОЧ — **ЕЙ**			КАЖД — **ОЙ**
ЛУЧШ — **ЕЙ**			КАК — **ОЙ**
ПИШУЩ — **ЕЙ**			БОЛЬШ — **ОЙ**
ВС — **ЕЙ**			ЭТ — **ОЙ**

Я доволен ...

женщинОй книгОй

семьЁй линиЕй

матерьЮ тетрадьЮ

ЕГО́ ЕЁ ИХ

ПРЕДЛОЖНЫЙ ПАДЕЖ — О КОМ? О ЧЁМ?

Ед. ч., женский род

Н — **ЕЙ**			ОДН — **ОЙ**
МО — **ЕЙ**			НОВ — **ОЙ**
НАШ — **ЕЙ**			МОЛОД — **ОЙ**
ЧЬ — **ЕЙ**			ПЕРВ — **ОЙ**
ТРЕТЬ — **ЕЙ**			ВТОР — **ОЙ**
СИН — **ЕЙ**			КОТОР — **ОЙ**
СВЕЖ — **ЕЙ**			САМ — **ОЙ**
РАБОЧ — **ЕЙ**			КАЖД — **ОЙ**
ЛУЧШ — **ЕЙ**			КАК — **ОЙ**
ПИШУЩ — **ЕЙ**			БОЛЬШ — **ОЙ**
ВС — **ЕЙ**			ЭТ — **ОЙ**

Я думаю о ...

женщинЕ книгЕ

семьЕ́ линиИ

матерИ тетрадИ

ЕГО́ ЕЁ ИХ

Имя прилагательное 175

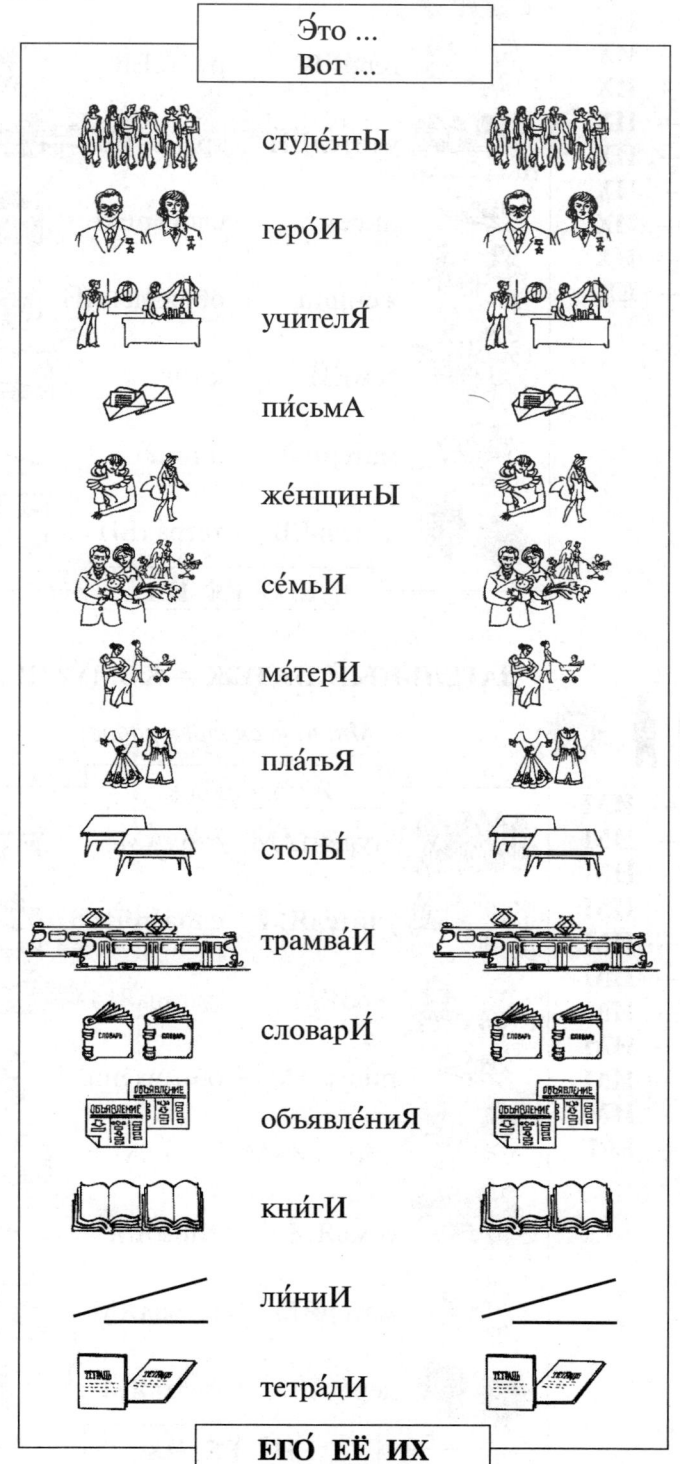

МНОЖЕСТВЕННОЕ ЧИСЛО

ИМЕНИТЕЛЬНЫЙ ПАДЕЖ — КТО? ЧТО?

Мн. ч. всех трёх родов — **ОНИ**

ОН — И́	Э́то ...	ОДН — И́
МО — И́	Вот ...	НО́В — ЫЕ
НА́Ш — И	студе́нтЫ	МОЛОД — Ы́Е
ЧЬ — И	геро́И	ПЕ́РВ — ЫЕ
ТРЕ́ТЬ — И	учителя́	ВТОР — Ы́Е
СИ́Н — ИЕ	пи́сьмА	КОТО́Р — ЫЕ
СВЕ́Ж — ИЕ	же́нщинЫ	СА́М — ЫЕ
РАБО́Ч — ИЕ	се́мьИ	КА́ЖД — ЫЕ
ЛУ́ЧШ — ИЕ	ма́терИ	КАК — И́Е
ПИ́ШУЩ — ИЕ	пла́тьЯ	БОЛЬШ — И́Е
ВС — Е	столЫ́	Э́Т — И
	трамва́И	
	словарИ́	
	объявле́ниЯ	
	кни́гИ	
	ли́ниИ	
	тетра́дИ	

ЕГО́ ЕЁ ИХ

Имя прилагательное

РОДИТЕЛЬНЫЙ ПАДЕЖ – КОГО? ЧЕГО?

Мн. ч. всех трёх родов

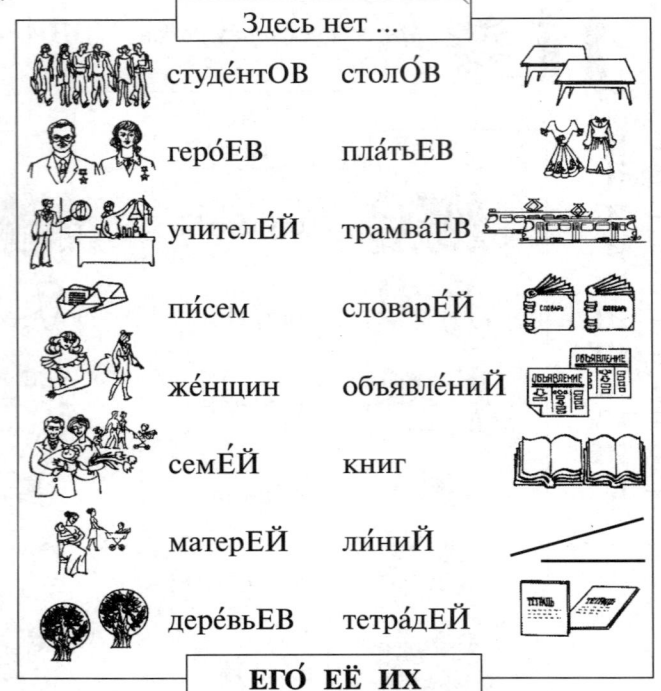

Здесь нет ...

(Н) — ИХ	студентОВ	столОВ
МО — ИХ	героЕВ	платьЕВ
НАШ — ИХ	учителЕЙ	трамваЕВ
ЧЬ — ИХ	писем	словарЕЙ
ТРЕТЬ — ИХ	женщин	объявлениЙ
СИН — ИХ	семЕЙ	книг
СВЕЖ — ИХ	матерЕЙ	линиЙ
РАБОЧ — ИХ	деревьЕВ	тетрадЕЙ
ЛУЧШ — ИХ		
ПИШУЩ — ИХ		
ВС — ЕХ		

ОДН — ИХ	
НОВ — ЫХ	
МОЛОД — ЫХ	
ПЕРВ — ЫХ	
ВТОР — ЫХ	
КОТОР — ЫХ	
САМ — ЫХ	
КАЖД — ЫХ	
КАК — ИХ	
БОЛЬШ — ИХ	
ЭТ — ИХ	

ЕГО ЕЁ ИХ

ДАТЕЛЬНЫЙ ПАДЕЖ – КОМУ? ЧЕМУ?

Мн. ч. всех трёх родов

Я подошёл к ...

(Н) — ИМ	студентАМ	столАМ
МО — ИМ	учителЯМ	словарЯМ
НАШ — ИМ	героЯМ	трамваЯМ
ЧЬ — ИМ	письмАМ	объявлениЯМ
ТРЕТЬ — ИМ	женщинАМ	книгАМ
СИН — ИМ	семьЯМ	линиЯМ
СВЕЖ — ИМ	матерЯМ	тетрадЯМ
РАБОЧ — ИМ	деревьЯМ	платьЯМ
ЛУЧШ — ИМ		
ПИШУЩ — ИМ		
ВС — ЕМ		

ОДН — ИМ	
НОВ — ЫМ	
МОЛОД — ЫМ	
ПЕРВ — ЫМ	
ВТОР — ЫМ	
КОТОР — ЫМ	
САМ — ЫМ	
КАЖД — ЫМ	
КАК — ИМ	
БОЛЬШ — ИМ	
ЭТ — ИМ	

ЕГО ЕЁ ИХ

Имя прилагательное 177

ВИНИТЕЛЬНЫЙ ПАДЕЖ — ЧТО?

Мн. ч. всех трёх родов неодушевлённые существительные

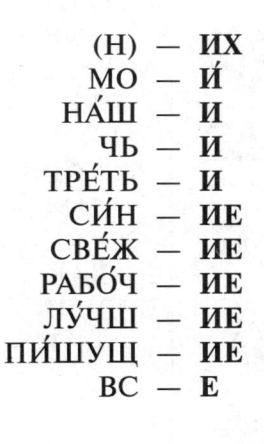

			Я видел ... Я смотрю на ...			
(Н)	— ИХ				ОДН	— И́
МО	— И́		столЫ́	пи́сьмА	НО́В	— ЫЕ
НА́Ш	— И				МОЛОД	— Ы́Е
ЧЬ	— И				ПЕ́РВ	— ЫЕ
ТРЕ́ТЬ	— И		пла́тьЯ	ли́нииИ	ВТОР	— Ы́Е
СИ́Н	— ИЕ				КОТО́Р	— ЫЕ
СВЕ́Ж	— ИЕ				СА́М	— ЫЕ
РАБО́Ч	— ИЕ		трамва́И	кни́гИ	КА́ЖД	— ЫЕ
ЛУ́ЧШ	— ИЕ				КАК	— И́Е
ПИ́ШУЩ	— ИЕ				БОЛЬШ	— И́Е
ВС	— Е		словарИ́	объявле́ниЯ	Э́Т	— И
			дере́вьЯ	тетра́дИ		

ЕГО́ ЕЁ ИХ

ВИНИТЕЛЬНЫЙ ПАДЕЖ — КОГО́?

Мн. ч., мужской и женский род одушевлённые существительные

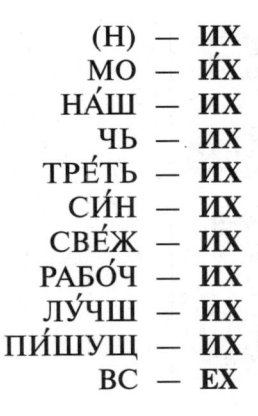

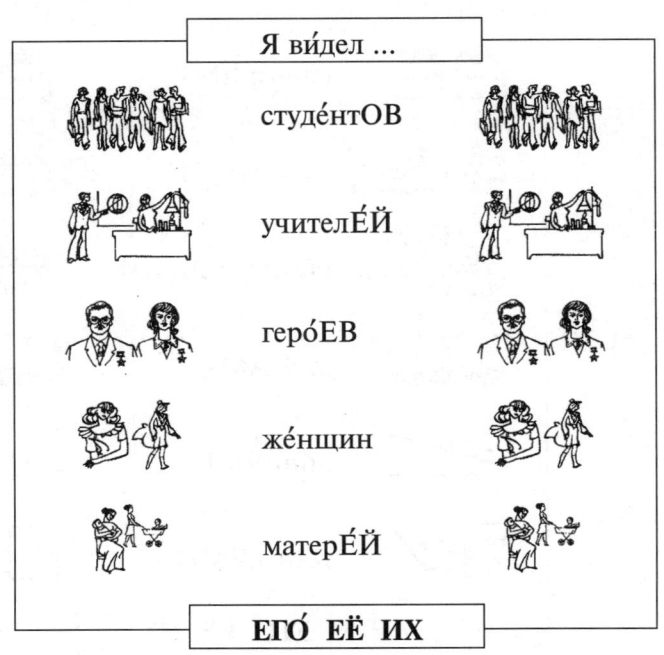

			Я видел ...		
(Н)	— ИХ			ОДН	— И́Х
МО	— И́Х		студе́нтОВ	НО́В	— ЫХ
НА́Ш	— ИХ			МОЛОД	— Ы́Х
ЧЬ	— ИХ			ПЕ́РВ	— ЫХ
ТРЕ́ТЬ	— ИХ		учителЕ́Й	ВТОР	— Ы́Х
СИ́Н	— ИХ			КОТО́Р	— ЫХ
СВЕ́Ж	— ИХ			СА́М	— ЫХ
РАБО́Ч	— ИХ		геро́ЕВ	КА́ЖД	— ЫХ
ЛУ́ЧШ	— ИХ			КАК	— И́Х
ПИ́ШУЩ	— ИХ			БОЛЬШ	— И́Х
ВС	— ЕХ		же́нщин	Э́Т	— ИХ
			матерЕ́Й		

ЕГО́ ЕЁ ИХ

Имя прилагательное

ТВОРИТЕЛЬНЫЙ ПАДЕЖ — КЕМ? ЧЕМ?

Мн. ч. всех трёх родов

		Я доволен ...		
(Н)	— И́МИ	студе́нтАМИ	ОДН	— И́МИ
МО	— И́МИ	учителя́МИ	НО́В	— ЫМИ
НА́Ш	— ИМИ	геро́ЯМИ	МОЛОД	— Ы́МИ
ЧЬ	— ИМИ	пи́сьмАМИ	ПЕ́РВ	— ЫМИ
ТРЕ́ТЬ	— ИМИ	же́нщинАМИ	ВТОР	— Ы́МИ
СИ́Н	— ИМИ	се́мьЯМИ	КОТО́Р	— ЫМИ
СВЕ́Ж	— ИМИ	матеря́МИ	СА́М	— ЫМИ
РАБО́Ч	— ИМИ	пла́тьЯМИ	КА́ЖД	— ЫМИ
ЛУ́ЧШ	— ИМИ	столА́МИ	КАК	— И́МИ
ПИ́ШУЩ	— ИМИ	словаря́МИ	БОЛЬШ	— И́МИ
ВС	— Е́МИ	трамва́ЯМИ	Э́Т	— ИМИ
		объявле́нияМИ		
		кни́гАМИ		
		ли́нияМИ		
		тетра́дяМИ		

ЕГО́ ЕЁ ИХ

Имя прилагательное

ПРЕДЛОЖНЫЙ ПАДЕЖ — О КОМ? О ЧЁМ?

Мн. ч. всех трёх родов

О (Н) — ИХ	Я думаю о ...	ОДН — ИХ
МО — ИХ	студентАХ	НОВ — ЫХ
НАШ — ИХ	учителЯХ	МОЛОД — ЫХ
ЧЬ — ИХ	героЯХ	ПЕРВ — ЫХ
СИН — ИХ	письмАХ	ВТОР — ЫХ
ТРЕТЬ — ИХ	женщинАХ	КОТОР — ЫХ
СВЕЖ — ИХ	семьЯХ	САМ — ЫХ
РАБОЧ — ИХ	матерЯХ	КАЖД — ЫХ
ЛУЧШ — ИХ	платьЯХ	КАК — ИХ
ПИШУЩ — ИХ	столАХ	БОЛЬШ — ИХ
ВС — ЕХ	словарЯХ	ЭТ — ИХ
	трамваЯХ	
	объявлениЯХ	
	книгАХ	
	линиЯХ	
	тетрадЯХ	

ЕГО́ ЕЁ ИХ

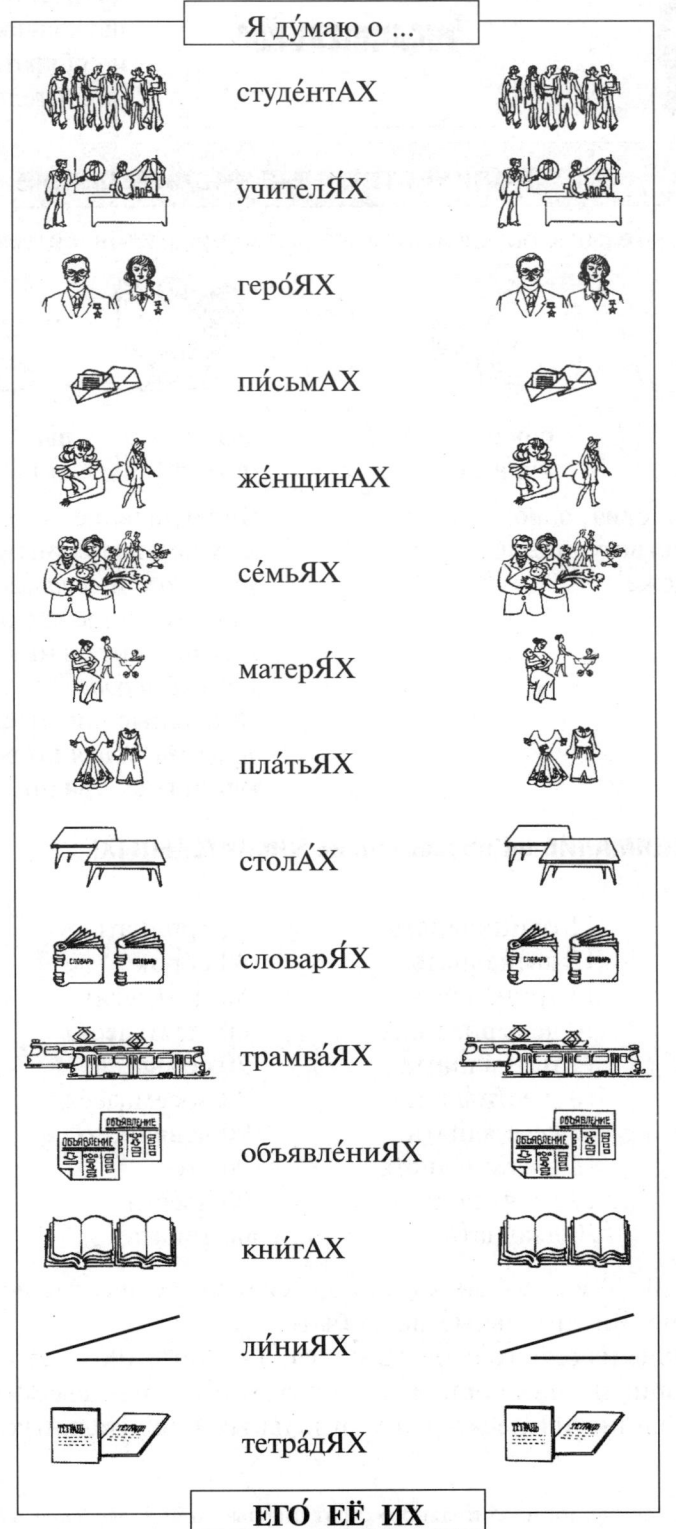

Страницы 180–193

Имя числительное

В русском языке есть **количественные** (оди́н, два, пять), **порядковые** (пе́рвый, второ́й, пя́тый) и **собирательные** (дво́е, тро́е, пя́теро) числительные.

КОЛИЧЕСТВЕННЫЕ ЧИСЛИТЕЛЬНЫЕ

Количественные числительные определяют количество предметов и отвечают на вопрос СКОЛЬКО?

оди́н	одно́	одна́	два	два	две
пету́х	яйцо́	ку́рица	петуха́	яйца́	ку́рицы

Числительные **оди́н, одна́, одно́** *согласуются* с существительным в роде, числе и падеже[1].

Числительное **два** относится к существительным *мужского* и *среднего* рода.
Числительное **две** относится к существительным *женского рода*[1].
Остальные числительные *не изменяются* по родам: **три** петуха́, **три** яйца́, **три** ку́рицы.

⚠ **ОБРАТИТЕ ВНИМАНИЕ на правописание ЧИСЛИТЕЛЬНЫХ!**

1 оди́н	11 оди́ннадцать	30 три́дцать	400 четы́реста
2 два	12 двена́дцать	40 со́рок	500 пятьсо́т
3 три	13 трина́дцать	50 пятьдеся́т	600 шестьсо́т
4 четы́ре	14 четы́рнадцать	60 шестьдеся́т	700 семьсо́т
5 пять	15 пятна́дцать	70 се́мьдесят	800 восемьсо́т
6 шесть	16 шестна́дцать	80 во́семьдесят	900 девятьсо́т
7 семь	17 семна́дцать	90 девяно́сто	1000 ты́сяча
8 во́семь	18 восемна́дцать	100 сто	
9 де́вять	19 девятна́дцать	200 две́сти	миллио́н
10 де́сять	20 два́дцать	300 три́ста	миллиа́рд

В числительных 5–20, 30 мягкий знак (ь) пишется в конце числительного. В числительных 50–80 и 500–900 в середине. Числительные могут быть:

а) <u>простые</u>, состоящие из одного слова: 2 — два, 5 — пять, 100 — сто;
б) <u>сложные</u>, состоящие из двух корней: 50 — пятьдеся́т, 200 — две́сти;
в) <u>составные</u>, состоящие из нескольких отдельных числительных: 1981 — ты́сяча девятьсо́т во́семьдесят оди́н.

---

[1] То же, если на конце составного числительного стоят цифры 1 или 2: *два́дцать оди́н рубль, пятьдеся́т одна́ копейка, три́дцать два рубля́, со́рок две копейки.*

СКЛОНЕНИЕ КОЛИЧЕСТВЕННЫХ ЧИСЛИТЕЛЬНЫХ

I. Числительные **оди́н, одна́, одно́** склоняются как местоимение *этот*.

II. (2, 3, 4)

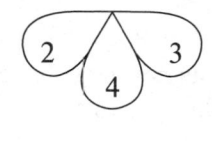

И. п.	два, две	три	четы́ре
Р. п.	двУХ	трЁХ	четырЁХ
Д. п.	двУМ	трЁМ	четырЁМ
В. п.	И/Р	И/Р	И/Р
Т. п.	двУМЯ́	трЕМЯ́	четырЬМЯ́
П. п.	о двУХ	о трЁХ	о четырЁХ

III. (40, 90, 100)

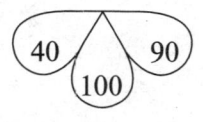

Числительные **со́рок, девяно́сто** и **сто** имеют во всех падежах окончание -А (сорока́, девяно́ста, ста), кроме винительного падежа, который равен именительному (**В. п. = И. п.**) (см. с.185).

IV. 5—30

Числительные **пять, шесть, семь** ... **де́сять, оди́ннадцать, двена́дцать** ... **два́дцать, три́дцать**, которые оканчиваются на мягкий знак (-Ь), склоняются как существительное *тетра́дь*.

V. 50—80

У сложных числительных **пятьдеся́т, шестьдеся́т, се́мьдесят, во́семьдесят** обе части склоняются как существительное *тетра́дь*:
пятьдеся́т (И. п., В. п.), пятИ́десятИ (Р. п., Д. п., П. п.), пятьЮ́десятьЮ (Т. п.).

VI. (200, 300, 400)

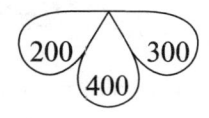

Сложные числительные **две́сти, три́ста, четы́реста** склоняются следующим образом:

И. п.	две́сти	три́ста	четы́реста
Р. п.	двухсо́т	трёхсо́т	четырёхсо́т
Д. п.	двумста́м	трёмста́м	четырёмста́м
В. п.	две́сти	три́ста	четы́реста
Т. п.	двумяста́ми	тремяста́ми	четырьмяста́ми
П. п.	о двухста́х	о трёхста́х	о четырёхста́х

Первая часть числительного склоняется как *две, три, четы́ре*.

VII. 500—900

Сложные числительные **пятьсо́т, шестьсо́т, семьсо́т, восемьсо́т, девятьсо́т** склоняются следующим образом:

И. п.	пятьсо́т	Д. п.	пятиста́м	Т. п.	пятьюста́ми
Р. п.	пятисо́т	В. п.	пятьсо́т	П. п.	о пятиста́х

Первая часть числительного склоняется как *пять* (т. е. как *тетра́дь*).

VIII. 1000

Ты́сяча склоняется как существительное *зада́ча*.

IX. 1 000 000
1 000 000 000

Миллио́н и **миллиа́рд** склоняются как существительное *стол*.

X. У составных числительных каждая часть склоняется отдельно.

При́был парохо́д с тремяста́ми сорока́ пятью́ пассажи́рами.

Имя числительное

СОГЛАСОВАНИЕ КОЛИЧЕСТВЕННЫХ ЧИСЛИТЕЛЬНЫХ С СУЩЕСТВИТЕЛЬНЫМИ

Числительные употребляются обычно с существительными. После числительных **один, одна, одно** существительные стоят в именительном падеже.

После числительных **два (две), три, четыре** существительные стоят в родительном падеже единственного числа.

После числительного **пять** и **всех остальных** числительных существительные стоят в родительном падеже множественного числа.

оди́н
рубль

два, три, четы́ре
рубля́

де́сять, пятьдеся́т,
сто рубле́й

одна́
копе́йка

две, три, четы́ре
копе́йки

де́сять, пятьдесят копе́ек

После слов, обозначающих неопределённое число: **много, немного, мало, несколько, большинство, меньшинство**, а также после **сколько?, столько … сколько** существительные стоят в родительном падеже множественного числа.

Падеж существительного после составных числительных определяется последним словом, а не последней цифрой[1].

31 три́дцать оди́н ⎫
101 сто оди́н ⎭ рубль

22 два́дцать два
123 сто два́дцать три ⎫
1004 ты́сяча четы́ре ⎭ рубля́

5 пять
25 два́дцать пять
36 три́дцать шесть
49 со́рок де́вять ⎫ рубле́й
112 сто двена́дцать
220 две́сти два́дцать
1040 ты́сяча со́рок ⎭

Эти правила действительны только тогда, когда:
а) числительное стоит в именительном падеже;
б) числительное стоит в винительном падеже.
Во всех остальных случаях числительное и существительное стоят в одном и том же падеже (т. е. согласуются), см. таблицу на с. 185.

---

[1] Например: числительное 112 содержит три цифры, но называется двумя словами.

Имя числительное

СОГЛАСОВАНИЕ КОЛИЧЕСТВЕННЫХ ЧИСЛИТЕЛЬНЫХ С ПРИЛАГАТЕЛЬНЫМИ И СУЩЕСТВИТЕЛЬНЫМИ

I. оди́н большо́й дом   одно́ большо́е окно́   одна́ больша́я дверь

После числительных **один, одна, одно** во всех падежах прилагательное и существительное **согласуются** с числительным в роде и падеже:

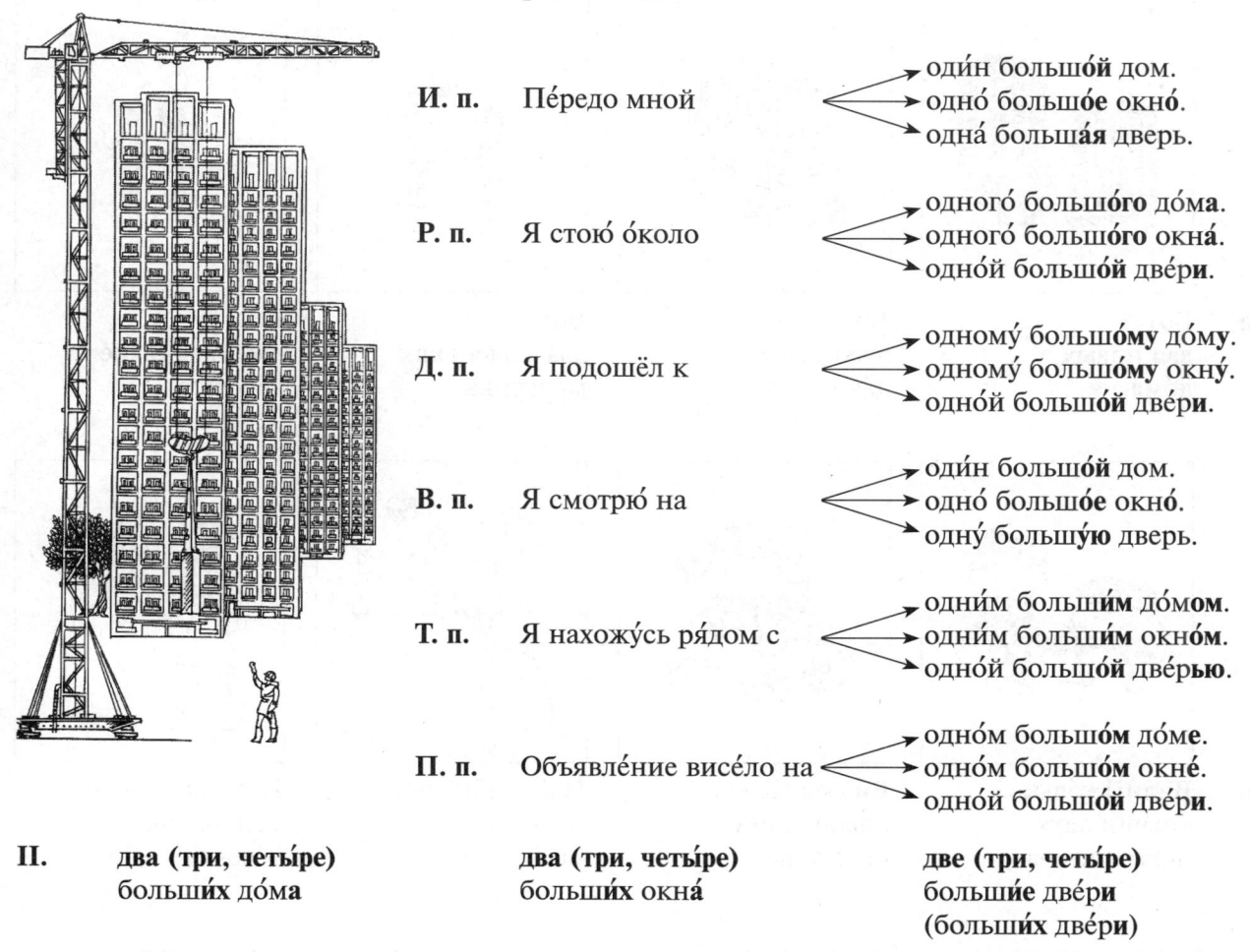

И. п.	Пе́редо мной	оди́н большо́й дом. одно́ большо́е окно́. одна́ больша́я дверь.
Р. п.	Я стою́ о́коло	одного́ большо́го до́ма. одного́ большо́го окна́. одно́й большо́й две́ри.
Д. п.	Я подошёл к	одному́ большо́му до́му. одному́ большо́му окну́. одно́й большо́й две́ри.
В. п.	Я смотрю́ на	оди́н большо́й дом. одно́ большо́е окно́. одну́ большу́ю дверь.
Т. п.	Я нахожу́сь ря́дом с	одни́м больши́м до́мом. одни́м больши́м окно́м. одно́й большо́й две́рью.
П. п.	Объявле́ние висе́ло на	одно́м большо́м до́ме. одно́м большо́м окне́. одно́й большо́й две́ри.

II. два (три, четы́ре) больши́х до́ма   два (три, четы́ре) больши́х окна́   две (три, четы́ре) больши́е две́ри (больши́х две́ри)

После числительных **два (две), три, четыре** в именительном падеже существительное стоит в родительном падеже единственного числа, а прилагательное:
   а) в родительном падеже множественного числа, если оно относится к существительным мужского и среднего рода;
   б) в именительном падеже множественного числа, если оно относится к существительным женского рода (реже в родительном падеже множественного числа).

III. пять (шесть и т. д.) больши́х домо́в   пять (шесть и т. д.) больши́х о́кон   пять (шесть и т. д.) больши́х двере́й

После числительного **пять** и **всех остальных** в именительном и винительном падежах существительное и прилагательное стоят в родительном падеже множественного числа независимо от рода существительного.
В остальных падежах числительное, прилагательное и существительное согласуются в числе и падеже.

184 Имя числительное

СОГЛАСОВАНИЕ КОЛИЧЕСТВЕННЫХ ЧИСЛИТЕЛЬНЫХ С ПРИЛАГАТЕЛЬНЫМИ И СУЩЕСТВИТЕЛЬНЫМИ В ИМЕНИТЕЛЬНОМ, РОДИТЕЛЬНОМ И ВИНИТЕЛЬНОМ ПАДЕЖАХ

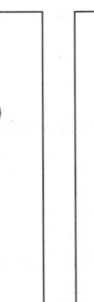

	С неодушевлёнными существительными		С одушевлёнными существительными	
И. п.	 Вот два но́вых до́ма.	 Вот две но́вые да́чи.	 Вот два ма́леньких ма́льчика.	 Вот две ма́ленькие де́вочки.
Р. п.	 Видны́ то́лько кры́ши двух но́вых домо́в.	 Видны́ то́лько кры́ши двух но́вых дач.	 Идёт оте́ц двух ма́леньких ма́льчиков.	 Идёт мать двух ма́леньких де́вочек.
В. п.	 Я ви́жу два но́вых до́ма.	 Я ви́жу две но́вые да́чи.	 Я ви́жу двух ма́леньких ма́льчиков.	 Я ви́жу двух ма́леньких де́вочек.

В. п. = И. п. В. п. = Р. п.

СКЛОНЕНИЕ ЧИСЛИТЕЛЬНЫХ И СУЩЕСТВИТЕЛЬНЫХ

И. п.	ДВА студе́нтА окнА́	ДВЕ студе́нткИ кни́гИ	ТРИ сестрЫ́ бра́тА	ПЯТЬ рублЕ́Й мину́т	СЕ́МЬДЕСЯТ ОДИ́Н рубль	СТО СО́РОК ЧЕТЫ́РЕ рубля́	ДВЕ́СТИ ТРИ́СТА ПЯТЬСО́Т рублЕ́Й
Р. п.	двУХ студе́нтОВ о́кон	студе́нток книг	трЁХ сестёр бра́тьЕВ	пятИ́ рублЕ́Й мину́т	семи́десятИ одногО́ рубля́	стА сорокА́ четырЁХ рублЕ́Й	двУХСО́Т трЁХСО́Т пятИСО́Т рублЕ́Й
Д. п.	двУМ студе́нтАМ о́кнАМ	студе́нткАМ кни́гАМ	трЁМ сёстрАМ бра́тьЯМ	пятИ́ рубля́М мину́тАМ	семи́десятИ одному́ рублЮ́	стА сорокА́ четырЁМ рубля́М	двУМСТА́М трЁМСТА́М пятИСТА́М рубля́М
В. п.	двУХ студе́нтОВ В. п. = Р. п. двА окнА́ В. п. = И. п.	студе́нток В. п. = Р. п. двЕ кни́гИ	В. п. = И. п.	В. п. = И. п.	В. п. = И. п.	В. п. = И. п.	В. п. = И. п.
Т. п.	двУМЯ́ студе́нтАМИ о́кнАМИ	студе́нткАМИ кни́гАМИ	трЕМЯ́ сёстрАМИ бра́тьЯМИ	пятЬЮ́ рубля́МИ мину́тАМИ	семьЮ́десятЬЮ одни́М рублЁМ	стА сорокА́ четырьмя́ рубля́МИ	двУМЯСТА́МИ трЕМЯСТА́МИ пятЬЮСТА́МИ } рубля́МИ
П. п.	о двУХ студе́нтАХ о́кнАХ	студе́нткАХ кни́гАХ	о трЁХ сёстрАХ бра́тьЯХ	о пятИ́ рубля́Х мину́тАХ	о семи́десятИ одно́М рублЕ́	о стА сорокА́ четырЁХ рубля́Х	о двУХСТА́Х трЁХСТА́Х пятИСТА́Х } рубля́Х

186 Имя числительное

СОБИРАТЕЛЬНЫЕ ЧИСЛИТЕЛЬНЫЕ

Говоря об определённом числе лиц мужского пола или детей как о едином целом, нужно употребить **собирательные числительные двое, трое, четверо, пятеро, шестеро, семеро**[1].

На нашей улице живут *три друга*: Петя в доме номер три, Саша в доме номер пять и Костя в доме номер семь.

На нашей улице в доме номер девять живут **трое братьев**: Андрей, Антон и Алёша.

Количественное числительное
три
Общее число мальчиков — 3.
Они живут не вместе,
а в отдельных домах.

Собирательное числительное
трое
Общее число мальчиков тоже 3,
но они братья и живут вместе.

Собирательные числительные **двое, трое, четверо, пятеро** и т. д. употребляются только в следующих случаях:
   а) с существительными, обозначающими лиц мужского пола и детей;
   б) с существительными, обозначающими группу лиц, среди которых могут быть и лица женского пола.

За одним столом работают **двое** лаборантов.

У меня **четверо** детей: Коля, Саша, Нина и Наташа.

Пятеро друзей — Андрей, Пётр, Игорь, Ольга и Анна — пошли на экскурсию.

⚠️ **ОБРАТИТЕ ВНИМАНИЕ на согласование!**

После собирательных числительных **двое, трое, четверо** и т. д., стоящих в именительном падеже, существительное стоит в родительном падеже множественного числа (а не единственного, как после количественных числительных *два, три, четыре*): **двое мальчиков**, но *два* мальчика.

---

[1] Собирательные числительные **восьмеро, девятеро, десятеро** употребляются очень редко.

в) для обозначения количества существительных, имеющих форму только множественного числа.

одни́ очки́,	дво́е очко́в,	тро́е очко́в,
но́жницы,	но́жниц,	но́жниц,
часы́,	часо́в,	часо́в,
су́тки	су́ток	су́ток

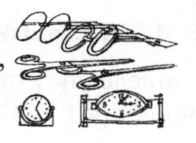

Количественное числительное *один* в этом случае употребляется во множественном числе.

ЧИСЛИТЕЛЬНЫЕ О́БА, О́БЕ

К собирательным числительным относятся также **о́ба** (и тот и другой, и то и другое) и **о́бе** (и та и другая).

О́ба и **о́бе** употребляются со всеми существительными: одушевлёнными и неодушевлёнными всех трёх родов.

| **о́ба** бра́та | **о́ба** окна́ | **о́бе** сестры́ |
| **о́ба** бе́рега | **о́ба** де́рева | **о́бе** у́лицы |

О́ба и **о́бе** употребляются обычно после того, как в предыдущем предложении были употреблены числительные **два (две)**, двое или два отдельных существительных.

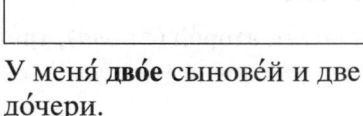

У меня́ **дво́е** сынове́й и две до́чери.
О́ба сы́на — студе́нты.
О́бе до́чери — шко́льницы.

Севасто́поль и Оде́сса — краси́вые города́.
О́ба го́рода располо́жены на берегу́ Чёрного мо́ря.

После числительных **о́ба, о́бе**, стоящих в именительном падеже, существительное стоит в родительном падеже единственного числа.
Винительный падеж числительного **о́ба** и неодушевлённого существительного равен именительному, а винительный падеж числительного **о́ба** и одушевлённого существительного — родительному.
Во всех остальных падежах числительное **о́ба** согласуется с существительным.

Кто придёт сего́дня, Анто́н и́ли О́ля?
— Они́ **о́ба** приду́т
(и он и она́).

Каки́е краси́вые пла́тья!
Како́е тебе́ нра́вится бо́льше?
— Мне **о́ба** нра́вятся
(и то и друго́е).

Имя числительное

ПОРЯДКОВЫЕ ЧИСЛИТЕЛЬНЫЕ

ОБРАЗОВАНИЕ И СКЛОНЕНИЕ ПОРЯДКОВЫХ ЧИСЛИТЕЛЬНЫХ

Порядковые числительные определяют место предмета в ряду ему подобных или одинаковых предметов и отвечают на вопрос КОТО́РЫЙ?, КОТО́РАЯ?, КОТО́РОЕ?, КОТО́РЫЕ?

пе́рвый, второ́й, тре́тий, четвёртый, пя́тый, шесто́й
футболи́ст

пе́рвая, втора́я, тре́тья, четвёртая, пя́тая, шеста́я
ло́дка

пе́рвое, второ́е, тре́тье, четвёртое, пя́тое, шесто́е
ме́сто

По форме и по роли в предложении порядковые числительные похожи на прилагательные. Они образуются от основы соответствующих количественных числительных и окончаний прилагательных.

| 5-й — 30-й | пя́т(ь) + ЫЙ, -АЯ, -ОЕ, -ЫЕ |
| | шест(ь) + О́Й, -А́Я, -О́Е, -Ы́Е |

Особо образуются порядковые числительные **пе́рвый** (от *оди́н*), **второ́й** (от *два*), **тре́тий, -ья, -ье, -ьи** (от *три*), **четвёртый** (от *четы́ре*), **седьмо́й** (от *семь*), **сороково́й** (от *со́рок*), **со́тый** (от *сто*), **ты́сячный** (от *ты́сяча*) и **миллио́нный** (от *миллио́н*).

⚠ ОБРАТИТЕ ВНИМАНИЕ!

У порядковых числительных **второ́й, шесто́й, седьмо́й, восьмо́й, сороково́й** ударение падает на окончание, а у всех остальных — **пе́рвый, пя́тый** и т. д. — на основу.

| 50-й — 80-й
200-й — 900-й | Сложные порядковые числительные 50-й — 80-й и 200-й — 900-й образуются от родительного падежа соответствующих количественных числительных и имеют окончания прилагательных. |

пятьдеся́т (И. п.) — пяти́десят(и) (Р. п.) — **пятидеся́тый**
семьсо́т — семисо́т — **семисо́тый**
две́сти — двухсо́т — **двухсо́тый**

	СКО́ЛЬКО?	КОТО́РЫЙ?	КАКО́Й?
И. п.	пятЬ шестЬ	пя́тЫЙ шестО́Й	но́вЫЙ молодО́Й
Р. п.	пяти́десятИ	пятидеся́тОГО	но́вОГО

Порядковые числительные во множественном числе употребляются с существительными:

| а) **во множественном числе** | и | б) **не имеющими единственного числа** |

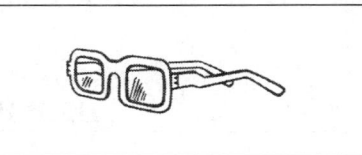

очки

весы

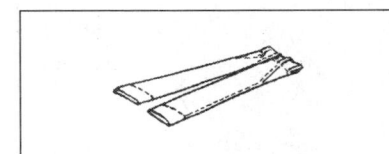

брю́ки

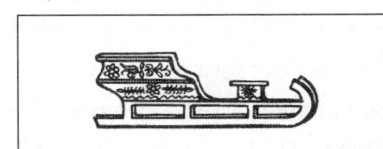

са́ни

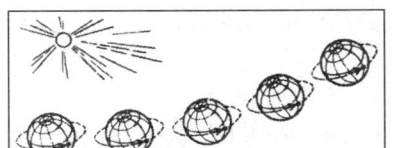

су́тки

пе́рвые дни ма́я

пе́рвые, вторы́е, тре́тьи, четвёртые, пя́тые су́тки

Порядковые числительные (так же как и прилагательные) **согласуются** в роде, числе и падеже с существительными и **склоняются** как прилагательные с твёрдой основой (кра́сный, молодо́й).

Исключение составляет числительное **тре́тий**. Оно склоняется как прилагательное *ли́сий* или как вопросительное местоимение *чей*.

Я уви́дел **пе́рвую** ла́сточку.

Во **второ́й** маши́не — на́ши друзья́.

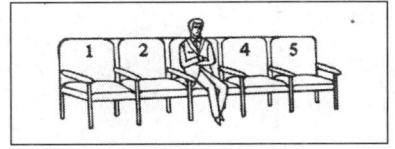

Он сиди́т в **пе́рвом** ряду́ на **тре́тьем** ме́сте.

В **составных** порядковых числительных форму порядкового числительного имеет только последнее слово:

      1984 — ты́сяча девятьсо́т во́семьдесят **четвёртый** год.

При склонении таких порядковых числительных изменяется только последнее слово:

в 1984 году́	в ты́сяча девятьсо́т во́семьдесят четвёр**том** году́
23 ма́я	двадцать тре́т**его** ма́я
1945 го́да	ты́сяча девятьсо́т со́рок пя́**того** го́да

ДРОБИ

Числа бывают

ЦЕЛЫЕ и ДРОБНЫЕ (или дроби)

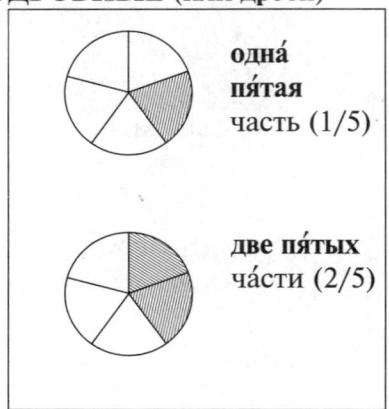

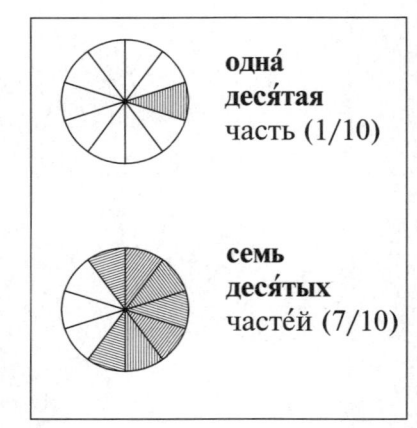

| одна́ це́лая | одна́ пя́тая часть (1/5) | одна́ деся́тая часть (1/10) |
| две це́лых | две пя́тых ча́сти (2/5) | семь деся́тых часте́й (7/10) |

Дробь состоит из:

числителя 3 — количественное числительное в именительном падеже,
знаменателя 5 — порядковое числительное в родительном падеже множественного числа.

(3/5) три пя́тых   (5/8) пять восьмы́х   (9/10)[1] де́вять деся́тых   (99/100) девяно́сто де́вять со́тых

(0,5) ноль це́лых, пять деся́тых   (1,03) одна́ це́лая, три со́тых   (2,25) две це́лых, два́дцать пять со́тых

Если в числителе стоит 1 или 2, то употребляется форма женского рода.
В разговорной речи некоторые дробные числительные имеют определённые названия: **полови́на, треть, че́тверть.**

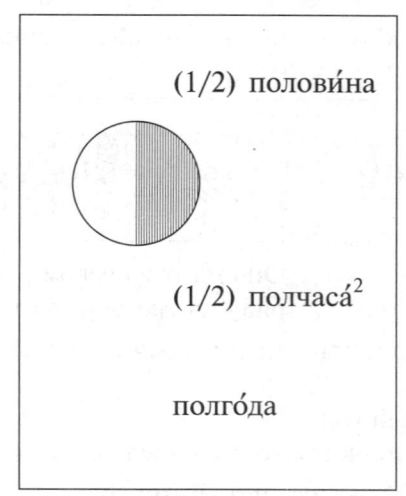

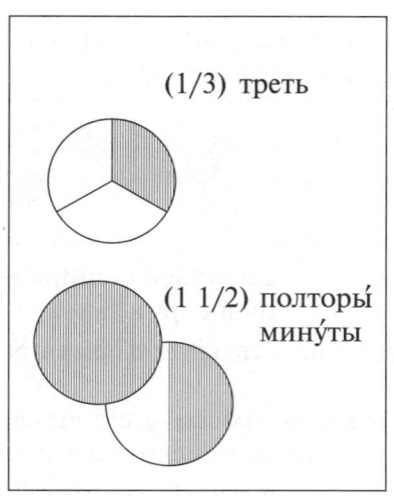

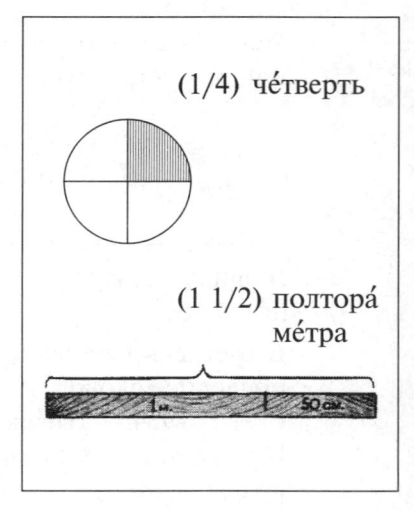

(1/2) полови́на   (1/3) треть   (1/4) че́тверть

(1/2) полчаса́[2]   (1 1/2) полторы́ мину́ты   (1 1/2) полтора́ ме́тра

полго́да

---
[1] 9/10 (*читается* — де́вять деся́тых) = 0,9 (*читается* — ноль це́лых, де́вять деся́тых).
[2] В разговорной речи вместо **полови́на** часто употребляется первая часть слова **пол** — **полме́тра, полго́да**.

два с
половиной
дня (2 1/2)

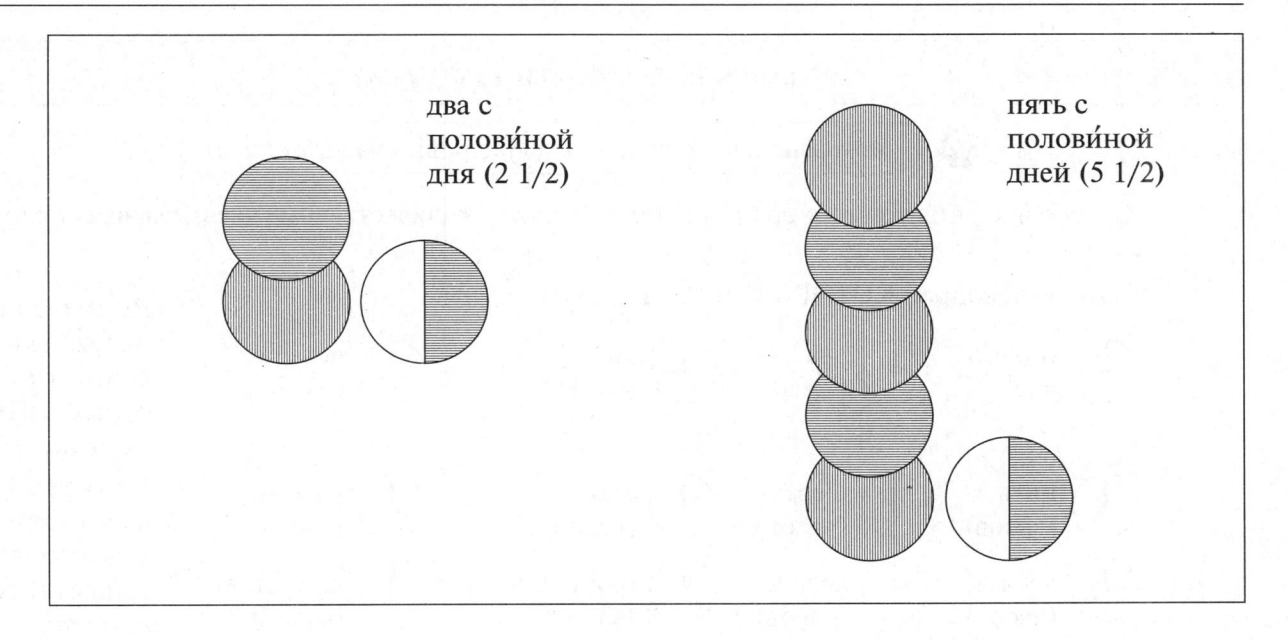

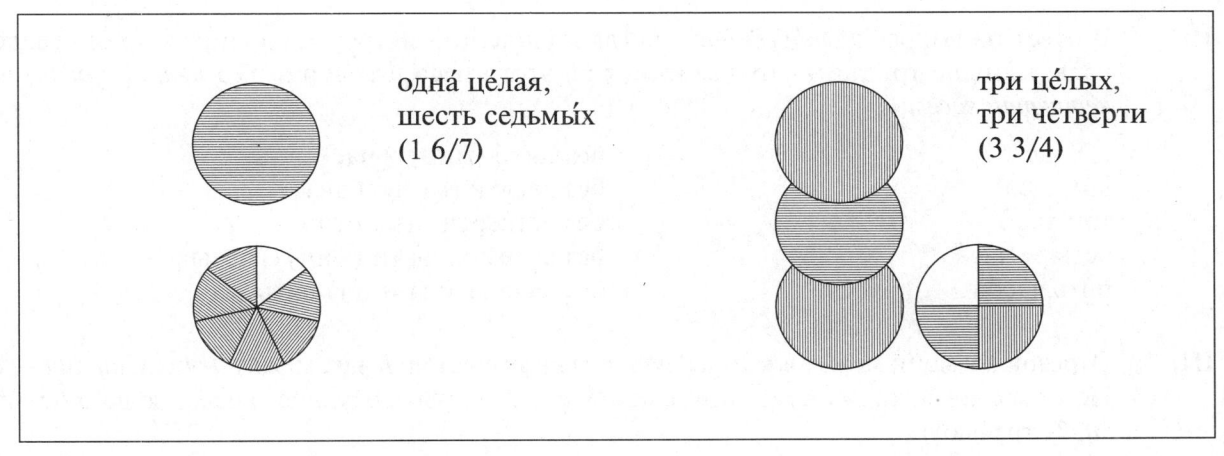

пять с
половиной
дней (5 1/2)

одна́ це́лая,
шесть седьмы́х
(1 6/7)

три це́лых,
три че́тверти
(3 3/4)

ОБРАТИТЕ ВНИМАНИЕ!

Существительное после дроби всегда стоит в родительном падеже единственного числа: одна́ пя́тая до́ма, полови́на (пол-) я́блока, че́тверть арбу́за, полтора́ го́да.

СКЛОНЕНИЕ ДРОБЕЙ

При склонении дробных числительных изменяются **обе части**: числитель и знаменатель.
Числитель дроби склоняется как соответствующее количественное числительное.
Знаменатель дроби склоняется как прилагательное с твёрдой основой (кра́сный):

$x = \frac{2}{5}$ х ра́вен двум пя́тым; $\frac{2}{5} + x = ...$ к двум пя́тым приба́вить ...;

Слово **це́лое** (число) склоняется как прилагательное среднего рода (кра́сное).
Слово **полови́на** склоняется как существительное женского рода на -А (кни́га).
Слова **треть** и **че́тверть** склоняются как существительное женского рода на -Ь (тетра́дь).
Слово **полтора́** употребляется в именительном и винительном падежах.
Во всех остальных падежах употребляется форма **полу́тора**.

192 Имя числительное

ОБОЗНАЧЕНИЕ ВРЕМЕНИ ПО ЧАСАМ

❓ **Кото́рый** сейча́с час? — Сейча́с ро́вно **час** (**два часа́**).

I. Для обозначения точного времени употребляются **количественные числительные** и наречие *ро́вно*.

В ответ на вопрос КОТО́РЫЙ ЧАС? говорят:

(ро́вно) час[1]	два (часа́)	три (часа́)	четы́ре (часа́)
пять (часо́в)	шесть (часо́в)	семь (часо́в)	во́семь (часо́в)
де́вять (часо́в)	де́сять (часо́в)	оди́ннадцать (часо́в)	двена́дцать (часо́в)

Роди́тельный паде́ж еди́нственного числа́ существи́тельного *час*.

Роди́тельный паде́ж мно́жественного числа́ существи́тельного *час*.

II. В ответ на вопрос *Кото́рый час?*, когда количество минут, остающихся до определённого часа, меньше тридцати, их вычитают из этого часа и говорят: *без пяти́ (мину́т) час, без че́тверти во́семь*.

(1) час	**без** пяти́ (мину́т) час
два часа́	**без** десяти́ (мину́т) два
три часа́	**без** че́тверти (часа́) три
четы́ре часа́	**без** восемна́дцати (мину́т) четы́ре
пять часо́в	**без** двадцати́ (мину́т) пять

III. Отрезок времени между *ча́сом* и *двумя́* называется **второ́й час**, между *двумя́* и *тремя́* — **тре́тий**. Поэтому, когда количество минут меньше половины следующего часа, на вопрос *Кото́рый час?* отвечают:

пе́рвый час	пять мину́т пе́рв**ого**
второ́й час	два́дцать мину́т втор**о́го**
тре́тий час	двена́дцать мину́т тре́ть**его**
четвёртый час	че́тверть четвёрт**ого**
10—11 оди́ннадцатый час	де́сять мину́т оди́ннадцат**ого**
11—12 двена́дцатый час	че́тверть двена́дцат**ого**
12—1 пе́рвый час	полови́на (пол) пе́рв**ого**

❓ **Кото́рый час?**

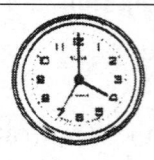

без пятна́дцати пять

ро́вно четы́ре часа́

пятна́дцать мину́т пя́того

без двадцати́ пять

два́дцать мину́т пя́того

---
[1] При ответе на вопрос «*Кото́рый час?*» числительное **оди́н** не употребляется: — *Сейча́с (ро́вно) час.*

Имя числительное

УПОТРЕБЛЕНИЕ СУЩЕСТВИТЕЛЬНЫХ
ЧАС — ЧАСЫ́

Кото́рый час?

— Час.

— Два часа́.

— Три часа́.

Когда́ отхо́дит по́езд?

— По́езд отхо́дит в час.
(в два часа́)
(в три часа́)

Ско́лько вре́мени вы занима́етесь?

— Час.

— Два часа́.

— Три часа́.

Когда́ он придёт?

— Он придёт че́рез час.
(че́рез два часа́)
(че́рез три часа́)

Как иду́т ва́ши часы́?

— Мои́ часы́ отстаю́т (спеша́т).

Здесь продаю́т часы́.

ОБРАТИТЕ ВНИМАНИЕ!

ЧАС
Час — это цифра на циферблате часов.
Час — это также отрезок времени в 60 минут.

ЧАСЫ́
Часы́ — это множественное число от слова *час* (60 минут).
Часы́ — это также существительное, не имеющее единственного числа, обозначающее прибор для измерения времени.

УПОТРЕБЛЕНИЕ СУЩЕСТВИТЕЛЬНОГО *ГОД*

I. ПОСЛЕ КОЛИЧЕСТВЕННЫХ ЧИСЛИТЕЛЬНЫХ

Ребёнку **год**.
Ка́те **два́дцать оди́н год**.

Де́вочке **два (три, четы́ре) го́да**.
Дя́де Са́ше **со́рок два го́да**.

Ма́льчику **шесть (семь) лет**.
Ба́бушке **се́мьдесят во́семь лет**.

прошёл **год** (И. п., ед. ч.)
прошло́ два, три, четы́ре **го́да** (Р. п., ед. ч.)
но: прошло́ пять, де́сять, со́рок, пятьдеся́т **лет** (Р. п., мн. ч.)

II. ПОСЛЕ ПОРЯДКОВЫХ ЧИСЛИТЕЛЬНЫХ

то́чная да́та
Двена́дцатого апре́ля ты́сяча девятьсо́т шестьдеся́т пе́рвого го́да впервы́е в ми́ре в СССР стартова́л косми́ческий кора́бль с челове́ком на борту́. Пе́рвым космона́втом Земли́ стал Ю́рий Гага́рин.

приблизи́тельное вре́мя
В шестидеся́тые го́ды двадца́того ве́ка был совершён пе́рвый полёт челове́ка в ко́смос.

Страницы 194—291

Глагол

Глаголы — это слова, обозначающие действия или состояния. Действия могут совершаться в различное время: в настоящем, прошедшем, будущем, поэтому глаголы имеют **форму времени**. Действия могут совершаться одним или несколькими лицами, поэтому глаголы имеют **форму лица** и **числа**.

В **прошедшем времени** глаголы имеют **форму рода** и **числа**.

В большинстве языков для обозначения определённого действия или состояния употребляется один глагол, например: *to read* (англ.), *lire* (франц.), *lesen* (немецк.) и т. д.
В русском языке для обозначения того же действия употребляется два глагола, один из которых несовершенного, а другой совершенного вида: *читать, прочитать*[1]. Эти глаголы образуют **видовую пару**: **чита́ть** — несовершенный вид; **прочита́ть** — совершенный вид.

ФОРМЫ ГЛАГОЛА

ЧИТА́ТЬ		ПРОЧИТА́ТЬ	
глагол несовершенного вида		глагол совершенного вида	
настоящее время	**будущее (сложное) время**	**настоящее время**	**будущее (простое) время**
я чита́ю	я бу́ду чита́ть		я прочита́ю
ты чита́ешь	ты бу́дешь чита́ть	Н	ты прочита́ешь
он ⎫ чита́ет она́ ⎭	он ⎫ бу́дет чита́ть она́ ⎭	Е	он ⎫ прочита́ет она́ ⎭
мы чита́ем	мы бу́дем чита́ть		мы прочита́ем
вы чита́ете	вы бу́дете чита́ть	Т	вы прочита́ете
они́ чита́ют	они́ бу́дут чита́ть		они́ прочита́ют

В **настоящем времени** только глаголы **несовершенного вида**, а в **будущем времени** глаголы **несовершенного** и **совершенного** видов изменяются:
а) по **лицам** (1-е, 2-е и 3-е лицо);   б) по **числам** (единственное и множественное число).

ЗАПОМНИТЕ!

повелительное наклонение	
Чита́й!	Прочита́й!
Чита́йте!	Прочита́йте!
условное наклонение	
чита́л бы	прочита́л бы
чита́ла бы	прочита́ла бы
чита́ли бы	прочита́ли бы

---

[1] Лексическое значение глаголов одинаково.

ЧИТА́ТЬ глагол несовершенного вида	ПРОЧИТА́ТЬ глагол совершенного вида
прошедшее время	прошедшее время
я, ты, он } чита́л	я, ты, он } прочита́л
я, ты, она́ } чита́ла	я, ты, она́ } прочита́ла
мы, вы, они́ } чита́ли	мы, вы, они́ } прочита́ли

В **прошедшем времени** глаголы **несовершенного** и **совершенного видов** изменяются:
а) по **родам** (мужской, женский и средний род);
б) по **числам** (единственное и множественное число).

НЕОПРЕДЕЛЁННАЯ ФОРМА ГЛАГОЛА — ИНФИНИТИВ

В русском языке существует **неизменяемая неопределённая форма глагола (инфинитив)**, которая только обозначает действие или состояние, но не определяет **ни времени, ни лица, ни числа**.

Инфинитив — начальная, исходная форма глагола, так же как форма именительного падежа — исходная форма имени существительного, прилагательного и др. Именно в этой форме приводятся все глаголы в словарях. От инфинитива образуются все остальные формы глагола.

-ТЬ после гласных	-ТИ после согласных	-ЧЬ после гласных
чита́ть	нести́	мочь
купа́ть	расти́	помо́чь
рисова́ть	идти́	бере́чь
говори́ть	вести́	лечь
отдохну́ть		(бере́чься)
купа́ться		
смея́ться		

Инфинитив оканчивается обычно на -ТЬ, -ТИ, -ЧЬ[1]. У так называемых *возвратных глаголов* к инфинитиву присоединяется возвратная частица -СЯ (после согласных) или -СЬ (после гласных).

---

[1] Большинство глаголов в русском языке оканчивается на -ТЬ, значительно меньше на -ТИ и очень мало на -ЧЬ.

УПОТРЕБЛЕНИЕ ИНФИНИТИВА

Инфинитив употребляется:

1. При образовании будущего времени глаголов несовершенного вида.

Я бу́ду	чита́ть.
Ты бу́дешь	рисова́ть.
Он бу́дет	игра́ть.
Мы бу́дем	рабо́тать.

2. Для обозначения желания, умения, возможности, невозможности, намерения, совета, приказа, разрешения, просьбы в сочетании с глаголами: *хоте́ть, уме́ть, мочь, люби́ть, собира́ться, сове́товать, проси́ть* и др.

Я хочу́	танцева́ть.
Я уме́ю	рисова́ть.
Я (не) могу́	пла́вать.
Я люблю́	чита́ть.
Я собира́юсь	учи́ться.
Я сове́тую вам	отдохну́ть.
Я прошу́ вас	занима́ться.

   ⚠ **ОБРАТИТЕ ВНИМАНИЕ!**
   С глаголом **знать** инфинитив не употребляется.

3. Для обозначения начала, продолжения и конца действия: *нача́ть, стать, продолжа́ть, переста́ть, ко́нчить* и др.

Я на́чал (стал)	рабо́тать.
Ты продолжа́л	рабо́тать.
Он переста́л	рабо́тать.
Она́ ко́нчила	чита́ть.

4. Для обозначения цели при глаголах движения: *идти́, ходи́ть, е́хать, е́здить, пойти́, прийти́, пое́хать* и др.

Я иду́	обе́дать.
Он пое́хал	отдыха́ть.
Она́ уе́хала	учи́ться.
Они́ пошли́	купа́ться.

5. Для обозначения необходимости, возможности, невозможности или запрещения совершить действие в сочетании со словами: *на́до, ну́жно, необходи́мо, мо́жно, нельзя́, пора́* и др. в безличных предложениях.

Ему́ на́до	рабо́тать.
Ей необходи́мо	отдохну́ть.
Нам мо́жно	купа́ться.
Вам нельзя́	кури́ть.
Им пора́	уходи́ть.

6. Для обозначения (физического или психического) состояния человека в сочетании с наречиями на -О, образованными от качественных прилагательных: *прия́тно, поле́зно, вре́дно* и др. в безличных предложениях.

Нам прия́тно	гуля́ть.
Де́тям поле́зно	бе́гать.
Вам вре́дно	кури́ть.

7. Для выражения невозможности совершить действие из-за отсутствия объекта, места, времени и др. в сочетании с отрицательными местоимениями и наречиями: *не́кого, не́чего, не́куда, не́когда* и др. в безличных предложениях.

Мне не́кого	спроси́ть.
Ему́ не́ с кем	поговори́ть.
Им не́куда	пойти́.
Нам не́когда	разгова́ривать.

8. Для обозначения намерения, обязанности, готовности и др. с некоторыми краткими прилагательными: *до́лжен, обя́зан, наме́рен, гото́в, рад* и др.

   Он до́лжен сейча́с прийти́.
   Она́ всегда́ гото́ва помо́чь.
   Я рад познако́миться с ва́ми.
   Мы гото́вы занима́ться.

НАСТОЯЩЕЕ ВРЕМЯ

Формы настоящего времени употребляются, когда мы говорим о действиях, которые
— совершаются в данный момент: *Сейча́с я чита́ю интере́сную кни́гу.*
— совершаются постоянно: *Земля́ враща́ется вокру́г Со́лнца.*
— повторяются: *Обы́чно по вечера́м я чита́ю интере́сные кни́ги*[1].
— начались раньше и продолжаются в момент речи (охватывают некоторый промежуток времени): *Я живу́ в Москве́ уже́ це́лый год.*
— свойственны данному лицу или предмету: *Со́лнце све́тит.*

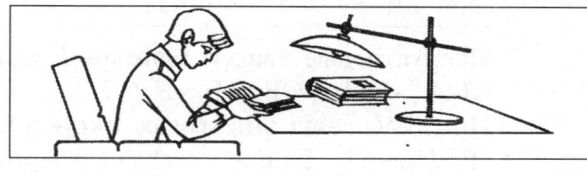

Сейча́с я **чита́ю** интере́сную кни́гу.

Обы́чно по вечера́м я **чита́ю** интере́сные кни́ги.

В настоящем времени употребляются только глаголы несовершенного вида.

Глаголы в настоящем времени **изменяются** по лицам и числам, т. е. спрягаются, получая при этом различные окончания.

По типам окончаний все русские глаголы делятся на две большие группы — **глаголы I спряжения** и **глаголы II спряжения**.

Большинство русских глаголов относится к I спряжению.

Глаголы *типа* I класса — чит**А́**ть, гул**Я́**ть; II класса — бол**Е́**ть, III класса — рис**ОВА́**ть, IV класса — тя**НУ́**ть, которые относятся к I спряжению, и глаголы *типа* V — говор**И́**ть, уч**И́**ть, относящиеся ко II спряжению, составляют большие группы — так называемые **продуктивные классы**.

Однако в русском языке существуют и небольшие группы глаголов I и II спряжения, имеющие свои особенности при спряжении. Это так называемые **непродуктивные группы**. Их следует запомнить (см. с. 202–211).

---

[1] Мы редко сообщаем собеседнику о действиях, которые совершаются в момент разговора, так как собеседник в большинстве случаев сам видит, что происходит:
— Что ты де́лаешь сейча́с?
— Я чита́ю газе́ту.
Гораздо чаще мы рассказываем о действиях, которые совершаются обычно:
Я встаю́ в 7 часо́в, а ложу́сь в 11.
По вечера́м я чита́ю.
Или о том, что кто-нибудь может, умеет совершать данные действия:
Ка́рл говори́т по-ру́сски.
А́нна хорошо́ поёт.

ПРОДУКТИВНЫЕ КЛАССЫ ГЛАГОЛОВ
СПРЯЖЕНИЕ ГЛАГОЛОВ В НАСТОЯЩЕМ ВРЕМЕНИ

I спряжение — окончания -Ю(-У), -ЕШЬ, -ЕТ, -ЕМ, -ЕТЕ, -ЮТ(-УТ)

глаголы типа				
	I класс	**II класс**	**III класс**	**IV класс**
читА́ть	гуля́ть	боле́ть	рисОВА́ть	отдохНУ́ть
я читА́Ю	гуля́Ю	боле́Ю	рису́Ю	отдохНУ́
ты читА́ЕШЬ	гуля́ЕШЬ	боле́ЕШЬ	рису́ЕШЬ	отдохНЁШЬ
он, она́ читА́ЕТ	гуля́ЕТ	боле́ЕТ	рису́ЕТ	отдохНЁТ
мы читА́ЕМ	гуля́ЕМ	боле́ЕМ	рису́ЕМ	отдохНЁМ
вы читА́ЕТЕ	гуля́ЕТЕ	боле́ЕТЕ	рису́ЕТЕ	отдохНЁТЕ
они́ читА́ЮТ	гуля́ЮТ	боле́ЮТ	рису́ЮТ	отдохНУ́Т

Продуктивные классы глаголов I спряжения включают глаголы с инфинитивом на -АТЬ, -ЯТЬ, -ЕТЬ, -ОВАТЬ, -НУТЬ.

После гласных они имеют окончания -Ю, -ЮТ, а после согласных -У, -УТ. Окончания -ЕШЬ, -ЕТ, -ЕТЕ — всегда безударные; под ударением — -ЁШЬ, -ЁТ, -ЁТЕ.

II спряжение — окончания -Ю(-У), -ИШЬ, -ИТ, -ИМ, -ИТЕ, -ЯТ(-АТ).

глаголы типа			
	V класс		
говорИ́ть	учИ́ть	любИ́ть	ходИ́ть
я говорЮ́	учУ́	люблЮ́	хожУ́
ты говорИ́ШЬ	у́чИШЬ	лю́бИШЬ	хо́дИШЬ
он, она́ говорИ́Т	у́чИТ	лю́бИТ	хо́дИТ
мы говорИ́М	у́чИМ	лю́бИМ	хо́дИМ
вы говорИ́ТЕ	у́чИТЕ	лю́бИТЕ	хо́дИТЕ
они́ говорЯ́Т	у́чАТ	лю́бЯТ	хо́дЯТ

Продуктивный класс глаголов II спряжения включает только глаголы с инфинитивом на -ИТЬ.

После мягких согласных и гласных они имеют окончания -Ю, -ЯТ, а после Ж, Ш, Ч, Щ — окончания -У, -АТ.

При спряжении часто происходит чередование в 1-м лице единственного числа (см. с.199, 204).

⚠️ **ОБРАТИТЕ ВНИМАНИЕ на спряжение глаголов с частицей –СЯ!**

I спряжение		II спряжение	
стара́ться		**учи́ться**	
я стара́юсь	мы стара́емся	я учу́сь	мы у́чимся
ты стара́ешься	вы стара́етесь	ты у́чишься	вы у́читесь
он, она́ стара́ется	они́ стара́ются	он, она́ у́чится	они́ у́чатся
-СЯ — после согласных		-СЬ — после гласных	

ЧЕРЕДОВАНИЕ СОГЛАСНЫХ В ОСНОВЕ ГЛАГОЛА В НАСТОЯЩЕМ ВРЕМЕНИ

При спряжении некоторых глаголов V продуктивного класса и непродуктивных групп последние согласные основы заменяются другими согласными — происходит **чередование согласных**.

Чередуются определённые согласные определённым образом:

Г </br> Д ⟩ Ж </br> З	Т </br> СТ ⟩ Щ </br> СК	С </br> Х ⟩ Ш	К </br> Т ⟩ Ч	Б —— БЛ </br> В —— ВЛ	М —— МЛ </br> П —— ПЛ

У группы глаголов *I спряжения* на -АТЬ чередование происходит **во всех формах настоящего времени**: *писа́ть, иска́ть, ре́зать, пря́тать, пла́кать* и др.

писа́ть	я пиШу́	ты пи́Шешь	он пи́Шет	...	...	они́ пи́Шут	С — Ш
ре́зать	я ре́Жу	ты ре́Жешь	он ре́Жет	...	...	они́ ре́Жут	З — Ж
пла́кать	я пла́Чу	ты пла́Чешь	он пла́Чет	...	...	они́ пла́Чут	К — Ч

У группы глаголов *I спряжения* на -ЧЬ чередование происходит **в четырёх формах настоящего времени**: *бере́чь, помо́чь, течь, печь* и др.

мочь	я могу́	ты мо́Жешь	он мо́Жет	мы мо́Жем	вы мо́Жете	они́ мо́Гут	Г — Ж
печь	я пеКу́	ты пеЧёшь	он пеЧёт	мы пеЧём	вы пеЧёте	они́ пеКу́т	К — Ч

У группы глаголов *II спряжения* чередование происходит только **в первом лице единственного числа настоящего времени**:

ходи́ть	я хоЖу́	ты хо́Дишь	он хо́Дит	...	...	они́ хо́Дят	Д — Ж
вози́ть	я воЖу́	ты во́Зишь	он во́Зит	...	...	они́ во́Зят	З — Ж
носи́ть	я ноШу́	ты но́Сишь	он но́Сит	...	...	они́ но́Сят	С — Ш
плати́ть	я плаЧу́	ты пла́Тишь	он пла́Тит	...	...	они́ пла́Тят	Т — Ч
чи́стить	я чи́Щу	ты чи́СТишь	он чи́СТит	...	...	они́ чи́СТят	СТ — Щ
люби́ть	я люБЛю́	ты лю́Бишь	он лю́Бит	...	...	они́ лю́Бят	Б — БЛ
гото́вить	я гото́ВЛю	ты гото́Вишь	он гото́Вит	...	...	они́ гото́Вят	В — ВЛ
корми́ть	я корМЛю́	ты ко́рМишь	он ко́рМит	...	...	они́ ко́рМят	М — МЛ
терпе́ть	я терПЛю́	ты те́рПишь	он те́рПит	...	...	они́ те́рПят	П — ПЛ

ПРОДУКТИВНЫЕ КЛАССЫ ГЛАГОЛОВ

ГЛАГОЛЫ I СПРЯЖЕНИЯ, СОХРАНЯЮЩИЕ ГЛАСНЫЙ В ОСНОВЕ НАСТОЯЩЕГО ВРЕМЕНИ

I класс Основа инфинитива и основа настоящего времени на -А- (*тип* читА́ть) или -Я- (*тип* гуля́ть) (-А-Ю, -А-ЕШЬ, -А-ЕТ, -А-ЕМ, -А-ЕТЕ, -А-ЮТ или -Я-Ю, -Я-ЕШЪ, -Я-ЕМ, -Я-ЕТЕ, -Я-ЮТ)

чит-А́-ТЬ
чит-А́-Ю
чит-А́-ЕШЬ ...
чит-А́-ЮТ

брос-А́-ТЬ
брос-А́-Ю
брос-А́-ЕШЬ ...
брос-А́-ЮТ

стрел-Я́-ТЬ
стрел-Я́-Ю
стрел-Я́-ЕШЬ ...
стрел-Я́-ЮТ

наде-ВА́-ТЬ
наде-ВА́-Ю
наде-ВА́-ЕШЬ ...
наде-ВА́-ЮТ

пока́з-ЫВА-ТЬ
пока́з-ЫВА-Ю
пока́з-ЫВА-ЕШЬ ...
пока́з-ЫВА-ЮТ

рассма́тр-ИВА-ТЬ
рассма́тр-ИВА-Ю
рассма́тр-ИВА-ЕШЬ ...
рассма́тр-ИВА-ЮТ

II класс Основа инфинитива и основа настоящего времени на -Е (*тип* болЕ́ть)

бол-Е́-ТЬ
бол-Е́-Ю
бол-Е́-ЕШЬ ...
бол-Е́-ЮТ

⚠️ **ОБРАТИТЕ ВНИМАНИЕ!**

Некоторые глаголы на -АТЬ: *держа́ть, лежа́ть, крича́ть, молча́ть, стуча́ть, слы́шать, дыша́ть* и др.

и

некоторые глаголы на -ЕТЬ: *смотре́ть, горе́ть, веле́ть, ви́деть, ненави́деть, оби́деть, сиде́ть* и др.

относятся ко II спряжению (это непродуктивные группы)

ПРОДУКТИВНЫЕ КЛАССЫ ГЛАГОЛОВ

ГЛАГОЛЫ I СПРЯЖЕНИЯ С ЧЕРЕДОВАНИЕМ ГЛАСНОЙ В ОСНОВЕ НАСТОЯЩЕГО ВРЕМЕНИ

III класс — Основа инфинитива на -ОВА, -ЕВА, основа настоящего времени на -У (*тип* рисОВА́ть) (-У-Ю, -У-ЕШЬ, -У-ЕТ, -У-ЕМ, -У-ЕТЕ, -УЮТ)

рис-ОВА́-ТЬ
рис-У́-Ю
рис-У́-ЕШЬ ...
рис-У́-ЮТ

но: *прош. вр.*
рисОВА́л, -а, -и

проб-ОВА-ТЬ
про́б-У-Ю
про́б-У-ЕШЬ ...
про́б-У-ЮТ

но: *прош. вр.*
про́бОВАл, -а, -и

аплоди́р-ОВА-ТЬ
аплоди́р-У-Ю
аплоди́р-У-ЕШЪ ...
аплоди́р-У-ЮТ

но: *прош. вр.*
аплоди́рОВАл, -а, -и

танц-ЕВА́-ТЬ
танц-У́-Ю
танц-У́-ЕШЬ
танц-У́-ЮТ

но: *прош. вр.*
танцЕВА́л, -а, -и

фотограф -И́РОВА-ТЬ
фотографи́р-У-Ю
фотографи́р-У-ЕШЬ
фотографи́р-У-ЮТ

но: *прош. вр.*
фотографи́рОВАл, -а, -и

сигнал-ИЗИ́РОВА-ТЬ
сигнализи́р-У-Ю
сигнализи́р-У-ЕШЬ
сигнализи́р-У-ЮТ

но: *прош. вр.*
сигнализи́рОВАл, -а, -и

ЗАПОМНИТЕ!

У глаголов на -ОВА-ТЬ, -ЕВА-ТЬ в настоящем времени вместо суффиксов -ОВА, -ЕВА появляется суффикс -У-(-Ю-).

Глаголы на -ИРОВАТЬ, -ИЗИРОВАТЬ и -ИЗОВАТЬ иноязычного происхождения. Они обозначают главным образом сложную деятельность с использованием техники. Большинство этих глаголов употребляется как глаголы обоих видов:

радиофици́рУЮ, организУ́Ю — одновременно форма настоящего времени глаголов несовершенного вида и будущего времени глаголов совершенного вида.

ПРОДУКТИВНЫЕ КЛАССЫ ГЛАГОЛОВ

ГЛАГОЛЫ I СПРЯЖЕНИЯ

IV класс   Основа инфинитива на -НУ, в основе будущего простого времени -Н- (*глаголы совершенного вида, тип отдохНУ́ть*)

будущее время

прошедшее время

мах-НУ́-л, мах-НУ́-ла, мах-НУ́-ли
суффикс -НУ- сохраняется.

мах-НУ́-ТЬ
мах-Н-У́,
мах-Н-ЁШЬ, ...
мах-Н-У́Т

Эти глаголы имеют значение однократности, мгновенности действия.

сверк-НУ́-ть
сверк-Н-ЁТ (молния)

НЕПРОДУКТИВНАЯ ГРУППА ГЛАГОЛОВ

ГЛАГОЛЫ I СПРЯЖЕНИЯ С ОСНОВОЙ НА -НУ- (ГЛАГОЛЫ СОВЕРШЕННОГО И НЕСОВЕРШЕННОГО ВИДА)

настоящее время

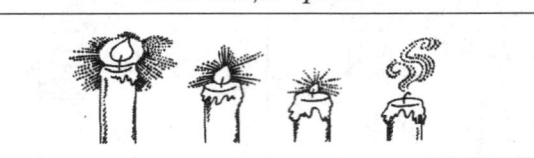

прошедшее время

гас, га́с-л-а, га́с-л-и
суффикс -НУ- исчезает.

га́с-НУ-ТЬ
га́с-Н-У, га́с-Н-ЕШЬ, ...
га́с-Н-УТ

мо́кнуть ⎫
со́хнуть ⎬ (несов. вид)
ги́бнуть ⎭

исче́знуть ⎫
окре́пнуть ⎬
привы́кнуть ⎬ (сов. вид)
поги́бнуть ⎭

НЕПРОДУКТИВНАЯ ГРУППА ГЛАГОЛОВ

ГЛАГОЛЫ I СПРЯЖЕНИЯ, ТЕРЯЮЩИЕ ГЛАСНЫЙ В ОСНОВЕ НАСТОЯЩЕГО ВРЕМЕНИ

жд-А́ТЬ
жд-У, жд-ЁШЬ, ... жд-УТ
но: *прош. вр*
ждал, ждал-а́, жда́л-и

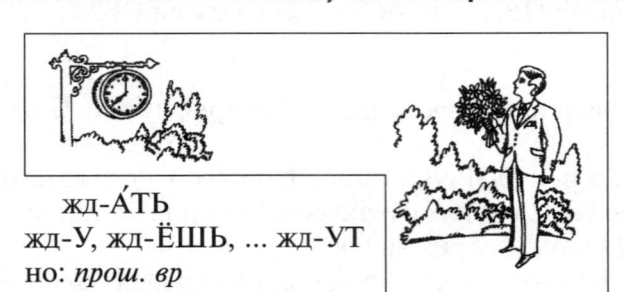

бор-О́ТЬ-СЯ
бор-Ю́-СЬ, бо́р-ЕШЬ-СЯ, ... бо́р-ЮТ-СЯ
но: *прош. вр.*
боро́л-ся, боро́л-ась, боро́л-ись

НЕПРОДУКТИВНАЯ ГРУППА ГЛАГОЛОВ
ГЛАГОЛЫ I СПРЯЖЕНИЯ С ОСНОВОЙ НА СОГЛАСНЫЙ

неС-ТИ́
нес-у́, нес-ёшь, ...
нес-у́т

но: *прош. вр.*
нёс, несл-а́, несл-и́

расти́
расту́, раст-ёшь, ...
раст-у́т

но: *прош. вр.*
рос, росл-а́, росл-и́

спасти́
спасу́, спас-ёшь
(*сов. вид*)

веЗ-ТИ́
вез-у́, вез-ёшь, ...
вез-у́т

но: *прош. вр.*
вёз, везл-а́, везл-и́

ползти́
ползу́, полз-ёшь, ...
полз-у́т

лезть
ле́зу, ле́з-ешь, ...
ле́з-ут

иД-ТИ́
ид-у́, ид-ёшь, ...
ид-у́т

но: *прош. вр.*
шёл, шл-а, шл-и

сов. вид
войти́ — войду́, войдёшь
подойти́ — подойду́, подойдёшь
найти́ — найду́, найдёшь

веС-ТИ́
вед-у́, вед-ёшь, ...
вед-у́т

но: *прош. вр.*
вёл, вел-а́, вел-и́

сесть (*сов. вид*)
ся́ду, ся́дешь, ...
ся́дут

но: *прош. вр.*
сел, се́л-а, се́л-и

клаС-ТЬ
клад-у́, клад-ёшь, ...
клад-у́т

но: *прош. вр.*
клал, кла́л-а, кла́л-и

упа́сть (*сов. вид*)
упаду́, упадёшь, ...
упаду́т

но: *прош. вр.*
упа́л, упа́л-а, упа́л-и

цвеС-ТИ́
цвет-у́, цвет-ёшь, ...
цвет-у́т

но: *прош. вр.*
цвёл, цвел-а́, цвели́

приобрести́ (*сов. вид*)
приобрету́, приобретёшь, ...
приобрету́т

но: *прош. вр.*
приобрёл, приобрел-а́, приобрел-и́

НЕПРОДУКТИВНАЯ ГРУППА ГЛАГОЛОВ

ГЛАГОЛЫ I СПРЯЖЕНИЯ С ЧЕРЕДОВАНИЕМ СОГЛАСНЫХ В КОРНЕ

пиС-А́ТЬ

пиШ-У́	пи́Ш-ЕМ
пи́Ш-ЕШЬ	пи́Ш-ЕТЕ
пи́Ш-ЕТ	пи́Ш-УТ

прош. вр.

писа́л, писа́л-а, писа́л-и

маХ-А́ТЬ

маШ-У́	ма́Ш-ЕМ
ма́Ш-ЕШЬ	ма́Ш-ЕТЕ
ма́Ш-ЕТ	ма́Ш-УТ

прош. вр.

маха́л, маха́л-а, маха́л-и

пряТ-А́ТЬ

пря́Ч-У	пря́Ч-ЕМ
пря́Ч-ЕШЬ	пря́Ч-ЕТЕ
пря́Ч-ЕТ	пря́Ч-УТ

прош. вр.

пря́тал, пря́тал-а, пря́тал-и

плаК-А́ТЬ

пла́Ч-У	пла́Ч-ЕМ
пла́Ч-ЕШЬ	пла́Ч-ЕТЕ
пла́Ч-ЕТ	пла́Ч-УТ

прош. вр.

пла́кал, пла́кал-а, пла́кал-и

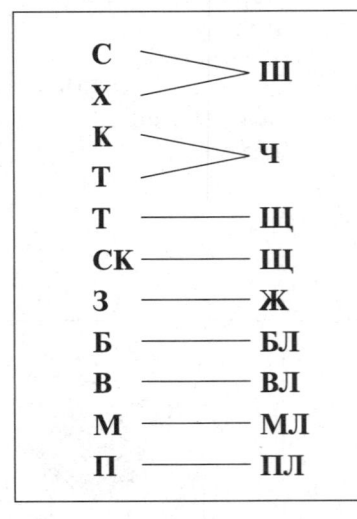

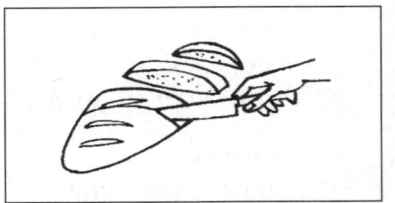

С	Ш
Х	Ш
К	Ч
Т	Ч
Т	Щ
СК	Щ
З	Ж
Б	БЛ
В	ВЛ
М	МЛ
П	ПЛ

ре́З-АТЬ

ре́Ж-У	ре́Ж-ЕМ
ре́Ж-ЕШЬ	ре́Ж-ЕТЕ
ре́Ж-ЕТ	ре́Ж-УТ

прош. вр.

ре́зал, ре́зал-а, ре́зал-и

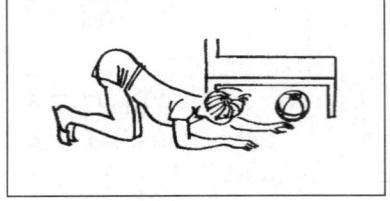

иСК-А́ТЬ

и́Щ-У́	и́Щ-ЕМ
и́Щ-ЕШЬ	и́Щ-ЕТЕ
и́Щ-ЕТ	и́Щ-УТ

прош. вр.

иска́л, иска́л-а, иска́л-и

сказ-А́ТЬ — *сов. вид*
скаЖ-У́ (буд. вр.),   *прош. вр.* сказа́л

указ-А́ТЬ — *сов. вид*
укаЖ-У́ (буд. вр.),   *прош. вр.* указа́л

показ-А́ТЬ — *сов. вид*
покаЖ-У́ (буд. вр.),   *прош. вр.* показа́л

заказ-А́ТЬ — *сов. вид*
закаЖ-У́ (буд. вр.),   *прош. вр.* заказа́л

отказ-А́ТЬ — *сов. вид*
откаЖ-У́ (буд. вр.),   *прош. вр.* отказа́л

Глагол 205

НЕПРОДУКТИВНАЯ ГРУППА ГЛАГОЛОВ
ГЛАГОЛЫ I СПРЯЖЕНИЯ С ИНФИНИТИВОМ НА -ЧЬ

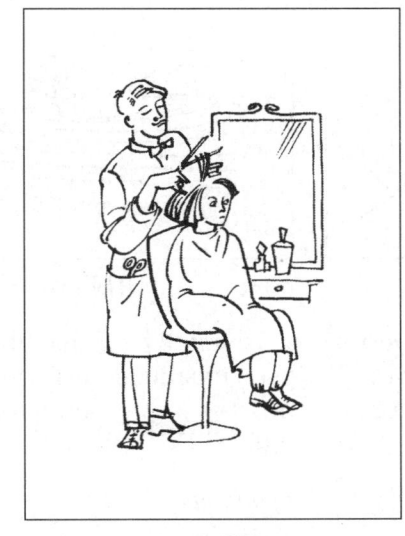

МОЧЬ

я	моГ-У́
ты	моЖ-ЕШЬ
он она́	моЖ-ЕТ
мы	моЖ-ЕМ
вы	моЖ-ЕТЕ
они́	моГ-УТ

стриЧЬ

стриГ-У́	стриЖ-ЁМ
стриЖ-ЕШЬ	стриЖ-ЁТЕ
стриЖ-ЁТ	стриГ-У́Т

прош. вр.
стриг, стри́гла, стри́гли

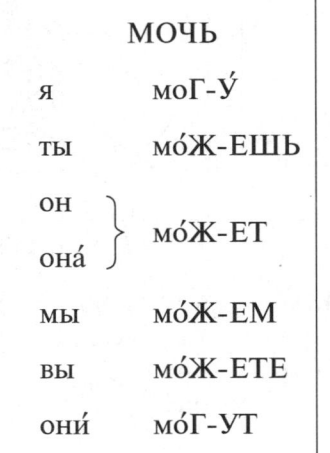

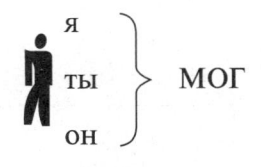

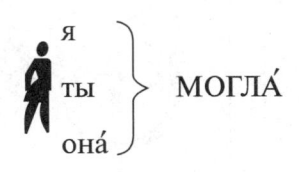

жеЧЬ

жГ-У	жЖ-ЁМ
жЖ-ЁШЬ	жЖ-ЁТЕ
жЖ-ЁТ	жГ-УТ

прош. вр.
жёг, жгла, жгли

прош. вр.

я, ты, он } МОГ

я, ты, она́ } МОГЛА́

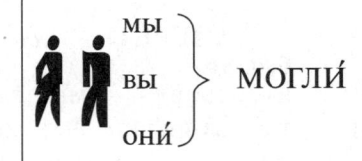

мы, вы, они́ } МОГЛИ́

помо́ЧЬ — *сов. вид*

буд. вр.

помоГ-У́	помо́Ж-ЕМ
помо́Ж-ЕШЬ	помо́Ж-ЕТЕ
помо́Ж-ЕТ	помоГ-У́Т

прош. вр.
помо́г, помогла́, помогли́

пеЧЬ

пеК-У́	пеЧ-ЁМ
пеЧ-ЁШЬ	пеЧ-ЁТЕ
пеЧ-ЁТ	пеК-У́Т

прош. вр.
пёк, пекла́, пекли́

НЕПРОДУКТИВНАЯ ГРУППА ГЛАГОЛОВ

ГЛАГОЛЫ I СПРЯЖЕНИЯ С РАЗНЫМИ ОСОБЕННОСТЯМИ

ПИТЬ

я пью	мы пьём
ты пьёшь	вы пьёте
он, она́ } пьёт	они́ пьют

прош. вр.
пил, пил-а́, пи́л-и

	сов. вид	*буд. вр.*
бить	разби́ть	разобью́
шить	уби́ть	убью́
лить	приши́ть	пришью́

МЫТЬ

я мо́ю	мы мо́ем
ты мо́ешь	вы мо́ете
он, она́ } мо́ет	они́ мо́ют

прош. вр.
мыл, мы́л-а, мы́л-и

сов. вид	*буд. вр.*
покры́ть	покро́ю
откры́ть	откро́ю
закры́ть	закро́ю

ПЛЫТЬ

я плыву́	мы плывём
ты плывёшь	вы плывёте
он, она́ } плывёт	они́ плыву́т

прош. вр.
плыл, плыл-а́, плы́л-и

наст. вр.
жить — живу́, живёшь

прош. вр.
жил, жил-а́, жи́л-и

ЗВАТЬ

я зову́	мы зовём
ты зовёшь	вы зовёте
он, она́ } зовёт	они́ зову́т

прош. вр.
звал, звал-а́, зва́л-и

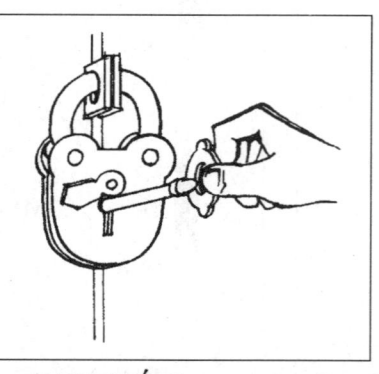

ЗАПЕРЕ́ТЬ — *сов. вид буд. вр.*

я запру́	мы запрём
ты запрёшь	вы запрёте
он, она́ } запрёт	они́ запру́т

прош. вр.
за́пер, заперл-а́, за́перл-и

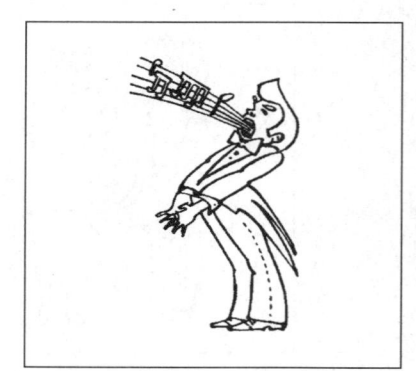

ПЕТЬ

я пою́	мы поём
ты поёшь	вы поёте
он, она́ } поёт	они́ пою́т

прош. вр.
пел, пе́л-а, пе́л-и

БРАТЬ

я	берУ́	мы	берём
ты	бЕрёшь	вы	бЕрёте
он онá	} бЕрёт	они́	бЕрУ́т

прош. вр.
брал, брал-á, брáл-и

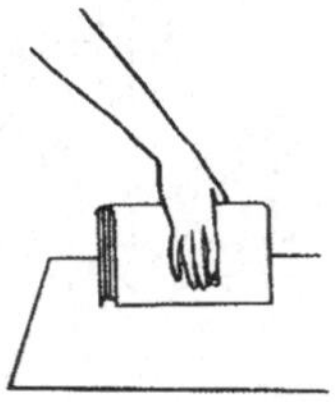

ВЗЯТЬ — *сов. вид*

буд. вр.

я	вОзьмУ́	мы	возьмём
ты	вОзьмёшь	вы	вОзьмёте
он онá	} вОзьмёт	они́	вОзьмУ́т

прош. вр.
взял, взял-á, взя́л-и

ДАВА́ТЬ

я	даю́	мы	даём
ты	даёшь	вы	даёте
он онá	} даёт	они́	даю́т

прош. вр.
давáл, давáл-а, давáл-и

ДАТЬ — *сов. вид*

буд. вр.

я	дам	мы	дади́м
ты	дашь	вы	дади́те
он онá	} даст	они́	даду́т

прош. вр.
дал, дал-á, дáл-и

СОЗДАВА́ТЬ

создаю́ — *наст. вр.*
создавáл — *прош. вр.*

СОЗДА́ТЬ — *сов. вид*

создáм — *буд. вр.*
сóздал — *прош. вр.*

ВСТАВА́ТЬ

я	встаю́	мы	встаём
ты	встаёшь	вы	встаёте
он онá	} встаёт	они́	встаю́т

прош. вр.
вставáл, вставáл-а, вставáл-и

ВСТАТЬ — *сов. вид*

буд. вр.

я	встáну	мы	встáнем
ты	встáнешь	вы	встáнете
он онá	} встáнет	они́	встáнут

прош. вр.
встал, встáл-а, встáл-и

УЗНАВА́ТЬ

узнаю́ — *наст. вр.*
узнавáл — *прош. вр.*

УЗНА́ТЬ — *сов. вид*

узнáю — *буд. вр.*
узнáл — *прош. вр.*

ОБРАТИ́ТЕ ВНИМА́НИЕ!

Глаголы несовершенного вида с корнями **-да-**, **-ста-**, **-зна-** теряют суффикс **-ва-** в настоящем времени.

ПОНЯ́ТЬ — *сов. вид*

буд. вр.
я поЙМУ́	мы поЙМЁм
ты поЙМЁшь	вы поЙМЁте
он, она́ поЙМЁт	они́ поЙМУ́т

прош. вр.
по́нял, понял-а́, по́нял-и

ПОДНЯ́ТЬ — *сов. вид*

буд. вр.
я поднИМУ́	мы поднИ́Мем
ты поднИ́Мешь	вы поднИ́Мете
он, она́ поднИ́Мет	они́ поднИ́Мут

прош. вр.
по́днял, поднял-а́, по́днял-и

ПОСЛА́ТЬ — *сов. вид*

буд. вр.
я поШЛЮ́	мы поШЛЁм
ты поШЛЁшь	вы поШЛЁте
он, она́ поШЛЁт	они́ поШЛЮ́т

прош. вр.
посла́л, посла́л-а, посла́л-и

| **заня́ть** — займу́ | **снять** — сниму́ | **присла́ть** — пришлю́ |
| **приня́ть** — приму́ | **обня́ть** — обниму́ | — *сов. вид* |

Е́ХАТЬ

я е́ду	мы е́дем
ты е́дешь	вы е́дете
он, она́ е́дет	они́ е́дут

прош. вр.
е́хал, е́хал-а, е́хал-и

ЕСТЬ

я ем	мы еди́м
ты ешь	вы еди́те
он, она́ ест	они́ едя́т

прош. вр.
ел, е́л-а, е́л-и

БЫТЬ

| я, ты, он, она́ есть | мы, вы, они́ есть |

буд. вр.
я бу́ду	мы бу́дем
ты бу́дешь	вы бу́дете
он, она́ бу́дет	они́ бу́дут

прош. вр.
был, была́, бы́ло, бы́ли

| **пробы́ть** — пробу́ду | **прибы́ть** — прибу́ду | **побы́ть** — побу́ду |
| **забы́ть** — забу́ду | **добы́ть** — добу́ду | — *сов. вид* |

Глагол

ПРОДУКТИВНЫЙ КЛАСС ГЛАГОЛОВ

ГЛАГОЛЫ II СПРЯЖЕНИЯ

V класс — Основа инфинитива на -И (*тип* говори́ть)
(-Ю, -У, -ИШЬ, -ИТ, -ИМ, -ИТЕ, -АТ, -ЯТ)

говор-И́-ТЬ	звон-И́-ТЬ	кур-И́-ТЬ
говор-Ю́	звон-Ю́	кур-Ю́
говор-И́ШЬ, … -ЯТ	звон-И́ШЬ, … -ЯТ	ку́р-ИШЬ, … -ЯТ

служ-И́-ТЬ	уч-И́-ТЬ	спеш-И́-ТЬ	тащ-И́-ТЬ
служ-У́	уч-У́	спеш-У́	тащ-У́
слу́ж-ИШЬ, … -АТ	у́ч-ИШЬ, … -АТ	спеш-И́ШЬ, … -А́Т	та́щ-ИШЬ, … -АТ

При спряжении глаголов на -ИТЬ может происходить **чередование согласных** в I лице единственного числа.

а) Б — БЛ, В — ВЛ, М — МЛ, П — ПЛ

руБ-И́ТЬ	лоВ-И́ТЬ	корМ-И́ТЬ	куП-И́ТЬ
руБЛ-Ю́	лоВЛ-Ю́	корМЛ-Ю́	куПЛ-Ю́
ру́Б-ИШЬ	ло́В-ИШЬ	ко́рМ-ИШЬ	ку́П-ИШЬ
ру́Б-ИТ …	ло́В-ИТ …	ко́рМ-ИТ …	ку́П-ИТ …
ру́Б-ЯТ	ло́В-ЯТ	ко́рМ-ЯТ	ку́П-ЯТ
прош. вр.	*прош. вр.*	*прош. вр.*	*прош. вр.*
руби́л, руби́л-а, руби́л-и	лови́л, лови́л-а, лови́л-и	корми́л, корми́л-а, корми́л-и	купи́л, купи́л-а, купи́л-и
люБ-И́ТЬ	ста́В-ИТЬ	знако́М-ИТЬ	
люБЛ-Ю́	ста́ВЛ-Ю	знако́МЛ-Ю	
лю́Б-ИШЬ	ста́В-ИШЬ	знако́М-ИШЬ	

| доба́вить | пригото́вить | заяви́ть | — *сов. вид* |
| останови́ть | поздра́вить | вступи́ть | |

Глагол

б) Д — Ж, З — Ж, С — Ш, Т — Ч, Т — Щ, СТ — Щ

хоД-И́ТЬ

хоЖ-У́
хо́Д-ИШЬ
хо́Д-ИТ ...
хо́Д-ЯТ

прош. вр.
ходи́л, ходи́л-а,
ходи́л-и

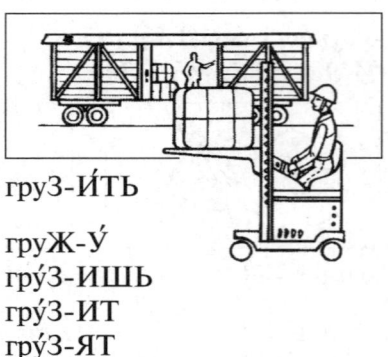

груЗ-И́ТЬ

груЖ-У́
гру́З-ИШЬ
гру́З-ИТ
гру́З-ЯТ

прош. вр.
грузи́л, грузи́л-а,
грузи́л-и

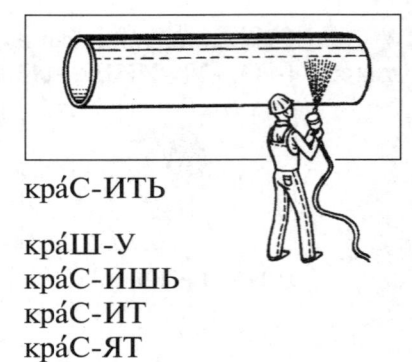

краС-И́ТЬ

кра́Ш-У
кра́С-ИШЬ
кра́С-ИТ
кра́С-ЯТ

прош. вр.
кра́сил, кра́сил-а,
кра́сил-и

воД-И́ТЬ	е́зД-ИТЬ	воЗ-И́ТЬ	гроЗ-И́ТЬ	ноС-И́ТЬ	проС-И́ТЬ
воЖ-У́	е́зЖ-У	воЖ-У́	гроЖ-У́	ноШ-У́	проШ-У́
во́Д-ИШЬ	е́зД-ИШЬ	во́З-ИШЬ	гроЗ-И́ШЬ	но́С-ИШЬ	про́С-ИШЬ

освободи́ть
проводи́ть

спроси́ть
попроси́ть — *сов. вид*

плаТ-И́ТЬ

плаЧ-У́
пла́Т-ИШЬ
пла́Т-ИТ ...
пла́Т-ЯТ

прош. вр.
плати́л, плати́л-а,
плати́л-и

защиТ-И́ТЬ *сов. вид*
буд. вр.
защиЩ-У́
защиТ-И́ШЬ
защиТ-И́Т ...
защиТ-Я́Т

прош. вр.
защити́л, защити́л-а,
защити́л-и

вы́пуСТ-ИТЬ *сов. вид*
буд. вр.
вы́пуЩ-У
вы́пуСТ-ИШЬ
вы́пуСТ-ИТ
вы́пуСТ-ЯТ

прош. вр.
вы́пустил, вы́пустил-а,
вы́пустил-и

траТ-И́ТЬ	е́зД-ИТЬ	встре́Т-ИТЬ *сов. вид* *буд. вр.*	посеТ-И́ТЬ *сов. вид* *буд. вр.*
тра́Ч-У	е́зЖ-У	встре́Ч-У	посеЩ-У́
тра́Т-ИШЬ	е́зД-ИШЬ	встре́Т-ИШЬ	посеТ-И́Т

Глагол 211

НЕПРОДУКТИВНАЯ ГРУППА ГЛАГОЛОВ
ГЛАГОЛЫ II СПРЯЖЕНИЯ НА *-ЕТЬ* И *-АТЬ*

смотр-ЕТЬ

смотр-Ю
смотр-ИШЬ ...
смотр-ЯТ

прош. вр.
смотрел, смотрел-а,
смотрел-и

сид-ЕТЬ

сиж-у
сид-ИШЬ ...
сид-ЯТ

прош. вр.
сидел, сидел-а,
сидел-и

лет-ЕТЬ

леч-у
лет-ИШЬ ...
лет-ЯТ

прош. вр.
летел, летел-а,
летел-и

| гореть | видеть |

леж-АТЬ

леж-у
леж-ишь ...
леж-ат

прош. вр.
лежал, лежал-а,
лежал-и

крич-АТЬ

крич-у
крич-ишь ...
крич-ат

прош. вр.
кричал, кричал-а,
кричал-и

слыш-АТЬ

слыш-у
слыш-ишь ...
слыш-ат

прош. вр.
слышал, слышал-а,
слышал-и

| держать | молчать | дышать |

ГЛАГОЛЫ С ПРИЗНАКАМИ I И II СПРЯЖЕНИЙ

БЕЖ-АТЬ

прош. вр.

бежал ‹ -А
      ‹ -И

я	бег-у
ты	беж-ИШЬ
он она́	беж-ИТ
мы	беж-ИМ
вы	беж-ИТЕ
они	бег-УТ

ХОТ-ЕТЬ

прош. вр.

хотел ‹ -А
      ‹ -И

я	хоч-у
ты	хоч-ЕШЬ
он она́	хоч-ЕТ
мы	хот-ИМ
вы	хот-ИТЕ
они	хот-ЯТ

ПРОШЕДШЕЕ ВРЕМЯ

Мы чаще всего рассказываем собеседнику о событиях, которые уже произошли, о действиях уже совершённых. Поэтому самой употребительной формой глагола является **форма прошедшего времени**.

В русском языке есть только одна форма прошедшего времени (глаголов совершенного и несовершенного вида).

Вчера́
он **писа́л** письмо́

Вчера́
она́ **писа́ла** письмо́

Вчера́
они́ **писа́ли** пи́сьма

СРАВНИТЕ: настоящее время   прошедшее время
                         Сейчас...   *Вчера́...*

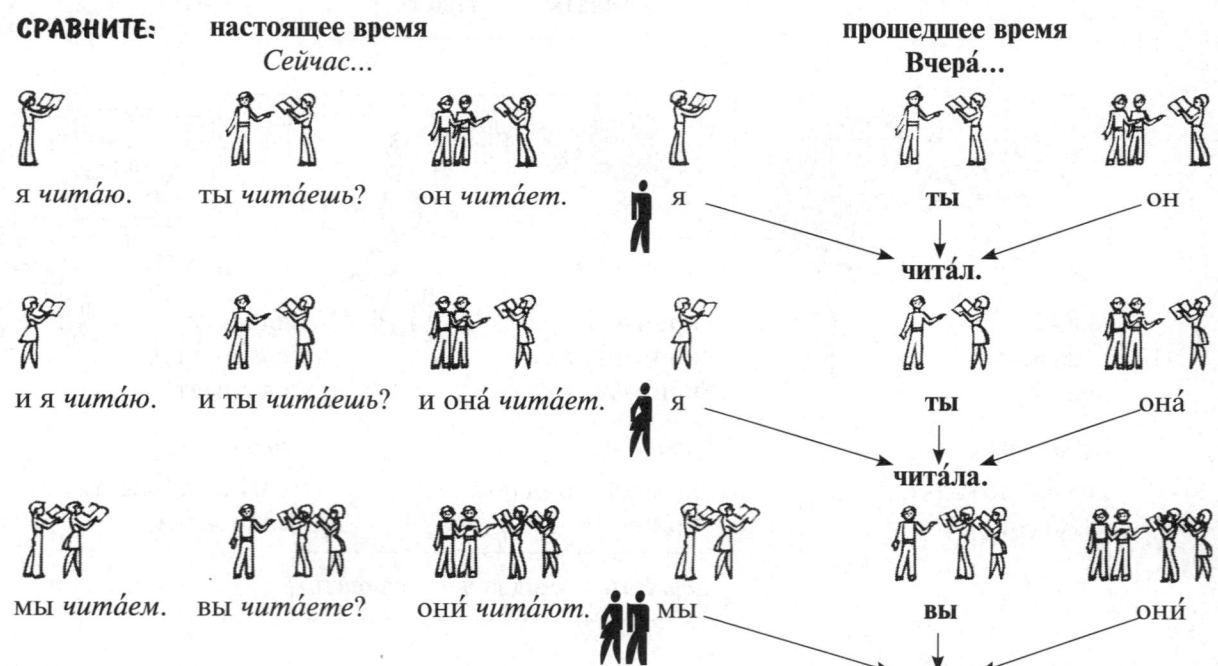

я чита́ю.   ты чита́ешь?   он чита́ет.   я   ты   он
                                        чита́л.

и я чита́ю.   и ты чита́ешь?   и она́ чита́ет.   я   ты   она́
                                        чита́ла.

мы чита́ем.   вы чита́ете?   они́ чита́ют.   мы   вы   они́
                                        чита́ли.

ОБРАТИТЕ ВНИМАНИЕ!

В прошедшем времени в отличие от настоящего глаголы **изменяются** не по лицам и числам (я пишу́, ты пи́шешь, он пи́шет и т. д.), а по **родам** и **числам**:

     я, ты, он писа́л (если речь идёт о мужчине);
     я, ты, она́ писа́ла (если речь идёт о женщине);
     оно́ (перо́) писа́ло (если речь идёт о предмете среднего рода);
     мы, вы, они́ писа́ли (если действие совершают несколько человек).

Формы прошедшего времени (вне контекста) нельзя употреблять без личных местоимений или существительных. Надо говорить: *я писа́л, ты писа́л, он писа́л* или *студент писа́л, студентка писа́ла, студенты писа́ли.*

Глаго́л 213

Где ты **был** ле́том, Анто́н?

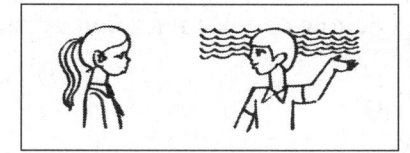

Я **был** на мо́ре.

Где ты **была́** ле́том, А́нна?

Я **была́** на мо́ре.

Где вы **бы́ли** ле́том? (Анто́н и А́нна)

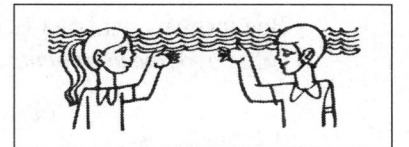

Мы **бы́ли** на мо́ре.

Что ты там **де́лал**?

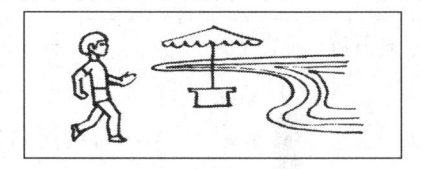

— Я **ходи́л** на пляж.

Что ты там **де́лала**?

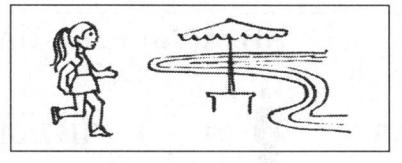

— Я **ходи́ла** на пляж.

Что вы там **де́лали**?

— Мы **ходи́ли** на пляж.

— Я **пла́вал**.

— Я **пла́вала**.

— Мы **пла́вали**.

— Я **ката́лся** на ло́дке.

— Я **ката́лась** на ло́дке.

— Мы **ката́лись** на ло́дке.

А где **был** Андре́й?

— Он то́же **был** на мо́ре, **ходи́л** на пляж, **пла́вал** и **ката́лся** на ло́дке.

А где **была́** Ка́тя?

— Она́ то́же **была́** на мо́ре, **ходи́ла** на пляж, **пла́вала** и **ката́лась** на ло́дке.

А где **бы́ли** Ни́на и Ви́ктор?

— Они́ то́же **бы́ли** на мо́ре, **ходи́ли** на пляж, **пла́вали** и **ката́лись** на ло́дке.

ОБРАЗОВАНИЕ ПРОШЕДШЕГО ВРЕМЕНИ

Все формы глагола в русском языке образуются от двух основ: основы настоящего времени (или *будущего простого*) и основы *инфинитива*:

рисова́ть
— основа настоящего времени: я рису́-Ю
— основа инфинитива: **я рисова́-Л**

дава́ть
— основа настоящего времени: я да-Ю́
— основа инфинитива: **я дава́-Л**

ПРОШЕДШЕЕ ВРЕМЯ ГЛАГОЛА ОБРАЗУЕТСЯ ОТ ИСХОДНОЙ ФОРМЫ — ИНФИНИТИВА:

ЧИТА́(ТЬ) + Л, + ЛА, + ЛИ

| я / ты / он } ЧИТА́Л | я / ты / она́ } ЧИТА́ЛА | мы / вы / они́ } ЧИТА́ЛИ |

Так образуются формы прошедшего времени у огромного большинства русских глаголов, основа инфинитива которых оканчивается на гласный.

ОСОБЕННОСТИ ОБРАЗОВАНИЯ ПРОШЕДШЕГО ВРЕМЕНИ У НЕКОТОРЫХ ГЛАГОЛОВ

(непродуктивные группы)

	Инфинитив	Настоящее или будущее время		Прошедшее время	
а)	НЕСТИ́ ВЕЗТИ́ РАСТИ́	я НЕСУ́ я ВЕЗУ́ я РАСТУ́	он НЁС он ВЁЗ он РОС	она́ НЕСЛА́ она́ ВЕЗЛА́ она́ РОСЛА́	они́ НЕСЛИ́ они́ ВЕЗЛИ́ они́ РОСЛИ́
б)	МОЧЬ ЛЕЧЬ[1]	я МОГУ́ я ЛЯ́ГУ	он МОГ он ЛЁГ	она́ МОГЛА́ она́ ЛЕГЛА́	они́ МОГЛИ́ они́ ЛЕГЛИ́
в)	ВЕСТИ́ ЦВЕСТИ́	я ВЕДУ́	он ВЁЛ он ЦВЁЛ	она́ ВЕЛА́ она́ ЦВЕЛА́	они́ ВЕЛИ́ они́ ЦВЕЛИ́
г)	ДОСТИ́ГНУТЬ[1] МЁРЗНУТЬ	я ДОСТИ́ГНУ я МЁРЗНУ	он ДОСТИ́Г он МЁРЗ	она́ ДОСТИ́ГЛА она́ МЁРЗЛА	они́ ДОСТИ́ГЛИ они́ МЁРЗЛИ
д)	ЗАПЕРЕ́ТЬ[1]	я ЗАПРУ́	он ЗА́ПЕР	она́ ЗАПЕРЛА́	они́ ЗА́ПЕРЛИ
е)	ЕСТЬ СЕСТЬ[1] ИДТИ́	я ЕМ я СЯ́ДУ я ИДУ́	он ЕЛ он СЕЛ он ШЁЛ	она́ Е́ЛА она́ СЕ́ЛА она́ ШЛА	они́ Е́ЛИ они́ СЕ́ЛИ они́ ШЛИ

ЗАПОМНИТЕ! особое образование прошедшего времени глаголов **есть (ел, е́ла, е́ли), сесть (сел, се́ла, се́ли)** и **идти́ (шёл, шла, шли).**

---

[1] Глаголы **лечь, дости́гнуть, запере́ть** и **сесть** — совершенного вида; **ля́гу, дости́гну** и др. — формы не настоящего, а будущего времени.

БУДУЩЕЕ ВРЕМЯ

В русском языке есть две формы будущего времени:

будущее сложное	будущее простое
от глаголов несовершенного вида.	от глаголов совершенного вида.
Будущее сложное обозначает, что данное действие будет происходить или будет повторяться.	Будущее простое обозначает, что в будущем действие будет закончено, будет иметь результат.

я	бу́ду	}		я	напишу́	}	
ты	бу́дешь	}		ты	напи́шешь	}	
он		}		он		}	
она́	бу́дет	} писа́ть письмо́		она́	напи́шет	} письмо́	
мы	бу́дем	}		мы	напи́шем	}	
вы	бу́дете	}		вы	напи́шете	}	
они́	бу́дут	}		они́	напи́шут	}	

За́втра ве́чером я бу́ду **писа́ть** пи́сьма (но не зна́ю, ко́нчу ли их писа́ть).

Ве́чером я бу́ду **чита́ть** интере́сную кни́гу.

Будущее сложное образуется от будущего времени вспомогательного глагола **быть** и инфинитива глагола несовершенного вида.

За́втра я непреме́нно **напишу́** письмо́ и отпра́влю его́.

Сего́дня ве́чером я **прочита́ю** (с нача́ла до конца́) э́ту статью́.

Будущее простое образуется от глагола совершенного вида таким же образом, как настоящее время от глаголов несовершенного вида[1].

— За́втра у́тром я бу́ду **убира́ть** кварти́ру,

бу́ду **гото́вить** обе́д,

по́сле обе́да я бу́ду **гуля́ть** с детьми́,

ве́чером бу́ду **смотре́ть** телеви́зор.

---

[1]**СРАВНИТЕ:**

я пишу́	я напишу́
ты пи́шешь	ты напи́шешь
...	...
(настоящее время)	(будущее время)

216 Глагол

БУДУЩЕЕ ВРЕМЯ СЛОЖНОЕ

(несовершенный вид)

Во время каникул каждый день я…

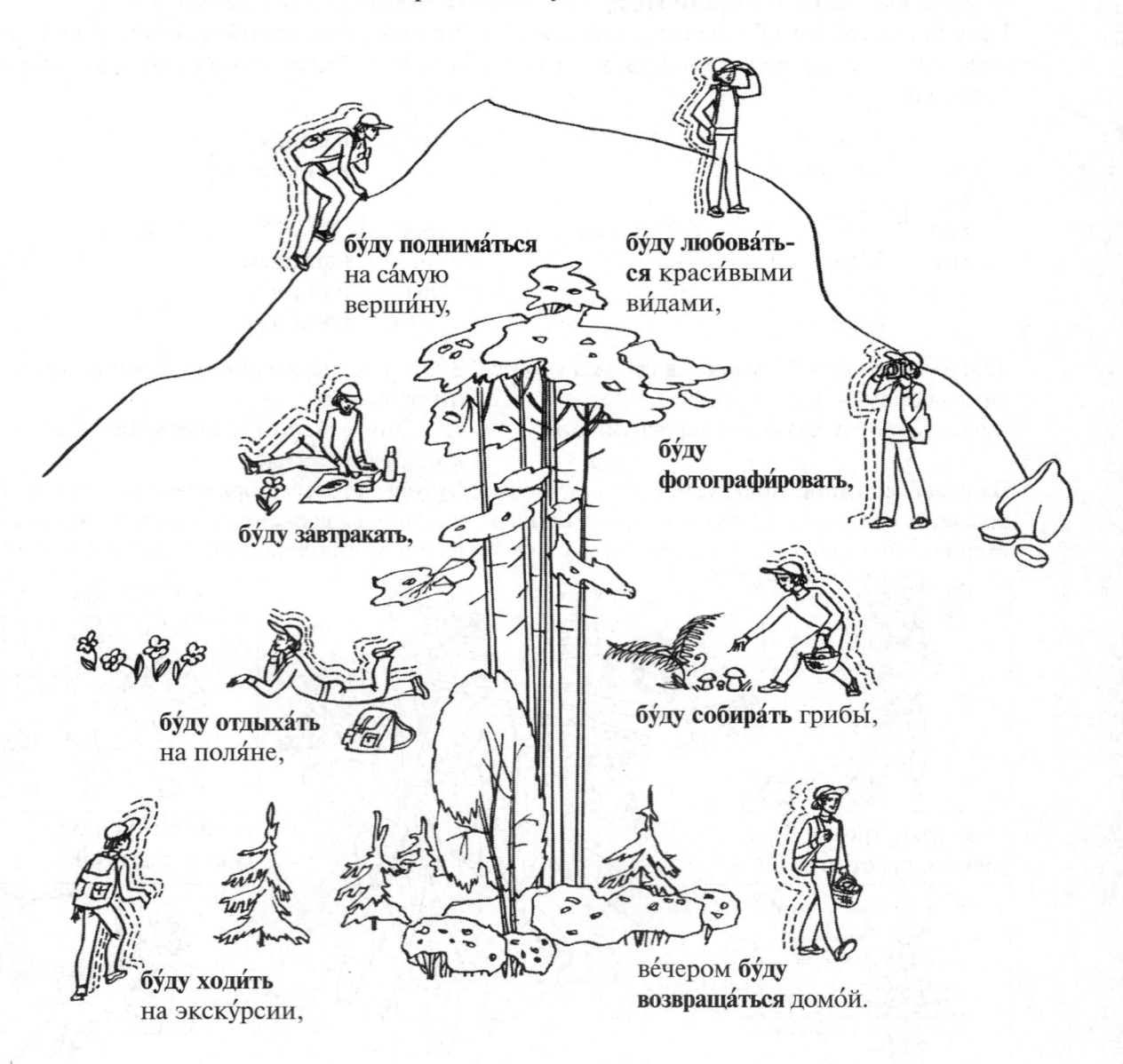

буду подниматься на самую вершину,

буду любоваться красивыми видами,

буду фотографировать,

буду завтракать,

буду собирать грибы,

буду отдыхать на поляне,

буду ходить на экскурсии,

вечером **буду возвращаться** домой.

Что вы будете делать летом во время каникул?

— **Во время** каникул **мы будем** часто **ходить** на экскурсии в горы.
На живописных полянах мы **будем отдыхать, лежать** на солнце, **загорать** и **завтракать.**
Затем мы **будем подниматься** на самые вершины, **любоваться** оттуда красивыми видами и **фотографировать.**
Иногда мы **будем гулять** в лесу и собирать грибы.
К ужину мы **будем возвращаться** домой.

Глагол

БУДУЩЕЕ ВРЕМЯ ПРОСТОЕ

(совершенный вид)

В сле́дующее воскресе́нье (за́втра) я...

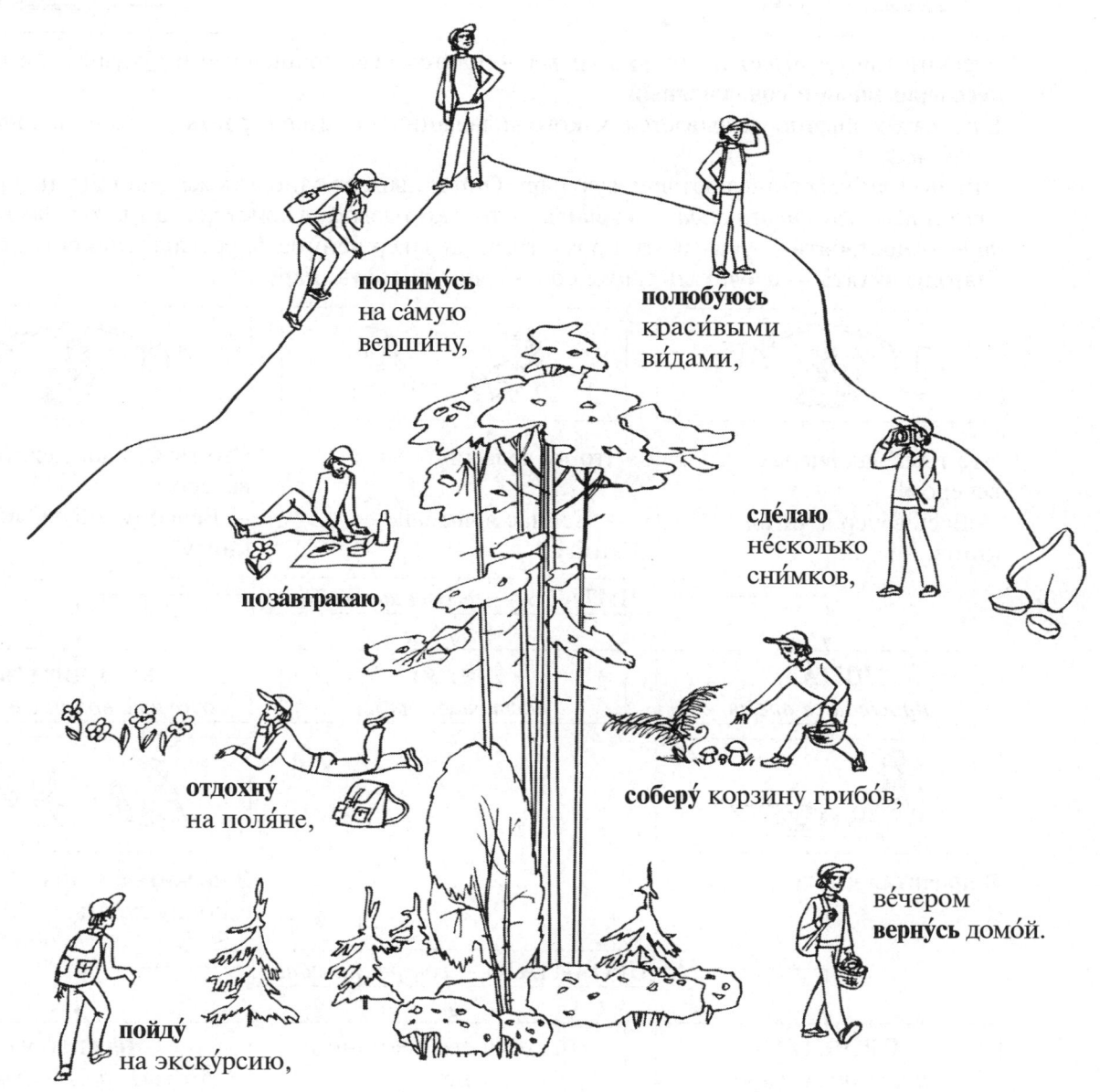

поднимусь на са́мую верши́ну,

полюбу́юсь краси́выми ви́дами,

сде́лаю не́сколько сни́мков,

поза́втракаю,

отдохну́ на поля́не,

соберу́ корзи́ну грибо́в,

ве́чером **верну́сь** домо́й.

пойду́ на экску́рсию,

Как вы проведёте бу́дущее воскресе́нье?

— Послеза́втра, в воскресе́нье, мы **пойдём** на экску́рсию в го́ры.
На како́й-нибудь живопи́сной поля́не мы **посиди́м, отдохнём, полежи́м** немно́го на со́лнце, что́бы загоре́ть и **поза́втракаем**.
Зате́м мы **подни́мемся** на са́мую верши́ну, **полюбу́емся** отту́да краси́выми ви́дами и **сде́лаем** не́сколько сни́мков.
На обра́тном пути́ мы **погуля́ем** в лесу́ и **соберём** корзи́ну грибо́в.
Мы **вернёмся** домо́й по́здно ве́чером.

ВИДЫ ГЛАГОЛА

Он **стро́ит** (**стро́ил**) дом. Он **постро́ил** дом.

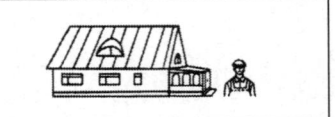

Русский глагол имеет не только время — настоящее, прошедшее и будущее, но и вид — **несовершенный** и **совершенный**.

В словарях обычно указывается, какого вида данный глагол: **стро́ить** — *несов. вид;* **постро́ить** — *сов. вид.*

Эти два глагола составляют видовую пару. Они называют одно и то же действие, но при этом: глагол *несовершенного вида* — **стро́ить** — только называет действие, а глагол *совершенного вида* — **постро́ить** — указывает, кроме того, на завершённость, результативность действия. Глаголы **чита́ть** — **прочита́ть** также составляют видовую пару[1].

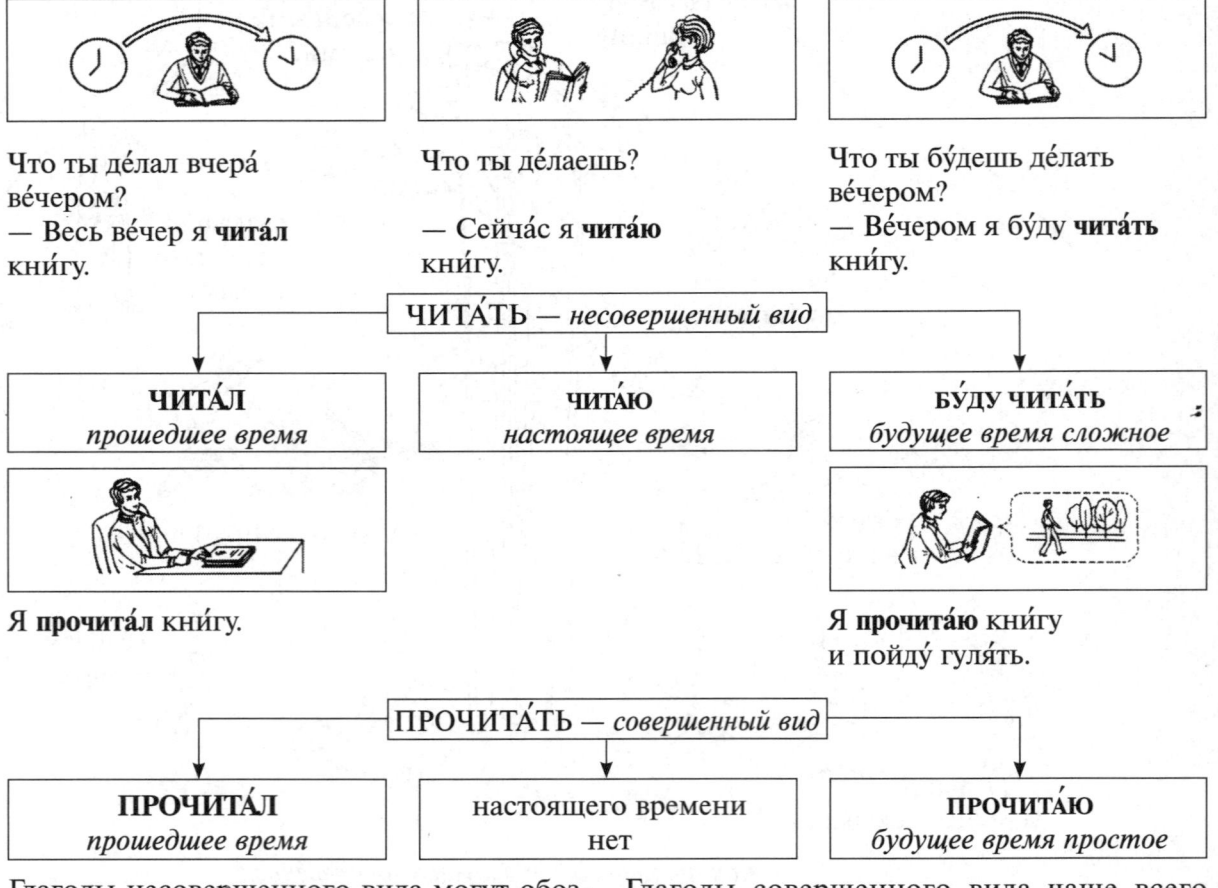

Что ты де́лал вчера́ ве́чером?
— Весь ве́чер я **чита́л** кни́гу.

Что ты де́лаешь?
— Сейча́с я **чита́ю** кни́гу.

Что ты бу́дешь де́лать ве́чером?
— Ве́чером я бу́ду **чита́ть** кни́гу.

ЧИТА́ТЬ — *несовершенный вид*		
ЧИТА́Л *прошедшее время*	ЧИТА́Ю *настоящее время*	БУ́ДУ ЧИТА́ТЬ *будущее время сложное*

Я **прочита́л** кни́гу.

Я **прочита́ю** кни́гу и пойду́ гуля́ть.

ПРОЧИТА́ТЬ — *совершенный вид*		
ПРОЧИТА́Л *прошедшее время*	настоящего времени нет	ПРОЧИТА́Ю *будущее время простое*

Глаголы несовершенного вида могут обозначать действие как процесс, который *происходил в прошлом, происходит в настоящем* или *будет происходить в будущем*, поэтому они употребляются в *прошедшем, настоящем и будущем времени*.

Глаголы совершенного вида чаще всего обозначают результат действия, которое *произошло в прошлом* или *произойдёт в будущем*. Они не имеют настоящего времени и употребляются только в *прошедшем и будущем времени (простом)*.

---

[1] О том, как определить вид глагола, зная видовую пару, см. с. 224—226.

Глагол 219

УПОТРЕБЛЕНИЕ ВИДОВ ГЛАГОЛА В ПРОШЕДШЕМ ВРЕМЕНИ[1]

несовершенный вид	совершенный вид
1. Что ты де́лал вчера́ ве́чером? — Я писа́л пи́сьма. Действие только называется, говорящему не важно, был результат или нет.	
2. Ты до́лго писа́л пи́сьма? — Я писа́л пи́сьма весь ве́чер. Действие длилось какое-то время. Подчёркивается процесс действия.	Ты написа́л пи́сьма свои́м друзья́м? — Да, я вчера́ написа́л пи́сьма. Подчёркивается результат действия. Действие однократное.
3. Во вре́мя кани́кул я ка́ждый день писа́л пи́сьма свои́м друзья́м. Действие повторялось много раз.	
4. Я писа́л пи́сьма и слу́шал му́зыку. Когда́ я писа́л пи́сьма, брат слу́шал му́зыку. Действия происходили одновременно.	Вчера́ я написа́л пи́сьма свои́м друзья́м и отнёс их на по́чту. Когда́ я написа́л пи́сьма свои́м друзья́м, я отнёс их на по́чту. Одно действие, которое имело результат, произошло после другого, также результативного действия.

```
├────── ПИСА́Л     (несов. вид)      НАПИСА́Л        ОТНЁС
├────── СЛУ́ШАЛ   (несов. вид)       (сов. вид)     (сов. вид)
```

При выборе вида очень важно иметь в виду не только то, каким было действие, но и то, что говорящий хочет сообщить собеседнику или узнать у него, как он «видит» действие. Можно говорить о действии законченном, имеющем результат, но употребить глагол несовершенного вида, если для говорящего результат не важен, а его интересует лишь факт де́йствия.

Что ты де́лал вчера́?
— Я чита́л кни́гу (При этом книга может быть прочитана.).

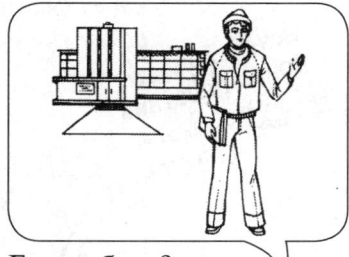

Где ты был?
Что ты де́лал?
Почему́ ты тако́й уста́лый?
— Сдава́л экза́мен.

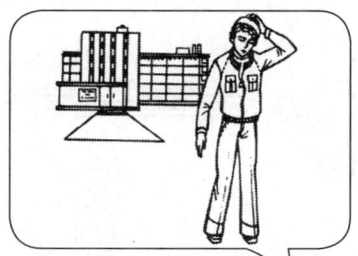

Где ты был?
— Сдава́л экза́мен.
Сдал?
— Нет, не сдал.

Где ты был?
— Сдава́л экза́мен.
Сдал?
— Сдал.

---

[1] Употребление видов в будущем времени во многом совпадает с употреблением видов в прошедшем времени.

ОСОБЫЕ СЛУЧАИ УПОТРЕБЛЕНИЯ ВИДОВ ГЛАГОЛА В ПРОШЕДШЕМ ВРЕМЕНИ

несовершенный вид

1. Почему́ в ко́мнате хо́лодно?
— Я **открыва́л** окно́.
(**Открыва́л**, т. е. **откры́л** и **закры́л**.)

К моменту речи результат действия аннулирован.

совершенный вид

— Заче́м ты **откры́л** окно́?
(**Откры́л** окно́ и сейча́с оно́ **откры́то**.)

К моменту речи результат действия сохраняется.

ОБРАТИТЕ ВНИМАНИЕ на глаголы, которые могут употребляться в этом значении!

СЛОВАРЬ

брать, дава́ть	приходи́ть, приезжа́ть	взять, дать	прийти́, прие́хать
встава́ть, ложи́ться	снима́ть, надева́ть	встать, лечь	снять, наде́ть
включа́ть, выключа́ть	подходи́ть, заходи́ть	включи́ть, вы́ключить	подойти́, зайти́
открыва́ть, закрыва́ть	уходи́ть, входи́ть	откры́ть, закры́ть	уйти́, войти́

2. Он **стро́ил** да́чу це́лый ме́сяц.

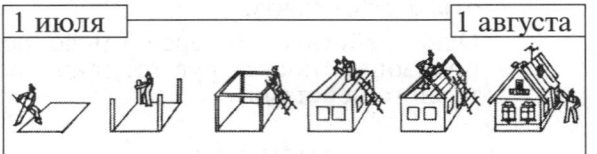

Процесс длился определённое время.

Он **постро́ил** да́чу за ме́сяц

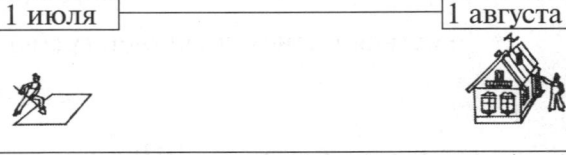

Результат достигнут за определённое время.

ОБОЗНАЧЕНИЕ НАЧАЛЬНОГО И КОНЕЧНОГО ПРЕДЕЛА ДЕЙСТВИЯ ВИДАМИ ГЛАГОЛА

Каждое действие, протекающее во времени, можно разделить следующим образом:

действия нет	процесс действия	действия нет
начальный предел действия		*конечный предел действия*
начало действия / ЗАПЕ́ТЬ	ПЕТЬ	исчерпанность / конец действия / СПЕТЬ
совершенный вид	**несовершенный вид**	**совершенный вид**
Начальный предел действия показывает, что действия до него не было, а после него оно возникло.	Процесс действия — это само действие без указания на его начало или конец.	Конечный предел действия показывает, что до него действие было, но после него действия уже не было.

Начальный предел действия обозначается:

а) глаголами совершенного вида, образованными от глаголов несовершенного вида с помощью приставки ЗА- : **за***петь*, **за***кричать*, **за***говорить* и др.; (реже с помощью приставки ПО-: **по***любить*, **по***нравиться*);

б) или с помощью глаголов *начинать — начать* или *стать* и инфинитива глаголов несовершенного вида: *начать петь*.

Процесс действия обозначается:

глаголами несовершенного вида: *петь, кричать, говорить, писать, гулять, купаться, делать* и др. (чаще всего они не имеют приставок).

Конечный предел действия обозначается:

а) глаголами совершенного вида, образованными от глаголов несовершенного вида чаще всего с помощью различных приставок: **с**петь, **на**писать, **с**делать, **вы**купаться и др.

б) или с помощью глаголов *кончать — кончить* или *перестать* и инфинитива глаголов несовершенного вида: *кончить петь*.

УПОТРЕБЛЕНИЕ ВИДОВ ГЛАГОЛА В ИНФИНИТИВЕ

Вид глагола в форме **инфинитива** часто зависит от значения слова, к которому он относится.

несовершенный вид	совершенный вид
Инфинитив глаголов только **несовершенного вида** употребляется:	**Инфинитив** глаголов **совершенного вида** встречается в речи особенно часто с так называемыми модальными словами:

I. после глаголов:

а) начинать—начать, стать, продолжать, кончать—кончить } работать, заниматься, отдыхать

б) учиться—научиться, привыкать—привыкнуть, любить—полюбить } петь, танцевать

в) разучиться, отвыкнуть, разлюбить } танцевать

г) уставать—устать, надоедать—надоесть, запрещаться } повторять, говорить, курить

II. после слов:

пора и *надо, нужно, можно* (если они употреблены в значении *пора*)

— Семь часов! **На́до** (пора) вставать!

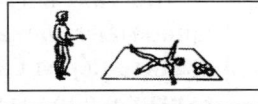

— **Мо́жно** (пора) начинать!

надо, нужно, должен и глаголами *хотеть, мочь, просить, советовать* и др. при выражении необходимости, желания, возможности, намерения, совета совершить действие.

Во всех этих случаях речь идёт о единичном неповторяющемся действии[1]:

надо сказать...
должен сделать...
хочу понять...
хочется узнать...
можно спросить...

могу опоздать...
советую прочитать...
прошу объяснить...
собираюсь посмотреть...
разрешите поблагодарить...

— **На́до** встать!

— **Мо́жно** войти?

---

[1] Инфинитив несовершенного вида с модальными словами обычно указывает на повторяющееся действие или действие как процесс: *Надо каждый день говорить по-русски. Советую больше читать газеты. Он должен отдыхать.*

УПОТРЕБЛЕНИЕ ВИДОВ ГЛАГОЛА В ИНФИНИТИВЕ С ОТРИЦАНИЕМ

Несовершенный вид глагола употребляется для выражения **запрещения**:

Нельзя́ входи́ть. Вход запрещён.

Гори́т кра́сный свет. **Нельзя́ переходи́ть** у́лицу.

По э́той у́лице **нельзя́ проезжа́ть.** Прое́зд запрещён.

Нельзя́ закрыва́ть окно́. В ко́мнате ду́шно.

Совершенный вид глагола употребляется для выражения **физической невозможности**:

Нельзя́ войти́. Дверь запе́рта́.

У́лицу **нельзя́ перейти́.** Очень си́льное движе́ние.

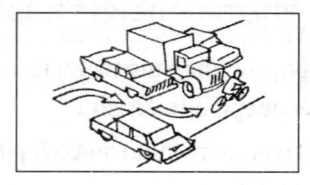

По э́той у́лице **нельзя́ прое́хать.** Она́ о́чень у́зкая.

Чемода́н **нельзя́ закры́ть.** В нём сли́шком мно́го веще́й.

⚠ **После слов:** не на́до, не ну́жно, не сле́дует, не при́нято, не полага́ется, не сове́тую, не хо́чется, дово́льно, доста́точно, хва́тит, вре́дно — употребляется **инфинитив** глаголов **несовершенного вида**.

УПОТРЕБЛЕНИЕ ВИДОВ ГЛАГОЛА В ИМПЕРАТИВЕ

Императив в русском языке многозначен. Формой императива можно выразить просьбу совершить действие, совет, побуждение собеседника к действию, приказ, требование, приглашение.

несовершенный вид

У врача́
— Три ра́за в день **принима́йте** лека́рство, **гуля́йте** пе́ред сном, **ку́шайте** фру́кты, о́вощи.

Говорящий подчеркивает, что действие следует повторять.

совершенный вид

В магази́не
— **Скажи́те**, пожа́луйста[1], у вас есть уче́бник ру́сского языка́?
— **Покажи́те**, пожа́луйста.

Говорящего интересует результат действия; процесс действия для него не важен.

---

[1] Слово **пожа́луйста** обычно стоит после глагола: *Да́йте, пожа́луйста,... . Возьми́те, пожа́луйста,... . Заверни́те, пожа́луйста, ...*

Глагол

Перед каникулами

— Летом **отдыхайте, купайтесь, плавайте, загорайте, собирайте** грибы, ягоды...

Для обозначения **длительных** или **повторяющихся действий** употребляется **несовершенный вид**.

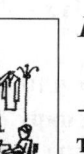

Гости пришли

— **Входите, раздевайтесь, проходите,** пожалуйста, в комнату, **садитесь..., кушайте...**

Приглашение выражается обычно **формой несовершенного вида**.

Дома

— **Вытри**, пожалуйста, посуду.
— **Отнеси** её в комнату!
— **Поставь** чашки в шкаф!

Для обозначения **единичных законченных действий** употребляется **совершенный вид**.

В школе

— **Войди**! Почему ты опоздал?
— **Зайди** после уроков в учительскую!

Приказ обычно выражается **формой совершенного вида**.

На междугородной телефонной станции

— **Скажите**, пожалуйста, можно заказать разговор с Одессой?

— Пожалуйста. Сейчас соединю. Минуточку! **Говорите!**

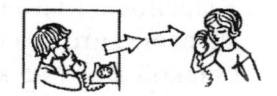

— Анна, это ты? **Скажи**, как ты живёшь? **Говори** громче, я плохо слышу.

Значение побуждения к действию, когда внимание говорящего направлено на само действие, выражается **формой несовершенного вида**.

УПОТРЕБЛЕНИЕ ВИДОВ ГЛАГОЛА В ИМПЕРАТИВЕ С ОТРИЦАНИЕМ

В императиве с отрицанием, как правило, употребляется **несовершенный вид**.

Исключение составляют случаи, когда говорящий боится, что может совершиться нежелательное действие (не забудь, не сломай, не разбей).

— **Не разговаривайте!**
— **Не шумите!**

— **Смотри, не упади!**

ОБРАЗОВАНИЕ ВИДОВ ГЛАГОЛА

признаки несовершенного вида
1. писа́ть — *отсутствие* приставки
2. перепи́сЫВАть — *суффикс* -ЫВА- (-ИВА-)
   даВА́ть — *суффикс* -ВА-
3. решА́ть — *суффикс* -А-
4. кричА́ть — *суффикс* -А-
5. брать — *разные основы* — взять

признаки совершенного вида
НАписа́ть — *наличие приставки*
переписа́ть — *отсутствие суффикса* -ЫВА-
дать — *отсутствие суффикса* -ВА-
решИ́ть — *суффикс* -И-
кри́кНУть — *суффикс* -НУ-

Чтобы определить вид глагола, входящего в видовую пару, надо знать формальные признаки вида и способы образования видов.

1. ПИСА́ТЬ — НАПИСА́ТЬ

Если глаголы, отличающиеся друг от друга только наличием или отсутствием приставки, обозначают одно и то же действие, то они образуют **видовую пару**.

При этом глаголы без приставки *несовершенного вида*, а глаголы с приставкой — *совершенного*[1].

Например:

буди́ть — **раз**буди́ть	мыть — **по**мы́ть	ста́вить — **по**ста́вить
вари́ть — **с**вари́ть	обе́дать — **по**обе́дать	стро́ить — **по**стро́ить
де́лать — **с**де́лать	писа́ть — **на**писа́ть	учи́ть — **о**бучи́ть
есть — **съ**есть	рисова́ть — **на**рисова́ть	чита́ть — **про**чита́ть

Ударение в глаголах с приставкой (в глаголах совершенного вида) всегда ставится на том же слоге, что и в бесприставочном (писа́ть — **на**писа́ть), за исключением глаголов с приставкой ВЫ-, на которую всегда падает ударение (учи́ть — **вы́**учить).

2. ПИСА́ТЬ — ПЕРЕПИСА́ТЬ — ПЕРЕПИ́СЫВАТЬ

Если приставка вносит в глагол дополнительное значение, то такой глагол не составляет с исходным (бесприставочным) видовую пару.

Переписа́ть — *написать ещё раз.*   Подписа́ть — *поставить под текстом своё имя.*

Когда необходимо показать данное действие в его процессе или указать на его повторяемость, то в приставочный глагол включается суффикс -ЫВА- (-ИВА-), который является показателем несовершенного вида. Такие приставочные глаголы образуют видовую пару:

писа́ть — написа́ть	переписа́ть — перепи́сывать	подписа́ть — подпи́сывать
исходный глагол несовершенного вида	**производный глагол совершенного вида**	**производный глагол несовершенного вида**

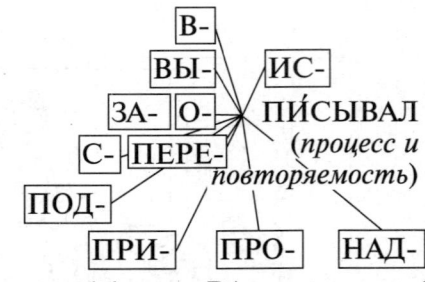

ПИСА́Л (*процесс*)

В-, ВЫ́-, С-, ЗА-, О-, ИС-, ПЕРЕ-, ПРО-, ПОД-, ПРИ-, НАД- → ПИСА́Л (*результат*)

В-, ВЫ́-, ЗА-, О-, ИС-, С-, ПЕРЕ-, ПОД-, ПРИ-, ПРО-, НАД- → ПИ́СЫВАЛ (*процесс и повторяемость*)

В видовой паре, отличающейся наличием или отсутствием суффикса -ВА-, глагол с суффиксом -ВА- всегда несовершенного вида:

дава́ть — дать   надева́ть — наде́ть
встава́ть — встать   узнава́ть — узна́ть

---
[1] Исключение составляет глагольная пара **покупа́ть** (несов. вид) — **купи́ть** (сов. вид).

Глагол 225

3. РЕША́ТЬ — РЕШИ́ТЬ

Если глаголы, составляющие видовую пару, различаются только суффиксами -А- (-Я-), -И-, то глагол с суффиксом -И- — совершенного вида, а глагол с суффиксом -А- — несовершенного вида[1].

изуча́ть — изучи́ть
объясня́ть — объясни́ть
отвеча́ть — отве́тить
побежда́ть — победи́ть

реша́ть — *несовершенный вид*

— Вчера́ весь ве́чер я **реша́л** зада́чи.
(прошедшее время)

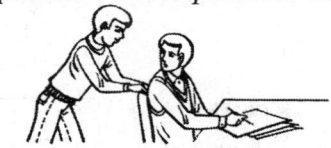

— Не меша́й мне, пожа́луйста, я за́нят: я **реша́ю** зада́чи.
(настоящее время)

реши́ть — *совершенный вид*

— Сейча́с я отдыха́ю, а ве́чером **бу́ду реша́ть** зада́чи.
(будущее время — сложное)

— Наконе́ц я **реши́л** зада́чу!
(прошедшее время)

(настоящего времени нет)

— Я ско́ро **решу́** э́ту зада́чу и пойду́ гуля́ть.
(будущее время — простое)

4. КРИЧА́ТЬ — КРИ́КНУТЬ

Если глаголы, составляющие видовую пару, различаются суффиксами -А- и -НУ-, то глагол с суффиксом -А- — несовершенного вида, а с суффиксом -НУ- — совершенного[2].

Глагол с суффиксом -А- обозначает:

а) длительное действие:

Ребёнок **кричи́т**.

Глагол с суффиксом -НУ- обозначает:

а) однократное моментальное действие:

Де́вочка испуга́лась и **кри́кнула**: «Ой!»

СЛОВАРЬ

крича́ть — кри́кнуть — **кри́кнул**
маха́ть — махну́ть — **махну́л**

пры́гать — пры́гнуть — **пры́гнул**

В прошедшем времени суффикс -НУ- сохраняется.

б) длительное действие

Южа́нин с трудо́м **привыка́л** к моско́вскому кли́мату. Ему́ было хо́лодно. Он ка́шлял.

б) результативное действие

Че́рез год он уже́ **привы́к** к моско́вскому кли́мату. Ему́ уже́ не хо́лодно. Он ката́ется на лы́жах.

СЛОВАРЬ

исчеза́ть — исче́знуть — **исче́з**
погиба́ть — поги́бнуть — **поги́б**

привыка́ть — привы́кнуть — **привы́к**

В прошедшем времени суффикс -НУ- исчезает.

---

[1] В этих случаях в глаголах несовершенного вида ударение падает на суффикс -А-(-Я-). Часто встречается **чередование согласных**.

[2] В этих случаях в глаголах несовершенного вида ударение обычно падает на суффикс -А-, а в глаголах совершенного вида ударение переходит на один слог влево.

226 Глагол

5. БРАТЬ – ВЗЯТЬ

Некоторые видовые пары состоят из разных глаголов. Их надо запомнить:

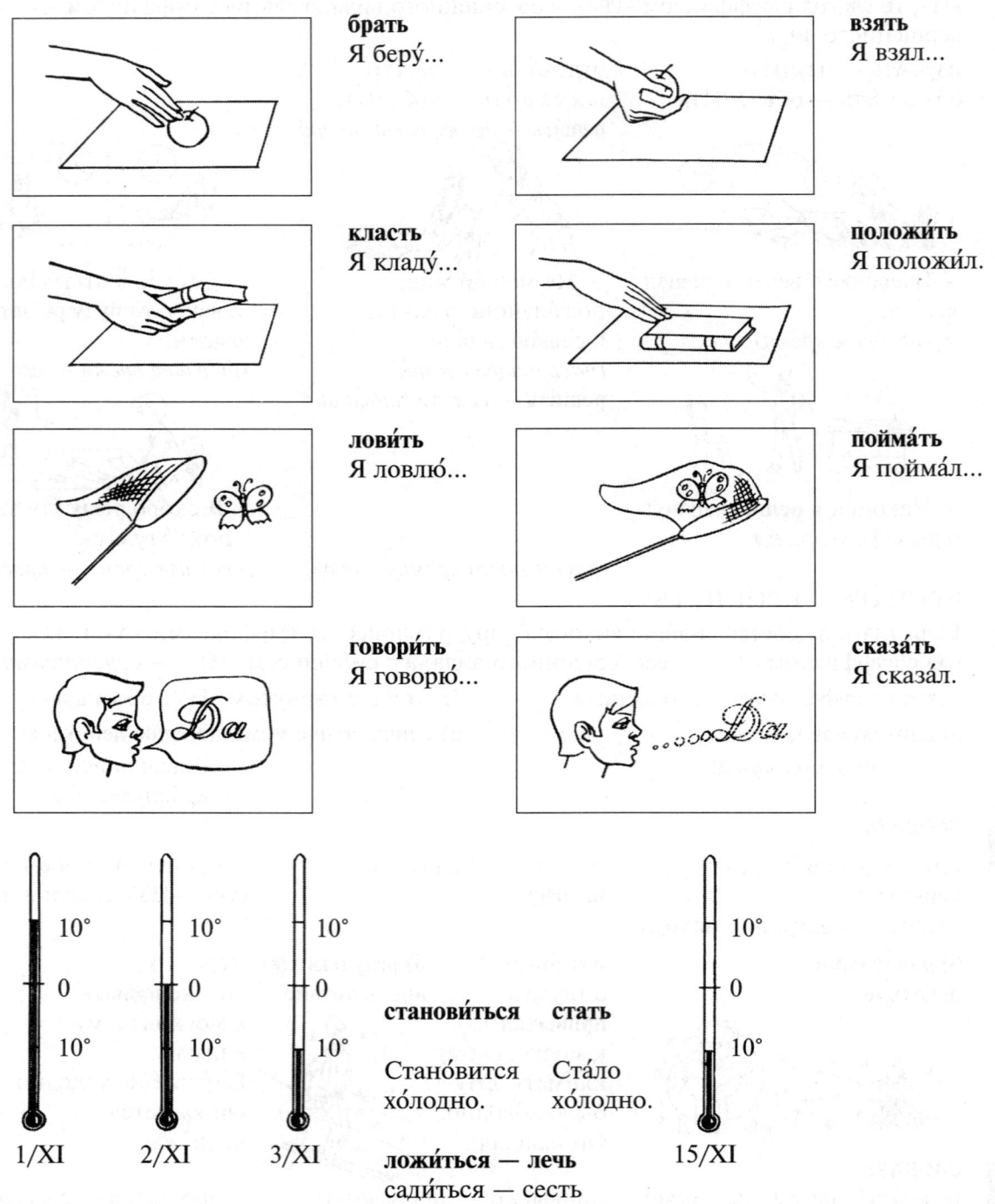

брать
Я беру́...

взять
Я взял...

класть
Я кладу́...

положи́ть
Я положи́л.

лови́ть
Я ловлю́...

пойма́ть
Я пойма́л...

говори́ть
Я говорю́...

сказа́ть
Я сказа́л.

станови́ться   стать

Стано́вится хо́лодно.   Ста́ло хо́лодно.

1/XI   2/XI   3/XI   15/XI

ложи́ться — лечь
сади́ться — сесть

Многие глаголы вообще **не имеют видовой пары**:
идти́, е́хать, пойти́, пое́хать, жить, име́ть, знать и др.
Некоторые глаголы (обычно это глаголы иноязычного происхождения) могут употребляться как глаголы **несовершенного** и **совершенного вида**:
электрифици́ровать, телеграфи́ровать и др.

ПРИСТАВКИ С ВРЕМЕННЫМ ЗНАЧЕНИЕМ

В русском языке существуют приставки, которые в сочетании со многими глаголами определяют действие с точки зрения времени, т. е. вносят **временное значение**. Они указывают на начало (ЗА-), небольшую продолжительность действия (ПО-) или на то, что определённый отрезок времени полностью занят действием (ПРО-),

приставка ПО-

— Я **по**курил пять минут.

Он **по**лежал полчаса, немного отдохнул и пошёл на работу.

Я хотел **по**говорить с другом несколько минут,

Приставка ПО- показывает, что действие продолжалось (будет продолжаться) недолго.

но ⇒

приставка ПРО-

— Я **про**жил в Москве три года.

Он тяжело болел. **Про**лежал целый месяц в больнице.

когда мы встретились,
мы **про**говорили всю ночь.

Приставка ПРО- показывает, что определённый отрезок времени был (будет) занят действием.

Приставка ЗА- в сочетании с глаголами, обозначающими звуковые и световые явления, и с некоторыми глаголами, обозначающими движение, указывает на начало действия:

он **за**говорил	— он начал говорить
она **за**кричала	— она начала кричать
глаза **за**блестели	— глаза начали блестеть
они **за**бегали	— они начали бегать

⚠️ **ОБРАТИТЕ ВНИМАНИЕ!**

Во всех случаях, когда приставка вносит в глагол временное значение, она делает его глаголом совершенного вида. Соответствующего (по значению) глагола несовершенного вида не может быть.

228 Глагол

УПОТРЕБЛЕНИЕ ГЛАГОЛОВ С ПРИСТАВКАМИ

⚠️ **ОБРАТИТЕ ВНИМАНИЕ** на значения, которые вносят некоторые приставки, на примере глаголов **положи́ть, ре́зать, бить**.

ГЛАГОЛ ПОЛОЖИ́ТЬ

ПОложи́ть кни́гу на стол.

ОТложи́ть одну́ кни́гу в сто́рону.

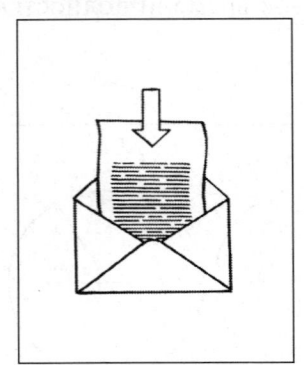

Вложи́ть письмо́ в конве́рт.

ПРИложи́ть к анке́те фотока́рточку.

ВЫ́ложить фру́кты из корзи́ны на стол.

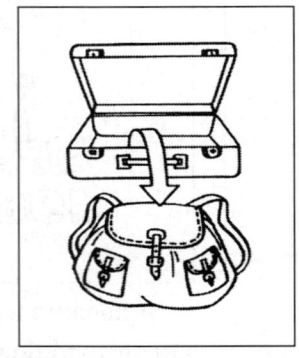

ПЕРЕложи́ть ве́щи из чемода́на в рюкза́к.

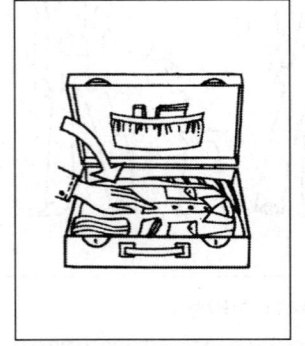

Уложи́ть ве́щи в чемода́н.

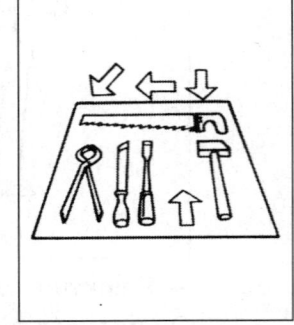

РАЗложи́ть инструме́нты на столе́.

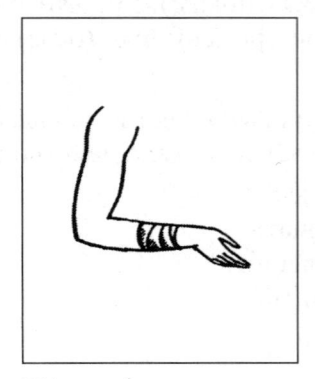

НАложи́ть повя́зку.

Сложи́ть уче́бники и тетра́ди.

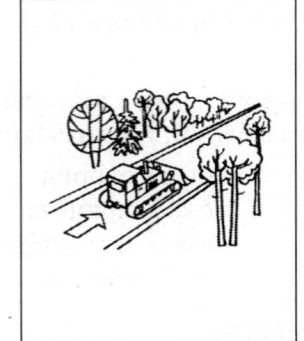

ПРОложи́ть доро́гу че́рез лес.

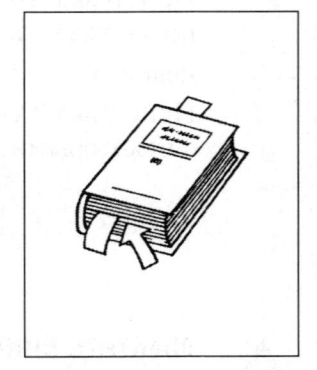

ЗАложи́ть закла́дкой слова́рь.

ГЛАГОЛ РЕ́ЗАТЬ

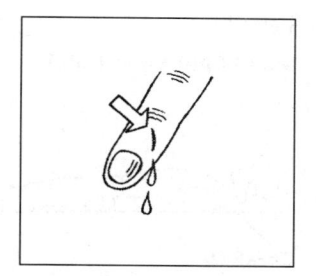

ПОре́зать па́лец.

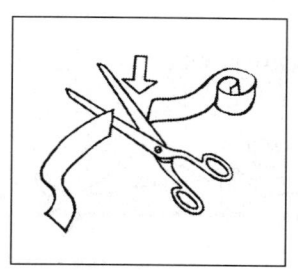

ПЕРЕре́зать ле́нту.

ОТре́зать кусо́к хле́ба.

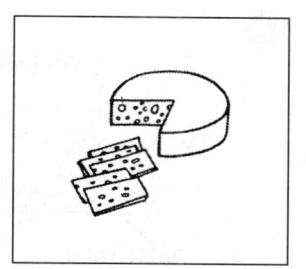

НАре́зать сыр.

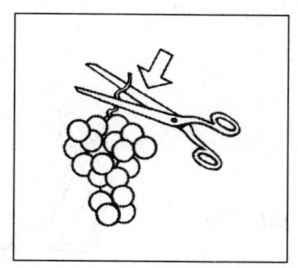

Сре́зать кисть виногра́да.

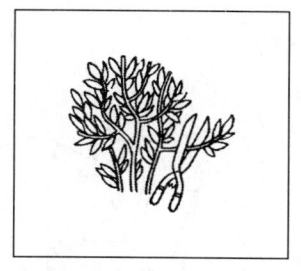

ПОДре́зать кусты́.

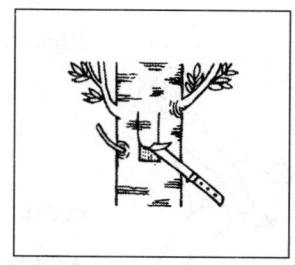

НАДре́зать кору́ де́рева.

РАЗре́зать арбу́з на ча́сти.

ПРОре́зать пе́тли.

ВЫрезать из бума́ги фигу́ру.

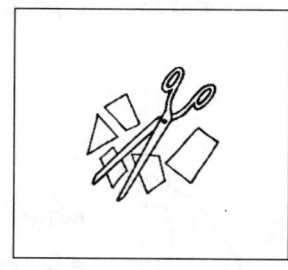

ИЗре́зать лист бума́ги.

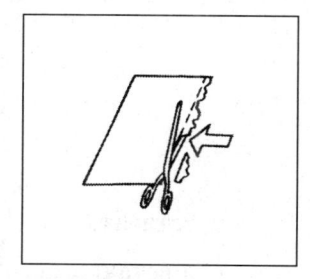

ОБре́зать края́.

ГЛАГОЛ БИ́ТЬ

РАЗби́ть ча́шку.

Уби́ть комара́.

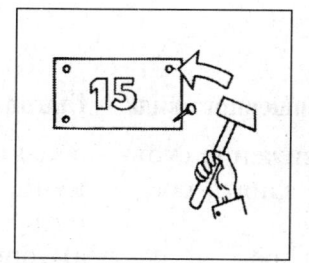

ПРИби́ть табли́чку к стене́.

Сбить я́блоки с де́рева.

Глагол

ГЛАГОЛЫ
ЛОЖИ́ТЬСЯ—ЛЕЧЬ—ЛЕЖА́ТЬ, САДИ́ТЬСЯ—СЕСТЬ—СИДЕ́ТЬ, ВСТАВА́ТЬ—ВСТАТЬ—СТОЯ́ТЬ

В русском языке есть группы глаголов, представляющих определённую трудность.

КУДА́?		ГДЕ?
несовершенный вид	совершенный вид	несовершенный вид

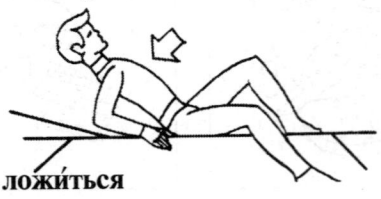

ложи́ться
я ложу́сь...
они́ ложа́тся
(*наст. вр.*)

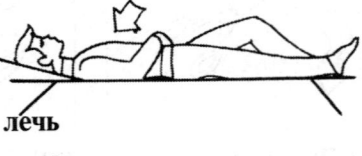

лечь
я ля́гу
(*буд. вр.*)
я лёг
(*прош. вр.*)

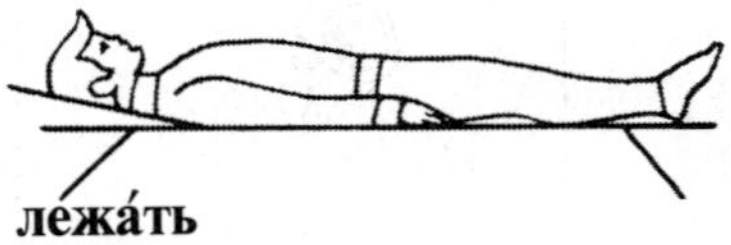

лежа́ть
я лежу́...
они́ лежа́т
(*наст. вр.*)

сади́ться
я сажу́сь...
они́ садя́тся
(*наст. вр.*)

сесть
я ся́ду
(*буд. вр.*)
я сел
(*прош. вр.*)

сиде́ть
я сижу́...
они́ сидя́т
(*наст. вр.*)

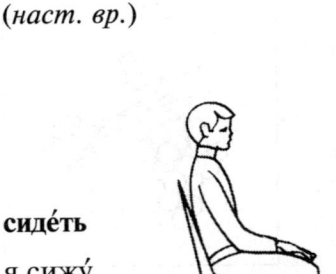

встава́ть
я встаю́
они́ встаю́т
(*наст. вр.*)

встать
я вста́ну
(*буд. вр.*)
я встал
(*прош. вр.*)

стоя́ть
я стою́...
они́ стоя́т
(*наст. вр.*)

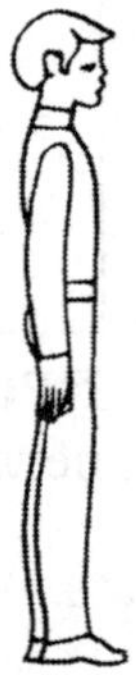

Глаголы несовершенного вида

обозначают движение субъекта с целью занять соответствующее
а) горизонтальное,
б) сидячее,
в) вертикальное положение.

Глаголы совершенного вида

обозначают результат движения субъекта с целью занять
а) горизонтальное,
б) сидячее,
в) вертикальное положение.

Глаголы несовершенного вида

обозначают неподвижное
а) горизонтальное,
б) сидячее,
в) вертикальное положение субъекта в (на) определённом месте.

ГЛАГОЛЫ
СТА́ВИТЬ—ПОСТА́ВИТЬ—СТОЯ́ТЬ

КТО и́ли **ЧТО СТОИ́Т?**

1. Челове́к (на нога́х).

2. Всё то, у чего есть но́жки:
   стол, стул, шкаф, телеви́зор и т. д.

3. Посу́да в тако́м положе́нии, когда́ в неё мо́жно что-нибудь положи́ть или нали́ть.

4. Всё, что свое́й ме́ньшей пове́рхностью соприкаса́ется с по́лом, столо́м, землёй и про́чим:
   чемода́н на полу́, кни́га на по́лке, телефо́н на столе́ и т. д.

Всё, что **СТОИ́Т**, мо́жно **ПОСТА́ВИТЬ**.

КУДА́?   **ГДЕ?**

— **Поста́вь** ва́зу на стол!

Та́ня **ста́вит** ва́зу на стол.

Она́ **поста́вила** ва́зу на стол.

Ва́за **стои́т** на столе́.

Мы **ста́вим** в ко́мнату
Мы **поста́вили** в ко́мнату   } ме́бель: шкаф, дива́н, крова́ть, стол, сту́лья.

Мы **поста́вили** на стол ла́мпу, телефо́н, магнитофо́н.
К обе́ду мы **ста́вим** на стол посу́ду: таре́лки, ча́шки, стака́ны.

ГЛАГОЛЫ
КЛАСТЬ—ПОЛОЖИ́ТЬ—ЛЕЖА́ТЬ

КТО и́ли ЧТО ЛЕЖИ́Т?

1. Челове́к (в посте́ли, на тахте́).

2. Матра́с, одея́ло, покрыва́ло и поду́шка (на крова́ти).

3. Всё, что свое́й бо́льшей пове́рхностью соприкаса́ется с по́лом, столо́м, землёй и т. д.:
кни́ги, тетра́ди, карандаши́, рези́нка, нож, ло́жка, ви́лка — на столе́;
ковёр — на полу́.

То, что **ЛЕЖИ́Т**, мо́жно **ПОЛОЖИ́ТЬ**.

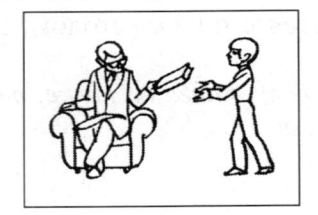

| — **Положи́** кни́гу на стол! | И́горь **кладёт** кни́гу на стол. | Он **положи́л** кни́гу на стол. | Кни́га **лежи́т** на столе́. |

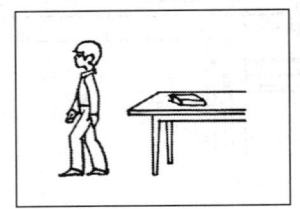

ГЛАГОЛЫ
ВЕ́ШАТЬ—ПОВЕ́СИТЬ—ВИСЕ́ТЬ

ЧТО ВИСИ́Т?

1. Ла́мпа (на стене́).
2. Занаве́ски (на окне́)
3. Пальто́ (на ве́шалке в шкафу́).
4. Бельё (когда́ су́шится).
5. Я́блоки (на де́реве).
6. Каче́ли (на столба́х).

То, что **ВИСИ́Т**, мо́жно **ПОВЕ́СИТЬ**.

| — **Пове́сь** пальто́ на ве́шалку! | И́горь **ве́шает** пальто́ на ве́шалку. | Он **пове́сил** пальто́ на ве́шалку. | Пальто́ **виси́т** на ве́шалке. |

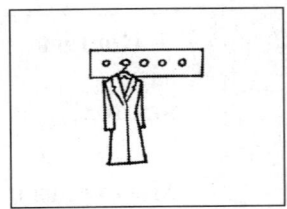

Глагол 233

СРАВНИТЕ:

КУДА?		ГДЕ?
несовершенный вид	**совершенный вид**	**несовершенный вид**

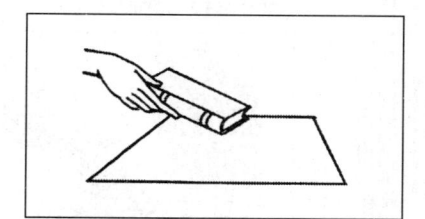

класть

я кладу́...
они́ кладу́т...
(наст. вр.)

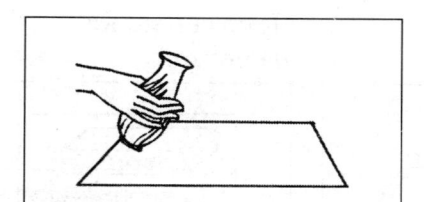

положи́ть

я положу́...
(буд. вр.)
я положи́л...
(прош. вр.)

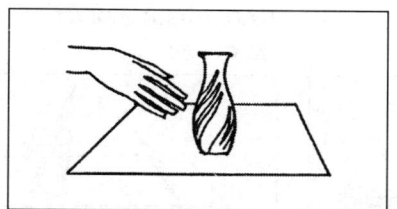

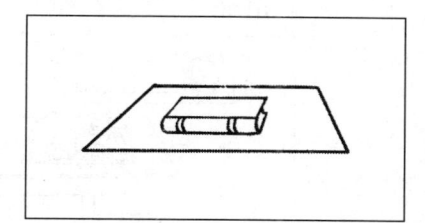

лежа́ть

кни́га лежи́т
(наст. вр.)

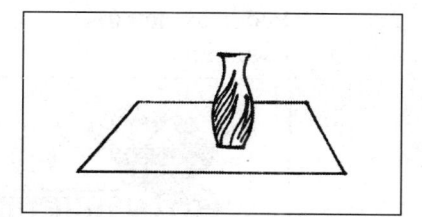

ста́вить

я ста́влю...
(наст. вр.)

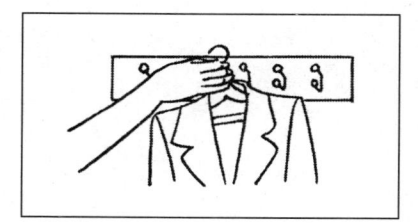

поста́вить

я поста́влю...
(буд. вр.)
я поста́вил...
(прош. вр.)

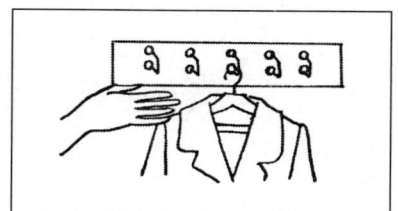

стоя́ть

ва́за стои́т
(наст. вр.)

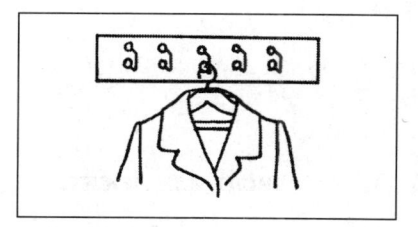

ве́шать

я ве́шаю...
(наст. вр.)

пове́сить

я пове́шу...
(буд. вр.)
я пове́сил...
(прош. вр.)

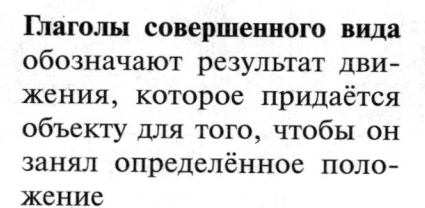

висе́ть

пальто́ виси́т
(наст. вр.)

Глаголы несовершенного вида обозначают движение, которое придаётся объекту для того, чтобы он занял определённое положение.

Глаголы совершенного вида обозначают результат движения, которое придаётся объекту для того, чтобы он занял определённое положение

Глаголы несовершенного вида обозначают определённое положение предмета в пространстве.

Глагол

Одни и те же вещи могут находиться в разных положениях, то есть одна и та же вещь —

а) **стои́т** и́ли **лежи́т**:

На по́лке **стои́т** кни́га.

На столе́ **стои́т** ма́сло.

Посреди́ поля́ны **стои́т** (растёт) берёза.

На столе́ **лежи́т** кни́га.

В холоди́льнике **лежи́т** ма́сло.

На поля́не **лежи́т** сру́бленное де́рево.

Ребёнок **лежи́т** в коля́ске.

Каранда́ш **лежи́т** на столе́.

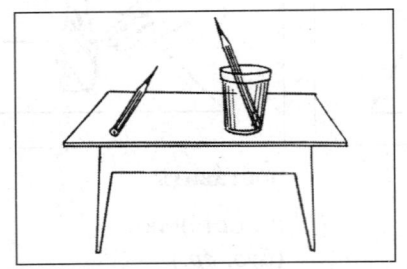

Чемода́н **лежи́т** на по́лке.

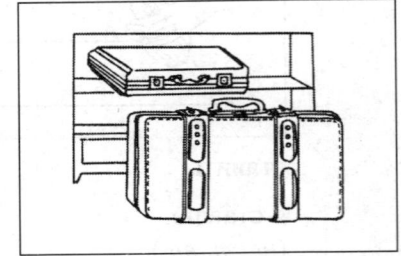

Ребёнок **стои́т** в крова́тке.

Каранда́ш **стои́т** в стака́не.

Чемода́н **стои́т** на полу́.

б) **виси́т** и́ли **лежи́т**:

Пла́тье **виси́т** в шкафу́.

Я́блоко **виси́т** на де́реве.

Ковёр **виси́т** на стене́.

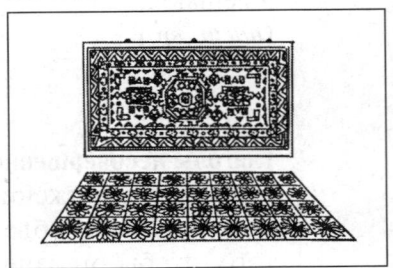

Пла́тье **лежи́т** в чемода́не.

Я́блоко **лежи́т** на таре́лке.

Ковёр **лежи́т** на полу́.

Глагол 235

| — Поста́вь
— Положи́ | > кни́гу < | на по́лку!
на стол! |

| — Поста́вь
— Положи́ | > чемода́н < | на́ пол!
на по́лку! |

| — Пове́сь
— Положи́ | > пла́тье < | на ве́шалку!
в чемода́н! |

| — Пове́сь
— Положи́ | > ковёр < | на́ стену!
на́ пол! |

| Он | ста́вит
кладёт | > кни́гу < | на по́лку!
на стол! |

| Он | поста́вил
положи́л | > чемода́н < | на́ пол!
на по́лку! |

| Она́ | пове́сила
положи́ла | > пла́тье < | на ве́шалку!
в чемода́н! |

| Она́ | пове́сила
положи́ла | > ковёр < | на сте́ну!
на́ пол! |

Можно сказать:

ГЛАГОЛЫ ДВИЖЕНИЯ

Обозначая способ движения, следует обращать внимание на то, как совершается движение:
1) с указанием направления или без такого указания;
2) в одном направлении или в различных направлениях.

В русском языке выделяется особая группа глаголов — это так называемые глаголы движения. Их всего 14 пар. Глаголы каждой пары обозначают один способ движения. Все они несовершенного вида.

однонаправленное движение (движение в определённом направлении), *тип* **идти́**	ненаправленное или разнонаправленное движение, *тип* **ходи́ть**
Для обозначения движения, совершающегося в определённом направлении, используются следующие глаголы:	Для обозначения ненаправленного движения или движения, совершающегося в различных направлениях, используются следующие глаголы:

СЛОВАРЬ

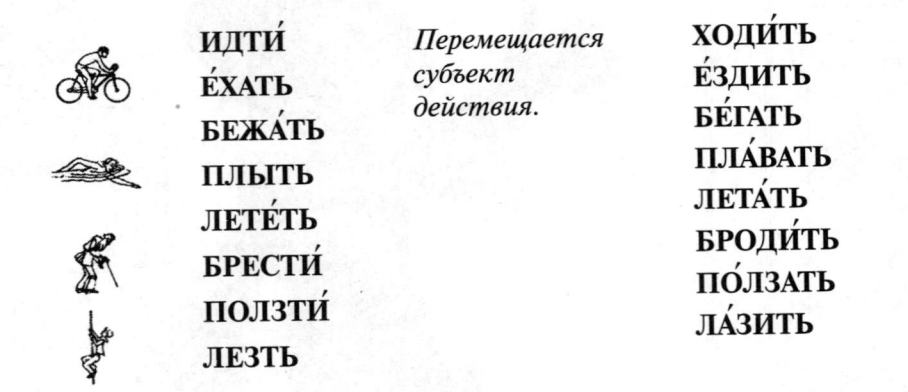

	ИДТИ́	*Перемещается субъект действия.*	ХОДИ́ТЬ	
	Е́ХАТЬ		Е́ЗДИТЬ	
	БЕЖА́ТЬ		БЕ́ГАТЬ	
	ПЛЫТЬ		ПЛА́ВАТЬ	
	ЛЕТЕ́ТЬ		ЛЕТА́ТЬ	
	БРЕСТИ́		БРОДИ́ТЬ	
	ПОЛЗТИ́		ПО́ЛЗАТЬ	
	ЛЕЗТЬ		ЛА́ЗИТЬ	

	НЕСТИ́	*Перемеща́ется субъект действия вместе с объектом.*	НОСИ́ТЬ	
	ВЕСТИ́		ВОДИ́ТЬ	
	ВЕЗТИ́		ВОЗИ́ТЬ	
	ТАЩИ́ТЬ		ТАСКА́ТЬ	
	КАТИ́ТЬ		КАТА́ТЬ	
	ГНАТЬ		ГОНЯ́ТЬ	

ДВИЖЕНИЕ В ОПРЕДЕЛЁННОМ НАПРАВЛЕНИИ		ДВИЖЕНИЕ В РАЗНЫХ НАПРАВЛЕНИЯХ, МНОГО РАЗ, ТУДА И ОБРАТНО
ИДТИ я иду́ — мы идём ты идёшь — вы идёте он/она́ идёт — они́ иду́т шёл, шла, шли бу́ду идти́	Движение с помощью ног.	**ХОДИ́ТЬ** я хожу́ — мы хо́дим ты хо́дишь — вы хо́дите он/она́ хо́дит — они́ хо́дят ходи́л, -а, -и бу́ду ходи́ть
Е́ХАТЬ я е́ду — мы е́дем ты е́дешь — вы е́дете он/она́ е́дет — они́ е́дут е́хал, -а, -и бу́ду е́хать	Движение с помощью любого средства транспорта (обычно на колёсах).	**Е́ЗДИТЬ** я е́зжу — мы е́здим ты е́здишь — вы е́здите он/она́ е́здит — они́ е́здят е́здил, -а, -и бу́ду е́здить
БЕЖА́ТЬ я бегу́ — мы бежи́м ты бежи́шь — вы бежи́те он/она́ бежи́т — они́ бегу́т бежа́л, -а, -и бу́ду бежа́ть	Ускоренное движение с помощью ног.	**БЕ́ГАТЬ** я бе́гаю — мы бе́гаем ты бе́гаешь — вы бе́гаете он/она́ бе́гает — они́ бе́гают бе́гал, -а, -и бу́ду бе́гать
ПЛЫТЬ я плыву́ — мы плывём ты плывёшь — вы плывёте он/она́ плывёт — они́ плыву́т плыл, -а́, -и бу́ду плыть	Движение по воде.	**ПЛА́ВАТЬ** я пла́ваю — мы пла́ваем ты пла́ваешь — вы пла́ваете он/она́ пла́вает — они́ пла́вают пла́вал, -а, -и бу́ду пла́вать
ЛЕТЕ́ТЬ я лечу́ — мы лети́м ты лети́шь — вы лети́те он/она́ лети́т — они́ летя́т лете́л, -а, -и бу́ду лете́ть	Движение по воздуху.	**ЛЕТА́ТЬ** я лета́ю — мы лета́ем ты лета́ешь — вы лета́ете он/она́ лета́ет — они́ лета́ют лета́л, -а, -и бу́ду лета́ть

ДВИЖЕНИЕ В ОПРЕДЕЛЁННОМ НАПРАВЛЕНИИ

ИДТИ и НЕСТИ

я	несу́	мы	несём
ты	несёшь	вы	несёте
он она́ }	несёт	они́	несу́т

нёс, несла́, -и́
бу́ду нести́

Перемещение недвижущегося объекта без помощи транспорта (в руках, на спине и т. д.).

ИДТИ и ВЕСТИ

я	веду́	мы	ведём
ты	ведёшь	вы	ведёте
он она́ }	ведёт	они́	веду́т

вёл, -а́, -и́
бу́ду вести́

Перемещение движущегося объекта без помощи транспорта.

ИДТИ и ВЕЗТИ

я	везу́	мы	везём
ты	везёшь	вы	везёте
он она́ }	везёт	они́	везу́т

вёз, везла́, -и́
бу́ду везти́

Перемещение объекта с помощью транспорта. (Субъект перемещается с помощью ног.)

ЕХАТЬ и ВЕЗТИ

я	везу́	мы	везём
ты	везёшь	вы	везёте
он она́ }	везёт	они́	везу́т

вёз, везла́, -и́
бу́ду везти́

Перемещение объекта с помощью транспорта. (Субъект перемещается с помощью транспорта.)

ТАЩИТЬ

я	тащу́	мы	та́щим
ты	та́щишь	вы	та́щите
он она́ }	та́щит	они́	та́щат

тащи́л, -а, -и
бу́ду тащи́ть

Затруднённое перемещение объекта без помощи транспорта.

ДВИЖЕНИЕ В РАЗНЫХ НАПРАВЛЕНИЯХ, МНОГО РАЗ, ТУДА И ОБРАТНО

ХОДИТЬ и НОСИТЬ

я	ношу́	мы	но́сим
ты	но́сишь	вы	но́сите
он она́ }	но́сит	они́	но́сят

носи́л, -а, -и
бу́ду носи́ть

ХОДИТЬ и ВОДИТЬ

я	вожу́	мы	во́дим
ты	во́дишь	вы	во́дите
он она́ }	во́дит	они́	во́дят

води́л, -а, -и
бу́ду води́ть

ХОДИТЬ и ВОЗИТЬ

я	вожу́	мы	во́зим
ты	во́зишь	вы	во́зите
он она́ }	во́зит	они́	во́зят

вози́л, -а, -и
бу́ду вози́ть

ЕЗДИТЬ и ВОЗИТЬ

я	вожу́	мы	во́зим
ты	во́зишь	вы	во́зите
он она́ }	во́зит	они́	во́зят

вози́л, -а, -и
бу́ду вози́ть

ТАСКАТЬ

я	таска́ю	мы	таска́ем
ты	таска́ешь	вы	таска́ете
он она́ }	таска́ет	они́	таска́ют

таска́л, -а, -и
бу́ду таска́ть

КАТИ́ТЬ

я качу́	мы ка́тим
ты ка́тишь	вы ка́тите
он } ка́тит	они́ ка́тят
она́	

кати́л, -а, -и
бу́ду кати́ть

Приведение в движение округлого предмета.

КАТА́ТЬ[1]

я ката́ю	мы ката́ем
ты ката́ешь	вы ката́ете
он } ката́ет	они́ ката́ют
она́	

ката́л, -а, -и
бу́ду ката́ть

УПОТРЕБЛЕНИЕ ГЛАГОЛОВ ДВИЖЕНИЯ

Глаголы однонаправленного движения (*тип* **идти́**)	Глаголы ненаправленного или разнонаправленного движения (*тип* **ходи́ть**)
ИДТИ́, Е́ХАТЬ, БЕЖА́ТЬ, ЛЕТЕ́ТЬ, НЕСТИ́, ВЕСТИ́, ВЕЗТИ́ и др.	ХОДИ́ТЬ, Е́ЗДИТЬ, БЕ́ГАТЬ, ЛЕТА́ТЬ, НОСИ́ТЬ, ВОДИ́ТЬ, ВОЗИ́ТЬ и др.
употребляются:	употребляются:
1. Если в момент высказывания наблюдается движение, совершающееся в одном направлении: По у́лице **идёт** челове́к, он **несёт** чемода́н и **ведёт** за́ руку ребёнка.	1. Если в момент высказывания наблюдается движение, совершающееся в различных направлениях: Над мо́рем **лета́ют** ча́йки. По бе́регу **бе́гают** де́ти.
2. Если нужно задать вопрос о движении в тот момент, когда оно совершается: — *Куда́* вы **е́дете**? (вопрос в поезде, обращённый к пассажиру)	2. Если нужно задать вопрос о движении вообще, как о чём-то обычном, повторяющемся: — *Куда́* вы обы́чно **е́здите** отдыха́ть? (вопрос к собеседнику в любой обстановке)
3. Если речь идёт о регулярно повторяющемся движении в одном направлении: Я ка́ждый день на рабо́ту иду́ пешко́м, а обра́тно е́ду на авто́бусе.	3. Если говорится о движении как о чём-то обычном, повторяющемся в разных направлениях: Мать **хо́дит** ка́ждое у́тро на рабо́ту и **во́дит** до́чку в де́тский сад (туда и обратно) или однократном движении, которое было в двух направлениях: Я вчера́ **ходи́л** в теа́тр (туда и обратно).
4. Если даётся конкретное указание, приказ, совет совершить однократное направленное движение: **Иди́те** сюда́! **Неси́те** сюда́ ве́щи! — **Беги́** домо́й!	4. Если речь идёт об умении, о способности, об обычном способе передвижения: Он хорошо́ **пла́вает** (**бе́гает**, **ката́ется** на конька́х).

Употребляя глаголы движения в переносном значении, говорят:

Вре́мя **лети́т**.
Го́ды **бегу́т**.
Зима́ **идёт**.
Шёл 1945 год...
Мои́ часы́ **иду́т** (не **иду́т**).

В этих случаях возможно употребление только глаголов I группы типа **идти́**, т. к. время движется только в одном направлении.

Дым (из трубы́) **идёт** (вверх).
Ту́чи **плыву́т** по́ небу (так как ветер дует в одну сторону).
Ло́дка **лети́т** вниз по тече́нию (так как течение имеет одно направление).

---

[1] Употребляется также вместо глагола **вози́ть**, когда целью движения является развлечение: *Отец ката́ет сы́на на са́нках, на велосипе́де.*

ГЛАГОЛЫ ДВИЖЕНИЯ I и II ГРУПП

Я смотрю́ в окно́ и ви́жу:

По у́лице **идёт** мать и **ведёт** за́ руку дочь.

По у́лице **е́дет** на велосипе́де оте́ц и **везёт** ма́ленького сы́на.

По реке́ **плывёт** парохо́д.
По бе́регу **бежи́т** ма́льчик.
Пти́цы **летя́т** на юг.

По утра́м, ча́сто, ка́ждый день (туда́ и обра́тно):

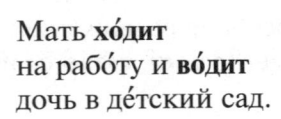

Мать **хо́дит** на рабо́ту и **во́дит** дочь в де́тский сад.

Оте́ц **е́здит** на рабо́ту и **во́зит** ма́ленького сы́на в я́сли.

На о́зере **пла́вают** ле́беди.
Над водо́й **лета́ют** ча́йки.
По бе́регу **бе́гают** де́ти.

Куда́ вы **е́дете**? —
Я **е́ду** в Оде́ссу.
(разгово́р в по́езде)

Куда́ вы **е́здите** отдыха́ть?
— Обы́чно я **е́зжу** на́ море.
(разгово́р в гостя́х)

Глагол

ИДТИ — ХОДИТЬ

Куда́ вы (сейча́с) **идёте**?

— Я **иду́** на конце́рт в консервато́рию.

Куда́ вы **ходи́ли** вчера́?

— Я **ходи́ла** на конце́рт в консервато́рию.

(Я **была́** на конце́рте.)

ВЕСТИ — ВОДИТЬ

Куда́ вы **ведёте** ребёнка?

— Я **веду́** его́ на приём к врачу́.

Я звони́ла вам вчера́ в 5 часо́в?

— Я в э́то вре́мя **води́ла** ребёнка к врачу́.

(Я **была́** у врача́.)

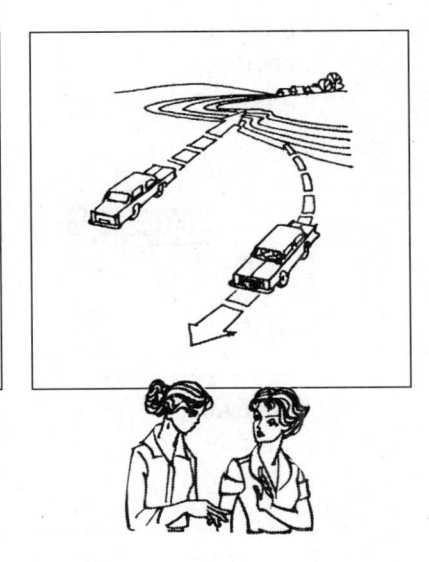

ЕХАТЬ — ЕЗДИТЬ

Куда́ вы **е́дете**?

— Мы **е́дем** отдыха́ть на Во́лгу.

Как вы хорошо́ **вы́глядите**!

— Мы **е́здили** отдыха́ть на Во́лгу.

(Мы **бы́ли** на Во́лге.)

ЗНАЧЕНИЕ ГЛАГОЛОВ ДВИЖЕНИЯ

ДВИЖЕНИЕ В ОПРЕДЕЛЁННОМ НАПРАВЛЕНИИ	МНОГОКРАТНОЕ ДВИЖЕНИЕ ТУДА И ОБРАТНО	ДВИЖЕНИЕ В РАЗНЫХ НАПРАВЛЕНИЯХ	УМЕНИЕ, ОБЫЧНЫЙ СПОСОБ ПЕРЕДВИЖЕНИЯ
Он **идёт** на работу.	Каждый день он **ходит** на работу.	Она **хо́дит** по магази́нам.	Ребёнок уже́ **хо́дит**.
Она́ **ведёт** ребёнка к врачу́	Она́ **во́дит** ребёнка ка́ждый день в парк.	Она́ **во́дит** ребёнка по алле́ям па́рка	Он хорошо́ **во́дит** маши́ну
Он **бежи́т** в шко́лу.	По утра́м сын **бе́гает** за хле́бом.	Де́ти **бе́гают** по́ двору́.	Оле́ни бы́стро **бе́гают**.
Они́ **е́дут** на юг	Ка́ждый год они́ **е́здят** на юг.	Он **е́здит** на велосипе́де по́ двору	Он хорошо́ **е́здит** верхо́м

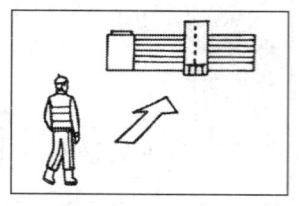

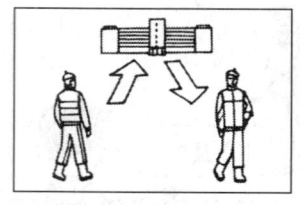

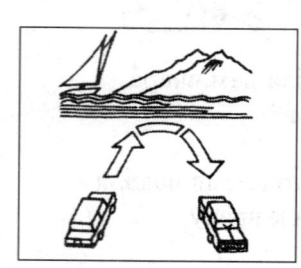

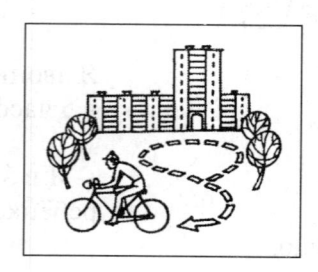

Глагол 243

ДВИЖЕНИЕ В ОПРЕДЕЛЁННОМ НАПРАВЛЕНИИ	МНОГОКРАТНОЕ ДВИЖЕНИЕ ТУДА И ОБРАТНО	ДВИЖЕНИЕ В РАЗНЫХ НАПРАВЛЕНИЯХ	УМЕНИЕ, ОБЫЧНЫЙ СПОСОБ ПЕРЕДВИЖЕНИЯ
 Ло́дка **плывёт** к бе́регу.	 Теплохо́д **пла́вает** по маршру́ту Москва́ — Астрахань.	 Ле́беди **пла́вают** по о́зеру.	 Ры́бы **пла́вают**.
 Пти́цы **летя́т** на юг.	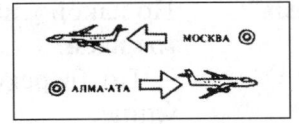 Самолёт **лета́ет** по маршру́ту Москва́ — Алма́-Ата́.	 Ча́йки **лета́ют** над мо́рем.	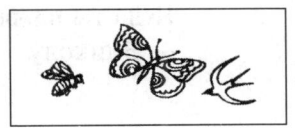 Пти́цы, пчёлы и ба́бочки **лета́ют**.
 Она́ **несёт** домо́й поку́пки.	 На заня́тия он **но́сит** с собо́й слова́рь.	 Он всегда́ **но́сит** с собо́й зонт.	 Кенгуру́ **но́сит** детёнышей в су́мке на животе́.
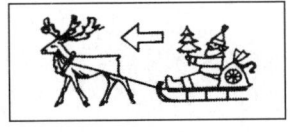 Дед Моро́з **везёт** де́тям пода́рки.	 Мать ча́сто **во́зит** сы́на в парк.	 Сестра́ **во́зит** бра́та в коля́ске.	 На слона́х **во́зят** гру́зы.

ОБРАТИТЕ ВНИМАНИЕ на употребление глагола КАТА́ТЬСЯ (для удовольствия)!

Он **ката́ется**

 на маши́не	 на велосипе́де	 на лы́жах	 на конька́х
 на са́нках	 на ло́дке	 на ло́шади	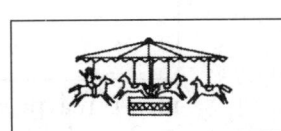 на карусе́ли

ГЛАГОЛ ИДТИ

НАСТОЯЩЕЕ ВРЕМЯ

Куда ты **идёшь**?
— В школу.

Откуда ты **идёшь**?
— Из школы.

НАСТОЯЩЕЕ ВРЕМЯ

По какой улице мы **идём**?
— По Тверской улице.

— Смотри, наш автобус **идёт**!

ИНФИНИТИВ

— Уже 10 часов. Нам пора **идти** домой.

— Мне завтра (надо) **идти** на экзамен, а я ещё половины не выучил.

ИМПЕРАТИВ

— **Идите** пить чай!

— **Идём** в кино, у меня есть билет!

ПРОШЕДШЕЕ ВРЕМЯ

Я встретил своего друга, когда...

шёл в театр
(по дороге в театр).

ходил в театр
(по дороге в театр, в самом театре или по дороге домой).

БУДУЩЕЕ ВРЕМЯ

— Я устала. Долго ещё мы **будем идти** (долго ещё нам надо идти)?

— Когда **будешь идти** мимо почты, опусти это письмо.

Глагол 245

СРАВНИТЕ:

КУДА? — в шко́лу

Я иду́ ... куда́? отку́да?

ОТКУДА? — из шко́лы

КУДА? — в го́род

Я е́ду ... куда́? отку́да?

ОТКУДА? — из го́рода

на заня́тия

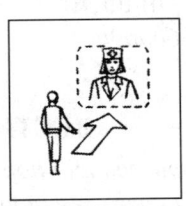

с заня́тий

на Ура́л

с Ура́ла

с какой це́лью? за чем?

с какой це́лью? за чем?

к врачу́

от врача́

к друзья́м

от друзе́й

к кому́? от кого́?

к кому́? от кого́?

С како́й це́лью?

купа́ться

купи́ть газе́ту

За чем?

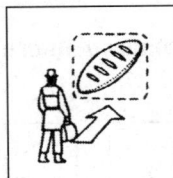

за хле́бом

С како́й це́лью?

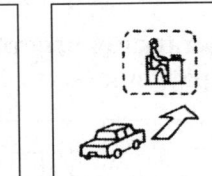

учи́ться

на прогу́лку

За чем?

за поку́пками

Где он идёт?

по доро́ге

че́рез парк

вдоль огра́ды

На чём он е́дет?

на маши́не

на ло́шади

на мотоци́кле

НЕКОТОРЫЕ ГЛАГОЛЫ ДВИЖЕНИЯ В ПЕРЕНОСНОМ ЗНАЧЕНИИ

Поезд **идёт**.

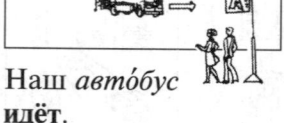

Наш *автобус* **идёт**.

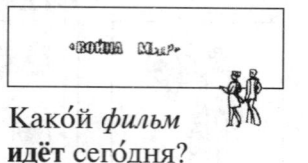

Какой *фильм* **идёт** сегодня?

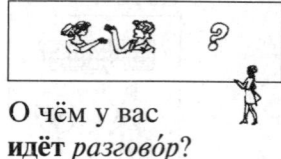

О чём у вас **идёт** *разговор*?

— ИДЁТ —
поезд, трамвай, троллейбус, автобус
(все виды общественного транспорта)

— ИДЁТ —
фильм, спектакль, матч, собрание, заседание, разговор, спор

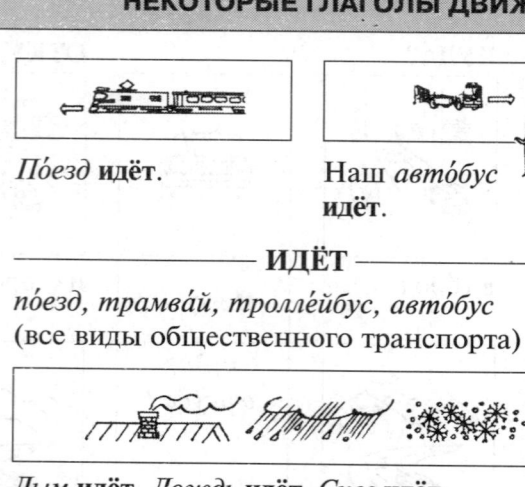

Дым **идёт**. *Дождь* **идёт**. *Снег* **идёт**.

Часы **идут**. *Время* **идёт**.

— Тебе **идёт** это *платье*.

Годы **летят**.

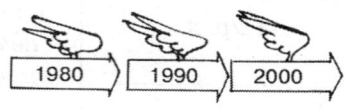

Она **носит** тёмные *очки*.

Он **носит** *бороду*.

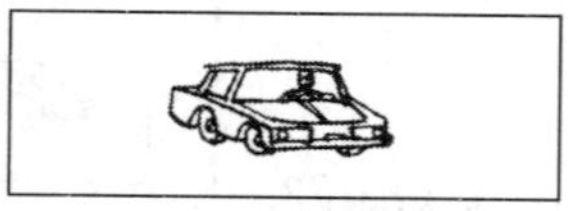

Он **ведёт** *машину*.

Они **ведут** *наблюдения*.

— Ты плохо себя **ведёшь**!

— ВЕСТИ —
разговор, спор, переписку, войну, занятия, собрание, хозяйство, наблюдения

ГЛАГОЛЫ ДВИЖЕНИЯ С ПРИСТАВКАМИ

Глаголы движения с **приставками пространственного значения** обозначают движение, имеющее определённое направление.

| ПРИ- | У- | В- | ВЫ- | ПРО- | ПЕРЕ- | ЗА- |

| ПОД- | ОТ- | ОБО- | С- | ВЗ- | ДО- | РАЗ- (...-ся) | С- (...-ся) |

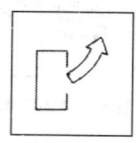

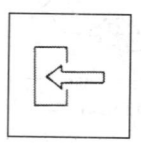

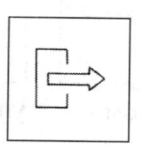

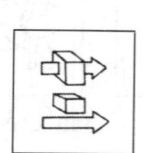

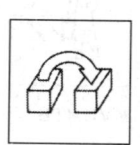

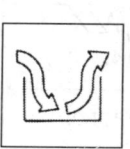

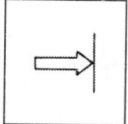

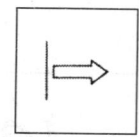

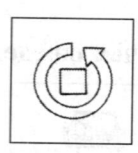

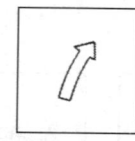

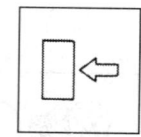

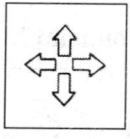

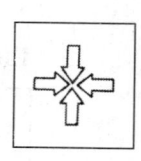

Глаголы *однонаправленного* движения (*тип* **идти**) с приставками образуют глаголы *совершенного* вида.

Глаголы *разнонаправленного* движения (*тип* **ходить**) с приставками сохраняют *несовершенный* вид.

Эти глаголы составляют *видовую пару*:	приходи́ть — прийти́, выходи́ть — вы́йти и т. д.
У глаголов *типа* **идти́** с приставками, как у всех глаголов совершенного вида, только два времени: *прошедшее и будущее простое*.	У глаголов *типа* **ходи́ть** с приставками, как у всех глаголов несовершенного вида, 3 времени: *настоящее, прошедшее и будущее*.
Вчера́ он **вы́шел** из до́ма в 8 часо́в.	Обы́чно я **выхожу́** из до́ма в 8 часо́в.
	Рабо́тая на заво́де, я всегда́ **выходи́л** из до́ма в 6 часо́в.
За́втра он **вы́йдет** из до́ма в 7 часо́в.	Тепе́рь, поступи́в на другу́ю рабо́ту, я **бу́ду выходи́ть** из до́ма в 7 часо́в.

ГЛАГОЛЫ ДВИЖЕНИЯ С ПРИСТАВКАМИ ПРОСТРАНСТВЕННОГО ЗНАЧЕНИЯ

приставки	предлоги		
при- у-	в на к	из с от	Я **пришёл** *в* теа́тр (*из* теа́тра), *на* конце́рт (*с* конце́рта), *к* дру́гу (*от* дру́га).
в- вы-	в из	на, в	Я **вошёл** *в* дом. Я **вы́шел** *из* до́ма. Я **вы́шел** *на* у́лицу. Я **вы́шел** *в* коридо́р.
про-	че́рез ми́мо	над под	Я **прошёл** *че́рез* парк. Я **прошёл** *под* мосто́м. Я **прошёл** *ми́мо* до́ма.
пере-	че́рез на, в		Я **перешёл** (*че́рез*) у́лицу. Я **перешёл** *на* другу́ю сто́рону. Я **перешёл** *в* другу́ю аудито́рию.
за-	в, на к за		Я **зашёл** *в* магази́н (*на* по́чту). Я **зашёл** *к* дру́гу. Я **зашёл** *за* хле́бом.
под- от-	к от в, на		Я **подошёл** *к* окну́. Я **отошёл** *от* окна́. Я **отнёс** кни́ги *в* библиоте́ку.
обо-	вокру́г		Я **обошёл** *вокру́г* о́зера (о́зеро).
с- вз-	с, на на		Я **сошёл** *с* ле́стницы. Я слез *с* де́рева *на* зе́млю. Я **взбежа́л** *на* пя́тый эта́ж.
до-	до		Я **дошёл** *до* до́ма (*за* полчаса́).

Иногда глагольная приставка повторяет предлог. В других случаях определённый предлог требует определенной приставки.

> ⚠ **ОБРАТИТЕ ВНИМАНИЕ**
>
> на приставки-антонимы: **ПРИ- ≠ У-, В- ≠ ВЫ-, ПОД- ≠ ОТ-, С- ≠ ВЗ-**.

ГЛАГОЛ ИДТИ С ПРИСТАВКАМИ

Антон решил пойти в музей.

Он **вышел** из дома в 10 часов,

пошёл по улице,

— Антона нет, он **ушёл** в 10 часов.

в два часа он **пришёл** домой.

перешёл через мост,

вошёл в зал,

прошёл через парк,

дошёл до музея за полчаса,

подошёл к памятнику,

зашёл в кафе,

обошёл вокруг памятника,

ИДТИ

ГЛАГОЛ *ЕХАТЬ* С ПРИСТАВКАМИ

Анто́н реши́л пое́хать к дру́гу.

Он **вы́ехал** из до́ма в 6 часо́в,

пое́хал по доро́ге,

прое́хал че́рез центр

— Анто́на нет, он **уе́хал**.

— Наконе́ц ты **прие́хал**.

ЕХАТЬ

дое́хал до па́мятника,

объе́хал вокру́г па́мятника,

отъе́хал от па́мятника и **пое́хал** да́льше,

въе́хал во двор,

подъе́хал к воро́там,

съе́хал с горы́,

перее́хал че́рез мост,

ГЛАГОЛ ВЕСТИ́ С ПРИСТАВКАМИ

Сего́дня тепло́. Мать **вы́вела** Анто́на гуля́ть.

К у́жину мать **привела́** Анто́на домо́й.

подвела́ его́ к кле́тке с медве́дями.

привела́ его́ в зоопа́рк,

ВЕСТИ́

— Как жаль, что Анто́на **увели́**!

Мать **повела́** его́ в парк,

перевела́ Анто́на че́рез у́лицу,

провела́ его́ че́рез пло́щадь,

Глагол 251

ГЛАГОЛ *ЛЕТЕ́ТЬ* С ПРИСТАВКАМИ

— **Улете́ла** на́ша пти́чка!

Пти́ца вы́летела из кле́тки,

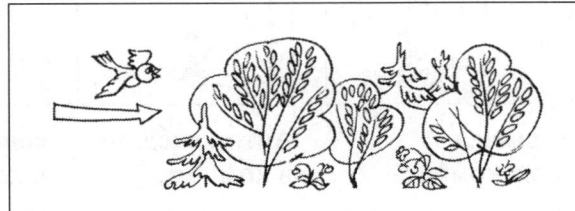

полете́ла к ле́су,

подлете́ла к ба́шне,

облете́ла вокру́г ба́шни,

отлете́ла от ба́шни,

Прилете́ла на́ша пти́чка!

влете́ла в ко́мнату.

ЛЕТЕ́ТЬ

взлете́ла (се́ла) на де́рево,

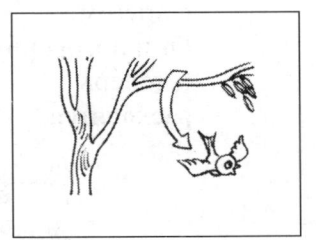

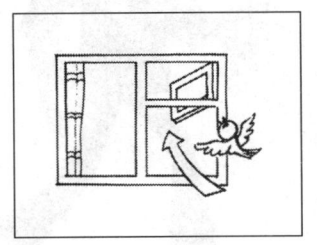

долете́ла до знако́мого окна́.

пролете́ла над го́родом,

слете́ла с де́рева,

ГЛАГОЛЫ ИДТИ, ХОДИТЬ С ПРИСТАВКАМИ

Антон **выходит** из комнаты,

вышел из комнаты.

Антон **входит** в комнату,

вошёл в комнату.

Антон **проходит** через лес,

прошёл через лес.

Антон **переходит** через дорогу,

перешёл через дорогу.

Антон **уходит** из дома,

ушёл из дома,

пришёл домой.

Антон **заходит** за другом,

зашёл за другом (и они пошли вместе).

Антон **отходит** от памятника,

отошёл от памятника,

подходит к памятнику,

подошёл к памятнику,

обходит вокруг памятника,

обошёл вокруг памятника,

Антон **встретился** с другом. Они поговорили и теперь **расходятся**.

Друзья поговорили и **разошлись.**

Антон **дошёл** до дому за час.

Приставка

ГЛАГОЛЫ ЕХАТЬ И ЕЗДИТЬ (…ЕЗЖАТЬ) С ПРИСТАВКАМИ

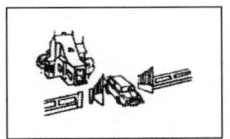

Пётр **уезжает** из дома,

уехал из дома.

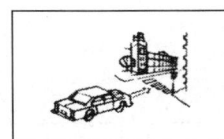

Пётр **выезжает** на улицу,

выехал на улицу,

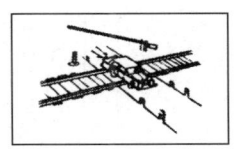

переезжает через дорогу,

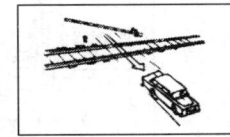

переехал через дорогу,

заезжает за другом,

заехал за другом (и они поехали вместе),

проезжает через лес,

проехал через лес,

подъезжает к озеру,

подъехал к озеру,

объезжает вокруг озера,

объехал вокруг озера.

Пётр **въезжает** в гараж,

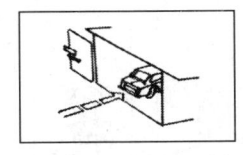

въехал в гараж.

Пётр **приехал** домой.

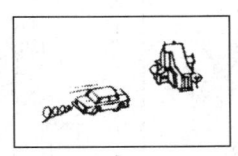

Пётр **доехал** до дома быстро.

Учёные **съезжаются** на конгресс.

Они **съехались** на конгресс.

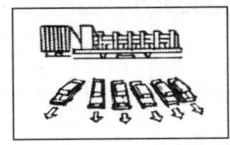

Через два дня учёные **разъезжаются** по домам.

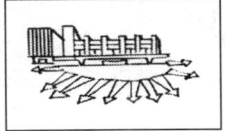

Через два дня учёные **разъехались** по домам.

Он **съездил** в деревню и вернулся.

Он **поездил** неделю по стране.

Он **поехал** по шоссе к аэродрому.

⚠️ **ОБРАТИТЕ ВНИМАНИЕ!**

Приставочные глаголы образуются от глагольной основы -ЕЗЖАТЬ.

Я **езжу**, ты **ездишь**, он **ездит**, мы **ездим**, они **ездят** — II спряжение
Я **уезжаю**, ты **уезжаешь**, он **уезжает**, мы **уезжаем**, вы **уезжаете**, они **уезжают** — I спряжение

Поезжай лучше на пароходе.

Глаголы *идти* и *вести*, *ходить* и *водить* с приставками

Антон (**выходит** и) **выводит** собаку во двор,

(**вышел** и) **вывел** собаку во двор,

(**уходит** и) **уводит** собаку из дома,

(**ушёл** и) **увёл** собаку из дома,

(**переходит** и) **переводит** собаку через улицу,

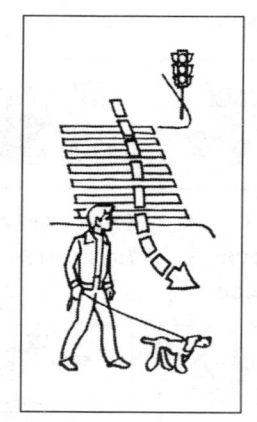

(**перешёл** и) **перевёл** собаку через улицу,

(**проходит** и) **проводит** собаку через парк,

(**прошёл** и) **провёл** собаку через парк,

(**пришёл** к другу и) **привёл** с собой собаку.

ОБРАТИТЕ ВНИМАНИЕ!

на соответствие между группами глаголов в одном и том же предложении:

выходит и **выводит**   **вышел** и **вывел**
уходит и **уводит**   **ушёл** и **увёл**

Если был употреблён глагол II группы -(вы)**ходить**, то второй глагол движения должен быть той же группы -(вы)**водить**.

Глагол 255

ОСОБЕННОСТИ УПОТРЕБЛЕНИЯ ГЛАГОЛОВ ДВИЖЕНИЯ С ПРИСТАВКАМИ

Приставочный глагол II группы (тип **ходи́ть**) может обозначать:

1. Процесс движения.

2. Многократное движение в одном направлении.

Когда́ я **проходи́л** ми́мо кио́ска, я купи́л газе́ту.

Ка́ждый день он **прихо́дит** на рабо́ту в 9 часо́в.

Ка́ждый день он **ухо́дит** с рабо́ты в 6 часо́в.

3. Однократное движение туда и обратно (только в прошедшем времени).

— Меня́ никто́ не спра́шивал?
— **Заходи́л** в 5 часо́в Ивано́в. Но я не зна́ла, когда́ ты вернёшься. Он подожда́л немно́го и ушёл.

— В 6 часо́в **приезжа́ли** Петро́вы. Они́ посиде́ли о́коло ча́са и уе́хали.

— Меня́ никто́ не спра́шивал по телефо́ну? Ты всё вре́мя была́ до́ма?
— Нет, я **уходи́ла** на 2 часа́ (а пото́м верну́лась). Мо́жет быть, в э́то вре́мя кто́-нибудь и звони́л.

⚠ ОБРАТИТЕ ВНИМАНИЕ!

В э́ту ко́мнату кто́-то **входи́л** (дверь откры́та).
Кто́-то сюда́ **приходи́л** и оста́вил здесь запи́ску.

входи́л = вошёл и вы́шел
приходи́л = пришёл и ушёл

Глагол

СРАВНИТЕ:

ПОЙДУ́

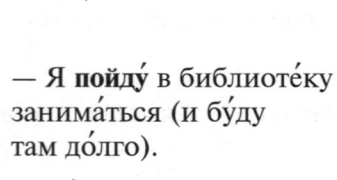

— Я **пойду́** в библиоте́ку занима́ться (и бу́ду там до́лго).

ПОЕ́ДУ

— О́сенью я **пое́ду** в Москву́ учи́ться.

ПОБЕГУ́

— Уже́ семь часо́в. Я **побегу́** на уро́к, а то опозда́ю.

СХОЖУ́ (я ско́ро верну́сь)

— Я **схожу́** в библиоте́ку за кни́гой (и ско́ро верну́сь).

СЪЕ́ЗЖУ

— Снача́ла я **съе́зжу** на не́сколько дней к роди́телям в дере́вню, а пото́м пое́ду в Москву́.

СБЕ́ГАЮ

— Подожди́ меня́ немно́го. Я **сбе́гаю** за хле́бом и сра́зу же верну́сь.

СРАВНИТЕ:

ИДУ́, Е́ДУ, ЛЕЧУ́ (в са́мом бли́зком бу́дущем)

Куда́ ты?
— **Иду́** к подру́ге за кни́гой.

Куда́ ты собира́ешься?
— **Е́ду** в командиро́вку.

Куда́ ты?
— **Лечу́** в Москву́.

ПОЙДУ́, ПОЕ́ДУ, ПОЛЕЧУ́ (в бо́лее отдалённом бу́дущем)

Что ты бу́дешь де́лать в сле́дующее воскресе́нье?
— **Пойду́** в го́сти к подру́ге на день рожде́ния.

— Э́тим ле́том я **пое́ду** на мо́ре. А ты?
— А я в го́ры.

Ты пое́дешь по́ездом?
— Нет, я **полечу́**. Так быстре́е.

Глагол 257

СРАВНИТЕ: ПРИШЁЛ, ПРИНЁС, ПРИВЁЛ (и сейчас здесь) ПРИХОДИ́Л, ПРИНОСИ́Л, ПРИВОДИ́Л (и ушёл)

— Полчаса́ тому́ наза́д **пришёл** Ко́стя, **принёс** тебе́ кни́гу и **привёл** с собо́й соба́ку. Он ждёт тебя́ в ко́мнате.

— Полчаса́ наза́д **приходи́л** Ко́стя, **приводи́л** свою́ соба́ку и **принёс** тебе́ кни́гу.

— Ко́стя **ушёл** и **увёл** соба́ку, а кни́гу **оста́вил** тебе́.

— Полчаса́ тому́ наза́д **приходи́л** Ко́стя. Он **принёс** тебе́ кни́гу и **привёл** свою́ соба́ку.

— Ко́стя **ушёл**, а кни́гу и соба́ку **оста́вил** тебе́.

— Полчаса́ наза́д **приходи́л** Ко́стя, **приводи́л** соба́ку и **приноси́л** тебе́ кни́гу.

но тебя́ не́ было до́ма, и он **ушёл**, **унёс** свою́ кни́гу и **увёл** соба́ку.

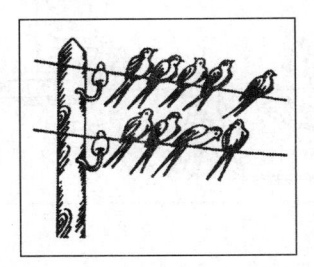

УЛЕТЯ́Т   **УЛЕТА́ЮТ**   **УЛЕТЕ́ЛИ**

Ско́ро пти́цы **улетя́т** на юг.

Ка́ждую о́сень пти́цы **улета́ют** (улета́ли, бу́дут улета́ть) на юг.

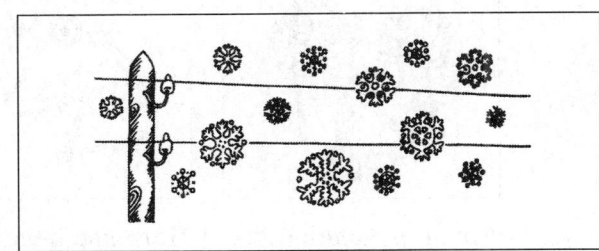

Пти́цы уже́ **улете́ли** на юг.

ГЛАГОЛЫ ДВИЖЕНИЯ С ПРИСТАВКАМИ НЕПОСРЕДСТВЕННОГО ЗНАЧЕНИЯ

ПО-, ПРО-, С-

⚠️ **ОБРАТИТЕ ВНИМАНИЕ!**

Все глаголы с **приставками непосредственного значения** — *совершенного вида*. Например: **пойти́** — *сов. вид* и **походи́ть** — *сов. вид*.

I. Приставка **ПО-** с глаголами движения I группы (*тип* **идти́**) указывает на
   а) <u>начало</u> движения или начало нового этапа движения:

Анто́н **пошёл** в кино́.	Оле́г **пое́хал** в Москву́.	Снача́ла он **шёл** ме́дленно,	а пото́м **побежа́л**.

   б) <u>намерение</u> совершить действие:

Я хочу́ **пойти́** в кино́.	Оле́га при́няли в институ́т. О́сенью он **пое́дет** в Москву́.	Что там случи́лось? **Побегу́** посмотрю́!	Ско́ро кани́кулы. Мы **поплывём** на ло́дке по Во́лге.

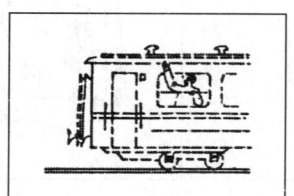

Приставка **ПО-** с глаголами движения II группы (*тип* **ходи́ть**) указывает на <u>ограниченность</u> движения во времени.

Анто́н **походи́л** полчаса́ по па́рку и пошёл домо́й.	Пётр две неде́ли **пое́здил** по стране́ и верну́лся.	Де́ти немно́го **побе́гали** по́ двору и пошли́ домо́й.

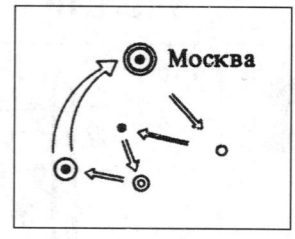

⚠️ **ОБРАТИТЕ ВНИМАНИЕ!**

Глаголы движения с приставкой **ПО-** всегда совершенного вида.

Глагол 259

II. Приставка **ПРО-** с глаголами движения II группы (*тип* **ходи́ть**) указывает на то, что определённый отрезок времени был заполнен движением.

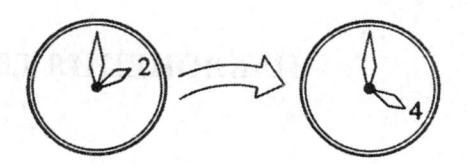

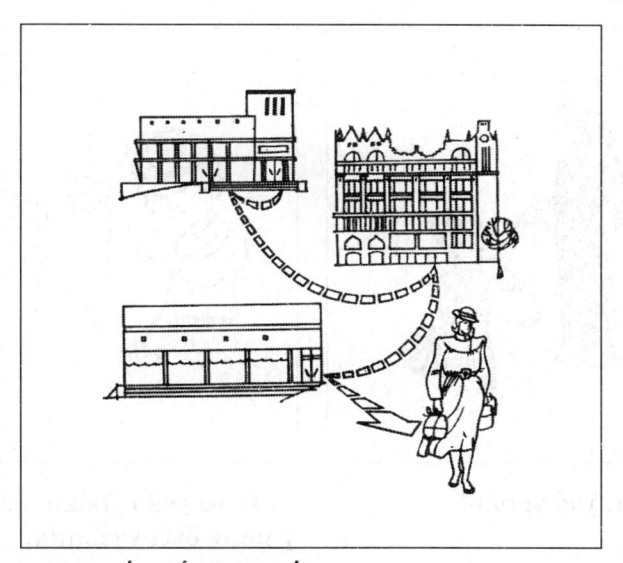

III. Приставка **С-** с глаголами II группы (*тип* **ходи́ть**) указывает на однократное кратковременное движение туда и обратно.

Два часа́ она́ **проходи́ла** по магази́нам.

Она́ **сходи́ла** за хле́бом.

Приставки **ПРО-** и **С-** употребляются и как приставки пространственного значения[1]. Например:

Вчера́, когда́ я **проходи́ла** (*несов. вид*) ми́мо теа́тра, я уви́дела большу́ю афи́шу.

Когда́ я возвраща́лся домо́й, пожило́й челове́к ме́дленно **сходи́л** (*несов. вид*) с ле́стницы.

---

[1] В этом случае глаголы образуют видовую пару:
проходи́ть — пройти́ (ми́мо, че́рез...)
сходи́ть — сойти́ (с...)

НАКЛОНЕНИЯ ГЛАГОЛА

ИЗЪЯВИТЕЛЬНОЕ	ПОВЕЛИТЕЛЬНОЕ	УСЛОВНОЕ
Школьник у́чит (учи́л, бу́дет учи́ть) уро́ки.	— Иди́, учи́ уро́ки!	— Я бы учи́л уро́ки, е́сли бы у меня́ был уче́бник.
В предложении говорится о действии, которое *происходит, происходило* или *будет происходить*.	В предложении даётся *приказ* или выражается *просьба* выполнить действие.	В предложении указывается на то, что действие *не произошло*, но оно *могло бы произойти* при известных условиях, которых не было.
Употребляются глаголы в настоящем, прошедшем и будущем времени.	Употребляются глаголы в форме повелительного наклонения (императив).	Употребляются глаголы в форме прошедшего времени, союз ЕСЛИ и частица БЫ.

Глагол 261

ПОВЕЛИТЕЛЬНОЕ НАКЛОНЕНИЕ (ИМПЕРАТИВ)

Для выражения приказа, побуждения, просьбы и совета используется **повелительное наклонение** глагола.

I. Обращаясь с приказом или просьбой к одному или нескольким лицам, нужно употребить глагол в повелительном наклонении. Оно имеет одну форму — **2-го лица единственного и множественного числа**.

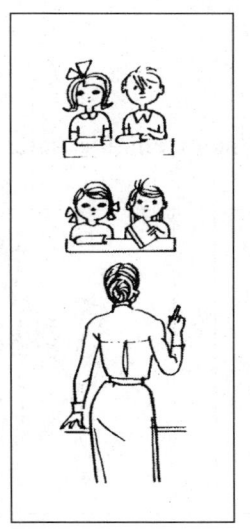

— Де́ти, **откро́йте** кни́ги!

— Ка́тя, **чита́й** да́льше!

— **Помоги́те** мне!

— **Посмотри́те** э́тот фильм.

Формы повелительного наклонения образуются от основы настоящего времени глаголов **несовершенного вида**

или

будущего простого времени глаголов совершенного вида. Во множественном числе прибавляется окончание **-ТЕ**.

— Рису́й!
— Рису́йте!

1) Если основа оканчивается на гласный, прибавляется **-Й (+ -ТЕ)**

чита́ть — чита́-ю: чита́**Й**, чита́**ЙТЕ**!
рабо́тать — рабо́та-ю: рабо́та**Й**! рабо́та**ЙТЕ**!
рисова́ть — рису́-ю: рису́**Й**! рису́**ЙТЕ**!

— Смотри́!
— Смотри́те!

2) Если основа оканчивается на согласный и ударение в 1-м л. ед. ч. настоящего времени (или будущего простого) падает на окончание, прибавляется **-И (+-ТЕ)**

смотре́ть — смотр-ю́: смотр**И́**! смотр**И́ТЕ**!
писа́ть — пиш-у́: пиш**И́**! пиш**И́ТЕ**!
ходи́ть — хож-у́: ход**И́**! ход**И́ТЕ**!

— **Поставь** на стол!

— **Запомните** эту формулу!

3) Если основа оканчивается на согласный и ударение в 1-м л. ед. ч. настоящего времени (или будущего простого) падает на основу, прибавляется **-Ь (+ -ТЕ)** :

встать — встан-у: встан**Ь**! встан**ЬТЕ**!
поставить — постав-лю: постав**Ь**! постав**ЬТЕ**!

Если при тех же условиях основа глагола оканчивается на две согласные, то вместо **-Ь** прибавляется **-И (+ -ТЕ)** :

(за)помнить — (за)помню: (за)помн**И**! (за)помн**ИТЕ**!

4) Некоторые глаголы образуют повелительное наклонение особым образом.

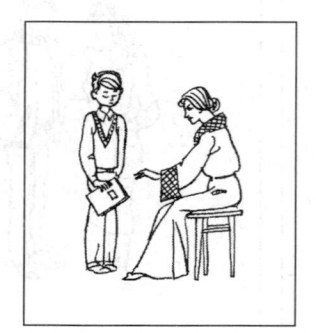

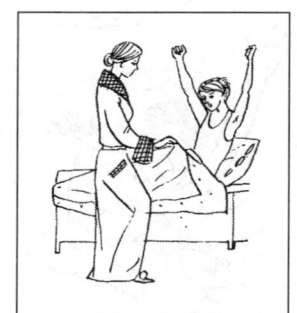

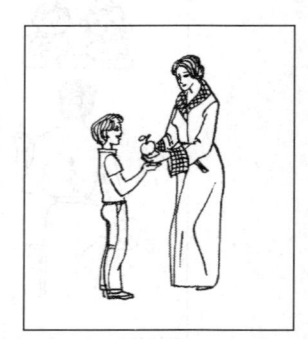

ДАВА́ТЬ	ВСТАВА́ТЬ	ПИТЬ	ЕСТЬ
я даю́	я встаю́	я пью	я ем
дава́й!	**встава́й!**	**пей!**	**ешь!**
дава́йте!	**встава́йте!**	**пе́йте!**	**е́шьте!**

Глаголы с возвратной частицей **-СЯ** сохраняют эту частицу в повелительном наклонении (после согласных — **-СЯ**, после гласных — **-СЬ**) .

РАЗДЕВА́ТЬСЯ	УЧИ́ТЬСЯ	УМЫ́ТЬСЯ	ОДЕ́ТЬСЯ
я раздева́юсь	я учу́сь	я умо́юсь	я оде́нусь
раздева́йся!	**учи́сь!**	**умо́йся!**	**оде́нься!**
раздева́йтесь!	**учи́тесь!**	**умо́йтесь!**	**оде́ньтесь!**

II. Предлагая одному лицу или нескольким лицам совершить вместе с говорящим какое-нибудь действие, нужно употребить повелительное наклонение (императив) глагола **дава́ть** — **ДАВА́Й! ДАВА́ЙТЕ!**, а также:

инфинитив глаголов несовершенного вида **или** ➡ 1-е лицо множественного числа будущего времени глаголов совершенного вида.

Дава́й дружи́ть!  — **Дава́йте игра́ть** в футбо́л!  — **Дава́й пойдём** в кино́!  — **Дава́йте пойдём** в кино́!

Дава́й(те) ⟵ инфинитив глагола несовершенного вида
будущее время глагола совершенного вида

III. Когда приказ или разрешение что-нибудь сделать адресуется третьему лицу, нужно употребить 3-е лицо настоящего или будущего времени и слова ПУСТЬ или ПУСКА́Й[1]

— **Пусть** Андре́й **реши́т** зада́чу!  — **Пусть** Ка́тя **откро́ет** окно́!

IV. Призыв и торжественное пожелание выражается с помощью частицы **ДА**[2].

Да здра́вствует мир во всём ми́ре!

---

[1] Употребляется в разговорном стиле речи.
[2] Употребляется в публицистическом стиле речи.

УСЛОВНОЕ НАКЛОНЕНИЕ

Для выражения действия, которое в действительности не совершается, но могло бы совершиться при определённых условиях, используется **условное наклонение**.

Е́сли бы вчера́ **была́** хоро́шая пого́да, я **пошёл бы** на экску́рсию.

или

Я **пошёл бы** на экску́рсию, **если бы была́** хоро́шая пого́да.

Для образования условного наклонения используется:

1) форма прошедшего времени глагола;
2) частица **БЫ**, которая может стоять после глагола или перед ним;
3) союз **ЕСЛИ**.

Я **пошёл бы**, я **бы пошёл**, я **бы** охо́тно **пошёл**, я вчера́ **бы** охо́тно **пошёл**, я **бы** вчера́ охо́тно **пошёл**, я вчера́ охо́тно **пошёл бы** и т. д.

В сложном предложении частица БЫ стоит не только в главном предложении, называющем неосуществившееся действие, но и в придаточном, называющем условие этого действия.

Е́сли бы я **доста́л** биле́ты, мы **бы пошли́** в теа́тр.

Мы **пошли́ бы** в теа́тр, **если бы** я **доста́л** биле́ты.

Формы условного наклонения (без союза ЕСЛИ) употребляются также в разговорной речи для выражения совета, просьбы, побуждения к действию вместо категорично звучащих форм повелительного наклонения.

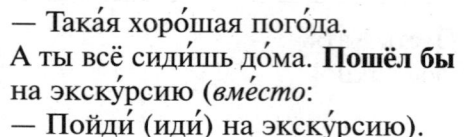

— Така́я хоро́шая пого́да. А ты всё сиди́шь до́ма. **Пошёл бы** на экску́рсию (*вме́сто*:
— Пойди́ (иди́) на экску́рсию).

— Не надое́ло тебе́ смотре́ть телеви́зор? Лу́чше **бы почита́л** интере́сную кни́гу (*вме́сто*:
— Почита́й интере́сную кни́гу).

Формой условного наклонения можно выразить также мечту, пожелание[1].

— **Пое́хать бы** мне в Москву́!
— **Стать бы** тебе́ моряко́м!

---

[1] Глагол в этом случае стоит в инфинитиве.

Глагол 265

Разговор в субботу

— Что ты **бу́дешь де́лать** за́втра?
— Е́сли бу́дет хоро́шая пого́да, то...

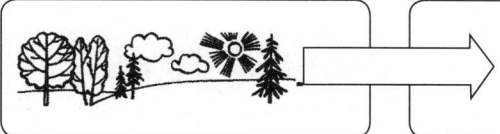

— **Е́сли бу́дет** хоро́шая пого́да,

... я **пойду́** на экску́рсию

и́ли **пое́ду** в парк культу́ры.

Разговор в понедельник

— Что ты **де́лал** вчера́?
— Е́сли бы была́ хоро́шая пого́да, то...

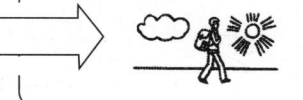

— **Е́сли бы была́** хоро́шая пого́да,

... я **бы пошёл** на экску́рсию

и́ли **пое́хал бы** в парк культу́ры.

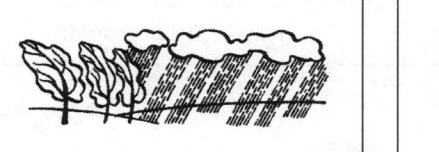

— Но пого́да **была́** плоха́я.

У́тром я **пошёл** в музе́й,

а пото́м **был** (**сиде́л**) до́ма.

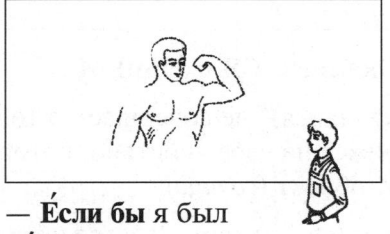

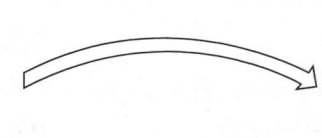

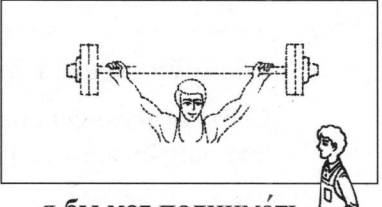

— **Е́сли бы** я **был** си́льным,

... я **бы мог** поднима́ть больши́е тя́жести.

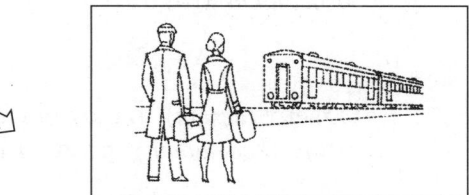

— **Е́сли бы** мы **вы́шли** из до́му на 5 мину́т ра́ньше,

... мы **не опозда́ли бы** на по́езд.

ЗАЛОГИ ГЛАГОЛА

Глаголы в русском языке бывают **непереходными** и **переходными**.

Я сплю.

Действие субъекта (*я*) не переходит на объект.

Я ем я́блоко.

Действие субъекта (*я*) переходит на объект (*я́блоко*).

Отношения между субъектом и объектом определяют залог переходных глаголов.

ДЕЙСТВИТЕЛЬНЫЙ ЗАЛОГ (активная форма)	СТРАДАТЕЛЬНЫЙ ЗАЛОГ (пассивная форма)
Со́лнцЕ освеща́ет Зе́млЮ.	ЗемлЯ́ освеща́етСЯ Со́лнцЕМ.
Субъект (*со́лнце*) совершает действие, которое направлено на объект (*земля́*).	Субъект (*земля́*)[1] не совершает, а только испытывает на себе действие, которое производит объект (*со́лнце*).
Предикат (сказуемое) — переходный глагол (*освеща́ет* что?).	Предикат (сказуемое) — глагол несовершенного вида с частицей -СЯ, образованый от переходного глагола (*освеща́ет* — *освеща́ется*).
Объект (*земля́*), на который переходит действие (*освеща́ет*), стоит в винительном падеже.	Объект (*со́лнце*), который в действительности совершает действие (*освеща́ет*), стоит в творительном падеже.

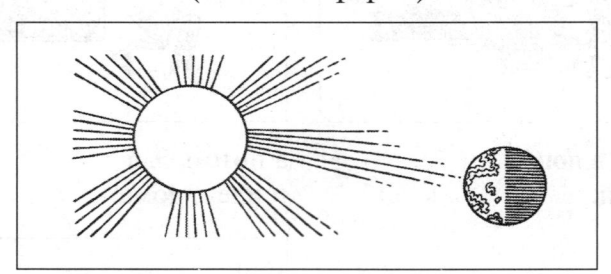

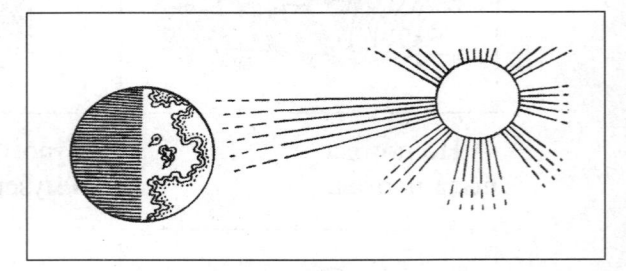

---

[1] В данном случае слово **земля́** с точки зрения роли и места в предложении является субъектом.

Действительный залог употребляется в тех случаях, когда говорящего интересует главным образом субъект, т. е. лицо или предмет, совершающий действие (в данном случае *со́лнце*), активно направленное на прямой объект.

Прямой объект выражен именем существительным в форме винительного падежа без предлога.

Действительный залог встречается чаще, чем *страдательный*, особенно в устной речи.

Страдательный залог употребляется в тех случаях, когда говорящего интересует главным образом объект, т. е. лицо или предмет, на который переходит действие (в данном случае *земля́*), который как бы испытывает на себе чье-либо действие.

Реальный производитель действия обозначается формой творительного падежа без предлога.

Страдательный залог встречается главным образом в книжной речи.

ОБРАЗОВАНИЕ СТРАДАТЕЛЬНОГО ЗАЛОГА

⚠️ **ОБРАТИТЕ ВНИМАНИЕ!**

Страдательный залог могут образовать только **переходные глаголы** обоих видов. Страдательный залог глаголов **несовершенного вида** образуется с помощью возвратной частицы -СЯ. Страдательный залог глаголов **несовершенного вида**, так же как и действительный, имеет три времени — настоящее, прошедшее и будущее.

ДЕЙСТВИТЕЛЬНЫЙ ЗАЛОГ

Со́лнце ⟷ освеща́ет / освеща́ло / бу́дет освеща́ть ⟶ Зе́млю.

СТРАДАТЕЛЬНЫЙ ЗАЛОГ

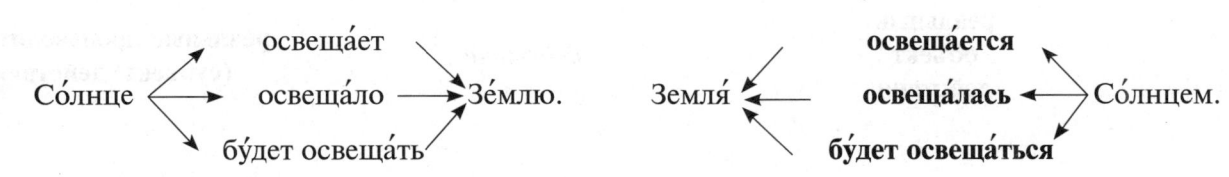

Земля́ ⟵ **освеща́ется** / **освеща́лась** / **бу́дет освеща́ться** ⟵ Со́лнцем.

Страдательный залог глаголов совершенного вида имеет три формы. Он указывает на результат действия,
(1) которое имело место в прошлом (*был сдан*);
(2) которое имело место в прошлом, но результат которого сохраняется в момент речи (*сдан*);
(3) которое будет иметь место в будущем (*будет сдан*).

ДЕЙСТВИТЕЛЬНЫЙ ЗАЛОГ

Студе́нт ⟷ сдал / сдаст ⟶ экза́мен.

СТРАДАТЕЛЬНЫЙ ЗАЛОГ

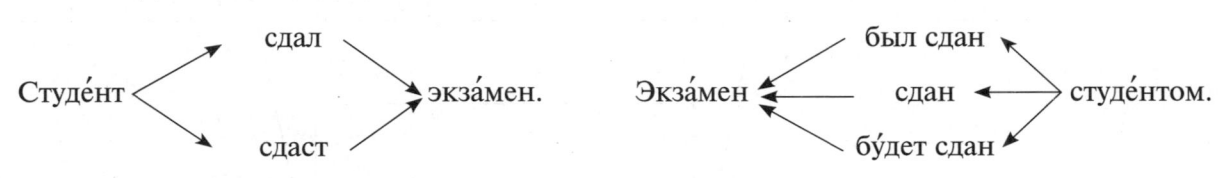

Экза́мен ⟵ был сдан / сдан / бу́дет сдан ⟵ студе́нтом.

Страдательный залог глаголов **совершенного вида** образуется с помощью краткого страдательного причастия и вспомогательного глагола-связки БЫТЬ в прошедшем или будущем времени.

⚠️ **ОБРАТИТЕ ВНИМАНИЕ!**

Глаголы совершенного вида не образуют форму страдательного залога на **-СЯ**.

Глагол

ДЕЙСТВИТЕЛЬНЫЙ ЗАЛОГ

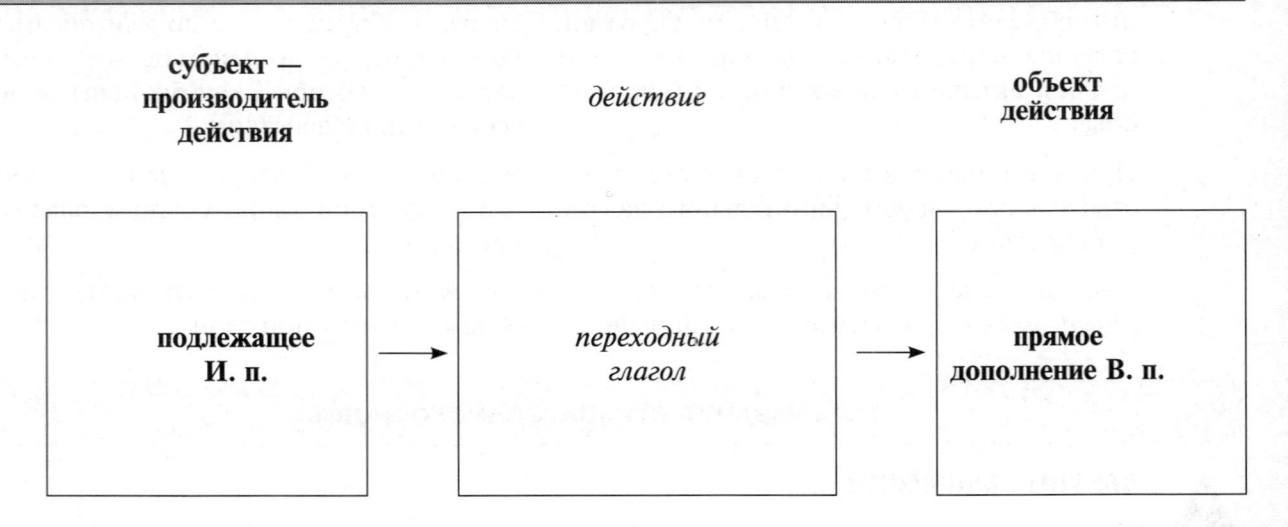

субъект — производитель действия	действие	объект действия
подлежащее И. п.	→ переходный глагол →	прямое дополнение В. п.

СТРАДАТЕЛЬНЫЙ ЗАЛОГ

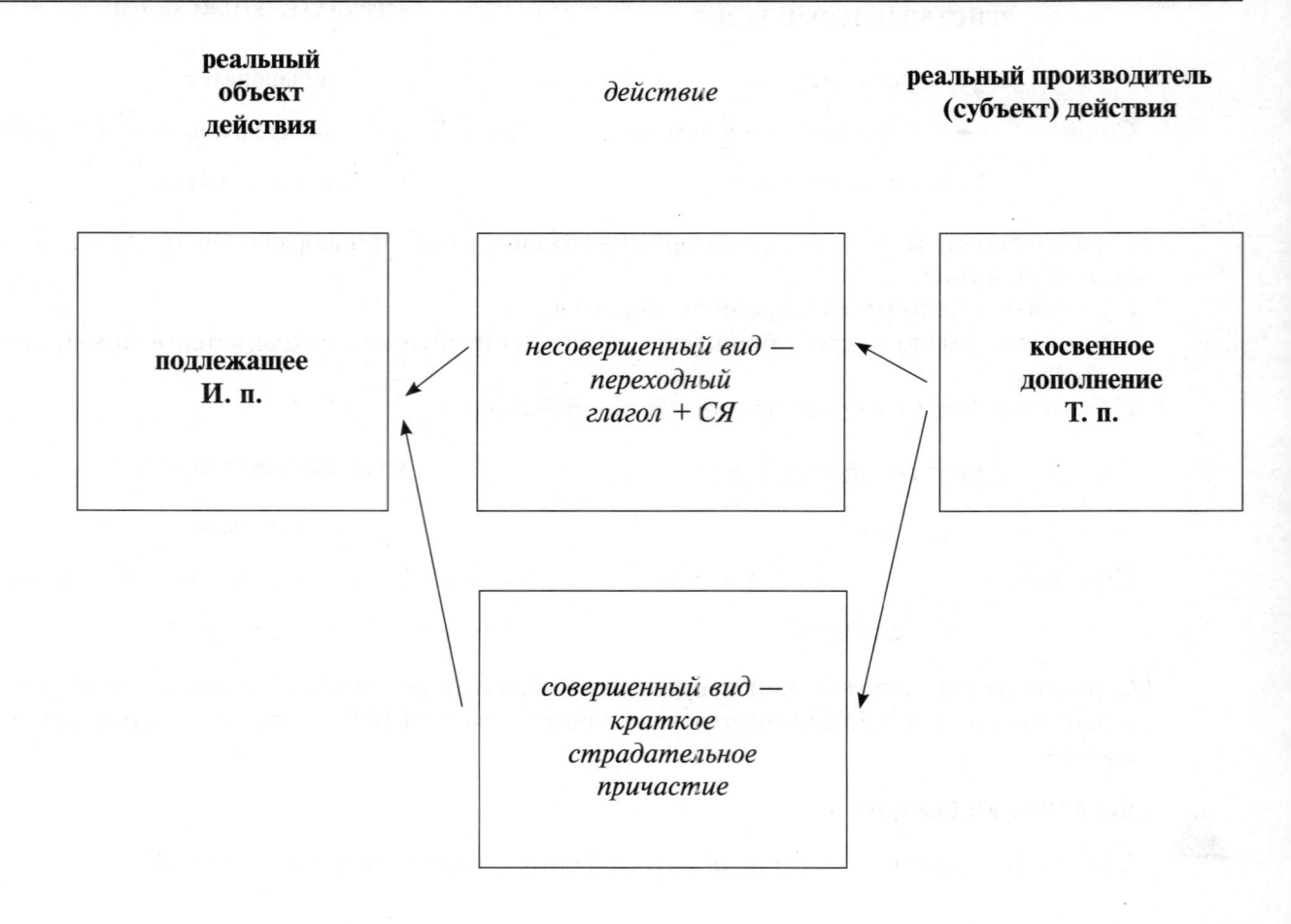

реальный объект действия	действие	реальный производитель (субъект) действия
подлежащее И. п.	несовершенный вид — переходный глагол + СЯ	косвенное дополнение Т. п.
	совершенный вид — краткое страдательное причастие	

Глагол 269

⚠️ **ОБРАТИТЕ ВНИМАНИЕ!**

Употребление дополнения в творительном падеже во многих случаях необязательно.

🔲 **СРАВНИТЕ:**

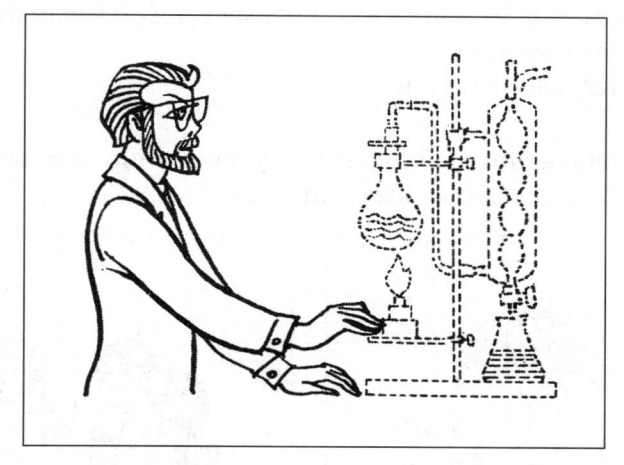

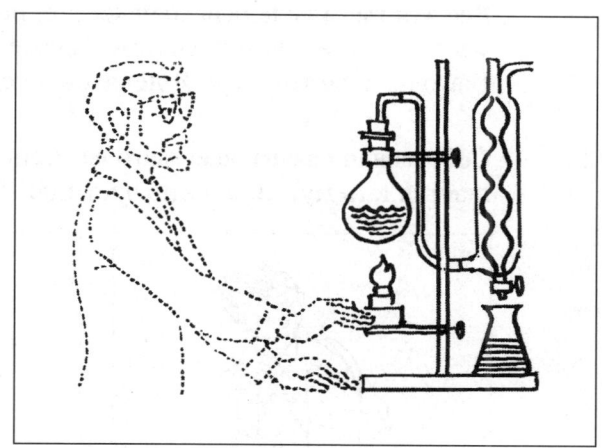

действительный залог	страдательный залог
В нашей лаборатории **учёный** проводит эксперименты.	В нашей лаборатории **учёным** проводятся эксперименты.
	В подобных случаях говорящего интересует сам факт проведения эксперимента, а не лицо, которое его проводит.
Потому чаще говорят: В нашей лаборатории **проводят** эксперименты.	В нашей лаборатории **проводятся** эксперименты.

Такие конструкции типичны для научной или публицистической речи.

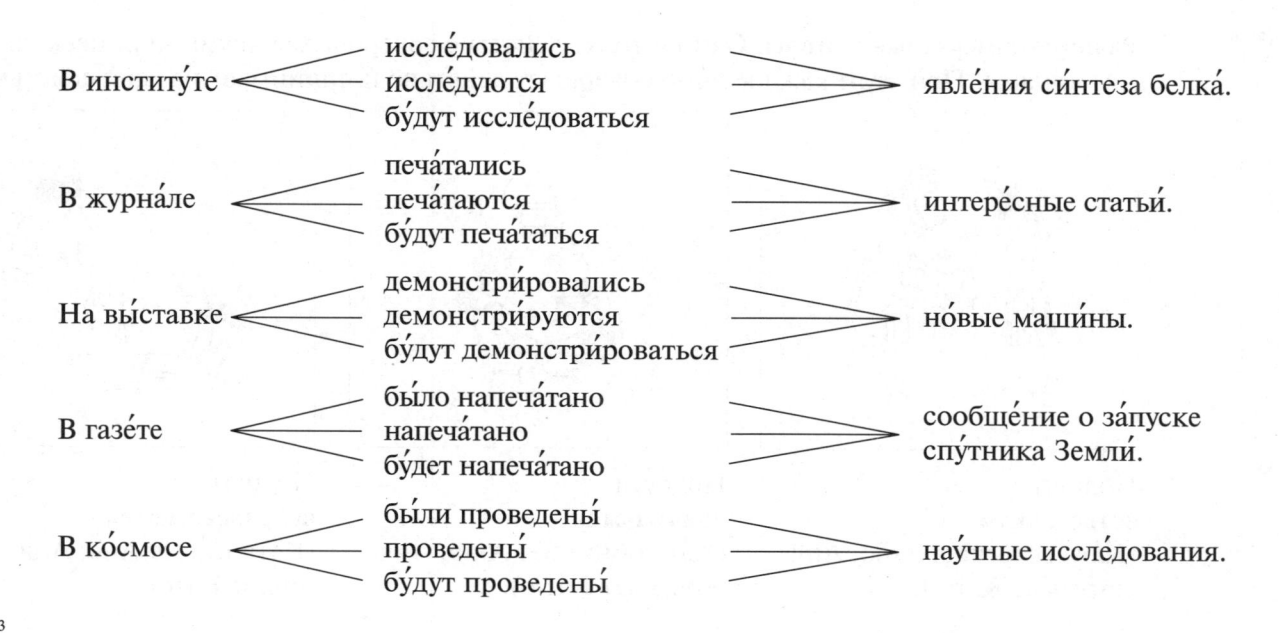

В институте	исследовались / исследуются / будут исследоваться	явления синтеза белка.
В журнале	печатались / печатаются / будут печататься	интересные статьи.
На выставке	демонстрировались / демонстрируются / будут демонстрироваться	новые машины.
В газете	было напечатано / напечатано / будет напечатано	сообщение о запуске спутника Земли.
В космосе	были проведены / проведены / будут проведены	научные исследования.

ГЛАГОЛЫ С ВОЗВРАТНОЙ ЧАСТИЦЕЙ -СЯ

В русском языке имеется большое количество глаголов **с возвратной частицей** -СЯ (-СЬ) на конце, образовавшейся от старой формы возвратного местоимения СЕБЯ́.

Все эти глаголы непереходные, т. е. после них не употребляется имя существительное или местоимение в винительном падеже без предлога.

Глаголы с частицей -СЯ делятся на следующие группы:

1. **Собственно возвратные глаголы.** Действие направлено на действующее лицо (т. е. возвращается к нему). Значение частицы -СЯ здесь равно значению *себя*.

Ма́льчик **одева́ется** (одева́ет себя́).

Де́вочка **умыва́ется** (умыва́ет себя́).

Мать **причёсывается** (причёсывает себя́).

СЛОВАРЬ

купа́ться
мы́ться
умыва́ться

бри́ться
вытира́ться
причёсываться

защища́ться
одева́ться
пря́таться

2. **Взаимно-возвратные глаголы.** Одно и то же действие совершается двумя (или несколькими) лицами. При этом каждое лицо совершает действие и принимает на себя действие.

Подру́ги **встреча́ются** (Ка́тя встреча́ет А́ню, А́ня встреча́ет Ка́тю).

Подру́ги **обнима́ются** (Ка́тя обнима́ет А́ню, А́ня обнима́ет Ка́тю).

Подру́ги **перепи́сываются** (Ка́тя пи́шет А́не, А́ня пи́шет Ка́те).

Глагол 271

СЛОВАРЬ

встреча́ться	перепи́сываться	проща́ться
здоро́ваться	мири́ться	расстава́ться
знако́миться	ссо́риться	боро́ться
обнима́ться	руга́ться	соревнова́ться и др.

ОБРАТИТЕ ВНИМАНИЕ!

Не все глаголы со значением взаимности имеют частицу -СЯ:

дружи́ть ⎫
разгова́ривать ⎬ с кем?

бесе́довать ⎫
спо́рить ⎬ с кем?

Для выражения взаимности можно употребить сочетание *друг дру́га*:

знать ⎫
люби́ть ⎬
ненави́деть ⎬ *друг дру́га*
уважа́ть ⎭

доверя́ть ⎫
помога́ть ⎬
меша́ть ⎬ *друг дру́гу*
писа́ть ⎭

3. **Общевозвратные глаголы**, в которых частица -СЯ, делая глагол непереходным, не меняет его основного значения. Эти глаголы обозначают:

а) **различные изменения в движении, положении и состоянии**

Ка́тя шла по у́лице и **останови́лась** пе́ред витри́ной.

Вдруг она́ услы́шала: „Ка́тя!" — и **оберну́лась**.

О́бе подру́ги **обра́довались** встре́че.

СЛОВАРЬ

дви́гаться	возвраща́ться	ослабля́ться
опуска́ться	нагиба́ться	сокраща́ться
приземля́ться	обора́чиваться	увели́чиваться
поднима́ться	огля́дываться	уменьша́ться
спуска́ться	остана́вливаться	уси́ливаться и др.

Только говоря об одушевлённом лице используют глаголы:

СЛОВАРЬ

весели́ться	беспоко́иться	возмуща́ться
огорча́ться	волнова́ться	восхища́ться
ра́доваться	трево́житься	интересова́ться
смуща́ться	удивля́ться	серди́ться и др.

272 Глагол

б) начало, продолжение и конец какого-либо явления или действия

Ле́кция **начина́ется** в 7 часо́в.

Демонстра́ция мод **продолжа́ется** уже́ 5 часо́в.

Фильм **ко́нчился** в 9 часо́в.

в) постоянное свойство предмета

Ка́ктус **ко́лется**.

Де́рево **гнётся**.

— Осторо́жно, соба́ка **куса́ется**.

СРАВНИТЕ:

переходные глаголы глаголы с частицей -СЯ

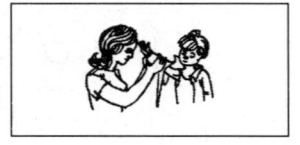

Мать **одева́ет** сы́на.

Ка́тя **обнима́ет** подру́гу.

Сын **одева́ется**.

Подру́ги **обнима́ются**.

— **Спусти́** мне верёвку.

Ребёнок **ра́дует** мать.

Альпини́ст **спусти́лся** вниз.

Ребёнок **ра́дуется**.

Профе́ссор **на́чал** ле́кцию ро́вно в де́вять часо́в.

Оле́г **возвраща́ет** кни́гу в библиоте́ку.

Ле́кция **начала́сь** ро́вно в де́вять часо́в.

Оле́г **возвраща́ется** домо́й.

Глагол 273

4. Глаголы, которые без -СЯ не употребляются.

Он ве́село **смеётся**.　　Он бои́тся е́хать вниз.　　— В 11 часо́в я **ложу́сь** спать.

СЛОВАРЬ

смея́ться	боя́ться	горди́ться
станови́ться	наде́яться	ложи́ться
появля́ться	стара́ться	любова́ться
улыба́ться	стреми́ться	нужда́ться
явля́ться	труди́ться	остава́ться

ОБРАТИТЕ ВНИМАНИЕ!

Кварти́ра состои́т из трёх ко́мнат.　　Ми́тинг **состои́тся** в воскресе́нье.

5. Безли́чные глаго́лы, обознача́ющие состоя́ние, не зави́сящее от лица́.

СЛОВАРЬ

случа́ется	ду́мается	нездоро́вится	не спи́тся
смерка́ется	хо́чется	не рабо́тается	не сиди́тся

глаго́л в ли́чной фо́рме　　　　　　　　**безли́чный глаго́л**

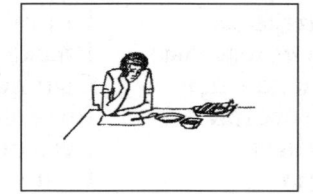

— Я не хочу́ есть суп. Хочу́ торт.　　— Я ещё не сплю. Я смотрю́ телеви́зор.　　— Мне не хо́чется есть. Мне что́-то нездоро́вится.　　— Мне не спи́тся, хотя́ уже́ час но́чи.

6. Глаго́лы несоверше́нного ви́да со страда́тельным значе́нием.

Экспериме́нт **прово́дится** изве́стным учёным.
Па́мятник **охраня́ется** госуда́рством.

УПОТРЕБЛЕНИЕ ГЛАГОЛА *БЫТЬ*

Если нужно классифицировать предмет или лицо, отнести его к какой-нибудь группе или категории, говорят:

Ива́н	~~есть~~	студе́нт.
Москва́		— столи́ца Росси́и

В современном русском языке глагол-связка БЫТЬ в настоящем времени не употребляется[1]. Это особенно характерно для разговорной речи.

В книжном стиле речи в подобных предложениях используется глагол ЯВЛЯ́ТЬСЯ.

СРАВНИТЕ:

Профе́ссор Соколо́в — хоро́ший врач.
Профе́ссор Соколо́в **явля́ется** лу́чшим специали́стом по серде́чно-сосу́дистым заболева́ниям.

Глагол **явля́ться** в качестве глагола-связки используется только в **настоящем времени**, т. к. для выражения *прошедшего* и *будущего времени* существуют соответствующие формы глагола *быть (был, бу́дет)*.

Существительное, обозначающее группу или категорию, к которой относится предмет или лицо, после глагола-связки *быть* (в прошедшем и будущем времени) стоит обычно в *творительном падеже*.

прошедшее время	настоящее время	будущее время
Ива́н **был** студе́нтом.	Ива́н студе́нт.	Ива́н **бу́дет** студе́нтом.
А́нна **была́** студе́нткой.	А́нна студе́нтка.	А́нна **бу́дет** студе́нткой.
Они́ **бы́ли** студе́нтами.	Они́ студе́нты.	Они́ **бу́дут** студе́нтами.

Для обозначения постепенного становления используются во всех трёх временах глаголы **станови́ться — стать, де́латься — сде́латься**.

Э́тот посёлок < **стал** / (стано́вится) / **ста́нет** > со вре́менем больши́м го́родом.

ДРУГИЕ СЛУЧАИ УПОТРЕБЛЕНИЯ ГЛАГОЛА *БЫТЬ*

I. Глагол БЫТЬ в прошедшем и будущем времени употребляется также в предложениях со сказуемым, выраженным прилагательным (в краткой и полной форме), причастием (в краткой форме), наречием.

прошедшее время	настоящее время	будущее время
Журна́л **был интере́сный**.	Журна́л интере́сный.	Журна́л **бу́дет интере́сный**.
Кни́га **была́ интере́сная**.	Кни́га интере́сная.	Кни́га **бу́дет интере́сная**.
Расска́зы **бы́ли интере́сные**.	Расска́зы интере́сные.	Расска́зы **бу́дут интере́сные**.
Сын **был похо́ж** на отца́.	Сын похо́ж на отца́.	Сын **бу́дет похо́ж** на отца́.
Брат **был вы́ше** сестры́.	Брат вы́ше сестры́.	Брат **бу́дет вы́ше** сестры́.
Вчера́ он **был за́нят**.	Сего́дня он за́нят.	За́втра он **бу́дет за́нят**.
Сын **до́лжен был** / Дочь **должна́ была́** / Де́ти **должны́ бы́ли** } занима́ться.	Сын до́лжен / Дочь должна́ / Де́ти должны́ } занима́ться.	Сын до́лжен / Дочь должна́ / Де́ти должны́ **бу́дут** } занима́ться.
Вчера́ **бы́ло хо́лодно**.	Сего́дня хо́лодно.	За́втра **бу́дет хо́лодно**.
На у́лице **бы́ло хо́лодно**.	На у́лице хо́лодно.	На у́лице **бу́дет хо́лодно**.
Ма́льчику / Де́вочке / Де́тям } **бы́ло хо́лодно**.	Ма́льчику / Де́вочке / Де́тям } хо́лодно.	Ма́льчику / Де́вочке / Де́тям } **бу́дет хо́лодно**.
Больно́му **ну́жно бы́ло лежа́ть**.	Больно́му **ну́жно лежа́ть**.	Больно́му **ну́жно бу́дет лежа́ть**.

---

[1] Форма 3-го лица единственного числа настоящего времени глагола *быть* — **есть** — в этих случаях употребляется главным образом в книжном стиле речи. Например: *Пряма́я ли́ния* **есть** *кратча́йшее расстоя́ние ме́жду двумя́ то́чками*.

II. Глагол БЫТЬ в прошедшем и будущем времени употребляется в случаях, когда указывается местонахождение лица или предмета.

прошедшее время	настоящее время	будущее время
вчера (утром)	*сегодня (сейчас)*	*завтра (вечером)*
Отец был ⎫ Мать была ⎬ дома Родители были ⎭ (на работе).	Отец ⎫ Мать ⎬ дома Родители ⎭ (на работе).	Отец ⎫ будет ⎫ дома Мать ⎬ ⎬ (на работе). Родители ⎭ будут ⎭

При указании на отсутствие лица или предмета употребляются безличные предложения:

Отца ⎫ Матери ⎬ не было Родителей ⎭ дома¹.	Отца ⎫ Матери ⎬ нет Родителей ⎭ дома.	Отца ⎫ Матери ⎬ не будет Родителей ⎭ дома.

ОБРАТИТЕ ВНИМАНИЕ!

Глагол БЫТЬ в прошедшем времени может употребляться в значении *ходил, ездил куда-либо*:
— Где ты **была** вчера? — Я **была** в театре. — Я **ходила** в театр.

УПОТРЕБЛЕНИЕ ГЛАГОЛА *ЕСТЬ*

Для обозначения принадлежности в русском языке существует особая конструкция с глаголом ЕСТЬ, соответствующая конструкциям европейских языков: Ich habe (*нем.*); I have (*англ.*); J'ai (*франц.*) и т. д.

Вчера...	**Сегодня...**	**Завтра...**
у меня *был* журнал. у тебя *была* газета. у него *было* письмо. у них *были* газеты.	у меня ⎫ ⎧ журнал. у тебя ⎬ *есть* ⎨ газета. у него ⎪ ⎪ письмо. у них ⎭ ⎩ газеты.	у меня ⎫ ⎧ газета. у тебя ⎬ *будет* ⎨ журнал. у него ⎪ ⎪ письмо. у них ⎭ *будут* ⎩ газеты.

ОБРАТИТЕ ВНИМАНИЕ!

Широко употребляющийся во многих языках глагол **иметь** в современном русском языке сохранился главным образом в устойчивых словосочетаниях:
иметь право, иметь основание, иметь силу, иметь в виду и в некоторых других.

Глагол **есть** употребляется лишь в тех случаях, когда выясняется или утверждается наличие чего-либо.

У человека:	*В определённом месте:*	*В определённое время:*
У тебя **есть** учебник? — Да, **есть**.	Здесь **есть** остановка автобуса? — Да, **есть**.	Сегодня **есть** спектакль? — Да, **есть**.

СРАВНИТЕ:

У тебя *хороший* учебник? — Да, *хороший*. — Нет, *плохой*.	Здесь *автобусная* остановка? — Да, *автобусная*. — Нет, *троллейбусная*.	Сегодня *балетный* спектакль? — Да, *балетный*. — Нет, *оперный*.

В прошедшем и будущем времени употребляются соответствующие конструкции с глаголом *быть*. Если отрицается наличие лица или предмета, то употребляется родительный падеж. Предложение становится безличным.

— У меня **нет** (**не было, не будет**) учебникА.	— Здесь **нет** (**не было, не будет**) остановкИ.	— Сегодня **нет** (**не было, не будет**) спектаклЯ.

¹**СРАВНИТЕ:** Отец давно **не был дома**. (Он уже несколько месяцев находится в командировке) — предложение личное.

276 Глагол

ГЛАГОЛ В НЕОПРЕДЕЛЁННО-ЛИЧНОМ ПРЕДЛОЖЕНИИ

Наряду с личными и безличными предложениями в русском языке есть так называемые **неопределённо-личные предложения**.

Они употребляются тогда, когда в центре внимания говорящего находится действие, совершаемое неопределёнными лицами. Точное обозначение действующего лица неизвестно или не важно для говорящего.

личное предложение   **неопределённо-личное предложение**

В коридо́ре **разгова́ривают** студе́нты.    В коридо́ре **разгова́ривают**.

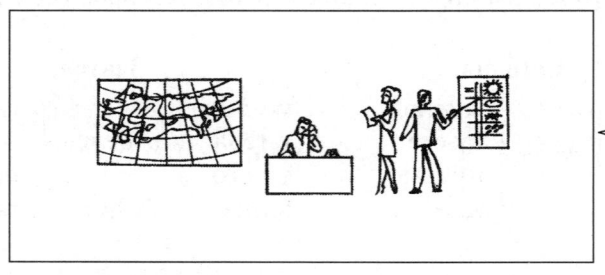

— Метеоро́логи **говоря́т**, что бу́дет жа́ркое ле́то.    — **Говоря́т**, что бу́дет жа́ркое ле́то.

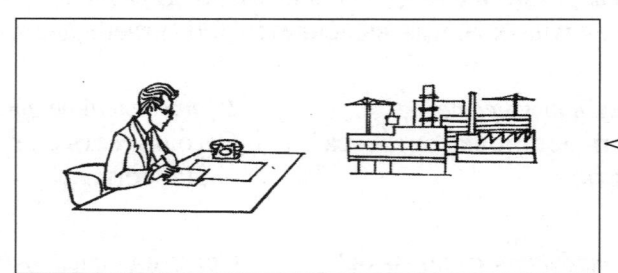

Корреспонде́нт «Пра́вды» Ивано́в **пи́шет**, что строи́тельство заво́да бу́дет зако́нчено досро́чно.   В газе́те «Пра́вда» **пи́шут**, что строи́тельство заво́да бу́дет зако́нчено досро́чно.

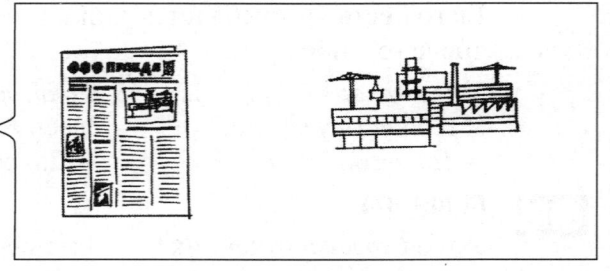

Глагол-сказуемое в неопределённо-личном предложении употребляется **в 3-м лице множественного числа**.
Подлежащее отсутствует.

```
              писа́ть
         /      |      \
    писа́ли   пи́шут   бу́дут писа́ть
```

ГЛАГОЛ В БЕЗЛИЧНОМ ПРЕДЛОЖЕНИИ

В русском языке есть предложения, в которых нет и не может быть подлежащего. Эти предложения называются **безличными**.

Сказуемое в безличных предложениях может быть выражено следующим образом:

а) **особым безличным глаголом**, который в отличие от других глаголов употребляется во всех временах только **в 3-м лице единственного числа**:

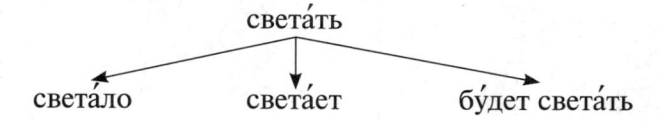

светáть

светáло   светáет   бýдет светáть

б) **безличной формой глагола, предикативным наречием** или **кратким страдательным причастием**. Безличными предложениями можно выразить:

I. Состояние природы или **окружающей среды**.

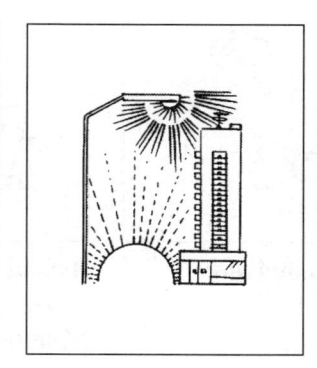

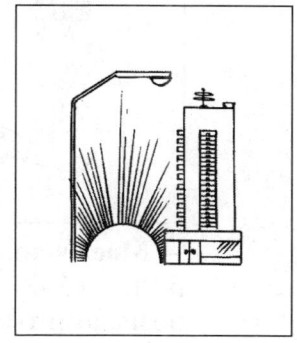

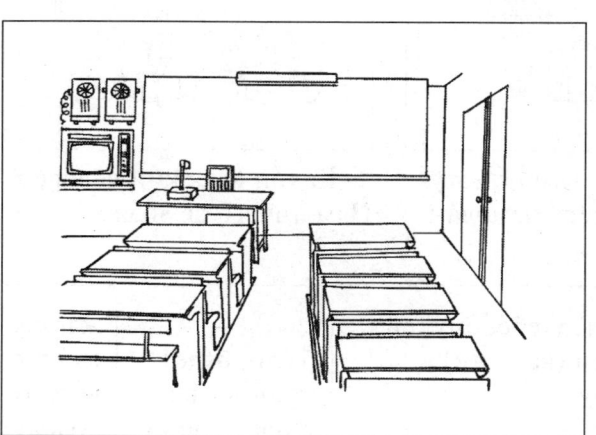

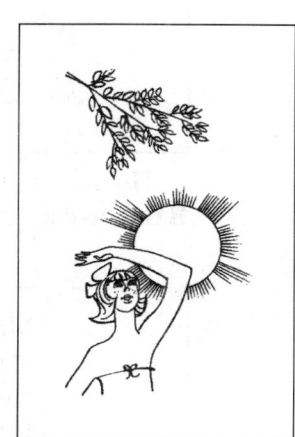

а)

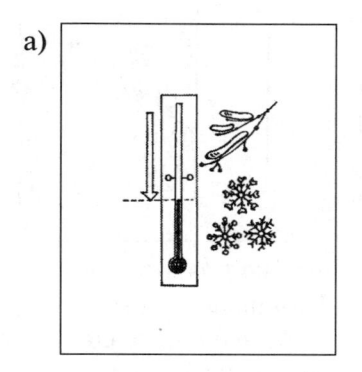

Холодáет.
Похолодáло.
Подморóзило.

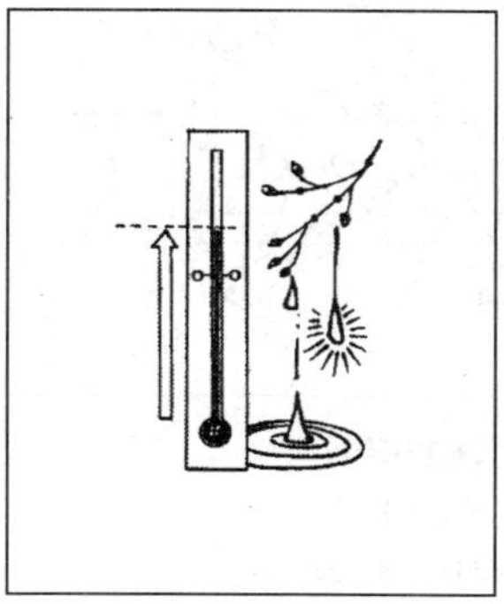

Потеплéло.
Тáет.

Смеркáется.
Вечерéет.
Темнéет.
Стемнéло.

Светáет.
Рассвелó.

б)

На ýлице **хóлодно**.

В клáссе **пýсто**.

Сегóдня **жáрко**.

278 Глагол

II. Различное состояние человека, выражающееся словами:
хо́лодно, бо́льно, тру́дно, прия́тно, ску́чно, ве́село, тяжело́, хорошо́, удо́бно, неудо́бно; пора́, жаль, ви́дно, слы́шно и т. д.

В этих предложениях существительное или местоимение, которое обозначает лицо, испытывающее состояние (логический субъект), стоит обычно в дательном падеже.

— Закро́й окно́.
Мне ста́ло **хо́лодно**!

— Не бо́йся!
Тебе́ не бу́дет **бо́льно**!

Старику́ тру́дно поднима́ться по ле́стнице.

— **Мне** о́чень **прия́тно** бы́ло с ва́ми познако́миться.

Вам не **ску́чно**?
— Нет, что вы!
Мне о́чень **ве́село**.

— Уже́ по́здно.
Нам пора́ уходи́ть.
— **Мне** о́чень **жаль**, что вы уже́ ухо́дите.

— Позво́льте я вам помогу́!
Вам тяжело́ нести́ чемода́н.

— Како́й высо́кий челове́к!
Нам ничего́ **не ви́дно**.

— Ти́ше! **Нам** ничего́ **не слы́шно**.

Мне (тебе́, ему́, ей)	—	жа́рко.	
Нам (вам, им)	бы́ло, бу́дет	ску́чно.	
Ему́	стано́вится	ве́село.	
Ей	ста́ло, ста́нет	хо́лодно.	
Друзья́м	бы́ло, бу́дет	прия́тно	встреча́ться.

Не зависящее от воли состояние человека может быть выражено возвратными глаголами: *хо́чется, не спи́тся, нездоро́вится, ка́жется* и т. д.

— Ему́ **нездоро́вится**.

— Жа́рко. **Хо́чется** пить. Дай воды́!

— Ду́шно. **Мне не спи́тся.**

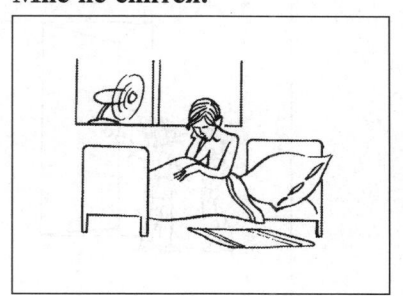

III. **Необходимость, возможность, невозможность, неизбежность**, выражающиеся:
а) наречиями: *на́до, ну́жно, необходи́мо, мо́жно, нельзя́, не́куда, не́когда, не́где*;
б) глаголами: *сле́дует, прихо́дится, придётся, сто́ит.*

Мне (тебе́, ему́)	на́до	побри́ться.
Нам (вам, им)	не́когда	разгова́ривать.
Больно́му	нельзя́ было, (—), бу́дет	встава́ть.
Студе́нтам	прихо́дится	мно́го занима́ться.
Ему́	не́куда	пойти́.

IV. **Отсутствие лица** или **предмета** в предложениях со словами *нет, не́ было, не бу́дет.* В этих предложениях существительное или местоимение, которое обозначает отсутствующее лицо или предмет, стоит в родительном падеже.

— Ка́ти нет до́ма и (её) до ве́чера не бу́дет (до́ма).

— У него́ **нет маши́ны**.

— Давно́ **не́ было** тако́го дождя́!

СРАВНИТЕ:

Личные предложения

У меня́ ⟨ есть / был / бу́дет ⟩ журна́л.

Здесь ⟨ есть / была́ / бу́дет ⟩ остано́вка.

Сего́дня ⟨ (есть) / (идёт) / был / бу́дет ⟩ дождь.

Безличные предложения

У меня́ ⟨ нет / не́ было / не бу́дет ⟩ журна́ла.

Здесь ⟨ нет / не́ было / не бу́дет ⟩ остано́вки.

Сего́дня ⟨ нет / не́ было / не бу́дет ⟩ дождя́.

280 Глагол

ОБРАТИТЕ ВНИМАНИЕ! на различия между личными предложениями с глаголом **МОЧЬ** и безличными предложениями с наречиями **МОЖНО** и **НЕЛЬЗЯ**:

— Мы мо́жем войти́. Дверь откры́та.

Глагол **мочь** обозначает физическую возможность совершить действие.

— Мо́жно нам войти́?
— Мо́жно, мо́жно, мы ждём вас, входи́те!

Наречие **мо́жно** обозначает разрешение совершить действие.

— Я не могу́ войти́. Дверь заперта́.

Не могу́ означает физическую невозможность совершить действие[1].

— Мо́жно войти́?
— Нет, пока́ входи́ть нельзя́, подожди́те!

Нельзя́ означает запрещение совершить действие[2].

— Я могу́ переплы́ть ре́ку. А ты?
— Я не могу́. Я не уме́ю пла́вать. Но зато́ я уме́ю ката́ться на конька́х.

— Два ме́сяца **вам нельзя́** бу́дет занима́ться спо́ртом. Че́рез два ме́сяца **вам мо́жно** бу́дет пла́вать, а че́рез три ме́сяца **мо́жно** бу́дет ката́ться на конька́х.

---
[1] В этом случае употребляется глагол совершенного вида.
[2] В этом случае употребляется глагол несовершенного вида.

Глагол 281

⚠️ **ОБРАТИТЕ ВНИМАНИЕ!** на различия между
личными предложениями с глаголом ХОТЕ́ТЬ
и безличными предложениями с глаголом ХО́ЧЕТСЯ

— Почему́ ты не спишь?
— **Я хочу́** обяза́тельно зако́нчить всю рабо́ту сего́дня ве́чером.

— А ра́зве **тебе́ не хо́чется** спать?
— Спать **мне**, коне́чно, **хо́чется**, но мне на́до зако́нчить рабо́ту.

Ли́чный глаго́л **хоте́ть** обознача́ет определённое жела́ние челове́ка.

Безли́чный глаго́л **хо́чется** обознача́ет состоя́ние, не зави́сящее от во́ли челове́ка.

Я хочу́ ⎰ пойти́...
⎱ узна́ть...
⎰ спроси́ть...
⎱ купи́ть...

Мне хо́чется ⎰ есть.
⎱ пить.
⎰ спать.
⎱ отдохну́ть.

**Мне хо́чется
Я хочу́** ⎰ поблагодари́ть...
⎱ посове́товаться...
⎰ познако́миться...
⎱ призна́ться...

— **Я хочу́** узна́ть, где нахо́дится кни́жный магази́н «Бу́ква».
— Около ста́нции метро́ «Парк культу́ры».

— **Мне** о́чень **хо́чется** пить, а тебе́?
— Мне то́же.

ПРИЧАСТИЕ

Чтобы выразить определённое свойство, признак предмета, используются прилагательные:

большо́й (рома́н)
ма́ленький (расска́з)
интере́сная (кни́га)

Чтобы выразить временное свойство, признак предмета, зависящий от определённого действия, используются **причастия**.

спя́щий ма́льчик

игра́ющий ма́льчик

ма́льчик, **чита́ющий** кни́гу

ма́льчик, **реша́ющий** зада́чи

Ма́льчик, **прочита́вший** кни́гу, оста́вил её на столе́ и ушёл.

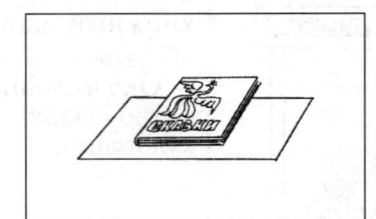

Кни́га, **прочи́танная** ма́льчиком, лежи́т на столе́.

В предложении **причастие стои́т** обычно **после** существительного, которое оно определяет и с которым **согласуется** в роде, числе и падеже.

Ма́льчик, **чита́ющий** кни́гу, сиди́т за столо́м.
Я ви́дел ма́льчика, **чита́ющего** кни́гу.

Причастие употребляется чаще всего вместе с другими зависящими от него словами, которые образуют вместе с ним **причастный оборот**, выделяемый запятыми:

..., **чита́ющий** кни́гу; ..., **прочита́вший** кни́гу; ..., **прочи́танная** ма́льчиком

Глагол 283

Причастия образуются от глаголов. Они совмещают в себе

признаки глагола   и   признаки прилагательного

ВРЕМЯ:

настоящее
чита́ющий

прошедшее
чита́вший

ВИД:

несовершенный
чита́вший

совершенный
прочита́вший

ПРИЧАСТИЕ

ЧИСЛО:

единственное
чита́ющий

множественное
чита́ющие

РОД:

мужской
чита́ющий

женский
чита́ющая

средний
чита́ющее

ЗАЛОГ:

действительный
чита́ющий

страдательный
чита́емый

ПАДЕЖ,

зависящий от падежа существительного, с которым причастие согласуется.

Ма́льчик, **чита́ющий** ...
У ма́льчика, **чита́ющего** ...

Причастие может иметь при себе:

1. *дополнение* в различных падежах
   чита́ющий *кни́гУ*
   прочита́вший *бра́тУ письмО́*

2. *частицу* -СЯ
   занима́ющийся

Причастие может быть (чаще всего):

1. *определением* (полная форма)
   Кни́ги, **прочи́танные** ма́льчиком, ...

2. *сказуемым* (краткая форма)
   Кни́ги бы́ли **прочи́таны** ма́льчиком.

Причастия называют иначе **отглагольными прилагательными**.
Причастие очень ёмкая форма. В одном слове содержится информация о времени, виде, залоге, роде, числе и падеже.
Причастие может выполнять в предложении различные функции. Оно может быть подлежащим, согласованным определением, сказуемым и др.
С помощью причастия можно выразить свои мысли точно и кратко. Поэтому причастия широко используются в научном стиле речи. В других стилях речи они используются сравнительно редко.

Иногда причастия стоят перед существительными, которые они определяют и с которыми согласуются так же, как и прилагательные.	В некоторых случаях причастия употребляются как существительные.
лю́бящая мать **уважа́емый** все́ми профе́ссор **решённая** зада́ча **пригото́вленный** во́время обе́д.	**Ра́неного** привезли́ в го́спиталь. **Опери́рованный** ско́ро вы́здоровел. Мой **люби́мый**! Наш **заве́дующий** приезжа́ет за́втра.

СКЛОНЕНИЕ ПРИЧАСТИЙ

Действительные причастия (настоящего и прошедшего времени) **склоняются** как прилагательные с основой на Ж, Ч, Ш, Щ.
Страдательные причастия склоняются как прилагательные с основой на твёрдый согласный.

284 Глагол

| действительные причастия | страдательные причастия |

настоящее время

Глагол **выпуска́ть**
несовершенного вида

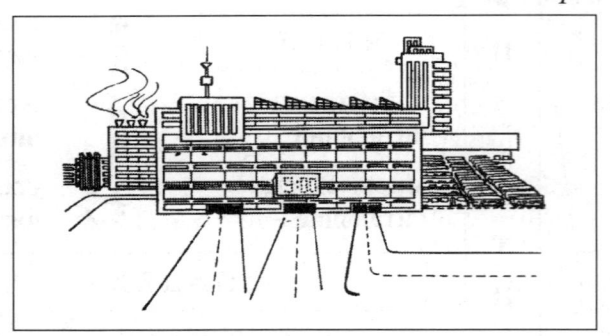

Э́то но́вый заво́д.
Он выпуска́ет авто́бусы.

Э́то авто́бусы.
Их выпуска́ет но́вый заво́д.

Э́то но́вый заво́д, кото́рый выпуска́ет авто́бусы. = Э́то но́вый заво́д, **выпуска́ющий** авто́бусы.

Э́то авто́бусы, кото́рые выпуска́ет но́вый заво́д. = Э́то авто́бусы, **выпуска́емые** но́вым заво́дом.

| **придаточная часть** | причастный оборот | **придаточная часть** | причастный оборот |

прошедшее время

Глагол **вы́пустить**
совершенного вида

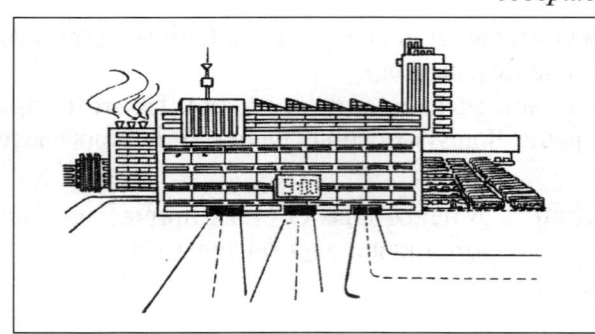

Э́то но́вый заво́д.
Он вы́пустил мно́го авто́бусов.

Э́то авто́бусы.
Их вы́пустил но́вый заво́д.

Э́то но́вый заво́д, кото́рый вы́пустил мно́го авто́бусов. = Э́то но́вый заво́д, **вы́пустивший** мно́го авто́бусов.

Э́то авто́бусы, кото́рые вы́пустил но́вый заво́д. = Э́то авто́бусы, **вы́пущенные** но́вым заво́дом.

| **придаточная часть** | причастный оборот | **придаточная часть** | причастный оборот |

ОБРАЗОВАНИЕ ПРИЧАСТИЙ

действительные причастия | страдательные причастия

настоящее время

Образуются только от глаголов несовершенного вида (действительные причастия настоящего времени)

Глаголы I спряжения		Причастия
писа́ть 3 л. мн. ч.	пи́ш-ут	-УЩ- пи́шущий, -ая, -ее, -ие
чита́ть 3 л. мн. ч.	чита́-ют	-ЮЩ- чита́ющий, -ая, -ее, -ие

Глаголы II спряжения		Причастия
крича́ть 3 л. мн. ч.	крич-а́т	-АЩ- крича́щий, -ая, -ее, -ие
говори́ть 3 л. мн. ч.	говор-я́т	-ЯЩ- говоря́щий, -ая, -ее, -ие

Образуются только от переходных глаголов несовершенного вида (страдательные причастия настоящего времени)

Глаголы I спряжения		Причастия
чита́ть 1 л. мн. ч.	чита́-ем	-ЕМ- чита́емый, -ая, -ое, -ые
посыла́ть 1 л. мн. ч.	посыла́-ем	посыла́емый, -ая, -ое, -ые

Глаголы II спряжения		Причастия
люби́ть 1 л. мн. ч.	люб-им	-ИМ- люби́мый, -ая, -ое, -ые
ви́деть 1 л. мн. ч.	ви́д-им	ви́димый, -ая, -ое, -ые

прошедшее время

Образуются от глаголов совершенного и несовершенного вида (действительные причастия прошедшего времени)

Глаголы с основой в прошедшем времени на гласный		Причастия
чита́ть	чита́-л	-ВШ- чита́вший, -ая, -ее, -ие
говори́ть	говори́-л	говори́вший, -ая, -ее, -ие

Глаголы с основой в прошедшем времени на согласный		Причастия
нести́	нёс	-Ш- нёсший, -ая, -ее, -ие
везти́	вёз	вёзший, -ая, -ее, -ие
привы́кнуть	привы́к	привы́кший, -ая, -ее, -ие

Образуются от переходных глаголов совершенного вида (страдательные причастия прошедшего времени)

Глаголы с основой в прошедшем времени на гласный (кроме -И-)		Причастия
прочита́ть	прочита́-л	-НН- прочи́танный, -ая, -ое, -ые
оби́деть	оби́де-л	оби́женный, -ая, -ое, -ые
взять	взя-л	-Т- взя́тый, -ая, -ое, -ые

Глаголы с основой в прошедшем времени на -И- или согласный		Причастия
изучи́ть	изучи́-л	-ЕНН- изу́ченный, -ая, -ое, -ые
возврати́ть	возврати́-л	возвращённый, -ая, -ое, -ые
принести́	принёс	принесённый, -ая, -ое, -ые

УПОТРЕБЛЕНИЕ ПРИЧАСТИЙ

Это учёный.
Учёный проводит исследование.
Он сидит за столом.

Это повар.
Повар готовит обед.
Он стоит у плиты.

Это студенты.
Студенты решают задачи.
Они сидят за столом.

Учёный, **проводящий исследование**, сидит за столом.

Повар, **готовящий обед**, стоит у плиты.

Студенты, **решающие задачи**, сидят за столом.

Учёный провёл исследование.
Он доволен.

Повар приготовил обед.
Он доволен.

Студенты решили задачи.
Они идут играть в волейбол.

Учёный, **проведший исследование**, доволен.

Повар, **приготовивший обед**, доволен.

Студенты, **решившие задачи**, идут играть в волейбол.

Вот результат исследования.
Это исследование провёл учёный.

Вот обед.
Этот обед приготовил повар.

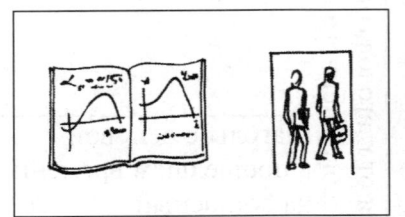

Вот задачи.
Эти задачи решили студенты.

Исследование, **проведённое учёным**, дало хорошие результаты.

Обед, **приготовленный поваром**, стоит на столе.

Задачи, **решённые студентами**, были очень трудными.

СОГЛАСОВАНИЕ ПРИЧАСТИЙ С СУЩЕСТВИТЕЛЬНЫМИ

И. п. Учёный, **проводя́щИЙ** иссле́дование, сиди́т за столо́м.

Мать, **гото́вящАЯ** обе́д, стои́т у стола́.

Студе́нты, **реша́ющИЕ** зада́чи, сидя́т за столо́м.

Р. п. Я наблюда́ю за рабо́той учёного, проводя́щего иссле́дование.

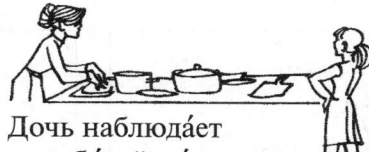

Дочь наблюда́ет за рабо́той ма́тери, гото́вящей обе́д.

Я наблюда́ю за рабо́той студе́нтов, реша́ющих зада́чи.

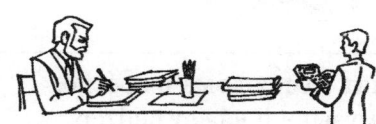

Д. п. Я помога́ю учёному, проводя́щему иссле́дование.

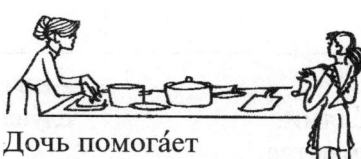

Дочь помога́ет ма́тери, гото́вящей обе́д.

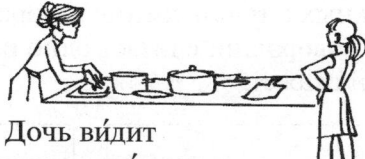

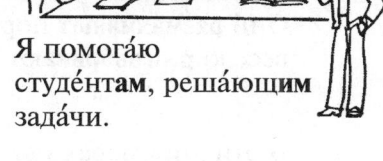

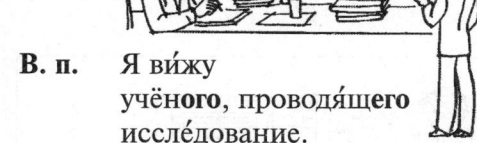

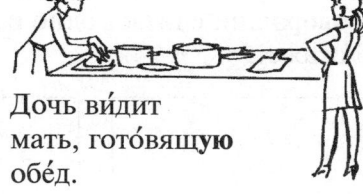

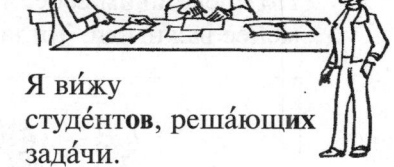

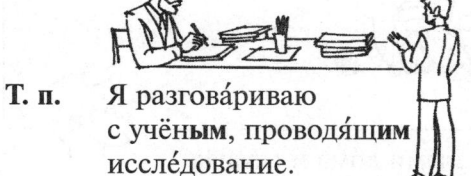

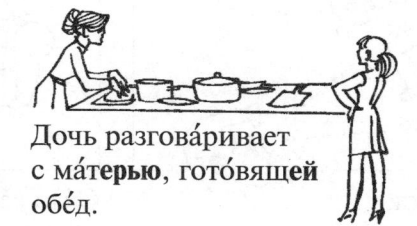

Я помога́ю студе́нтам, реша́ющим зада́чи.

В. п. Я ви́жу учёного, проводя́щего иссле́дование.

Дочь ви́дит мать, гото́вящую обе́д.

Я ви́жу студе́нтов, реша́ющих зада́чи.

Т. п. Я разгова́риваю с учёным, проводя́щим иссле́дование.

Дочь разгова́ривает с ма́терью, гото́вящей обе́д.

Я разгова́риваю со студе́нтами, реша́ющими зада́чи.

П. п. Я рассказа́л вам об учёном, проводя́щем иссле́дование.

Я рассказа́ла вам о ма́тери, гото́вящей обе́д.

Я рассказа́л вам о студе́нтах, реша́ющих зада́чи.

ДЕЕПРИЧАСТИЕ

Посмотрите на картинки. Что делают изображённые на них люди?

Ребя́та **иду́т** по у́лице.
Они́ **разма́хивают** портфе́лями,
ве́село **разгова́ривают** и **смею́тся**.

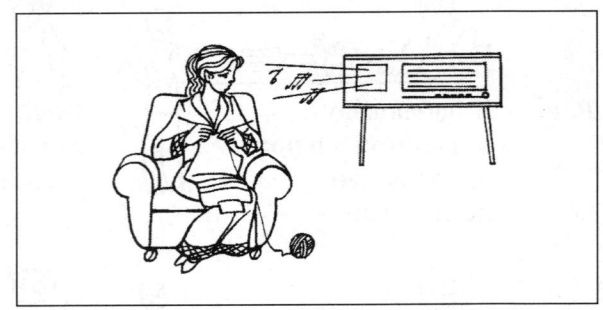

А́нна **сиди́т** у себя́ до́ма в кре́сле, **слу́шает** му́зыку и **вя́жет** сви́тер.

В этих примерах одни и те же лица (ребя́та, А́нна) одновременно совершают несколько действий, одинаково важных с точки зрения говорящего.

Но представим себе, что говорящий считает одно из этих действий более важным, другие менее важными. Тогда он скажет:

Разма́хивая портфе́лями,
ве́село **разгова́ривая** и **смея́сь**
(второстепенные действия),
ребя́та *иду́т* по у́лице (главное действие).

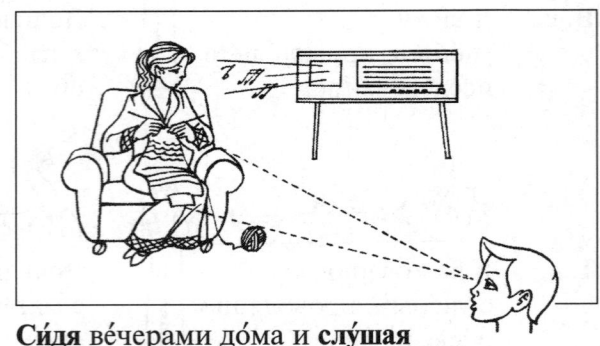

Си́дя вечера́ми до́ма и **слу́шая** му́зыку (второстепенные действия),
А́нна *вя́жет* сви́тер (главное действие).

Главное действие выражено *глаголом*.
Второстепенные действия выражены **деепричастиями**.
И те и другие действия совершаются неопределённое время и одновременно, поэтому они выражены **глаголами** и **деепричастиями несовершенного вида**.

Глагол 289

ДЕЕПРИЧАСТИЯ СОВЕРШЕННОГО ВИДА

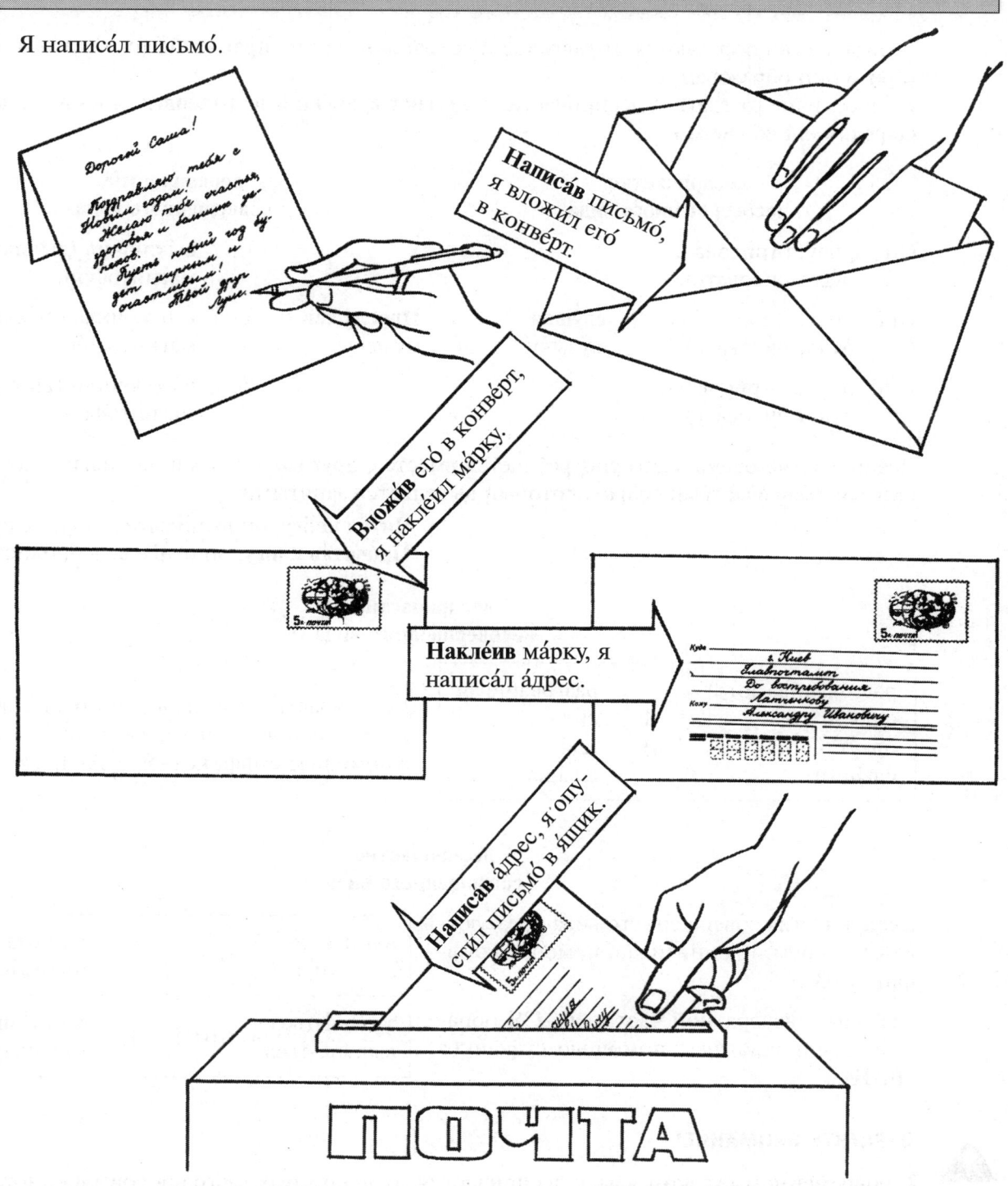

Я написа́л письмо́.

Написа́в письмо́, я вложи́л его́ в конве́рт.

Вложи́в его́ в конве́рт, я накле́ил ма́рку.

Накле́ив ма́рку, я написа́л а́дрес.

Написа́в а́дрес, я опусти́л письмо́ в я́щик.

ПОЧТА

В этих предложениях одно и то же лицо совершает два действия: главное выражено *глаголом* в прошедшем времени, второстепенное выражено **деепричастием**.
Однако второстепенное действие совершается не одновременно с главным, а совершилось (и закончилось) до начала главного действия, поэтому второстепенное действие выражено **деепричастием совершенного вида** (действия совершаются последовательно одним и тем же лицом).

ОБРАЗОВАНИЕ И УПОТРЕБЛЕНИЕ ДЕЕПРИЧАСТИЙ

Деепричастия образуются от глаголов и сохраняют вид и управление того глагола, от которого они образованы.

Но в отличие от глагола деепричастия **не имеют времени** и **не изменяются ни по лицам, ни по родам, ни по числам**.

деепричастие несовершенного вида			деепричастие совершенного вида	
Он рису́ет (рисова́л, бу́дет рисова́ть),			он	вы́ключил (вы́ключит) магнитофо́н.
Она́ рису́ет (рисова́ла, бу́дет рисова́ть),	**слу́шая** му́зыку.	**Прослу́шав** му́зыку,	она́	вы́ключила (вы́ключит) магнитофо́н.
Они́ рису́ют (рисова́ли, бу́дут рисова́ть),			они́	вы́ключили (вы́ключат) магнитофо́н.

Деепричастие очень часто употребляется вместе с другими словами, составляя так называемый **деепричастный оборот**, который выделяется запятыми:

Чита́я кни́гу, он выпи́сывал но́вые слова́.
Прочита́в кни́гу, он отнёс её в библиоте́ку.

деепричастие несовершенного вида

разгова́рива-ют		разгова́ривая	
сид-я́т	-Я	си́дя	Деепричастия несовершенного вида образу-
ид-у́т	(-А)	идя́	ются от основы глагола настоящего времени
слы́ш-ат		слы́ша	с помощью суффикса -Я- (-А-[1]).

деепричастие совершенного вида

Деепричастия совершенного вида образуются от основы инфинитива с помощью суффикса -В-.

| написа́-ть положи́-ть | -В | написа́в положи́в |

Глаголы с возвратной частицей -СЯ образуют деепричастия с помощью суффикса -ВШИ-.

| засмея́-ться вы́купа-ться | -ВШИ+СЬ | засмея́вшись вы́купавшись |

⚠ ОБРАТИТЕ ВНИМАНИЕ!

В современном русском языке деепричастия от некоторых глаголов совершенного вида имеют форму на -Я:
придя́, уйдя́, подойдя́, — *как* идя́.

---

[1] Суффикс -А- употребляется после согласных Ш, Щ, Ж, Ч.

Глагол 291

> **ОБРАТИТЕ ВНИМАНИЕ!**
> Действие, выраженное глаголом, и действие, выраженное деепричастием, всегда относятся к одному лицу или предмету.

Если действия совершаются одновременно или последовательно, но не одним и тем же лицом, употребляется сложное предложение с союзами **когда́**, **как то́лько** и др.

В этих случаях употребление деепричастия невозможно.

Когда́ я *шёл* домо́й, *свети́ло* со́лнце.

Идя́ домо́й, **свети́ло** со́лнце.

ТАК НЕЛЬЗЯ СКАЗАТЬ!

Как то́лько я *вы́шел*, *из* до́му, *пошёл дождь*.

Вы́йдя и́з дому, **пошёл** дождь.

ТАК НЕЛЬЗЯ СКАЗАТЬ!

Страницы 292–325

Предлог

Предлог — несамостоятельная (служебная) часть речи, указывающая на различные отношения между словами в предложении.

Предлоги в русском языке с точки зрения их употребления можно разделить на

встречающиеся очень часто:

в, на, с, к, у, за, по, из, о, от;

встречающиеся часто:

для, под, без, до, через, над, перед, после, при, между;

встречающиеся реже:

про, около, среди, из-за, вместо, из-под, вокруг, против, мимо, прежде, спустя, сквозь, возле, кроме, несмотря на, ради, вдоль, благодаря, и некоторые другие.

Предлог 293

ВЫРАЖЕНИЕ ПРОСТРАНСТВЕННЫХ ОТНОШЕНИЙ С ПОМОЩЬЮ ПРЕДЛОГОВ

С помощью **пространственных предлогов** можно указать на *место*, где находится предмет или происходит действие, *направление* действия или движения и *исходную точку* движения.

I.

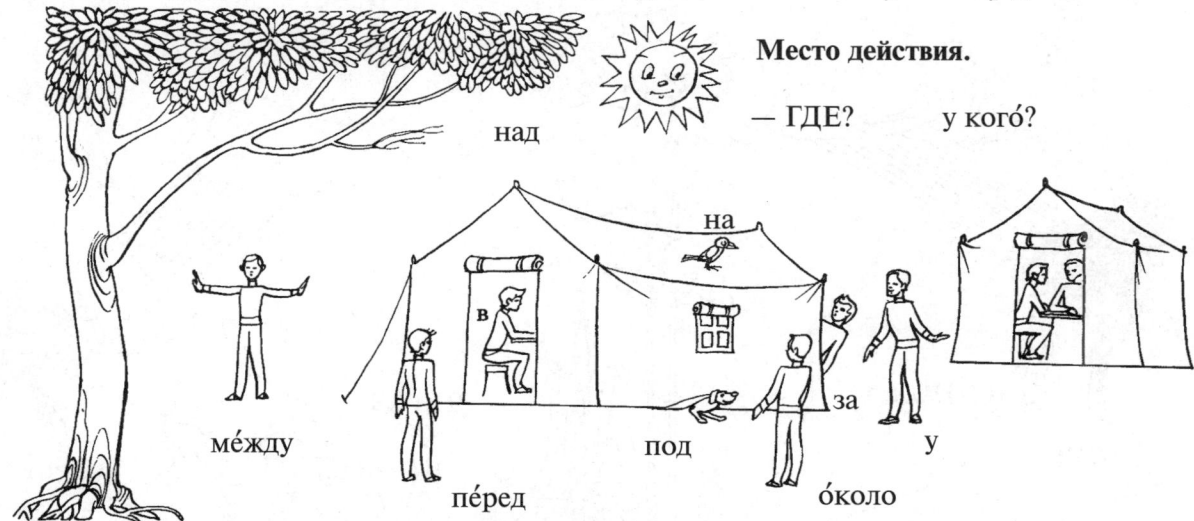

Место действия.

— ГДЕ? у кого?

над, на, в, между, перед, под, за, около, у

Место, где находится какое-либо лицо или предмет или происходит действие, обозначается сочетанием пространственных предлогов с существительными (в определённых падежах), называющими это место.

быть находиться	где?	**в** го́роде, **в** лесу́ **на** у́лице, **на** собра́нии	*с предложным падежом*
		напро́тив до́ма, посреди́ пло́щади о́коло до́ма, **у** до́ма	*с родительным падежом*
		пе́ред до́мом, **за** до́мом **под** столо́м, **над** столо́м **ме́жду** до́мом и у́лицей	*с творительным падежом*
	у кого́?	**у** врача́, **у** дру́га	*с родительным падежом*

СЛОВАРЬ Употребление предлогов после глаголов:

| быть | стоя́ть | сиде́ть | жить | |
| находи́ться | лежа́ть | висе́ть | рабо́тать | и др. |

идти́ дви́гаться	где?	**по** у́лице, **по** мо́рю	*с дательным падежом*
		ми́мо до́ма, **вдоль** реки́	*с родительным падежом*
		че́рез парк, **сквозь** ту́чи	*с винительным падежом*

СЛОВАРЬ Употребление предлогов после глаголов:

| идти́ | е́хать | плыть | дви́гаться | |
| ходи́ть | е́здить | пла́вать | проходи́ть | и др. |

ОСНОВНЫЕ ПРОСТРАНСТВЕННЫЕ ЗНАЧЕНИЯ ПРЕДЛОГОВ

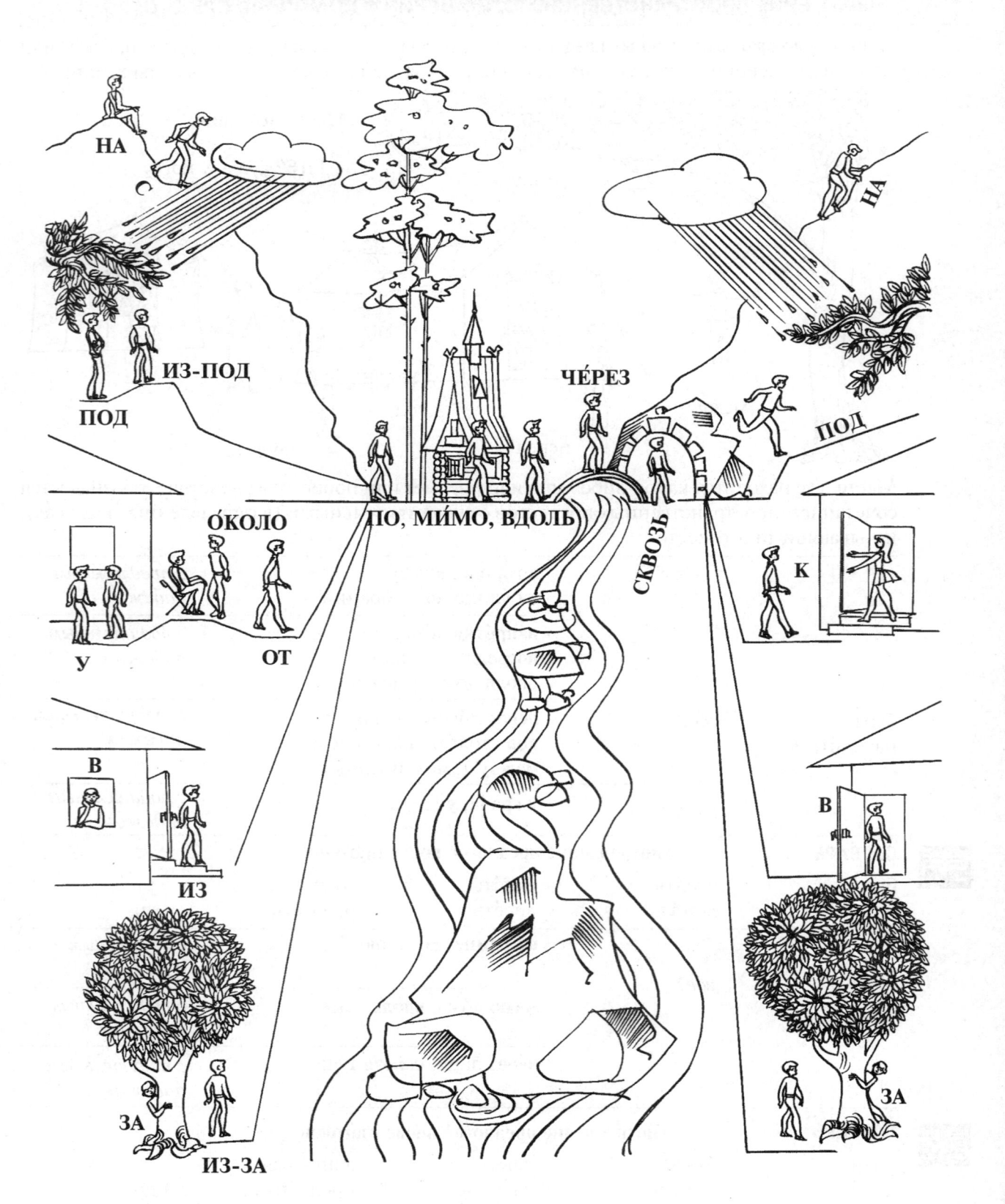

II. Направление движения — КУДА? к кому?

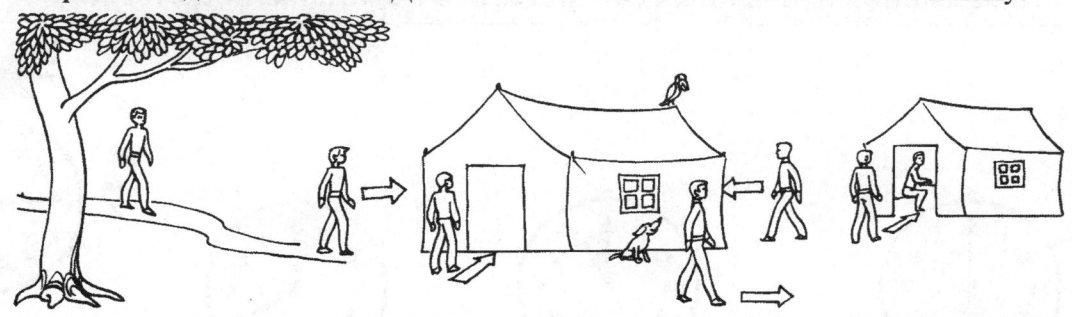

Направление действия — движения обозначается сочетанием пространственных предлогов с существительными (в определённых падежах), называющими цель движения.

идти́ е́хать	куда́?	**в** го́род, **в** лес **на** у́лицу, **на** собра́ние **под** Москву́, **за** грани́цу	*с винительным падежом*
	к кому́?	**к** бе́регу, **к** до́му **к** врачу́, **к** дру́гу	*с дательным падежом*

СЛОВАРЬ — Употребление предлогов после глаголов:

идти́	лете́ть	нести́	прийти́	положи́ть
е́хать	плыть	пойти́	уе́хать	поста́вить и др.[1]

III. Исходная точка движения — ОТКУ́ДА? ОТ КОГО́?

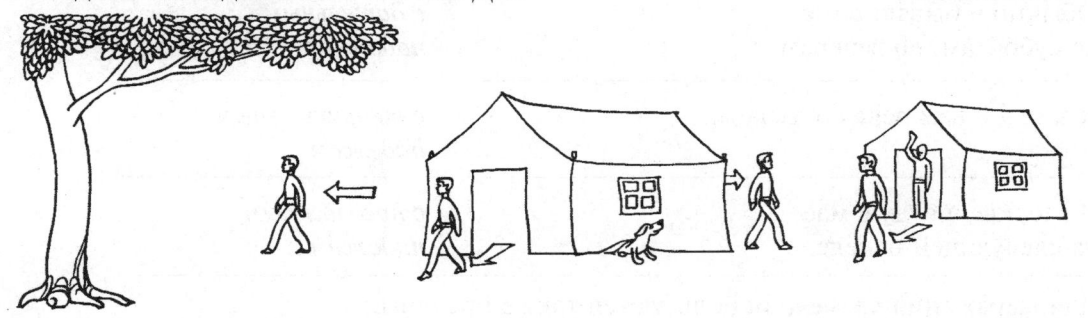

Исходная точка движения обозначается сочетанием пространственных предлогов с существительными (в родительном падеже), называющими исходную точку.

идти́ возвраща́ться	отку́да?	**из** го́рода, **из** ле́са **с** у́лицы, **с** собра́ния **из-под** Москвы́ **из-за** грани́цы	*с родительным падежом*
	от кого́?	**от** врача́, **от** дру́га	

СЛОВАРЬ — Употребление предлогов после глаголов:

возвраща́ться	е́хать	приезжа́ть	уходи́ть
верну́ться	идти́	прие́хать	уйти́ и др.

[1] Только с глаголами, обозначающими какое-либо движение.

ВЫРАЖЕНИЕ ВРЕМЕННЫХ ОТНОШЕНИЙ С ПОМОЩЬЮ ПРЕДЛОГОВ

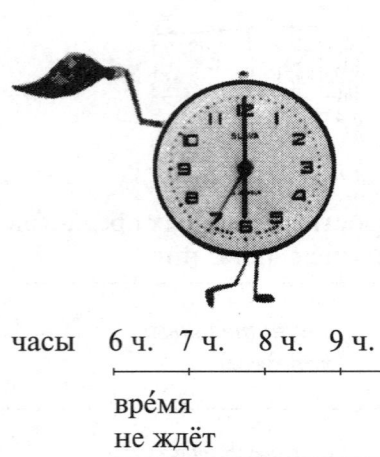

часы 6 ч. 7 ч. 8 ч. 9 ч. 10 ч. 11 ч. 12 ч. 1 2 3 4 5 6 7 8 9

время не ждёт — время идёт — время бежит — время летит

Он работал **с** утра́ **до** ве́чера. Он просну́лся **среди́** но́чи, **о́коло** двена́дцати.	*с родительным падежом*
Я приду́ к вам **че́рез** час, **под** ве́чер. Я прие́ду в сре́ду, **на** неде́лю. Я вы́полню рабо́ту **за** два часа́.	*с винительным падежом*
Обы́чно я быва́ю до́ма **по** суббо́там, **по** вечера́м.	*с дательным падежом*
Я зайду́ к вам **пе́ред** отъе́здом.	*с творительным падежом*
В Москве́ я бу́ду **в** ма́е, **на** сле́дующей неде́ле.	*с предложным падежом*

Для выражения **времени** используются также предлоги:
Накану́не Но́вого го́да я поздра́вил друзе́й.
По́сле работы я пошёл в кино́.   *с родительным*
В тече́ние ме́сяца он был   *падежом*
бо́лен.

В некоторых случаях для выражения времени используются по два предлога:

За день **до** отъе́зда он пришёл попроща́ться.   *с винительным*
Че́рез час **по́сле** оконча́ния заня́тий мы пошли́ *и родительным*
в кино́.   *падежом*

Спрашивая о времени какого-нибудь действия или события, задают вопрос КОГДА́?

Когда́ он прие́хал? *Когда́* вы бу́дете до́ма?
Когда́ она́ уезжа́ет? *Когда́* мы уви́димся?

УПОТРЕБЛЕНИЕ ПРЕДЛОГОВ *В* И *НА*

❓ КОГДА́?

Если в ответе на вопрос *когда́?* указывается

| час, день неде́ли | ме́сяц, неде́ля | год 1947–1954, 2000–2007, XX век, XXI век |

то употребляются предлоги

В,   **В и НА**[1]

⬇ *с винительным падежом.*   ⬇ *с предложным падежом.*

Он придёт
- в час (в 2 часа́).
- в (бу́дущую) сре́ду.
- в э́тот понеде́льник.
- в э́тот день,
- (час, день неде́ли)

Он прие́дет
- на э́той неде́ле.
- в ма́е, в э́том ме́сяце.
- в бу́дущем году́.
- в 2008 году́,
- (неде́ля, ме́сяц, год)

Если в ответе на вопрос *когда́?* определяют год и век (эпоху)

то употребляется предлог **В**

описа́тельно   то́чно

⬇ *с винительным падежом.*   ⬇ *с предложным падежом.*

Э́то бы́ло
- в эпо́ху феодали́зма.
- в тру́дный год.
- в год оконча́ния войны́.
- в век освое́ния ко́смоса.

Он роди́лся
- в ты́сяча девятьсо́т со́рок пя́том году́.
- в э́том году́.
- в двадца́том ве́ке.

⚠ **ОБРАТИТЕ ВНИМАНИЕ!**

При обозначении точной даты (числа) предлог не употребляется.

— Когда́ он на́чал занима́ться?
— **Пе́рвого** сентября́.

---

[1] Предлог **НА** употребляется только в сочетании со словом *неде́ля*.

УПОТРЕБЛЕНИЕ ПРЕДЛОГОВ ДО, ЗА… ДО, ПЕ́РЕД, ВО ВРЕ́МЯ, ЧЕ́РЕЗ… ПО́СЛЕ

КОГДА́?

| до грозы́ | **пе́ред** грозо́й (**за** пять мину́т **до** грозы́) | **во вре́мя** грозы́ | **по́сле** грозы́ (**че́рез** пять мину́т **по́сле** грозы́) |

До грозы́ мы гуля́ли в па́рке.

За не́сколько мину́т до грозы́ мы подошли́ к бесе́дке.

Во вре́мя грозы́ мы сиде́ли в бесе́дке.

Че́рез пять мину́т по́сле грозы́ мы вы́шли из бесе́дки.

По́сле грозы́ мы ещё до́лго гуля́ли в па́рке.

Если в ответе на вопрос *когда?* время действия или события соотносится с каким-нибудь другим событием или действием, употребляются предлоги:

ЗА … ДО…
Нача́ло спекта́кля
в 7 часо́в.

ЧЕ́РЕЗ … ПО́СЛЕ…
Нача́ло спекта́кля
в 7 часо́в.

Пу́блика собира́ется в теа́тре **за** 10 мину́т **до** нача́ла спекта́кля.

А́нна опозда́ла. Она́ пришла́ **че́рез** 10 мину́т **по́сле** нача́ла спекта́кля.

ЗА
с винительным падежом

ДО
с родительным падежом

ЧЕ́РЕЗ
с винительным падежом

ПО́СЛЕ
с родительным падежом

УПОТРЕБЛЕНИЕ ПРЕДЛОГОВ ЧЕ́РЕЗ И ПО́СЛЕ

КОГДА́?

Когда́ ты пришёл?

— Я пришёл час **тому́ наза́д** (в двена́дцать часо́в).

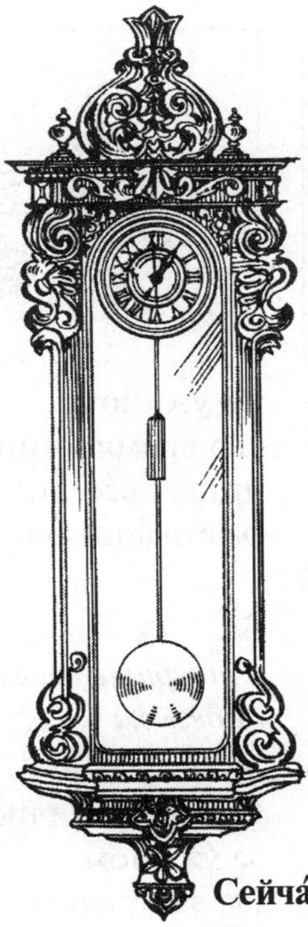

Когда́ ты уйдёшь?

— Я уйду́ **че́рез** час (в два часа́).

ЧЕ́РЕЗ
с винительным падежом
употребляется только с существительными, обозначающими *время*: секу́нда, мину́та, час, день, неде́ля, ме́сяц, год.

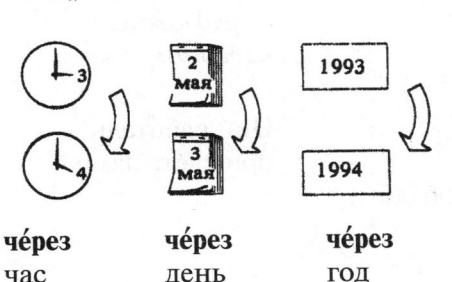

ПО́СЛЕ
с родительным падежом
употребляется с существительными, обозначающими какое-нибудь действие или состояние: за́втрак, обе́д, сон, о́тдых, заня́тие, уро́к, купа́ние, пое́здка и т. д.

Сейча́с час.

че́рез час

че́рез день

че́рез год

по́сле за́втрака

по́сле уро́ков

ВРЕМЕННЫ́Е ПРЕДЕЛЫ ДЕ́ЙСТВИЯ

С КАКО́ГО ВРЕ́МЕНИ?

с восьми́

с понеде́льника

С
с родительным падежом

СКО́ЛЬКО ВРЕ́МЕНИ?

Мы занима́лись два часа́.

Они́ рабо́тали 5 дней.

ДО КАКО́ГО ВРЕ́МЕНИ?

до десяти́

до суббо́ты (в суббо́ту они́ уже́ не рабо́тали)

ДО
с родительным падежом

1.VI. — 27.VIII

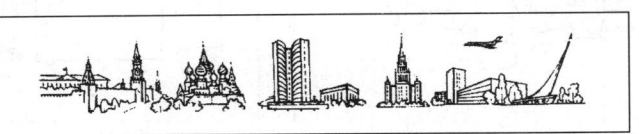

Ско́лько вре́мени вы бу́дете в Москве́?
— Мы бу́дем там **с пе́рвого ию́ня по два́дцать седьмо́е а́вгуста** (два́дцать седьмо́го ещё бу́дем в Москве́).

С
с родительным падежом

ПО
с винительным падежом

УПОТРЕБЛЕНИЕ ПРЕДЛОГОВ НАКАНУ́НЕ, ЗА, ПРИ, ПО, К

КОГДА́?

Накану́не
(за день до ...)
пра́здника де́ти
украша́ют ёлку.

За у́жином
(во вре́мя у́жина)
друзья́ ве́село
разгова́ривали.

При Петре́ Пе́рвом
был постро́ен
го́род на Неве́.

НАКАНУ́НЕ
*с родительным
падежом*

ЗА
*с творительным
падежом*

ПРИ
*с предложным
падежом*

Они́ уви́делись
накану́не Но́вого го́да
(накану́не отъе́зда,
накану́не экза́мена).

Они́ встре́тились
за у́жином
(за за́втраком, за обе́дом).

Они́ рабо́тали
при све́те ла́мпы.

РЕГУЛЯ́РНАЯ ПОВТОРЯ́ЕМОСТЬ ДЕ́ЙСТВИЯ

(ПО ДНЯМ НЕДЕ́ЛИ или ЧАСТЯ́М СУ́ТОК)

ПО
*с дательным падежом
множественного числа*

по суббо́там   **по** утра́м
по понеде́льникам   **по** вечера́м
по воскресе́ньям   **по** ноча́м

ОБРАТИ́ТЕ ВНИМА́НИЕ!

По утра́м,
по вечера́м,

но:
по це́лым дням.

Мы занима́емся му́зыкой
по сре́дам и пя́тницам.

Мы смо́трим телеви́зор
по вечера́м.

Предлог 301

ПРЕДЕЛЬНЫЙ СРОК ВРЕМЕНИ

К КАКОМУ СРОКУ?

Приходите к трём часам (не позже трёх часов).

К
с дательным падежом

кончить
сделать } работу **к концу** года
выполнить

Он приехал **к** празднику.

отрезок времени предстоящего действия

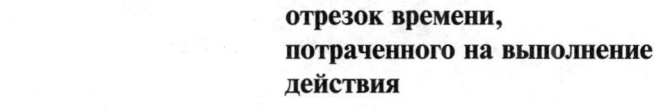

отрезок времени, потраченного на выполнение действия

НА КАКОЙ СРОК?   СКОЛЬКО ВРЕМЕНИ?   ЗА КАКОЙ СРОК?

— Здравствуйте! Я приехал к вам отдыхать **на** месяц.

— **Целый месяц** я отдыхал.

— До свидания. Спасибо! **За** этот месяц я хорошо отдохнул.

Я даю вам эту книгу **на** неделю.

— **Всю неделю** я читал эту книгу.

— **За** неделю я прочитал эту книгу.

Приходите ко мне **на** полчаса.

Мы будем разговаривать **полчаса**.

За полчаса мы с вами успеем поговорить.

НА
с винительным падежом

без предлога
Винительный падеж

ЗА
с винительным падежом

СЛОВАРЬ

прийти
уйти
зайти } *на*
остановиться *полчаса*
взять журнал
дать книгу

написать письмо
перевести статью
осмотреть выставку } *за*
сделать работу *два часа*
выучить роль
отдохнуть

ОБРАТИТЕ ВНИМАНИЕ!

план *на* неделю, *на* месяц, *на́* год

отчёт *за* неделю, *за* месяц, *за* год

ВЫРАЖЕНИЕ ПРИЧИННЫХ ОТНОШЕНИЙ С ПОМОЩЬЮ ПРЕДЛОГОВ

ПОЧЕМУ?

Для выражения **причинных отношений** употребляются предлоги **из-за**, **благодаря**, **от**.

Благодаря теплу́ и весе́нним дождя́м ра́но зацвели́ сады́.

Из-за дождя́ мы весь день просиде́ли до́ма.

Благодаря́ хоро́шему ве́тру ло́дка плыла́ бы́стро.

Из-за отсу́тствия ве́тра ло́дка останови́лась.

БЛАГОДАРЯ
с дательным падежом употребляется для обозначения причины, приведшей к положительным результатам, т. е. причины желательного действия.

ИЗ-ЗА
с родительным падежом употребляется для обозначения причины, приведшей к отрицательным результатам, т. е. причины нежелательного действия.

ОТ
с родительным падежом употребляется для выражения причины только с несколькими глаголами:

дрожа́ть, пла́кать, смея́ться, заболе́ть, поги́бнуть, умере́ть.
(причина непроизвольного действия или причина гибели, смерти, заболевания)

дрожа́ть
от
хо́лода

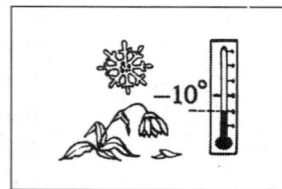

погиба́ть
от
хо́лода

Предлог 303

ВЫРАЖЕНИЕ ЦЕЛЕВЫХ ОТНОШЕНИЙ С ПОМОЩЬЮ ПРЕДЛОГОВ

Он пошёл в аптеку **за** лекарствами (чтобы купить лекарства).

ЗА
с творительным падежом

Он приехал **для** участия в соревнованиях (чтобы принять участие в соревнованиях).

ДЛЯ
с родительным падежом

ВЫРАЖЕНИЕ КАЧЕСТВЕННОЙ ХАРАКТЕРИСТИКИ ДЕЙСТВИЯ С ПОМОЩЬЮ ПРЕДЛОГОВ

Не только прилагательные, но и существительные с предлогами могут отвечать на вопросы: *какой? какая? какое? какие?*

книга **о** Москве

конверт **с** маркой и конверт **без** марки

встреча **по** баскетболу

практические занятия **по** химии

Не только наречия, но и существительные с предлогами могут отвечать на вопрос *как?*

слушать **с** интересом

слушать **без** интереса

ехать **со** скоростью 100 км в час

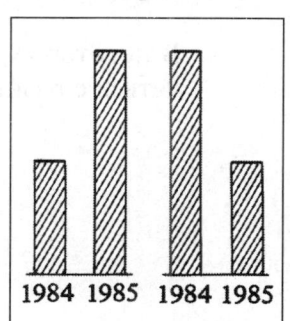

увеличить ... **на** 50%

сократить ... **в** два раза

ПРЕДЛОГИ И ПАДЕЖИ

Существительные, прилагательные, числительные, местоимения и **причастия**, употреблённые вместе **с предлогом**, стоят обязательно в **одном из косвенных падежей**.
Выбор предлога и падежа чаще всего зависит от глагола (от главенствующего слова[1]).

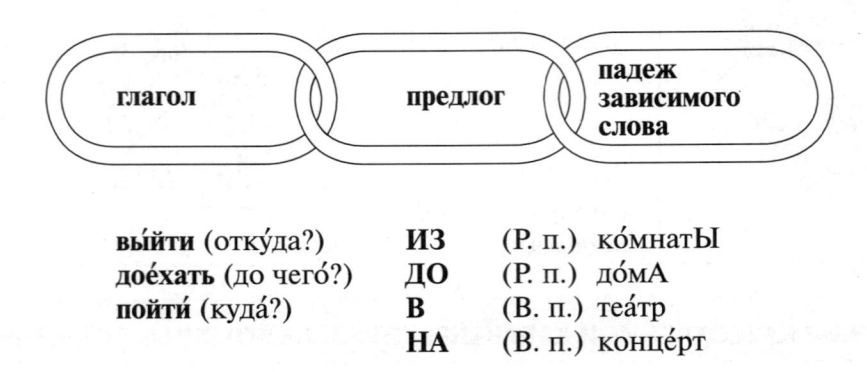

```
  глагол  ──  предлог  ──  падеж зависимого слова
```

вы́йти (отку́да?)	ИЗ	(Р. п.)	ко́мнатЫ
доéхать (до чего́?)	ДО	(Р. п.)	до́мА
пойти́ (куда́?)	В	(В. п.)	теа́тр
	НА	(В. п.)	конце́рт

ЗАПОМНИТЕ!

Большинство предлогов требует после себя употребления одного определённого падежа, например:

ИЗ, ИЗ-ЗА, ИЗ-ПОД, ОТ, ДО, ДЛЯ	— родительного падежа
К, БЛАГОДАРЯ́, НАВСТРЕ́ЧУ	— дательного падежа
ЧЕ́РЕЗ, СКВОЗЬ, ПРО	— винительного падежа
ПЕ́РЕД, НАД	— творительного падежа
ПРИ, О	— предложного падежа

После некоторых предлогов, в зависимости от того, что обозначается (например, *место* или *направление движения*), зависимые слова могут стоять в двух падежах:

после НА и В — в **П. п.** (место) и **В. п.** (направление движения)
после ЗА и ПОД — в **Т. п.** (место) и **В. п.** (направление движения)

В некоторых случаях одни и те же предлоги различаются по значению и могут употребляться с разными падежами:

упа́сть **с** де́рева — **Р. п.** (исходная точка движения на поверхности)
рабо́тать **с** двух часо́в — **Р. п.** (исходная точка действия во времени)
гуля́ть **с** бра́том — **Т. п.** (совместность)
идти́ **по** у́лице — **Д. п.** (движение по поверхности)
купа́ться **по** утра́м — **Д. п.** (время повторяющегося действия)
дать **по** две тетра́ди — **В. п.** (с числительным *два*)
отдыха́ть **по** пе́рвое сентября́ — **В. п.** (конец срока) и т. д.

---

[1] Им может быть также *отглагольное существительное*, *прилагательное* или *наречие*.

Предлог 305

> ⚠️ **ОБРАТИТЕ ВНИМАНИЕ!**
>
> Употребление падежей после предлогов см. на следующих страницах:

Предлоги, употребляющиеся с *родительным падежом*, на с. 91—93.

Предлоги, употребляющиеся с *дательным падежом*, на с. 64, 65.

Предлоги, употребляющиеся с *винительным падежом*, на с. 55—57.

Предлоги, употребляющиеся с *творительным падежом*, на с. 73—75.

Предлоги, употребляющиеся с *предложным падежом*, на с. 40—44.

Предлоги, употребляющиеся с двумя падежами:
с *предложным и винительным* — на с. 57, 306—309;
с *творительным и винительным* — на с. 74, 75, 310—313;
с *родительным и творительным* — на с. 76, 316, 317.

Характерные ошибки в употреблении предлогов даны на с. 325.

МНОГОЗНАЧНОСТЬ ПРЕДЛОГОВ

Различные значения, выражаемые с помощью предлогов, изображены на с. 306—324. В центре страницы в рамке помещено самое элементарное, основное значение предлога — большей частью пространственное, а вокруг него по движению часовой стрелки (справа налево) изображены в определённой последовательности (от более простого к более сложному, от более конкретного к более абстрактному) остальные значения предлога.

В ряде случаев на двух противоположных страницах расположены одни и те же предлоги, употребляющиеся с различными падежами. Например:

В с *предложным падежом и винительным падежом* (см. с. 306, 307).

НА с *предложным падежом и винительным падежом* (см. с. 308, 309).

ЗА с *творительным падежом и винительным падежом* (см. с. 310, 311).

ПОД с *творительным падежом и винительным падежом* (см. с. 312, 313).

С с *родительным падежом и творительным падежом* (см. с. 316, 317).

Или *разные предлоги*, которые либо близки по значению, либо после них употребляется один и тот же падеж. Например:

ИЗ-ЗА и **ИЗ-ПОД** с *родительным падежом*
ЧЕ́РЕЗ и **СКВОЗЬ** с *винительным падежом* } (см. с. 324).

ОТ и **ИЗ** с *родительным падежом* (см. с. 318, 319).

У и **О́КОЛО** с *родительным падежом* (см. с. 320, 321).

К и **ПО** с *дательным падежом* (см. с. 322, 323).

ПЕ́РЕД и **МЕ́ЖДУ** с *творительным падежом* (см. с. 314—315).

ПРЕДЛОГ В С ВИНИТЕЛЬНЫМ ПАДЕЖОМ

— Приходи́те **в** суббо́ту ро́вно в час.

Они́ игра́ют **в** ша́хматы.

Спортсме́н ме́тит **в** цель.

Он стреля́ет **в** цель.

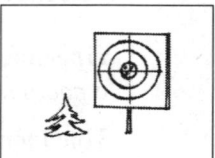

Он попа́л **в** цель.

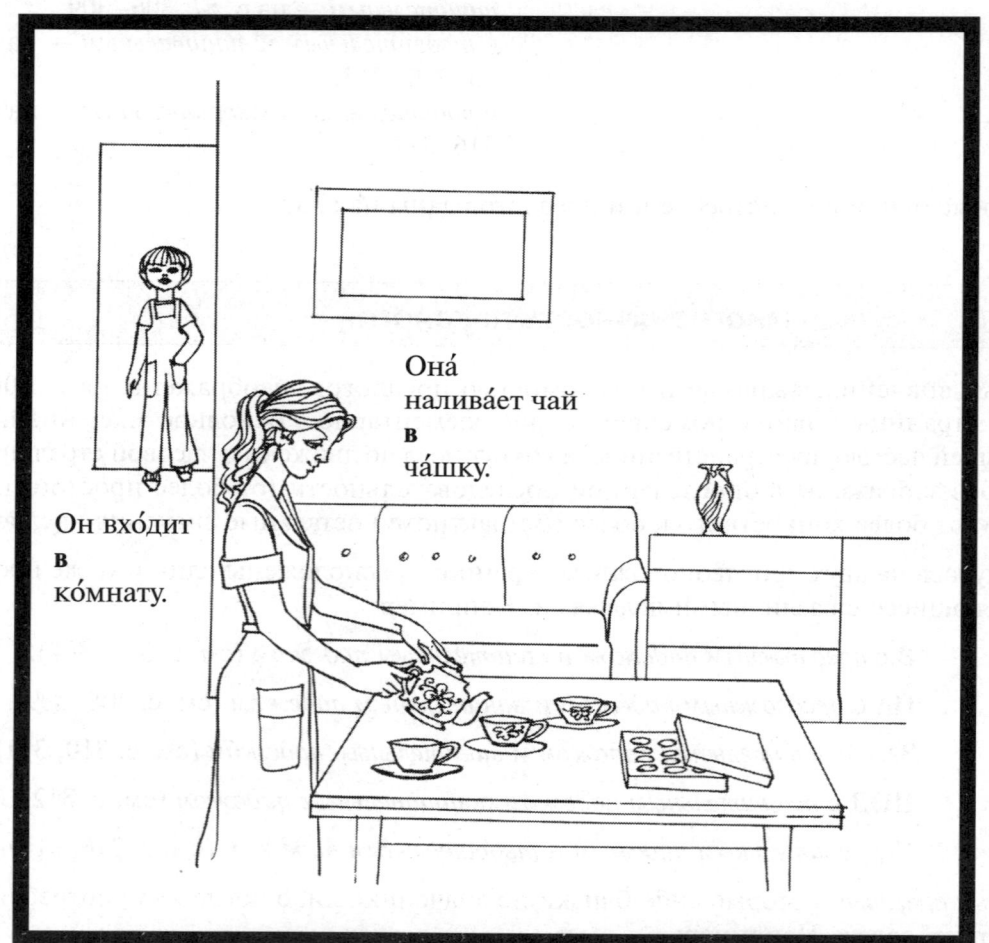

Он вхо́дит **в** ко́мнату.

Она́ налива́ет чай **в** ча́шку.

биле́т **в** теа́тр

Он звони́т **в** Спра́вочное бюро́.

Вода́ превраща́ется **в** пар.

— Э́тот за́мок был постро́ен **в** эпо́ху Средневеко́вья.

Студе́нты **в** дни кани́кул ката́лись на лы́жах.

Журна́л «Ру́сский язы́к за рубежо́м» выхо́дит 6 раз **в** год.

Заня́тия начина́ются **в** 9 часо́в.

Он смо́трит **в** бино́кль.

ПРЕДЛОГ *В* С ПРЕДЛОЖНЫМ ПАДЕЖОМ

Зи́мние кани́кулы бу́дут **в** январе́.

Наш де́душка **в** де́тстве, **в** мо́лодости, **в** ста́рости.

Они́ у́чатся **в** пя́том кла́ссе.

Они́ гуля́ют **в** па́рке.

Кни́ги стоя́т **в** шкафу́.

Де́ти сидя́т **в** ко́мнате.

Она́ е́дет **в** ваго́не.

де́вушка **в** ле́тнем пла́тье

Все уча́ствуют **в** сбо́ре виногра́да.

Он роди́лся **в** ию́ле.

Она́ прие́хала **в** середи́не ма́я.

Они́ **в** восто́рге от спекта́кля.

ПРЕДЛОГ НА С ВИНИТЕЛЬНЫМ ПАДЕЖОМ

Он получи́л о́тпуск **на** ме́сяц.

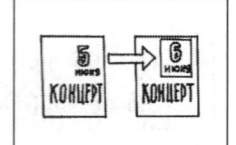

Конце́рт перенесён **на** за́втра.

Он смо́трит **на** карти́ну.

Они́ иду́т **на** рабо́ту.

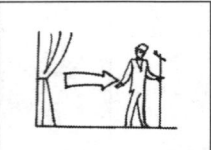

Арти́ст вы́шел **на** сце́ну.

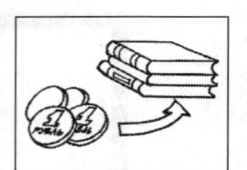

Он ве́шает карти́ну **на** сте́ну.

Он сади́тся **на** дива́н.

Она́ ста́вит ва́зу **на** стол.

Он потра́тил де́ньги **на** кни́ги.

Сын похо́ж **на** отца́.

Магази́н закры́т **на** ремо́нт.

в ночь **на** 1 января́

Она́ разре́зала я́блоко **на** две ча́сти.

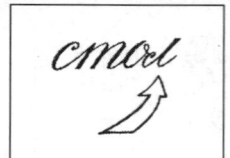

Сло́во ока́нчивается **на** согла́сный.

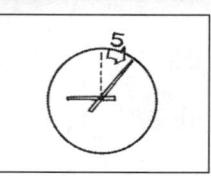

Часы́ спеша́т **на** пять мину́т.

Он опозда́л **на** одну́ мину́ту.

ПРЕДЛОГ НА С ПРЕДЛОЖНЫМ ПАДЕЖОМ

Они́ вы́шли из до́ма **на** рассве́те.

кни́га **на** ру́сском языке́

На карти́не изображён Кремль.

На ней но́вое пла́тье.

Он **на** рабо́те.

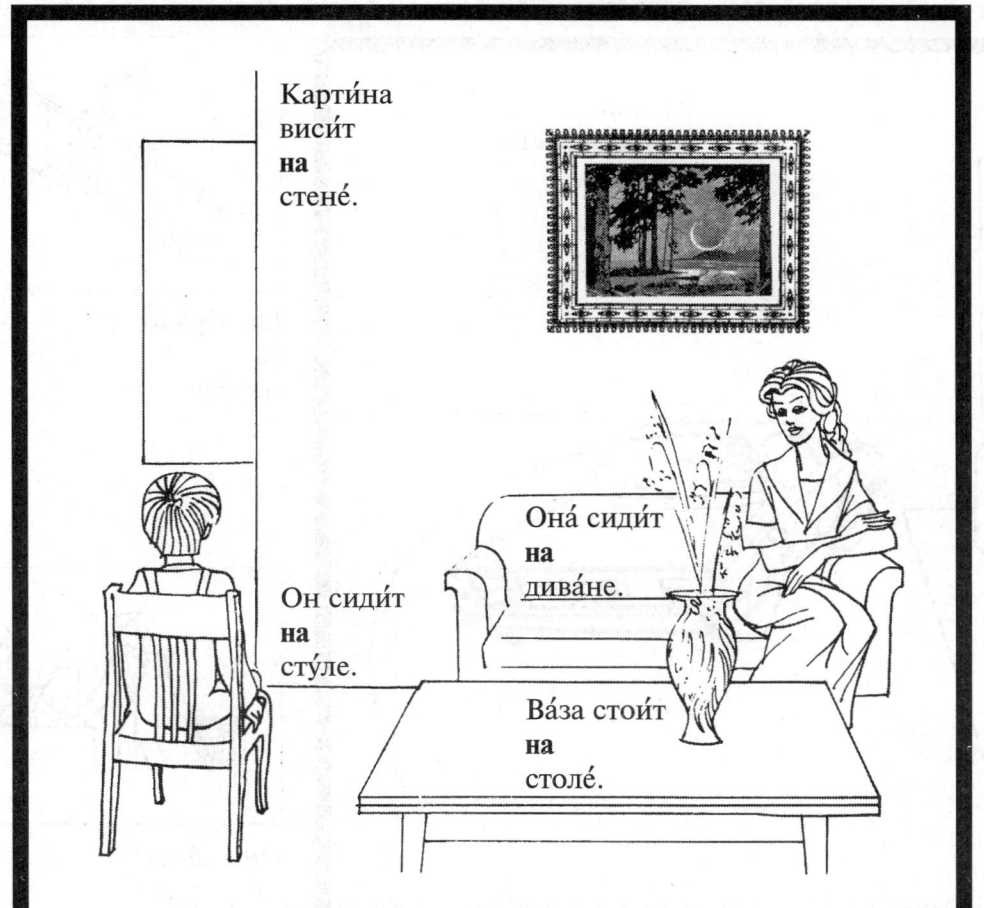

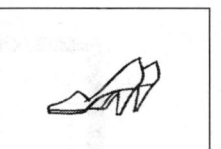

Карти́на виси́т **на** стене́.

Он сиди́т **на** сту́ле.

Она́ сиди́т **на** дива́не.

Ва́за стои́т **на** столе́.

ту́фли **на** высо́ких каблука́х

Он игра́ет **на** скри́пке, а она́ аккомпани́рует ему́ **на** роя́ле.

Она́ **на** конце́рте.

Ма́льчик сиди́т верхо́м **на** ло́шади.

Они́ е́дут **на** маши́не.

Он е́дет **на** велосипе́де.

Они́ ката́ются **на** конька́х.

Он жена́т **на** мое́й сестре́.

ПРЕДЛОГ ЗА С ВИНИТЕЛЬНЫМ ПАДЕЖОМ

Он прочитáл кни́гу **за** неде́лю.

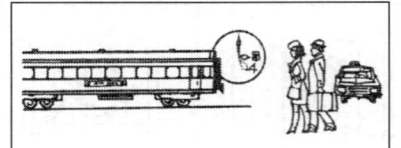

Они́ прие́хали на вокзáл **за** час до отхо́да по́езда.

— Сади́тесь **за** стол!

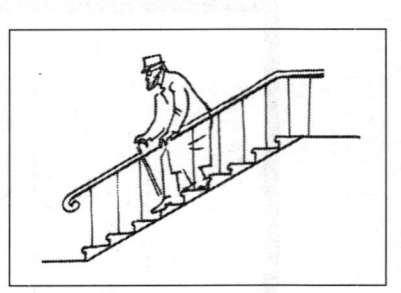

Маши́на завора́чивает **за́** угол.

Он де́ржится **за** пери́ла.

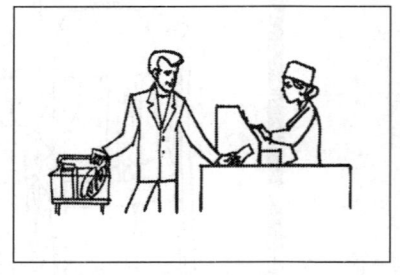

Он пла́тит **за** поку́пку.

Она́ выхо́дит за́муж **за** инжене́ра.

— Благодарю́ **за** цветы́!

— Спаси́бо **за** по́мощь!

Предлог ЗА с творительным падежом

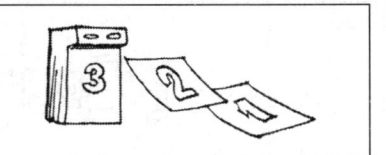

день **за** днём

Он сидит **за** столом.

Они разговаривают **за** обедом.

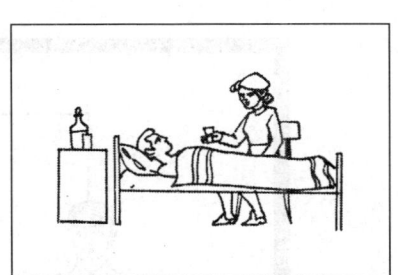

Машина стоит **за** углом.

Медицинская сестра ухаживает **за** больным.

Она идёт **за** хлебом.

Астроном наблюдает **за** звёздами.

Собака бежит **за** хозяином

— **За** вами ещё две книги.

ПРЕДЛОГ ПОД С ВИНИТЕЛЬНЫМ ПАДЕЖОМ

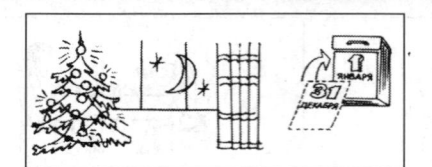

ночь **под** Новый год

Ему́ **под** пятьдеся́т.

Он пое́хал отдыха́ть **под** Москву́.

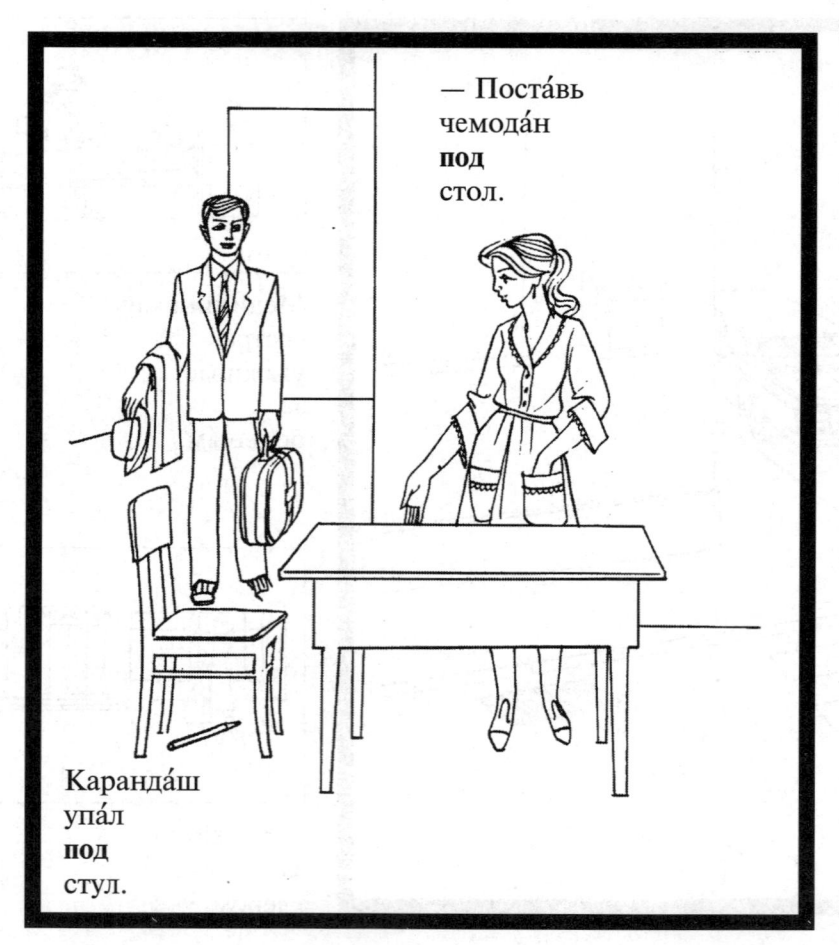

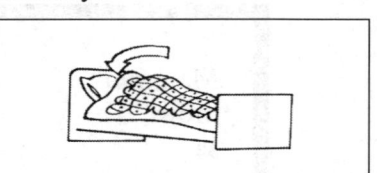

— Поста́вь чемода́н **под** стол.

Он пря́чется **под** одея́ло.

Спусти́ться **под** во́ду.

Каранда́ш упа́л **под** стул.

— Иди́ **под** зо́нтик!

та́нцы **под** орке́стр

— Возьми́ меня́ **по́д** руку.

— Не выходи́ **под** дождь!

ПРЕДЛОГ ПОД С ТВОРИТЕЛЬНЫМ ПАДЕЖОМ

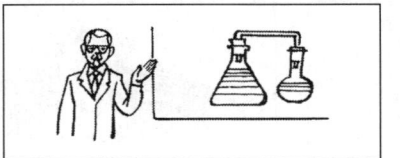

«Катализа́тор».
— Что на́до понима́ть **под** э́тим те́рмином?

Студе́нты де́лают о́пыты **под** наблюде́нием профе́ссора.

Они́ живу́т **под** Москво́й.

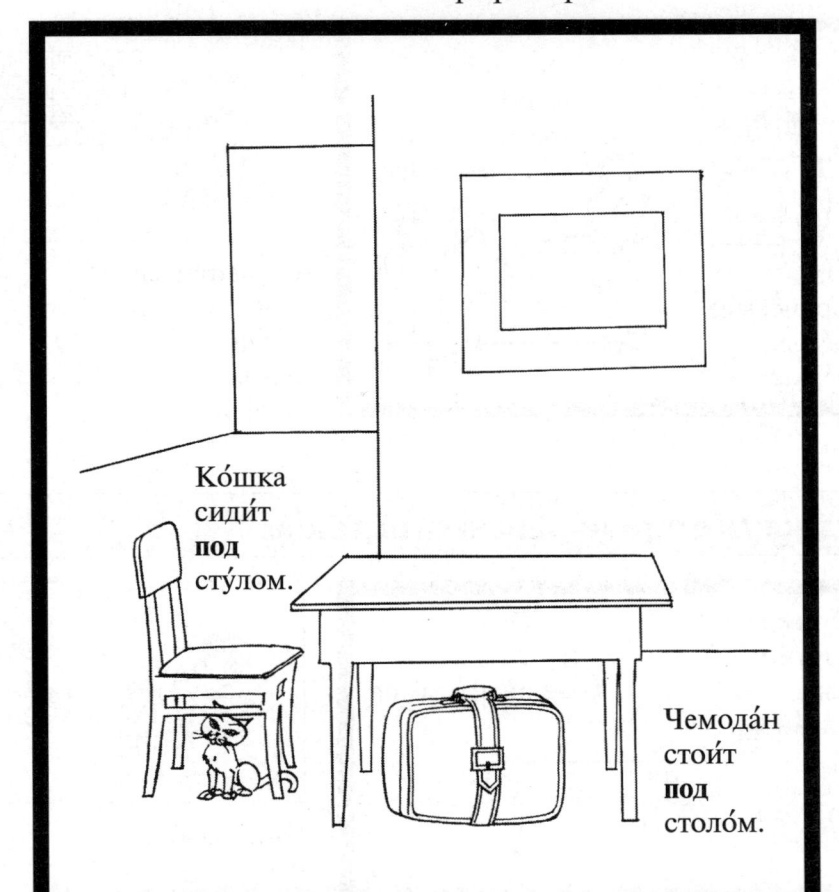

Скаме́йка стои́т **под** де́ревом.

Ко́шка сиди́т **под** сту́лом.

Он пла́вает **под** водо́й.

Чемода́н стои́т **под** столо́м.

Она́ идёт **под** зо́нтиком.

Инструме́нт всегда́ **под** руко́й.

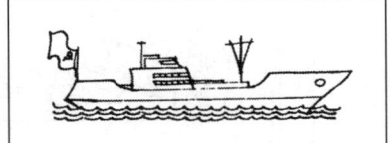

кора́бль **под** росси́йским фла́гом

Он стои́т **под** дождём.

ПРЕДЛОГ ПЕ́РЕД С ТВОРИ́ТЕЛЬНЫМ ПАДЕЖО́М

Де́ти мо́ют ру́ки **пе́ред** обе́дом.

Она́ останови́лась **пе́ред** витри́ной.

— Прости́те за опозда́ние! Я винова́т **пе́ред** ва́ми!

Цветы́ расту́т **пе́ред** до́мом.

Он причёсывается **пе́ред** зе́ркалом.

Она́ ста́вит **пе́ред** гостя́ми ча́шечки ко́фе.

Студе́нты зашли́ в библиоте́ку **пе́ред** нача́лом заня́тий.

ПРЕДЛОГ НАД С ТВОРИ́ТЕЛЬНЫМ ПАДЕЖО́М

Он ве́шает карти́ну **над** дива́ном.

Над столо́м виси́т ла́мпа.

Они́ смею́тся **над** ним.

наблюде́ния **над** ры́бами

Он рабо́тает **над** дре́вней ру́кописью.

Над мо́рем кру́жатся ча́йки.

Предлог 315

ПРЕДЛОГ МЕЖДУ С ТВОРИТЕЛЬНЫМ ПАДЕЖОМ

Он будет дома **между** часом и двумя.

Между горами протекает река.

разговор **между** друзьями

Между сестрой и братом большая разница в возрасте.

договор о дружбе **между** двумя странами

Дорога проходит **между** лесом и рекой.

Мир **между** народами!

ПРЕДЛОГ ПРИ С ПРЕДЛОЖНЫМ ПАДЕЖОМ

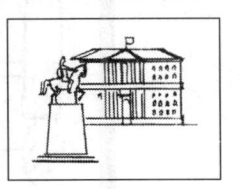

детский сад **при** заводе

Москва была основана в 1147 году **при** Юрии Долгоруком.

Мастер починил радиоприёмник **при** помощи инструментов.

Он занимается **при** электрическом свете.

Они гуляют **при** луне.

При входе в кинотеатр стоит билетёр.

Горнолыжник **при** спуске потерял палку.

ПРЕДЛОГ С С ТВОРИТЕЛЬНЫМ ПАДЕЖОМ

— Поздравля́ю
с
Но́вым го́дом!

Он просну́лся
с
восхо́дом
со́лнца.

Они́ игра́ют
в ша́хматы
с
чемпио́ном.

учи́тель
с
ученика́ми

— Я смотрю́
с
больши́м
интере́сом.

— Познако́мьтесь
с
мои́м бра́том!

дом
с
коло́ннами

де́вушка
с
дли́нными
волоса́ми

чай
с
лимо́ном

ПРЕДЛОГ С С РОДИТЕЛЬНЫМ ПАДЕЖОМ

Тракторист работает **с** самого утра.

С двух до шести он работал в библиотеке.

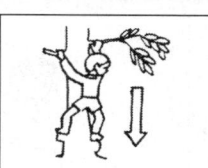

Мальчик спускается **с** дерева.

С улицы несётся шум.

катание **с** гор

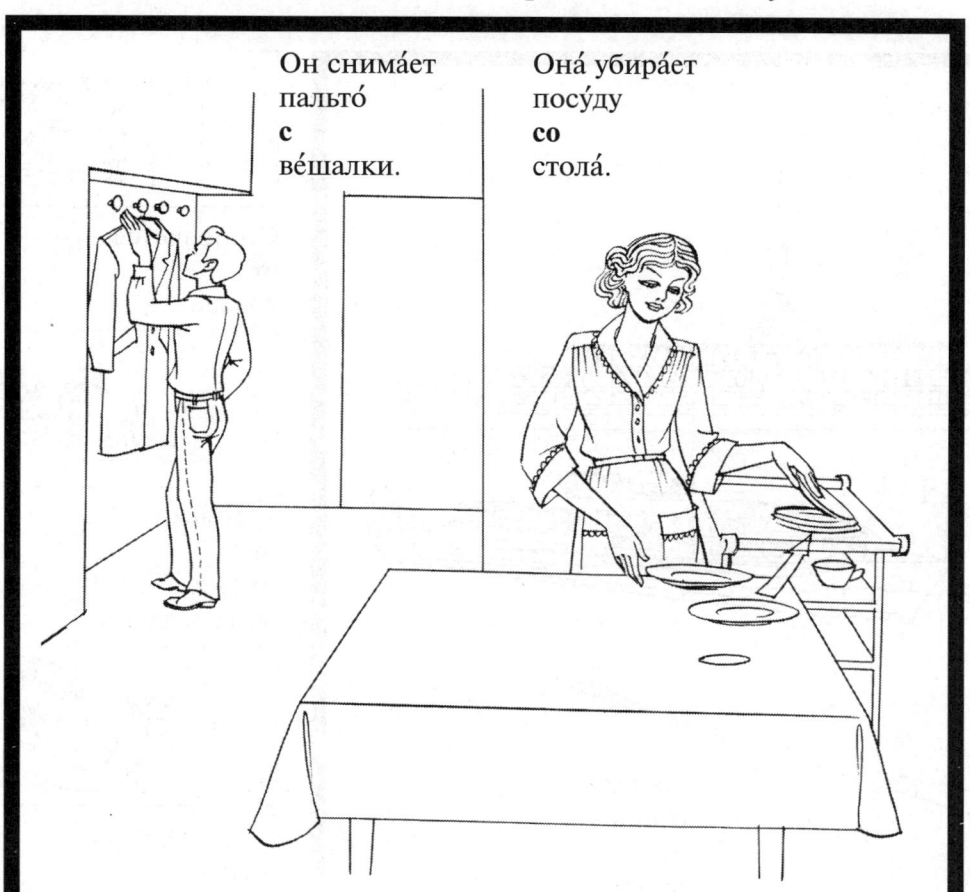

Он снимает пальто **с** вешалки.

Она убирает посуду **со** стола.

Он говорит **с** трибуны.

Он снял шляпу **с** головы.

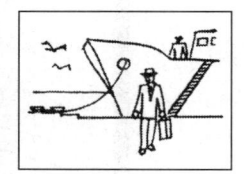

пассажир **с** корабля

В институте занятия **с** 1 сентября.

перевод **с** немецкого

Она рисует **с** натуры.

с правой стороны

с левой стороны

318 Предлог

ПРЕДЛОГ ОТ С РОДИТЕЛЬНЫМ ПАДЕЖОМ

лека́рство **от** гри́ппа

письмо́ **от** 1 ию́ня

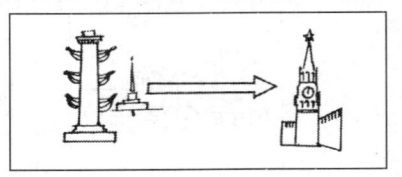

От Санкт-Петербу́рга до Москвы́ 649 киломе́тров.

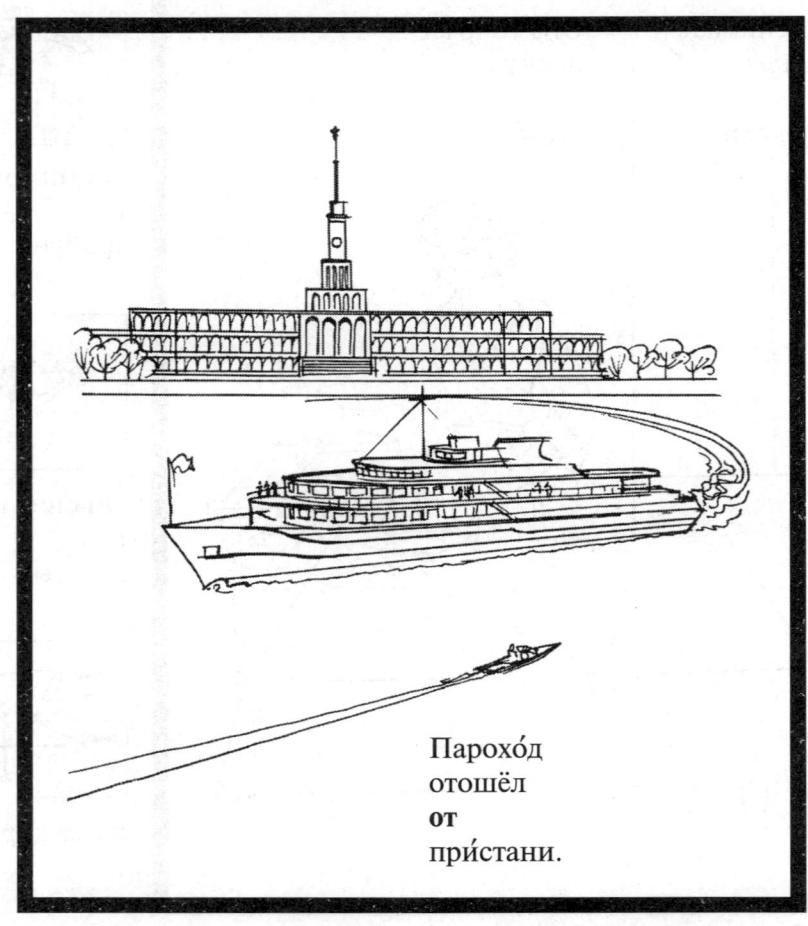

Он пря́чется **от** дождя́.

— Я выступа́ю **от** и́мени всего́ ку́рса.

— Я получи́ла письмо́ **от** бра́та.

Парохо́д отошёл **от** при́стани.

Щено́к дрожи́т **от** хо́лода.

— **От** всего́ се́рдца жела́ю успе́ха.

пода́рок **от** роди́телей

Предлог 319

ПРЕДЛОГ *ИЗ* С РОДИТЕЛЬНЫМ ПАДЕЖОМ

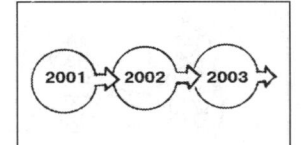

из го́да в год

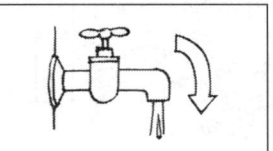

Вода́ льётся **из** кра́на.

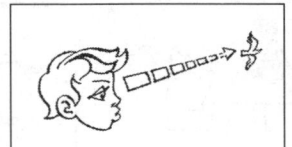

Пти́ца исчеза́ет **из** ви́ду.

Э́то он узна́л **из** газе́т.

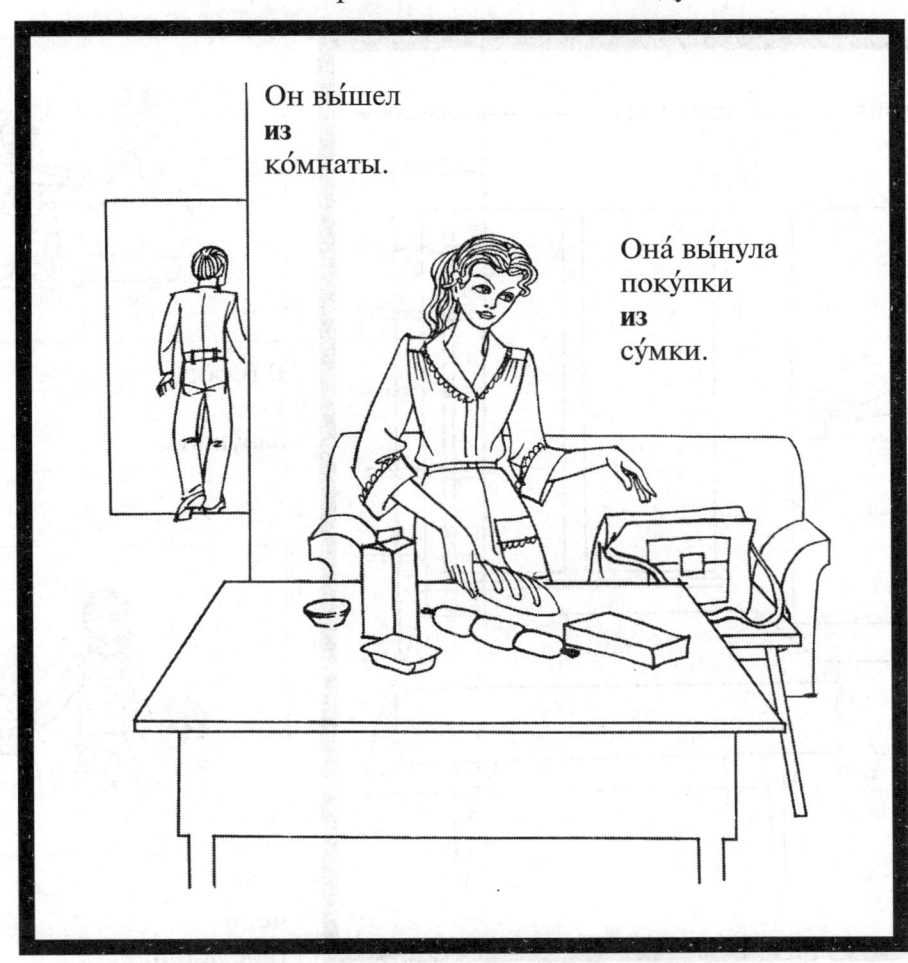

Он вы́шел **из** ко́мнаты.

Она́ вы́нула поку́пки **из** су́мки.

Он позвони́л **из** институ́та.

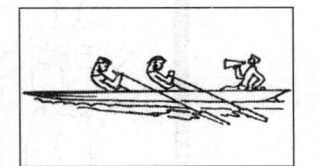

кома́нда **из** трёх челове́к

варе́нье **из** ви́шен

оди́н **из** гру́ппы

мла́дший **из** бра́тьев

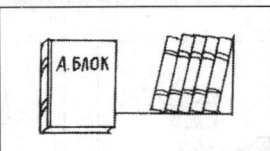

кни́га **из** се́рии «Библиоте́ка поэ́та»

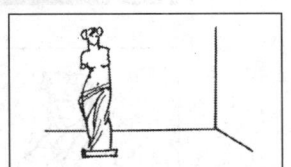

ста́туя **из** мра́мора

ПРЕДЛОГ У С РОДИТЕЛЬНЫМ ПАДЕЖОМ

Она́ у́чится у ма́тери гото́вить.

Напада́ющий о́тнял мяч у защи́тника.

Он узна́л у милиционе́ра доро́гу.

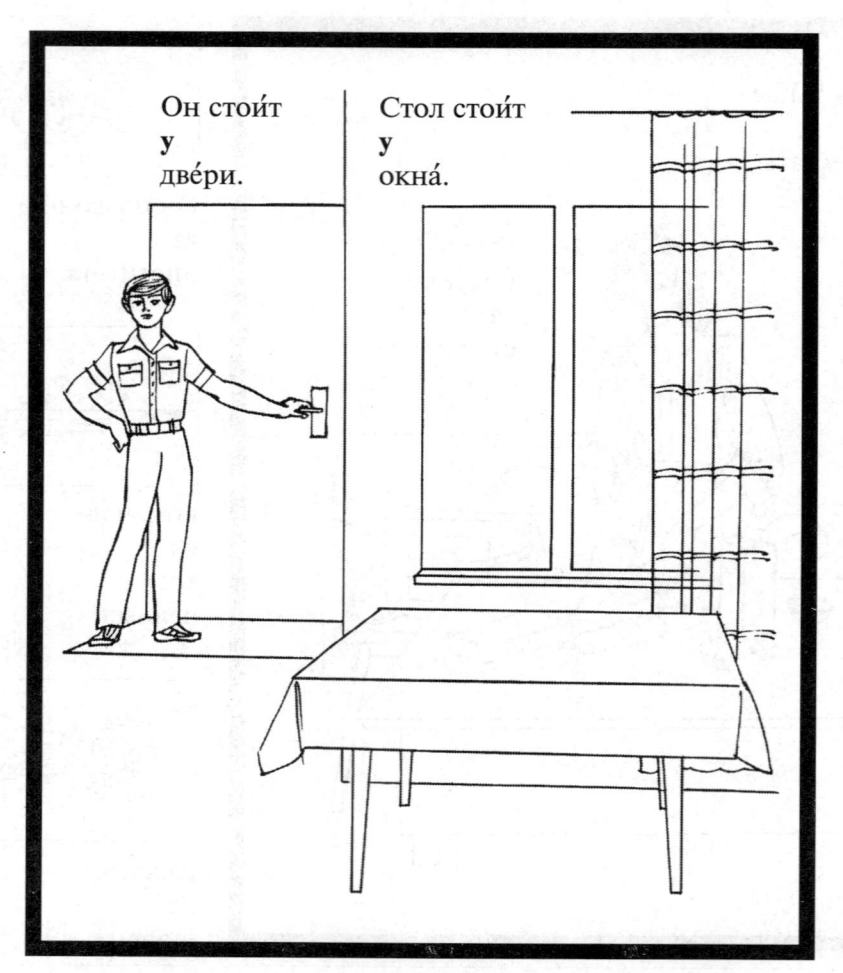

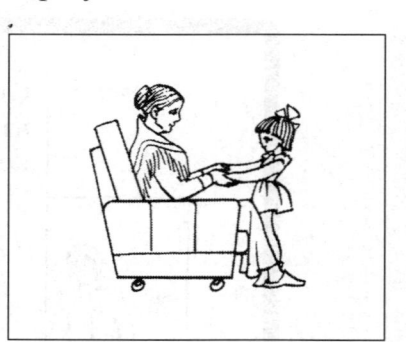

Он стои́т у две́ри.

Стол стои́т у окна́.

В гостя́х у ба́бушки.

— У меня́ тро́е дете́й.

— У вас боли́т зуб?

— У кого́ есть ли́шний биле́т?

— У тебя́ мно́го книг?

ПРЕДЛОГ ОКОЛО С РОДИТЕЛЬНЫМ ПАДЕЖОМ

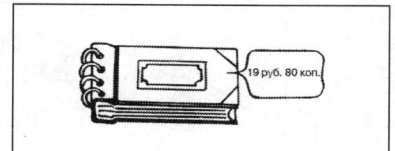

Альбо́м сто́ит **о́коло** двадцати́ рубле́й.

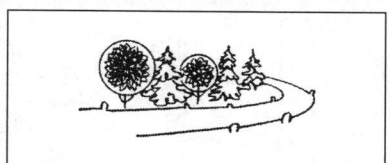

Доро́га прохо́дит **о́коло** ле́са.

Учени́к сто́ит **о́коло** доски́.

О́коло до́ма большо́й сад.

Де́ти гуля́ют **о́коло** до́ма.

Ему́ **о́коло** 50 лет.

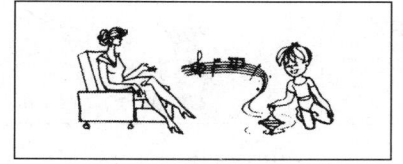

Сядь **о́коло** меня́.

— Жду тебя́ уже́ **о́коло** ча́са!

— Я жил в Москве́ **о́коло** четырёх лет.

ПРЕДЛОГ К С ДАТЕЛЬНЫМ ПАДЕЖОМ

— Приходи́те
ко
мне часа́м
к семи́!

любо́вь
к
живо́тным

Больно́й пришёл
к
врачу́.

Ло́дка плывёт
к
бе́регу.

Ле́ктор обраща́ется
к
аудито́рии.

бискви́ты
к
ча́ю

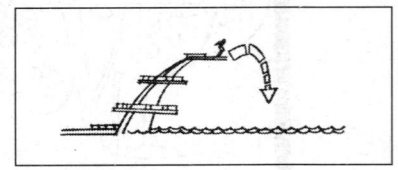

Спортсме́н гото́вится
к
прыжку́.

— **К** сожале́нию, не могу́.

К трём приба́вить четы́ре …

Лету́чая мышь отно́сится
к
млекопита́ющим.

ПРЕДЛОГ *ПО* С ДАТЕЛЬНЫМ ПАДЕЖОМ

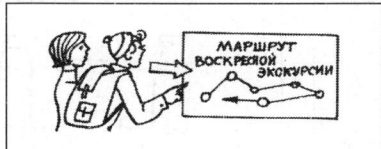

По воскресе́ньям мы хо́дим на экску́рсии.

Он звони́т **по** телефо́ну.

На плоту́ вниз **по** тече́нию.

Кора́бль плывёт **по́** мо́рю.

Поезда́ хо́дят **по** расписа́нию.

Он хо́дит **по** ко́мнате.

Автомоби́ль е́дет **по** шоссе́.

заня́тия **по** хи́мии

Мы купи́ли бу́лочки **по** 10 рубле́й.

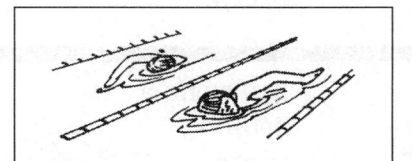

соревнова́ния **по** пла́ванию

переда́ча **по** телеви́зору

ПРЕДЛОГИ ИЗ-ЗА И ИЗ-ПОД С РОДИТЕЛЬНЫМ ПАДЕЖОМ

Они́ встаю́т **из-за** стола́.

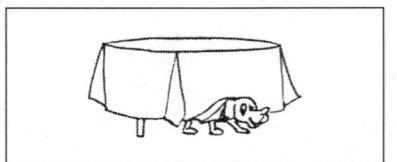

Щено́к выгля́дывает **из-под** стола́.

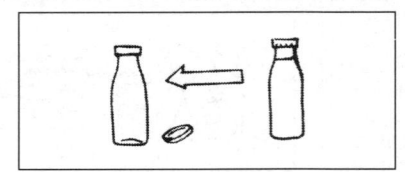

буты́лка **из-под** молока́

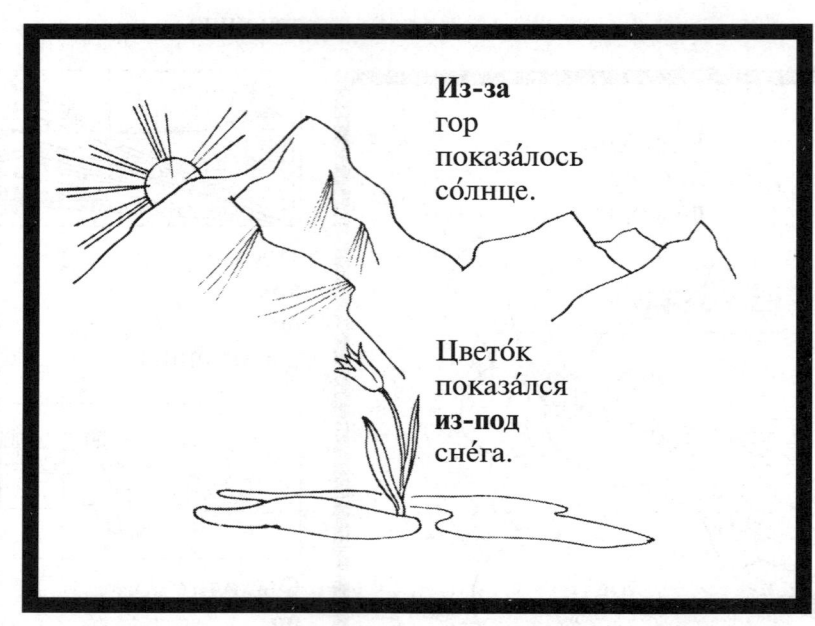

Из-за гор показа́лось со́лнце.

Цвето́к показа́лся **из-под** сне́га.

— **Из-за** тебя́ мы опозда́ли!

Маши́на показа́лась **из-за** угла́.

ПРЕДЛОГИ ЧЕРЕЗ И СКВОЗЬ С ВИНИТЕЛЬНЫМ ПАДЕЖОМ

Он влез **че́рез** окно́.

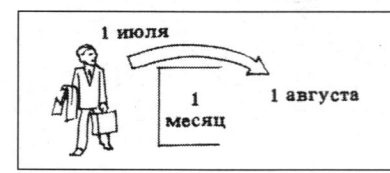

— Прие́ду **че́рез** ме́сяц!

Они́ разгова́ривают **че́рез** перево́дчика.

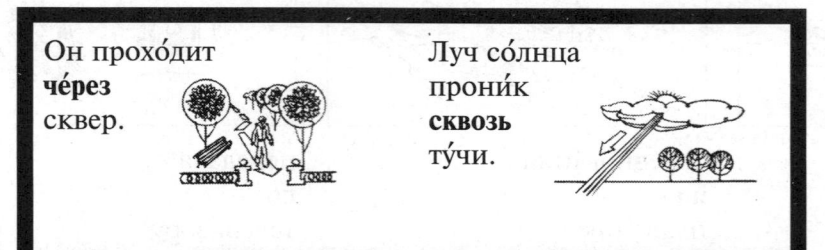

Он прохо́дит **че́рез** сквер.

Луч со́лнца прони́к **сквозь** ту́чи.

мост **че́рез** Неву́

Предлог 325

ОШИБКИ В УПОТРЕБЛЕНИИ ПРЕДЛОГОВ

ПРАВИЛЬНО

ТАК НЕЛЬЗЯ СКАЗАТЬ!

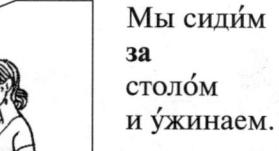

Правильно	Неправильно
Мы сиди́м **за** столо́м и у́жинаем.	Мы сиди́м **на** столе́ и у́жинаем.
Он сиди́т **в** пе́рвом ряду́.	Он сиди́т **на** пе́рвом ряду́.
Он **в** но́вом костю́ме и **в** шля́пе.	Он **с** но́вым костю́мом и со шля́пой.
Он е́дет (плывёт) **на** парохо́де.	Он е́дет (плывёт) **с** парохо́дом (в рука́х).
Он лети́т **на** самолёте.	Он лети́т **с** самолётом (вме́сте).

Страницы 326–337

Наречие

Для того чтобы охарактеризовать какое-либо действие, указать на его признак, используются **наречия**. **Наречие** — неизменяемая часть речи, которая обычно относится к глаголу и отвечает на вопросы: КАК?, КАКИ́М О́БРАЗОМ?, ГДЕ?, КОГДА́? или СКО́ЛЬКО ВРЕ́МЕНИ происходит действие?, КУДА́ или ОТКУ́ДА направлено движение? и др.

Он идёт	*как?*	**бы́стро, пешко́м.**
	куда́?	**туда́, вниз.**
	отку́да?	**отту́да, све́рху.**
	когда́?	**сейча́с.**

Иногда **наречия** указывают на признак качества или предмета и относятся к *прилагательному* (**о́чень** интере́сная кни́га, **соверше́нно** непоня́тная зада́ча), к другому *наречию* (**соверше́нно** я́сно, **абсолю́тно** поня́тно), к *существительному* (движе́ние **вперёд**, доро́га **пря́мо**).

В зависимости от своего значения и от вопроса, на который они отвечают, наречия делятся на несколько групп.

НАРЕЧИЯ МЕСТА

Наречия могут указывать на **место действия**, на **исходный пункт** или **направление** действия или движения.
Эти наречия отвечают на вопросы:

ГДЕ?	КУДА́?	ОТКУ́ДА?[1]
здесь, тут	сюда́	отсю́да
там	туда́	отту́да
везде́, всю́ду	—	отовсю́ду
наверху́	наве́рх, вверх	све́рху
внизу́	вниз	сни́зу
внутри́	внутрь	изнутри́
снару́жи	нару́жу	снару́жи
впереди́	вперёд	спе́реди
позади́, сза́ди	наза́д	сза́ди
сле́ва	нале́во, вле́во	сле́ва
спра́ва	напра́во, впра́во	спра́ва
до́ма	домо́й	—
вдали́	вдаль	и́здали
далеко́	далеко́	издалека́
где́-то	куда́-то	отку́да-то
где́-нибудь	куда́-нибудь	отку́да-нибудь
нигде́	никуда́	ниотку́да
не́где	не́куда	не́откуда

---

[1] *Отку́да?* — **из до́ма (и́з дому)** — не наречие, а существительное с предлогом ИЗ.

Наречие 327

наверху́

там, вдали́

ГДЕ?
находи́ться (стоя́ть, лежа́ть)

здесь

позади́

сле́ва
сбо́ку
ря́дом

внутри́

спра́ва
сбо́ку
ря́дом

внизу́

снару́жи

КУДА́?

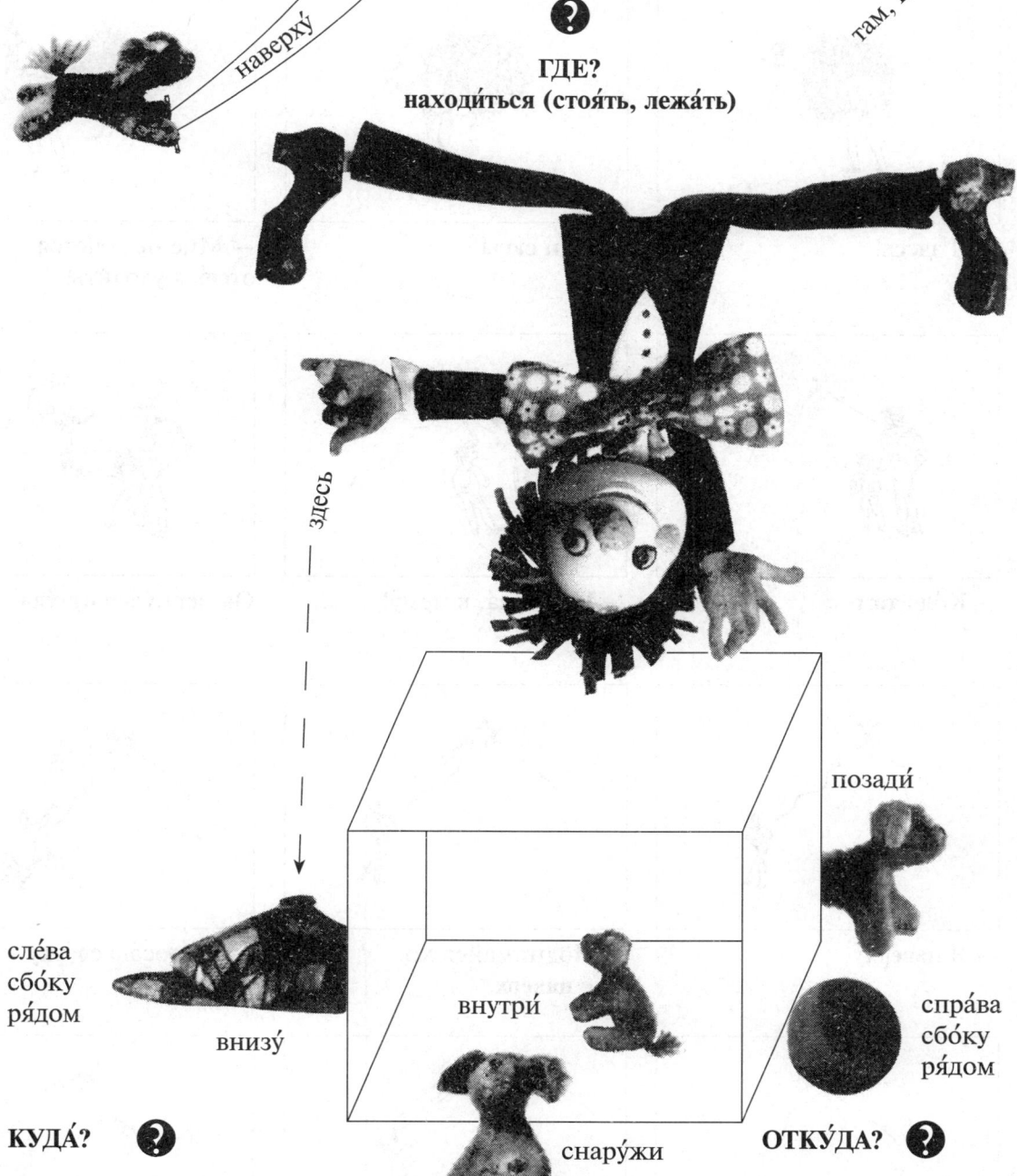

смотре́ть (идти́, нести́, броса́ть)

наве́рх, вверх	вдаль			
	туда́			
наза́д	нале́во			
	(напра́во)			
	вперёд			
вниз	внутрь	сюда́		

ОТКУ́ДА?

прийти́ (взять, принести́)

и́здали	све́рху
отту́да	
спра́ва	спе́реди
(сле́ва)	отсю́да
сза́ди	
со стороны́	сни́зу

328 Наречие

СРАВНИТЕ:

ГДЕ?	КУДА?	ОТКУДА?
— Я **здесь**!	— Иди **сюда**!	— Мне не хо́чется **отсю́да** уходи́ть!
— Ко́ля **там**.	— Иди **туда́**, к нему́!	Он верну́лся **отту́да**.
— Я **наверху́**.	— Поднима́йся ко мне **наве́рх**!	— Я броса́ю **све́рху** верёвку.
— Я **внизу́**.	Он спуска́ется **вниз**.	Он выта́скивает това́рища **сни́зу**.

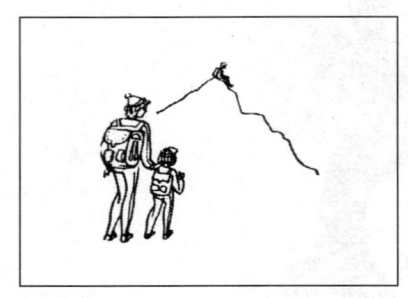

Наречие 329

— Интересно, что там **внутри**?

— Загляну **внутрь**.

Изнутри выскочило что-то страшное.

Что там **вдали**?

Я смотрю **вдаль**.

Издали доносится гудок.

После работы я иду **домой**.

В воскресенье я сижу (бываю) **дома**.

Каждое утро в 8 часов я выхожу **из дому**.

ОБРАЗОВАНИЕ НАРЕЧИЙ МЕСТА

Большинство **наречий места** образовалось от слияния **предлогов** и **существительных** в *соответствующем падеже*.
Превратившись в наречия, эти формы стали **неизменяемыми**.

верх
бок пра́вый — бок ле́вый
пе́ред
низ

ПРЕДЛОГИ — **НАРЕЧИЯ**

НА и В
ПО и С ──────────── **ГДЕ?**

*находи́ться
(стоя́ть, лежа́ть)*

наверху́
сбо́ку — сбо́ку
спра́ва — сле́ва
внизу́

позади́ — впереди́
внутри́

НА и В ──────────── **КУДА?**

*смотре́ть
(идти́, нести́, броса́ть)*

наве́рх
напра́во — нале́во
вниз

наза́д — вперёд
внутрь

С и ИЗ ──────────── **ОТКУ́ДА?**

*прийти́
(получи́ть, принести́)*

све́рху
сбо́ку — сле́ва
спра́ва
сни́зу

сза́ди — спе́реди
изнутри́

В наречиях места часто встречаются формы родительного и предложного падежей на -У: *све́рху — сни́зу, наверху́ — внизу́* и т. д. (см. с. 45).

Наречие 331

НАРЕЧИЯ МЕСТА С НЕОПРЕДЕЛЁННЫМИ ЧАСТИЦАМИ *-ТО, -НИБУДЬ, КОЕ-*

Где мы встретимся?
— **Где-нибудь** (всё равно где) около театра.

Куда вы собираетесь поехать летом?
— **Куда-нибудь** (всё равно куда) на море.

Вы хорошо знаете нашу страну?
— **Кое-где** побывал, кое-что повидал, но в общем мало знаю её.

Ты не знаешь, где стоит толковый словарь?
— **Где-то** здесь (не знаю точно где).

Куда ты положил свои тетради?
— **Куда-то** сюда (не знаю точно куда).

Что за необыкновенный цветок! Откуда он?
— Его привёз нам наш друг **откуда-то** издалека (не знаю точно откуда).

Частицы -ТО, -НИБУДЬ и КОЕ- с наречиями (так же как и с местоимениями) указывают на различную степень неопределённости:
1) неопределённость для говорящего выражается частицей -ТО: *где-то, куда-то, откуда-то*;
2) неопределённость при возможности выбора выражается частицей -НИБУДЬ: *где-нибудь, куда-нибудь* и употребляется обычно с глаголами в будущем времени;
3) неопределённость для слушателя выражается частицей КОЕ-: *кое-где, кое-куда*.

НАРЕЧИЯ МЕСТА С ОТРИЦАТЕЛЬНЫМИ ЧАСТИЦАМИ *НИ* И *НЕ*

Где мои очки? Не могу **нигде** их найти!

Идёт дождь. Ему **негде** спрятаться от дождя.

— Идём гулять!
— У меня болит голова. **Никуда** я **не** пойду.

Куда вы, гражданин? Вам **некуда** спешить. Поезд уже ушёл.

личное предложение
Перед глаголом стоит **не**.

безличное предложение
Глагол стоит в форме **инфинитива**.

СРАВНИТЕ:

Он / Она } **никуда не** { идёт. / ходил(а). / пойдёт. }

Ему / Ей } **некуда** { было / будет } пойти.

НАРЕЧИЯ ВРЕМЕНИ

Наречия времени указывают на время совершения действия, на продолжительность действия, на то, как часто оно повторяется. Они отвечают на вопросы:
КОГДА́? СКО́ЛЬКО ВРЕ́МЕНИ? НА СКО́ЛЬКО ВРЕ́МЕНИ? КАК ЧА́СТО?

Когда́ вы придёте?	сего́дня, сейча́с, за́втра, когда́-нибудь
Когда́ они́ встре́тились?	у́тром, днём, ве́чером, но́чью ле́том, зимо́й, весно́й, о́сенью вчера́, на днях, накану́не давно́, неда́вно, одна́жды, когда́-то
Ско́лько вре́мени вы там жи́ли?	до́лго, недо́лго
На ско́лько вре́мени (на како́й срок) вы прие́хали?	надо́лго, ненадо́лго, навсегда́
Как ча́сто вы там быва́ете?	ча́сто, ре́дко, ежедне́вно, ежего́дно, еженеде́льно, ежеме́сячно, ежеча́сно, иногда́, всегда́, никогда́ (не)

КОГДА́?

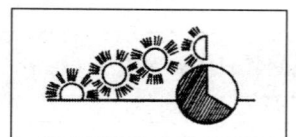

у́тром
(с четырёх до двена́дцати)

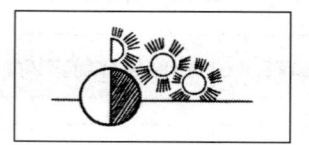

днём
(с двена́дцати до шести́)

ве́чером
(с шести́ до двена́дцати)

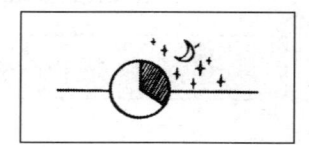

но́чью
(с двена́дцати до четырёх)

СРАВНИ́ТЕ:

у́тром днём ве́чером но́чью	наречия	в 7 часо́в **утра́** в 2 часа́ **дня** в 9 часо́в **ве́чера** в 2 часа́ **но́чи**	существительные в родительном падеже

В ответе на вопрос КОГДА́?

для обозначения **части суток** употребляются наречия: *у́тром, днём, ве́чером, но́чью.* Эти наречия произошли от существительных, обозначающих части суток.	для обозначения **точного часа** употребляются предлог В, числительное, существительное *час* и существительное, обозначающее часть суток, в родительном падеже.

⚠ ОБРАТИТЕ ВНИМАНИЕ!

После указания на точное время не употребляются наречия: *у́тром, днём, ве́чером, но́чью*; говорят: *в два часа́ но́чи, в двена́дцать часо́в дня, в шесть часо́в ве́чера, в оди́ннадцать часо́в утра́*.

Для обозначения времени регулярно повторяющегося действия употребляются наречия с приставкой ЕЖЕ-: *ежемину́тно, ежеча́сно, ежедне́вно, ежеме́сячно, ежего́дно*.

Наречие 333

Журнал «Новый мир» выходит **ежемесячно**, а газета «Известия» — **ежедневно**.

Когда вы приехали в Москву?

— Я приехал в Москву **давно** (два года назад).

— **Недавно** (месяц назад).

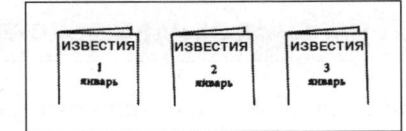

На сколько времени вы приехали в Москву?

— Я приехал в Москву **надолго** (буду жить 5 лет).

— **Ненадолго** (буду жить здесь 3 дня).

Сколько времени вы живёте в Москве?

— Я живу в Москве **долго** (4 года).

— **Недолго** (две недели).

СРАВНИТЕ: употребление наречий **СЕЙЧАС** и **ТЕПЕРЬ**:

Сейчас перерыв. Школьники играют во дворе.

(в данное время)

— Коля, иди домой!
— **Сейчас** иду, мама!

(в ближайшие минуты)

Раньше ездили на лошадях.

(в прошлом)

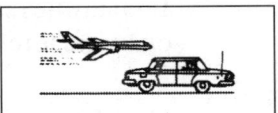

Теперь ездят на машинах, летают на самолётах.

(в данное время в отличие от прошлого)

С помощью частиц -ТО и -НИБУДЬ образуются неопределённые наречия *когда-то* и *когда-нибудь*.

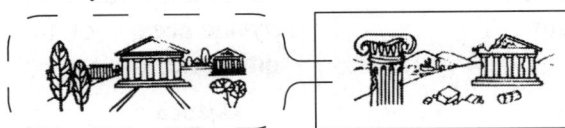

— **Когда-то** здесь был большой город.
(неизвестно когда, очень давно)

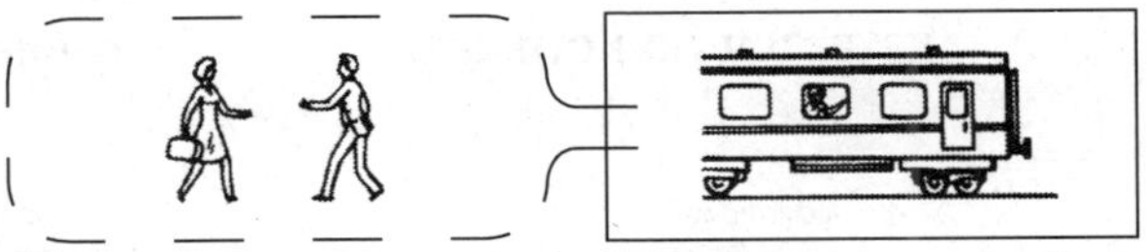

— Счастливого пути, Нина! Мы **когда-нибудь** обязательно встретимся.

С помощью отрицательных частиц НИ- и НЕ- образуются наречия *никогда* и *некогда*.

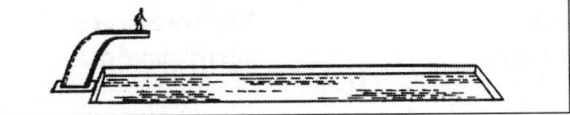

— Прыгай!
— Боюсь. Я ещё **никогда не** прыгал.

(в личном предложении)

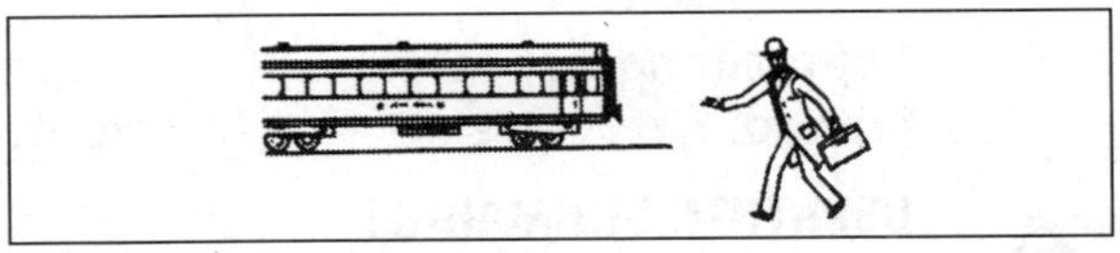

— Подожди немного.
— Извини, мне **некогда**. Я спешу на поезд.

(в безличном предложении)

СРАВНИТЕ:

Он / Она } **никогда не** { спрашивает ... / видел(а) ... / поедет ...

Ему / Ей } **некогда** { — ходить ... / было смотреть ... / будет отдыхать ...

НАРЕЧИЯ ОБРАЗА ДЕЙСТВИЯ

Наречия образа действия отвечают на вопросы:
КАК? КАКИМ ОБРАЗОМ?

Он идёт **пешком**. Он едет **верхом**. Они играют **втроём**.

Чаще всего наречия образа действия определяют действие:
бежит *быстро*, пишет *хорошо*, рассказывает *интересно*, говорит *правильно*, объясняет *понятно*, слушает *внимательно*.

Большинство наречий образа действия образовано от качественных прилагательных и оканчивается на -О: **быстро** — от *быстрый*,
хорошо — от *хороший*.

Подобно прилагательным наречия образа действия имеют **степени сравнения**:
быстро — быстрее — быстрее всего (быстрее всех),
интересно — интереснее — интереснее всего (интереснее всех),
хорошо — лучше — лучше всего (лучше всех),
плохо — хуже — хуже всего (хуже всех).

Коля **хорошо** катается на коньках.

Петя катается **лучше Коли**.

Соня катается **лучше всех** — она фигуристка.

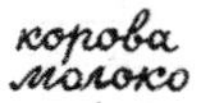

Она пишет **плохо**.

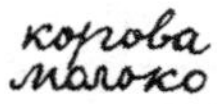

Он пишет **хуже**.

Я пишу **хуже всех**.

Вертолёт летит **быстро**.

Ещё **быстрее** летит самолёт.

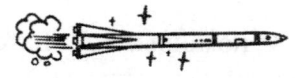

Быстрее всего[1] летит ракета.

ОБРАТИТЕ ВНИМАНИЕ!

Форма сравнительной степени наречий сходна с формой сравнительной степени прилагательных, но *сравнительная степень наречия* относится **к глаголу**, а *сравнительная степень прилагательного* относится **к существительному**.

Ты *читаешь* **хорошо**, но твой друг **лучше**.

Эта *книга* **хорошая**, но та **лучше**.

(наречие)

(прилагательное)

---
[1] При сравнении действий, совершаемых людьми или животными, употребляется превосходная степень: *быстрее всех, лучше всех*, а при сравнении действий неодушевлённых предметов — превосходная степень: *быстрее всего, лучше всего*.

Наречие 335

КОЛИЧЕСТВЕННЫЕ НАРЕЧИЯ

Количественные наречия (или **наречия меры и степени**) обозначают степень качества и интенсивность действия. Они отвечают на вопросы:

СКО́ЛЬКО? В КАКО́Й СТЕ́ПЕНИ?

Он { мно́го / немно́го / ма́ло } рабо́тает. занима́ется. чита́ет.

Он { мно́го / немно́го / ма́ло } зна́ет. слы́шал. ви́дел.

Он **о́чень** { хо́чет пить. лю́бит танцева́ть. волну́ется. }

Он { **о́чень хорошо́** чита́ет по-ру́сски. **о́чень пло́хо** пи́шет по-ру́сски. **о́чень пра́вильно** говори́т по-ру́сски. }

Он { **почти́ совсе́м** / **совсе́м** / **соверше́нно** } забы́л пра́вило.

Он { **абсолю́тно пра́вильно** написа́л сочине́ние. **сли́шком ме́дленно** говори́т. **гора́здо лу́чше** стал говори́ть. }

Наречие **О́ЧЕНЬ** может относиться к:
1) наречиям: *о́чень хорошо́, о́чень давно́*;
2) прилагательным: *о́чень краси́вый, о́чень большо́й, о́чень дово́лен*;
3) глаголам: *люби́ть, ра́доваться, волнова́ться, забо́титься* и др., указывая на высокую степень чувства или действия.

Наречие **ПОЧТИ́** обозначает близость к завершённости и относится обычно к глаголам, реже к прилагательным или наречиям:
Я почти́ око́нчил рабо́ту, оста́лось совсе́м немно́го.
(*почти́ зако́нчил ..., почти́ гото́в ..., почти́ совсе́м пра́вильно ...*)

НАРЕЧИЯ *МНО́ГО, О́ЧЕНЬ, ГОРА́ЗДО* И ПРИЛАГАТЕЛЬНОЕ *МНО́ГИЕ*

В саду́ **мно́го** я́блонь.

То́поль — **о́чень** высо́кое де́рево.

То́поль **гора́здо** вы́ше я́блони.

У моего́ дру́га **о́чень мно́го** книг.

Он **о́чень мно́го** чита́л.

Он **о́чень** лю́бит чита́ть.

У него́ **гора́здо** бо́льше книг, чем у меня́.

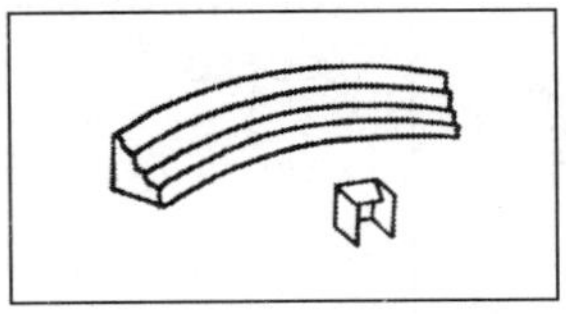

В аудито́рии **мно́го** мест.

Мно́гие места́ за́няты.

ОБРАТИТЕ ВНИМАНИЕ!

Наречия **мно́го, немно́го, ма́ло** могут относиться не только к глаголам, но и к существительным и обозначать количество. При этом существительное стоит в родительном падеже множественного числа:
В ко́мнате бы́ло мно́го люде́й (мно́го книг).

Мно́гие — прилагательное, обозначающее большое число из определённого количества:
Мно́гие из нас чита́ли э́ту кни́гу. Мно́гие (не все) кни́ги э́того а́втора я прочита́л.

ПРЕДИКАТИВНЫЕ НАРЕЧИЯ

Некоторые наречия употребляются в роли *сказуемого* (*предиката*) в безличных предложениях. Это так называемые *предикативные наречия*. Как всякое сказуемое, они имеют *форму времени*. Для выражения *прошедшего* и *будущего времени* употребляется в качестве связки глагол БЫТЬ (БЫ́ЛО — для прошедшего времени, БУ́ДЕТ — для будущего). В *настоящем времени* глагол **быть** не употребляется.

| Сего́дня хо́лодно. | Вчера́ бы́ло хо́лодно. | За́втра бу́дет хо́лодно. |

— Мне бо́льно!

— Мне бы́ло бо́льно!

— А сего́дня мне бу́дет бо́льно?

Предикативные (предикатные) наречия обычно обозначают:

1. физическое или **психическое состояние человека**:

хо́лодно, тепло́, жа́рко, ду́шно, ве́село, ра́достно, гру́стно, бо́льно, прия́тно, смешно́, стра́шно, тру́дно, хорошо́ и т. д.

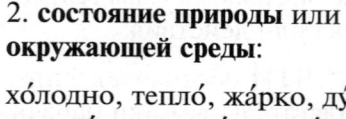

2. состояние природы или **окружающей среды**:

хо́лодно, тепло́, жа́рко, ду́шно, прохла́дно, моро́зно, со́лнечно, светло́, темно́, стра́шно, пу́сто, хорошо́ и т. д.

Ему́ (бы́ло, бу́дет) **хо́лодно**.

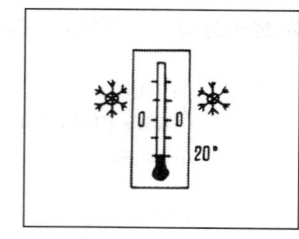

Сего́дня **хо́лодно**. Вчера́ бы́ло **хо́лодно**. За́втра бу́дет **хо́лодно**.

Ей (бы́ло, бу́дет) **ве́село**.

На ве́чере (бы́ло, бу́дет) **ве́село**.

Со́лнце захо́дит. Де́вочке стано́вится (ста́ло, ста́нет) **стра́шно** идти́ по́ лесу.

Со́лнце захо́дит. В лесу́ стано́вится (ста́ло, ста́нет) **темно́** и **стра́шно**.

Существительное, которое обозначает лицо, испытывающее состояние, стоит в **дательном падеже**.

Иногда вместо глагола **быть** употребляются глаголы: **становиться, стать, казаться** и др.

От предикативных наречий можно образовать **сравнительную степень**.

— Мне **страшно**!

— А мне ещё **страшнее**!

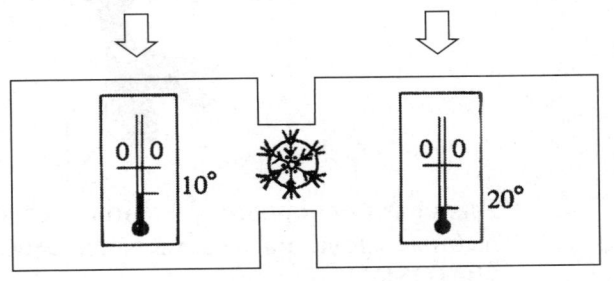

— Вчера было **холодно**.

— Сегодня стало ещё **холоднее**.

ОБРАТИТЕ ВНИМАНИЕ!

Некоторые предикативные наречия на -О сходны по форме с краткими прилагательными среднего рода единственного числа.

наречие

Он **интересно** рассказывает.
Мне **интересно** его слушать.

Мне **нужно** с вами посоветоваться.

краткое прилагательное

Этот рассказ **интересен**.
Эта книга **интересна**.
Это сообщение **интересно**.

Мне **нужен** ваш совет.
Мне **нужна** ваша помощь.
Мне **нужно** ваше содействие.

Предикативное наречие **пора** обычно сочетается с инфинитивом глаголов несовершенного вида.

— Уже семь часов! **Пора вставать.**

— Поезд уходит через час. **Пора ехать** на вокзал.

Предикативные наречия **можно, надо (нужно), необходимо, нельзя** имеют значение *возможности, долженствования, необходимости, запрещения*. Они всегда сочетаются с инфинитивом глаголов.

— **Можно** (мне) **войти**?

— Тебе **надо вымыть** лицо и руки.

— Идёт дождь. **Нужно взять** зонтик.

— **Тихо**! Ребёнок спит. **Нельзя разговаривать.**

Страницы 338–347

Союзы и союзные слова

Для связи однородных членов предложения или целых предложений употребляются служебные слова, называемые союзами: И, А, НО, ИЛИ, ЧТО, ЧТОБЫ, ТАК КАК, ЕСЛИ, ПОТОМУ́ ЧТО и др.

В сложном предложении для связи придаточного предложения с главным используются наряду с **союзами** и **союзные слова**. К ним относятся:

а) относительные местоимения: КТО, ЧТО, КОТО́РЫЙ, ЧЕЙ, КАКО́Й, СКО́ЛЬКО;
б) наречия: ГДЕ, КУДА́, ОТКУ́ДА, КАК, КОГДА́, ЗАЧЕ́М, ОТЧЕГО́, ПОЧЕМУ́.

Союзные слова отличаются от союзов тем, что не только связывают части сложного предложения, но и одновременно являются полноценными членами придаточного предложения.

Относительные местоимения, используемые в качестве союзного слова, могут быть в придаточном предложении *подлежащим* (— Я не зна́ю, *кто* приходи́л вчера́.) и *дополнением* (— Расскажи́ мне, *кого́* ты там ви́дел. — Скажи́, *кому́* ты пе́редал письмо́.), а местоимённые наречия — *обстоятельствами времени, места, образа действия* и т. д. (— Расскажи́, *где* ты был).

СОЮЗ И

I. Для <u>соединения однородных членов предложения</u>, обозначающих различные лица, предметы, явления, события, действия, способы действия, свойства и т. д., служит союз **И** — самое употребительное слово в русском языке.

Са́ша **и** Ма́ша бегу́т на́ море купа́ться.

Там они́ загора́ют **и** купа́ются.

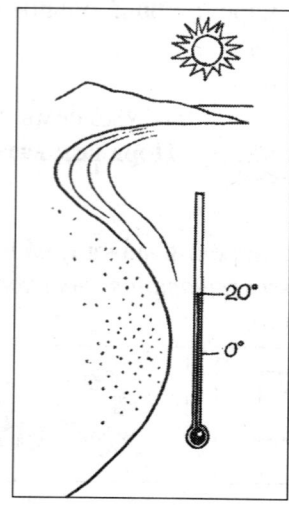

Сего́дня мо́ре тёплое **и** споко́йное.

И Са́ша **и** Ма́ша хорошо́ **и** бы́стро пла́вают.

Союзы и союзные слова 339

СОЮЗЫ ТАКЖЕ, ТОЖЕ, НЕ ТОЛЬКО..., НО И

II. При <u>присоединении однородных членов предложения</u> используются союзы **ТАКЖЕ**, **ТОЖЕ**, **НЕ ТОЛЬКО ..., НО И**.

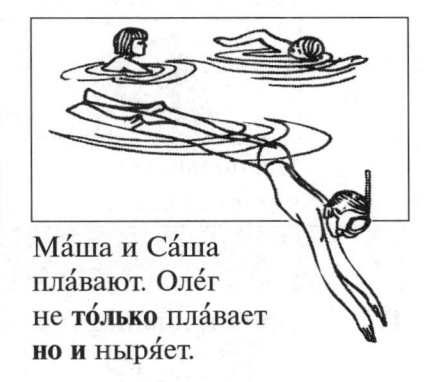

Ма́ша и Са́ша иду́т на пляж. Оле́г **то́же (та́кже)** спеши́т на пляж.

Са́ша пла́вал, а **та́кже** ката́лся на ло́дке. Оле́г **то́же (та́кже)** лю́бит пла́вать.

Ма́ша и Са́ша пла́вают. Оле́г **не то́лько** пла́вает **но и** ныря́ет.

⚠ **ОБРАТИТЕ ВНИМАНИЕ!** на употребление **то́же** и **та́кже**!

Анто́н изуча́ет англи́йский язы́к.

А́нна **то́же** изуча́ет англи́йский язы́к.

Анто́н изуча́ет **та́кже** францу́зский язы́к, (он изуча́ет англи́йский, а **та́кже** францу́зский)

— Поздравля́ю вас с пра́здником!
— Спаси́бо, вас **та́кже**!

1. В значении *не то́лько ..., но и* употребляются союзы **то́же** и **та́кже**.

   а) Анто́н и Пётр студе́нты. Ива́н **то́же (та́кже)** студе́нт.
   (*Не то́лько* Анто́н и Пётр студе́нты, *но и* Ива́н.)
   Анто́н у́чится в университе́те. Ива́н **то́же (та́кже)** у́чится там.
   (*Не то́лько* Анто́н у́чится, *но и* Ива́н.)

   б) — Поздравля́ю вас с Но́вым го́дом!
   — Спаси́бо, вас **та́кже**! (Я вас **то́же** поздравля́ю!)

2. В значении *кро́ме того́* употребляется только союз **та́кже**.

   а) Анто́н изуча́ет англи́йский язы́к. Он изуча́ет **та́кже** и францу́зский язы́к. (*Кро́ме того́*, он изуча́ет францу́зский.)

   б) Анто́н изуча́ет англи́йский язы́к, а **та́кже** францу́зский.

🚫 **ТАК НЕЛЬЗЯ СКАЗАТЬ!**

После И, А, НО союз **то́же** не употребляется!

⚠ **ОБРАТИТЕ ОСОБОЕ ВНИМАНИЕ!**

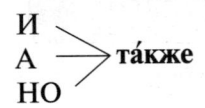

И
А ⟶ **та́кже**
НО

Союз **то́же** всегда можно заменить союзом **та́кже**. Обратная замена не всегда возможна.

СОЮЗ А

III. При присоединении однородных членов предложения с оттенком противопоставления или сопоставления употребляется союз **А**.

| Преподаватель читает лекцию, | а студенты записывают. | Саша и Олег смотрят телевизор, | а Катя рисует. |

СОЮЗ НИ... НИ

IV. При отрицании употребляется союз **НИ... НИ...**

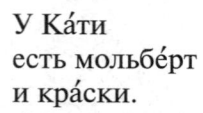

| У Кати есть мольберт и краски. | У Пети нет **ни** мольберта, **ни** красок. | Катя хорошо рисует и чертит. | Петя не умеет **ни** рисовать, **ни** чертить. |

⚠️ **ОБРАТИТЕ ВНИМАНИЕ!**
Чтобы выразить отрицание, надо обязательно употребить отрицательную частицу **НЕ (нет)**.

СОЮЗЫ НО, ОДНАКО, ЗАТО, А ТО

V. При противопоставлении различных явлений, действий, способов действия и свойств употребляются союзы **НО, ОДНАКО, ЗАТО, А ТО**.

| Невысокая, **но** очень крутая вершина. | Они захотели подняться на вершину, **но** не смогли. | Оставалось ещё несколько метров, **но** дорогу альпинистам преградила отвесная скала. | Наконец они благополучно поднялись на вершину, **но** очень устали от подъёма. |

Вместо союза НО употребляется также равнозначный ему союз ОДНАКО (в письменной и устной речи): *Я знаю, что вы очень заняты, ОДНАКО я очень прошу вас ответить на моё письмо.*

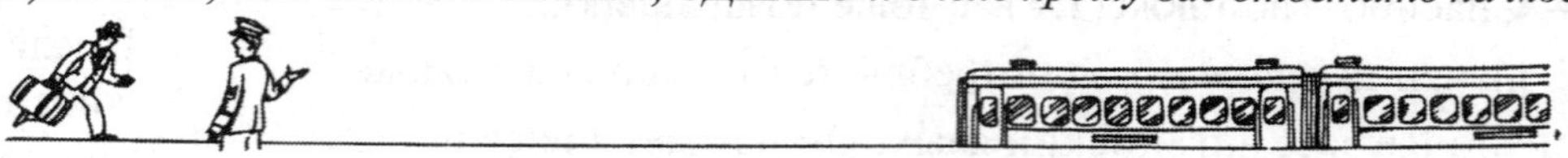

— Спешите, гражданин, ⟨ **а то** ⟩ опоздаете на поезд! (поезд уйдёт без вас)

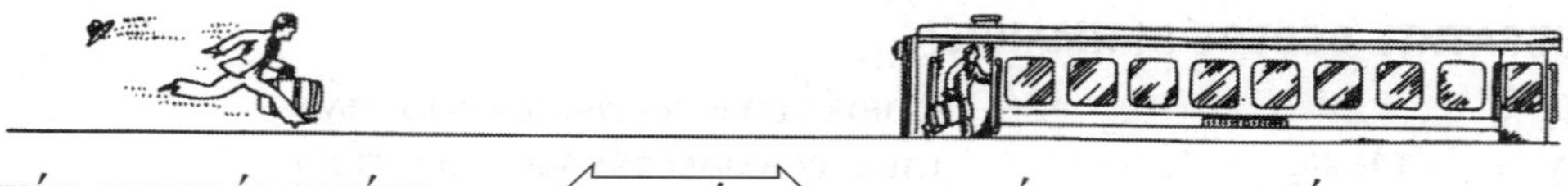

Он побежал, потерял шляпу, ⟨ **зато** ⟩ на поезд не опоздал.

Союзы и союзные слова 341

СОЮЗЫ А, И, НО

СРАВНИТЕ:

Употребление союзов **А, И, НО**:

естественно, логично

Пого́да хоро́шая,
↕ **и**
мы гуля́ем.

Идёт дождь,
↕ **и**
мы сиди́м до́ма.

неестественно, нелогично

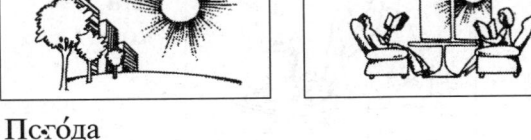

Пого́да хоро́шая,
но → мы сиди́м до́ма.

Идёт дождь,
но → мы всё же вы́шли погуля́ть.

Союз **А** употребляется очень часто, он выражает целую гамму отношений сопоставления, противопоставления и соединения, приближаясь по значению то к союзу **НО**, то к союзу **И**.

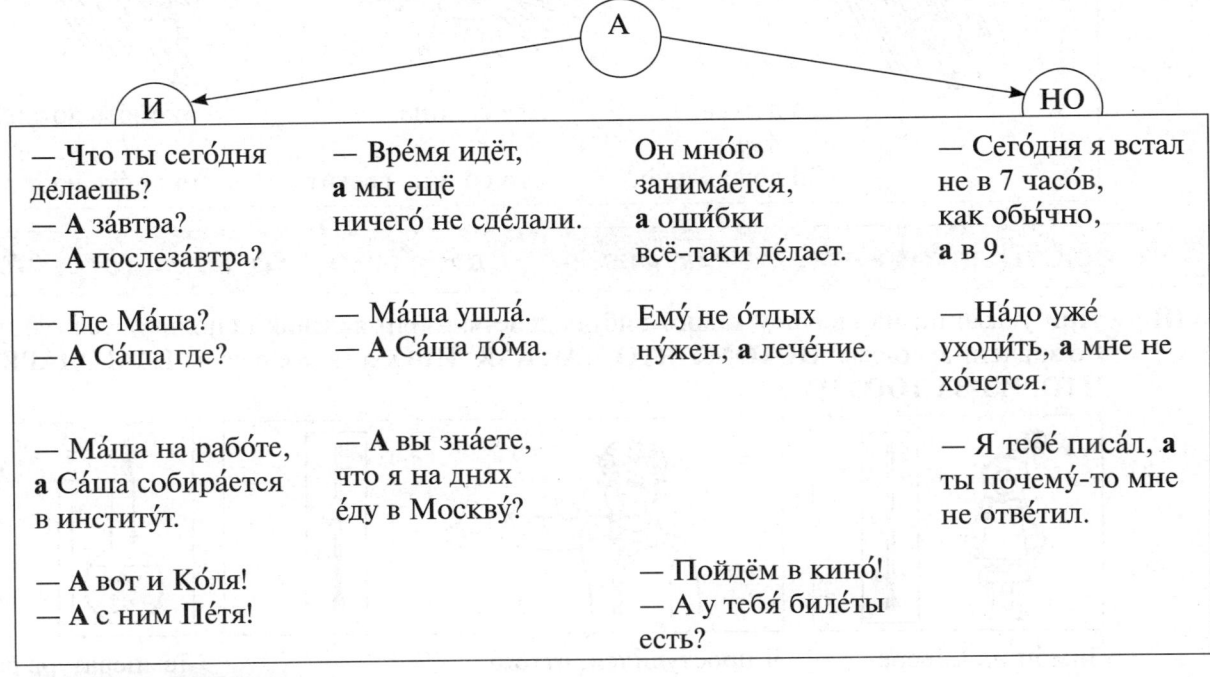

```
            А
   И       ↙ ↓ ↘      НО
```

— Что ты сего́дня де́лаешь? — **А** за́втра? — **А** послеза́втра?	— Вре́мя идёт, **а** мы ещё ничего́ не сде́лали.	Он мно́го занима́ется, **а** оши́бки всё-таки де́лает.	— Сего́дня я встал не в 7 часо́в, как обы́чно, **а** в 9.
— Где Ма́ша? — **А** Са́ша где?	— Ма́ша ушла́. — **А** Са́ша до́ма.	Ему́ не о́тдых ну́жен, **а** лече́ние.	— На́до уже́ уходи́ть, **а** мне не хо́чется.
— Ма́ша на рабо́те, **а** Са́ша собира́ется в институ́т.	— **А** вы зна́ете, что я на днях е́ду в Москву́?		— Я тебе́ писа́л, **а** ты почему́-то мне не отве́тил.
— **А** вот и Ко́ля! — **А** с ним Пе́тя!		— Пойдём в кино́! — **А** у тебя́ биле́ты есть?	

ОБРАТИТЕ ВНИМАНИЕ!

В диалогической речи союз **А** часто употребляется в начале предложения, особенно вопросительного.

СОЮЗЫ ИЛИ, ИЛИ... ИЛИ...

VI. Чтобы указать на <u>взаимное исключение связываемых предметов</u> или <u>действий</u>, употребляют союзы **ИЛИ, ИЛИ ... ИЛИ ...**.

— Что вы хотите: чай **или** кофе?

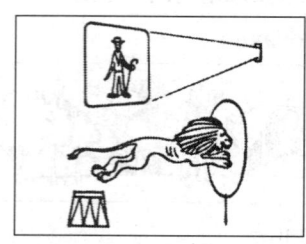

— Куда́ мне пойти́: в кино́ **и́ли** в цирк?

— Что мы бу́дем де́лать: занима́ться **и́ли** пойдём гуля́ть?

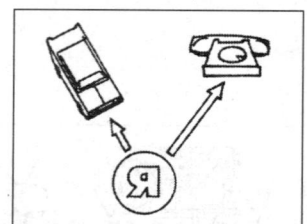

— Я **и́ли** прие́ду, **и́ли** позвоню́.

СОЮЗ ТО..., ТО

VII. Чтобы указать на <u>чередование различных действий</u> или <u>явлений</u>, употребляют союз **ТО ..., ТО**.

— Что за пого́да!

То дождь, **и́ли** То дождь идёт,

то со́лнце, то со́лнце све́тит,

то опя́ть дождь! то опя́ть идёт дождь!

СОЮЗЫ ПОТОМУ ЧТО, ТАК КАК, ИБО, БЛАГОДАРЯ ТОМУ, ЧТО, ИЗ-ЗА ТОГО, ЧТО

VIII. При указании на **причину какого-нибудь действия** или **явления** используются одинаковые по значению союзы: **ПОТОМУ́ ЧТО, ТА́К КАК, И́БО**, а также союзы **БЛАГОДАРЯ́ ТОМУ́ ЧТО, ИЗ-ЗА ТОГО́ ЧТО**.

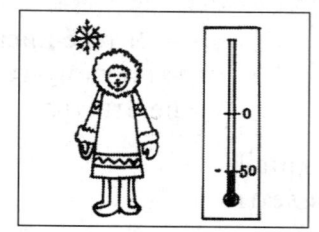

Зимо́й на Се́вере лю́ди одева́ются тепло́, **потому́ что** там быва́ют си́льные моро́зы.

Я простуди́лся, **оттого́ что** выходи́л без пальто́, а бы́ло ещё хо́лодно.

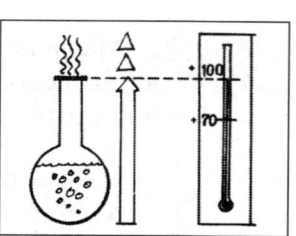

Температу́ра раство́ра повыша́ется, **так как** реа́кция идёт с выделе́нием тепла́.

Союзы и союзные слова 343

ОБРАТИТЕ ВНИМАНИЕ!
Предложения с союзами **потому́ что**, **и́бо** всегда стоят после главного.

Если вызванное причиной действие или явление благоприятно, употребляется союз **благодаря́ тому́ что**.

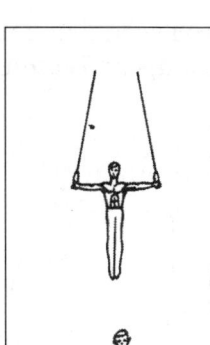

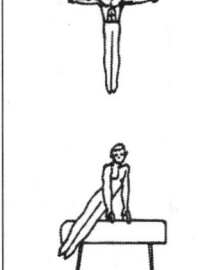

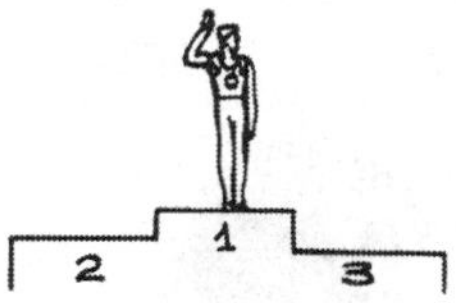

Если вызванное причиной действие или явление неблагоприятно, употребляется союз **из-за того́ что**.

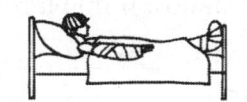

Андре́й за́нял пе́рвое ме́сто, **благодаря́ тому́ что** он упо́рно трениров́ался.

и́ли

Благодаря́ тому́ что Андре́й упо́рно трени-рова́лся, он за́нял пе́рвое ме́сто.

Пётр попа́л в больни́цу, **из-за того́ что** он не соблюда́л пра́вил у́личного движе́ния.

и́ли

Из-за того́ что Пётр не соблюда́л пра́вил у́личного движе́ния, он попа́л в больни́цу.

СОЮЗЫ ЧТО́БЫ, ДЛЯ ТОГО́ ЧТО́БЫ

IX. При указании на <u>цель действия</u> используется союз **ЧТО́БЫ, ДЛЯ ТОГО́ ЧТО́БЫ**.

Оте́ц купи́л

скри́пку, **что́бы** сын игра́л на ней.
(Оте́ц купи́л, но *други́е* бу́дут игра́ть и слу́шать.)

магнитофо́н, **что́бы** все слу́шали му́зыку.

прошедшее время

электробри́тву, **что́бы** бри́ться.
(Оте́ц купи́л и *сам* бу́дет бри́ться.)

инфинитив

ОБРАТИТЕ ВНИМАНИЕ!

После **что́бы**
- *прошедшее время* глагола, если субъекты действия в главной и придаточной части разные,
- *инфинитив* глагола, если в главной и придаточной части один субъект действия.

При глаголах, обозначающих движение к цели, союз **что́бы** может опускаться.

Он прие́хал в Москву́ (..., **для того́, что́бы**) осмотре́ть столи́цу.

(..., **что́бы**) учи́ться в МГУ.

Союзы и союзные слова

СОЮЗ ЧТОБЫ

X. При выражении <u>желания, просьбы, необходимости, требования</u> в сложных предложениях употребляется союз **ЧТО́БЫ**.

ОБРАТИТЕ ВНИМАНИЕ!

В этих условиях после союза **что́бы** глагол всегда имеет форму прошедшего времени (субъекты действия в главном и придаточном предложении разные).

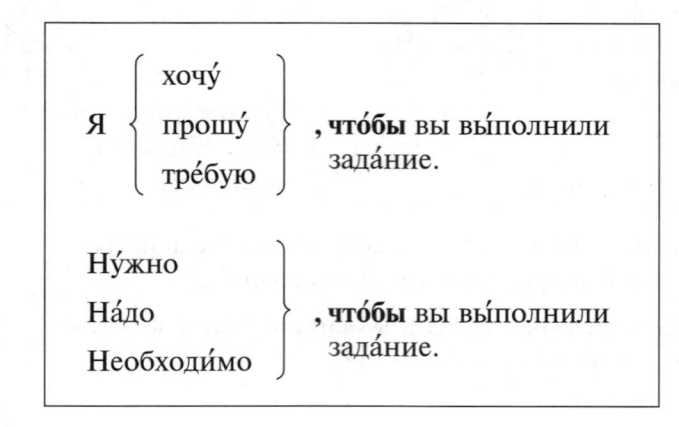

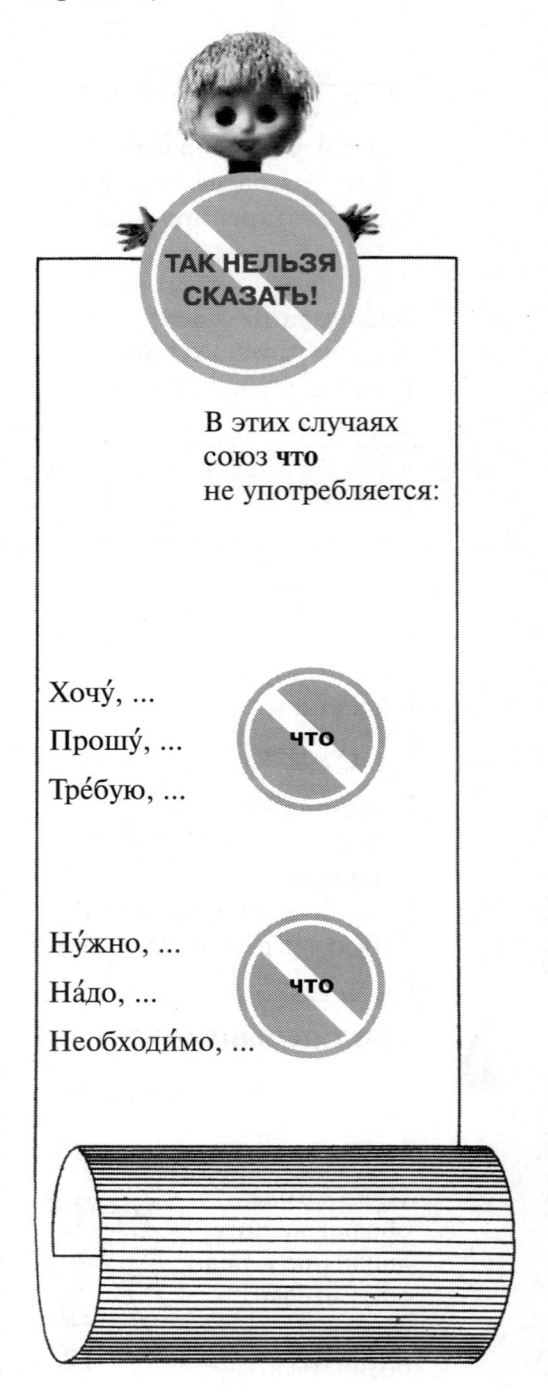

Он попроси́л, **что́бы** официа́нт принёс ему́ стака́н ча́я.

Я { хочу́ / прошу́ / тре́бую }, **что́бы** вы вы́полнили зада́ние.

Ну́жно / На́до / Необходи́мо }, **что́бы** вы вы́полнили зада́ние.

ТАК НЕЛЬЗЯ СКАЗАТЬ!

В этих случаях союз **что** не употребляется:

Хочу́, ...
Прошу́, ...   **что**
Тре́бую, ...

Ну́жно, ...
На́до, ...   **что**
Необходи́мо, ...

Союзы и союзные слова 345

СОЮЗ ЧТО

XI. В тех случаях, когда <u>мысли, знания, чувства и речь</u> передаются посредством придаточного предложения, употребляется союз **ЧТО**.

— Я знал, **что** в Санкт-Петербу́рге есть Ру́сский музе́й.

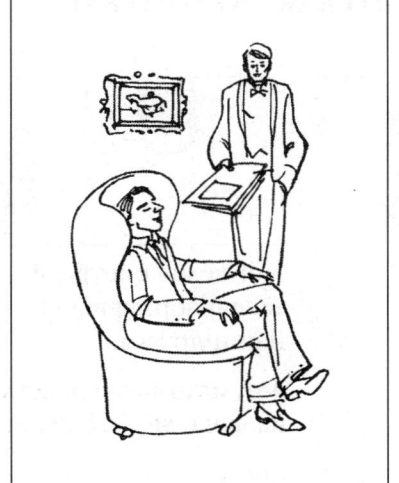

— Я сказа́л дру́гу, **что** хочу́ уви́деть карти́ны вели́ких ру́сских худо́жников в э́том музе́е.

— Я был уве́рен, **что** найду́ доро́гу сам.

— Я ду́мал, **что** э́тот музе́й нахо́дится далеко́ от гости́ницы.

— Оказа́лось, **что** Ру́сский музе́й совсе́м недалеко́.

Когда́ я верну́лся домо́й, я рассказа́л о том, **что** ви́дел в Санкт-Петербу́рге[1].

---

[1] В данном случае **что** — союзное слово.

Союзы КОГДА, КАК ТОЛЬКО, ПРЕЖДЕ ЧЕМ, С ТЕХ ПОР КАК, ПОКА, ПОКА НЕ, ПОСЛЕ ТОГО КАК, ДО ТОГО КАК

XII. В тех случаях, когда <u>время действия</u> передаётся посредством <u>придаточного предложения</u>, употребляются союзы: **КОГДА́, КАК ТО́ЛЬКО, ПРЕ́ЖДЕ ЧЕМ, С ТЕХ ПО́Р КАК, ПОКА́, ПОКА́ НЕ, ПО́СЛЕ ТОГО́ КАК, ДО ТОГО́ КАК**.

а) **когда́**

Когда́ передава́ли програ́мму «Вре́мя», все **смотре́ли** телеви́зор.

параллельные действия

глаголы несовершенного вида

|несовершенный вид|
|несовершенный вид|

Когда́ мы **смотре́ли** телеви́зор, **пришли́** на́ши друзья́.

результативное действие на фоне другого действия

глагол несовершенного вида и глагол совершенного вида

| совершенный вид |
| несовершенный вид |

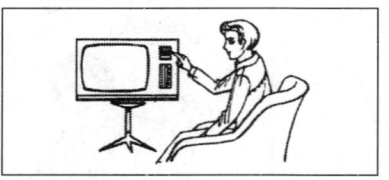

Когда́ (как то́лько) **зако́нчилась** переда́ча, я **вы́ключил** телеви́зор.

последовательные результативные действия

глаголы совершенного вида

| совершенный вид | совершенный вид |

б) **как то́лько, пре́жде чем, с тех по́р как, пока́, пока́ не, по́сле того́ как**

Пре́жде чем поднима́ться на верши́ну, на́до отдохну́ть и поза́втракать.

Как то́лько они́ подня́лись на верши́ну, они́ уви́дели мо́ре.

По́сле того́ как альпини́сты поза́втракали и отдохну́ли, они́ на́чали поднима́ться (подъём, восхожде́ние) на верши́ну.

С тех по́р как я стал занима́ться альпини́змом, я не боле́ю.

Пока́ шёл дождь, мы сиде́ли до́ма. (Дождь шёл 2 часа́, и мы сиде́ли до́ма 2 часа́.)

Пока́ шёл дождь, я реши́л все зада́чи.

Мы сиде́ли до́ма, **пока́ не** ко́нчился дождь. (Дождь ко́нчился, и мы пошли́ гуля́ть.)

Союзы и союзные слова 347

СОЮЗЫ ЕСЛИ И ЕСЛИ БЫ

XIII. Для того чтобы обозначить условия действия, используются союзы **ЕСЛИ** и **ЕСЛИ БЫ**. Союз **ЕСЛИ** указывает на реальные условия совершения действия, которое происходит (глагол в *настоящем времени*), происходило (глагол в *прошедшем времени*), может произойти (глагол в *будущем времени*). При обобщении (когда отсутствует подлежащее) глагол стоит в форме инфинитива.

Е́сли нагрева́ть (нагре́ть) во́ду до 100°, она́ начина́ет кипе́ть.

Е́сли ты уже́ реши́л все зада́чи, мо́жешь идти́ домо́й.

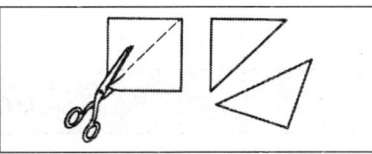

Е́сли я разре́жу квадра́т по диагона́ли, то полу́чится два треуго́льника.

Союз **ЕСЛИ БЫ** указывает не на реальные, а на возможные условия действия, из-за отсутствия которых это действие не совершилось или не совершится. Глагол употребляется в форме прошедшего времени.

Е́сли бы у меня́ был зонт, я *вы́шел бы* на у́лицу.

СОЮЗ ЛИ

XIV. Если в придаточном предложении выражается косвенный вопрос, допускающий два различных ответа, то употребляется союз **ЛИ**.

Он спроси́л, пойду́ **ли** я в кино́. (пойду́ и́ли не пойду́)
Я не зна́ю, пойду́ **ли** я в кино́. (пойду́ и́ли не пойду́)
Интере́сно, пойдёт **ли** он в кино́. (пойдёт и́ли не пойдёт)

СРАВНИТЕ: Он спроси́л, ско́лько мне лет.

Он спроси́л, испо́лнилось **ли** мне 20 лет. (и́ли не испо́лнилось)

ОБРАТИТЕ ОСОБОЕ ВНИМАНИЕ!

Я не зна́ю, ~~е́сли~~ я пойду́. ⇐ В этих случаях союз **е́сли** не употребляется.

Я не зна́ю, пойду́ ли я.

СОЮЗЫ КАК, КАК БУДТО

XV. При сравнении в простом и сложном предложении употребляются союзы **КАК**, **КАК БУДТО**.

Стро́йная **как** берёзка.

Ты рису́ешь **как бу́дто** ты худо́жник.

Ва́ше се́рдце рабо́тает **как** часы́.

XVI. При указании на характер восприятий и ощущений также употребляется союз **КАК**.

Я не заме́тил, **как** прошло́ вре́мя.

Мы наблюда́ли, **как** встаёт со́лнце.

Я хочу́ посмотре́ть, **как** устро́ен э́тот прибо́р.

Словообразование

СЛОВООБРАЗОВАНИЕ СУЩЕСТВИТЕЛЬНЫХ

I. При помощи суффиксов[1]

Суффиксы, образующие названия лиц мужского и женского пола по их занятиям, профессии

суффикс	существительные мужского рода	существительные женского рода
-тель / +ниц(а)	воспитатель, зритель, любитель, писатель, слушатель, учитель, читатель,	воспитательница, зрительница, любительница, писательница, слушательница, учительница, читательница
	водитель, испытатель, строитель	не употребляются
-ни/к / +ц(а)	воспитанник, виновник, выпускник, защитник, изменник, отличник, помощник, спутник, ученик, художник, школьник,	воспитанница, виновница, выпускница, защитница, изменница, отличница, помощница, спутница, ученица, художница, школьница
	дворник, лесник	не употребляются
-чи/к / +ц(а)	лётчик, переводчик, подписчик, разведчик	лётчица, переводчица, подписчица, разведчица
-ик	академик, историк, физик, химик	не употребляются

---

[1] Указываются только часто встречающиеся суффиксы.

🚹 2 🚺

Суффиксы, образующие названия лиц по их принадлежности к научным направлениям, к общественным организациям, к национальности, месту жительства, к роду деятельности

-ец		волгоградец,	волгоградка,
	-к(а)	украинец, иностранец,	украинка, иностранка,
		американец, афганец,	американка, афганка,
		африканец, испанец,	африканка, испанка,
		итальянец, кубинец,	итальянка, кубинка,
		португалец, японец	португалка, японка
-ин		армянин, болгарин,	армянка, болгарка,
	-к(а)	грузин, татарин	грузинка, татарка
-ан -ян	-ин -ин -к(а)	гражданин, горожанин, киевлянин, минчанин, англичанин, датчанин, египтянин, северянин, южанин	гражданка, горожанка, киевлянка, минчанка, англичанка, датчанка, египтянка, северянка, южанка

Суффиксы иноязычного происхождения

-ист		идеалист, материалист,	обычно не употребляются
	-к(а)	импрессионист, реалист,	
		букинист, формалист	
		велосипедист, журналист,	велосипедистка, журналистка,
		пианист, связист,	пианистка, связистка,
		тракторист	трактористка
-(а)тор		автор, агитатор, директор, архитектор, кинооператор, композитор, консерватор, новатор	не употребляются
	-к(а)		студентка, аспирантка

Суффиксы существительных, обозначающих различные понятия

суффикс	существительные мужского рода
-изм	феодализм, социализм, классицизм, реализм, формализм
	существительные женского рода
-ость	деятельность, зависимость, закономерность, мощность, национальность, специальность, промышленность
-ци(я) суффикс иноязычного происхождения	делегация, демонстрация, лекция, квалификация, организация, провокация
	существительные среднего рода
-ств(о)	государство, лекарство, посольство, хозяйство, человечество
-ани(е) -ни(е) -ени(е)	задание, окончание, собрание, расписание; выражение, движение, достижение, значение, запрещение, исключение, объявление, продолжение, поражение, сочинение, упражнение
	суффиксы экспрессивной окраски: (уменьшительные)
-ик -чик -ок (-ек)	домик, диванчик, ключик, костюмчик, столик, листок, ручеёк, человечек
-к(а) (-ичка)	головка, комнатка, ножка, ручка, сестричка

II. Сложные существительные образуются с помощью соединительных гласных -о-, -е- или без них:

авторучка, кинорежиссёр, кинотеатр, пароход.

III. Аббревиатуры

РФ (ЭР ЭФ) — Российская Федерация
МГУ (ЭМ ГЭ У) — Московский государственный университет имени М.В. Ломоносова
ООН (ООН) — Организация Объединённых Наций

СЛОВООБРАЗОВАНИЕ ПРИЛАГАТЕЛЬНЫХ

	I. При помощи суффиксов
-ск-	волжский, вьетнамский, городской, детский, заводской, женский, китайский, корейский, московский, политический, русский, российский, январский (-ая, -ое)
-ов-	мировой, передовой
-н-	больной, вкусный, восточный, грустный, длинный, западный, иностранный, интересный, мирный, народный, свободный, северный, сильный, трудный, умный, холодный, южный
-н	весенний, вечерний, зимний, летний, осенний
-ическ-	археологический, биологический, геологический, географический, героический, демократический, исторический, математический, технический, физический
-онн-	экскурсионный
-енн-	государственный, единственный, жизненный, искусственный, производственный, общественный, художественный
-ан-	кожаный
-ян-	льняной, серебряный, шерстяной
-еньк-	маленький
-шн-	внешний, домашний, завтрашний, сегодняшний
-альн-	гениальный, документальный, национальный, центральный
-тельн-	замечательный, избирательный, отрицательный, подготовительный, употребительный
-лив-	счастливый, талантливый
-ов-	берёзовый, классовый, меховой, передовой, полевой, сосновый, шёлковый
	II. При помощи префиксов
анти-	антиисторический, антинародный, антисанитарный
без-	безработный, безударный
	III. При помощи суффиксов и префиксов: беспринципный, международный, подмосковный
	IV. Сложные прилагательные: англо-русский, русско-английский, общеизвестный, сельскохозяйственный

Словообразование глаголов см. раздел «Глагол». Словообразование наречий см. раздел «Наречия».

Учебное издание

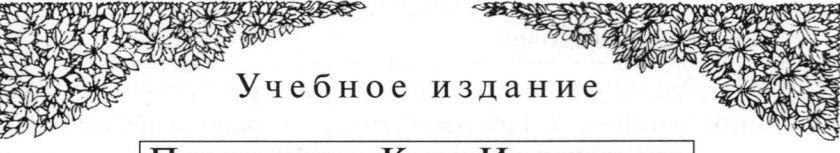

Пехливанова Кира Иордановна
Лебедева Марина Николаевна

Грамматика русского языка в иллюстрациях

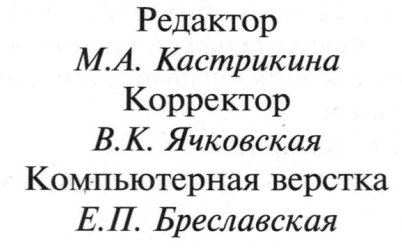

Редактор
М.А. Кастрикина
Корректор
В.К. Ячковская
Компьютерная верстка
Е.П. Бреславская

Подписано в печать 22.08.2011 г.
Формат 84х108 $^1/_{16}$. Объём 22 п. л. Тираж 1500 экз. Зак. 1383

Издательство ЗАО «Русский язык». Курсы.
125047, Москва, 1-я Тверская-Ямская ул., д. 18.
Тел./факс: +7(499) 251-08-45, тел.: +7(499) 250-48-68.
e-mail: kursy@online.ru; rkursy@gmail.com; russky_yazyk@mail.ru

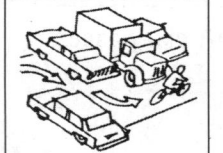

Отпечатано в ОАО «Щербинская типография».
117623, Москва, ул. Типографская, д. 10.
Тел.: +7(495) 659-23-27.